Auxiliando a humanidade a encontrar a Verdade

Terra dos AyMhorés

Terra dos Ay-Mhorés
A saga dos últimos atlantes na Terra das Estrelas, o Baratzil

© 2008 – Mª Teodora Ribeiro Guimarães

Terra dos Ay-Mhorés
A saga dos últimos atlantes na Terra das Estrelas, o Baratzil
Maria Teodora Ribeiro Guimarães

Todos os direitos desta edição reservados à
CONHECIMENTO EDITORIAL LTDA
www.edconhecimento.com.br
conhecimento@edconhecimento.com.br
R. Prof. Paulo Chaves, 276
CEP 13480-970 – Limeira – SP
Fone: 19 3451-5440

Nos termos da lei que resguarda os direitos autorais, é proibida a reprodução total ou parcial, de qualquer forma ou por qualquer meio — eletrônico ou mecânico, inclusive por processos xerográficos, de fotocópia e de gravação — sem permissão por escrito do editor.

Revisão:
Luís Fernando Milan
Monique Fonseca Carvalho
Projeto Gráfico:
Sérgio Carvalho
Ilustrações:
Adriana de Carvalho Ungaretti
Colaborou nesta edição:
Margareth Rose A. Fonseca Carvalho

ISBN 978-85-7618-162-0
1ª Edição – 2008

• Impresso no Brasil • *Presita en Brazilo*

Dados Internacionais de Catalogação na Publicação (CIP)
(Câmara Brasileira do Livro, SP, Brasil)

Guimarães, Maria Teodora Ribeiro
  Terra dos Ay-Mhorés – A saga dos últimos atlantes na Terra das Estrelas, o Baratzil/ Maria Teodora Ribeiro Guimarães. — 1ª ed. — Limeira, SP : Editora do Conhecimento, 2008.

  ISBN 978-85-7618-162-0

  1. Atlântida 2. Continentes desaparecidos 3. Espiritismo 4. Reencarnação 5. Romance espírita I. Título II. Título: A saga dos últimos atlantes na terra das estrelas, o Baratzil.

03-10216	CDD – 133.9013

Índices para catálogo sistemático:
  1. Romance mediúnico : Espiritismo : 133.9013

Terra dos Ay-Mhorés

A saga dos últimos atlantes na Terra das Estrelas, o Baratzil

1ª edição
2008

Do mesmo autor:

Terapia de Vida Passada
Curso de formação de terapeutas – vol. I
Departamento editorial da Sociedade Brasileira de Terapia de Vida Passada
EDITORA DO CONHECIMENTO

Terapia de Vida Passada
Curso de formação de terapeutas – vol. II
Departamento editorial da Sociedade Brasileira de Terapia de Vida Passada
EDITORA DO CONHECIMENTO

Terapia de Vida Passada (autores diversos)
Uma abordagem profunda do Inconsciente
Summus Editorial

Viajantes
Histórias que o Tempo Conta
EDITORA DO CONHECIMENTO

Tempo de Amar
A Trajetória de uma Alma
EDITORA DO CONHECIMENTO

Os Filhos das Estrelas
Memórias de um Capelino
EDITORA DO CONHECIMENTO

Apometria Hoje (autores diversos)
Coletânea de artigos
EDITORA DO CONHECIMENTO

Terra dos Ay-Mborés
A saga dos últimos atlantes na Terra das Estrelas, o Baratzil
EDITORA DO CONHECIMENTO

Roger Feraudy

Nossa luz!
Como podemos entender as cores se não podemos ver a luz?

A Fraternidade do Grande Coração — Aumbandhã — teve a oportunidade e a responsabilidade de receber e transmitir os ensinamentos e experiências de Roger Feraudy, nosso babalaô, que partiu de volta para casa: Homem, pai, escritor, poeta e compositor, um Mestre de Luz.

Dedicou sua vida ao amor e ao universalismo, com mais de uma dezena de obras de prosa e poesia publicadas; levou-nos ao conhecimento da umbanda e suas origens através de livros editados pela **CONHECIMENTO**, como *Umbanda, essa Desconhecida, A Terra das Araras Vermelhas, Baratzil, Erg - o Décimo Planeta, Um Anjo está nas Ruas*, entre muitos outros de grande inspiração; alguns ainda no prelo, como *A Sabedoria Oculta, um Tratado Teosófico*.

Obrigada pelo apoio e pela luz que nos transmitiu.
Obrigada pelo seu amor.
Obrigada pelas cores.

Deixou-nos a tarefa de completar sua série de obras sobre o passado atlante e sideral de nossa humanidade, entre outros projetos em andamento como *Egito Eterno*. O pupilo no entanto jamais substituirá o mestre.

Este livro lhe é dedicado em humilde agradecimento pelo muito recebido.

Salve Pai Roger de Oxalá!
Campinas, primavera de 2007

Especial agradecimento a meu amigo José Roberto Aragão, cuja bondade, sabedoria e paciência infinita muito auxiliaram na elaboração desta pequena obra, não só meditando junto sobre as humanidades que vão e vem, mas trazendo também sua leitura quântica dos caminhos do Universo, assim como sua inesgotável e amorosa boa vontade.

E também às minhas amigas Rosa e Marcinha, sempre correndo atrás do necessário, em todos os sentidos, para a realização desta pequena empreitada.

Sumário

Prefácio, 13

Capítulo 1
O sumo sacerdote dos templos, 17

Capítulo 2
A Terra das Araras Vermelhas, 26

Capítulo 3
O sétimo continente, 36

Capítulo 4
Nas terras altas, 41

Capítulo 5
Parama Sukha, 56

Capítulo 6
O príncipe regente, 73

Capítulo 7
Novos tempos, 83

Capítulo 8
Magia negra, 89

Capítulo 9
Payê-Suman, 118

Capítulo 10
O meio irmão, 129

Capítulo 11
A passos largos, 147

Capítulo 12
As bailarinas do vento, 165
Capítulo 13
O rei menino, 177
Capítulo 14
O retorno do príncipe, 184
Capítulo 15
Amargas lembranças, 199
Capítulo 16
A volta do mago, 217
Capítulo 17
O fio da navalha, 224
Capítulo 18
Os confrontos, 234
Capítulo 19
Os passos derradeiros, 246
Capítulo 20
A grande luta, 261
Capítulo 21
Quinze luas grandes depois, 280
Capítulo 22
O assalto final, 295
Capítulo 23
Ação e reação, 315
Capítulo 24
O sangue Nhengatú, 329
Capítulo 25
Insensatez, 345
Capítulo 26
O sonho perdido de Zac, 358
Capítulo 27
Morte anunciada, 380
Capítulo 28
Serve e passa, 388
Capítulo 29
A volta para casa, 406

Prefácio

Vamos ler uma aventura, um romance, ou iremos acompanhar e fazer uma regressão de memória, uma viagem no tempo de uma grande civilização?
Dra. Maria Teodora Ribeiro Guimarães, a autora, que é psiquiatra e pesquisadora de grande renome nacional e internacional no campo da Terapia de Vida Passada, com vários livros publicados na área, amplia ainda mais nosso entendimento sobre o assunto nesta obra. Conseguiu com sua experiência a inédita descrição de uma verdadeira Terapia de Vida Passada, não mais de um indivíduo, mas de todo um povo.
Uma civilização que teve suas primeiras vidas na Terra, no ancestral e desaparecido continente da Atlântida, de onde passagens importantes já foram transcritas anteriormente pelo romancista, teosofista e espiritualista Roger Feraudy nos três romances que antecedem a *Terra dos Ay-Mborés*.
Qual o objetivo destas obras? Seria o simples entretenimento dos leitores? Seria a tentativa de historiar períodos ocultos ou perdidos?
Talvez nem mesmo os autores tivessem a percepção da dimensão que elas permitem. Apesar de serem de grande dinamismo e possibilitarem adoráveis leituras, com suas aventuras e romances que nos envolvem do início ao fim, elas ocultam algo maior: algo mais importante que a mera discussão sobre se os fatos narrados são verídicos ou apenas partiram de uma fonte de criatividade.
Percebemos com mais clareza atualmente, pela tecnologia da informação disponível, que nosso planeta caminha para um rumo perigoso, tanto em relação ao clima, como à paz. Grandes cientistas e

instituições alertam para o perigo que corremos, se algo não for feito. Mas feito por quem? Pelos governos? Pelos cientistas? Não parece cômodo deixar sempre a responsabilidade para os outros? Por que não pelos próprios homens?

As mudanças verdadeiras e necessárias para nosso planeta devem partir do somatório de mudanças de cada ser que aqui habita. Sabemos que isso não é nada fácil, pois, muitas vezes, para conseguirmos promover uma mudança em nós mesmos, precisamos de ajuda.

Como numa Terapia de Vida Passada, vamos então conhecer o passado, a evolução e a história desta civilização; tudo aquilo que ela fez ou deixou de fazer; as modificações muitas vezes importantes e necessárias que, ao serem deixadas simplesmente de lado, influenciaram sobremaneira seu futuro e sua sobrevivência. Isto nos permitirá ter mais elementos para nossa modificação pessoal em relação ao mundo, como um alerta, para que possamos a partir daí contribuir melhor com a nossa parte.

Como compreender que civilizações esplendorosas, de ricas culturas, possam simplesmente desaparecer, em parte ou completamente, de nosso planeta? Teriam sido apenas fatores catastróficos, como inundações ou terremotos, que levaram muitas delas a sair de atividade?

As civilizações são repercussões de suas células: os homens. Podemos dizer que a mente de uma civilização seria o somatório das mentes que a formam e a formaram em outras épocas e, assim, estudando essa mente maior poderemos compreender melhor o caminho percorrido e a percorrer pelos homens e pelas humanidades nas quais se encontram.

Na Terapia de Vida Passada, a regressão de memória é um instrumento, uma técnica, um componente importante para o seu sucesso; permite ao indivíduo ter elementos mais concretos, por meio das histórias vivenciadas ou imaginadas, pois nela não importa realmente no que a pessoa acredita, e que vão facilitar muito a elaboração e compreensão das origens de suas angústias e dores; este conhecimento possibilitará que o indivíduo consiga trabalhar com muito maior eficiência o processo de modificação que o levará à cura.

Quando se fala em regressão de memória, imediatamente compreendemos que estamos indo buscar em um arquivo uma ficha onde está registrado determinado momento; estamos tentando fazer uma leitura de um registro fixo, estático, imutável.

Este tipo de pensamento ou abordagem, no entanto, é uma visão clássica que traz sérios problemas para a ciência moderna.

Se vamos a um arquivo, ele precisa estar em algum lugar e de alguma forma ele foi escrito, gastando-se energia. Quando vamos ler esse arquivo também vamos despender energia. Que energia? De onde ela vem e para onde vai?

Provavelmente nunca vamos conseguir responder a essas perguntas sem quebrar a lei da física sobre conservação de energia. O problema não poderá ser resolvido se buscarmos respostas para a questão acima partindo da premissa de um registro estático. Ele só poderá ser (até facilmente) equacionado, quando mudarmos o paradigma e trabalharmos no mundo quântico.

Não vamos buscar informações sobre o passado em uma memória; não vamos abrir arquivos. Vamos "viajar" pelo tempo ampliando nossa consciência do momento temporal que vivemos, em que a realidade é apenas uma linha seqüencial do mesmo, para uma consciência alargada, pois estamos em todos os momentos simultaneamente trazendo para nossa interpretação o momento selecionado para analise. Trata-se, de forma simplificada, da não localidade quântica, onde o tempo e o espaço são percepções e não realidades.

Assim, sem ferir leis fundamentais da física, podemos sugerir que não acontecem regressões de memória, mas sim ampliações da limitada percepção de tempo e espaço, trazendo para o momento ilusório, que denominamos atual, algo de um momento espaço-temporal qualquer, que denominamos de passado.

Em *Terra dos Ay-Mhorés* estaríamos dentro de uma regressão de memória, ou, em nossa interpretação quântica, numa viagem no tempo de uma das muitas "vidas" da civilização atlante. Nas obras de Roger Feraudy que a antecederam, o mesmo, outras "vidas", outros momentos importantes.

Ambos os autores fizeram o trabalho de ampliar suas consciências, trazendo para nós suas percepções desses momentos fundamentais; nas palavras do decano espiritualista usaram para tal o método da leitura psíquica. E se ao ler vivenciarmos os dramas e aventuras e refletirmos principalmente sobre as conseqüências das decisões desse povo, estaremos nos colocando igualmente em uma Terapia de Vida Passada, em uma terapia de uma civilização passada, em que, de simples leitores, nos transformaremos em agentes e seremos parte da Terra dos Ay-Mhorés, a própria Atlântida em uma de suas colônias de sobreviventes. E compreenderemos melhor sua herança aos homens em geral e a cada um de nós em particular, isto é, seu legado à grande consciência universal.

Uma terapia tem como objetivo final, aparentemente, a felicidade. Vamos aproveitar juntos esta oportunidade e nos submeter a esta estreante Terapia de Civilização Passada, para que tenhamos uma percepção melhor dos erros e acertos desse povo. Isso nos permitirá ser mais eficientes em nossas escolhas atuais, possibilitando nossa modificação pessoal e, conseqüentemente, modificando a célula da civilização atual que somos.

O mundo pode ser melhor; o mundo não precisa caminhar para um abismo e não devemos nem podemos deixar sob a responsabilidade de terceiros sua recuperação ou salvação. Depende de todos nós. Se formos conscientes e tomarmos decisões contributivas e virtuosas, seremos infinitas vezes mais eficientes que o universo condicionado.

Faça essa fantástica viagem no tempo através desta obra. Participe desta Terapia de Civilização Passada e tenha mais elementos para sua escolha. Saia de sua limitada realidade temporal e tenha uma boa viagem pelo tempo.

Uma célula, um ser, uma civilização, um planeta, um universo, a Consciência.

Quem pode perceber algo?

O Universo existe sem alguém percebê-lo? Veja o poder de quem percebe.

Quem é você? Pergunte-se: "Quem sou eu?", e veja o poder e a responsabilidade que cada um de nós tem.

Você tem o poder de contribuir para ampliar a felicidade do mundo. Basta decidir-se.

José Roberto Aragão
Verão de 2008

Capítulo 1
O sumo sacerdote dos templos

O vento soprava suave vindo do mar em direção às colinas do oeste. A brisa fresca de final de tarde parecia animar os pássaros, que em algazarra pousavam sobre as folhagens do jardim no pátio interno do templo rústico, à procura de alimento sobre a relva alta que delineava seus contornos.

Algumas nuvens se amontoavam na linha do horizonte, junto ao mar, trazendo esperança de algum chuvisco. Fora isso, o céu era límpido e durante o dia o calor havia deixado a cidade abafada.

O velho sacerdote tinha o seu olhar perdido na azáfama dos pequenos pássaros de coloração azul-escuro, cujas penas brilhavam sob o sol alaranjado da tarde. Mantinha uma expressão de expectativa, com um leve sorriso, torcendo por seu preferido do dia, que era um pequenino que corria para lá e para cá, sendo enxotado pelos grandalhões que o assustavam a todo instante.

De repente, o passarinho se apoderou de algo e levantou vôo para o teto de um pequeno poço, à guisa de chafariz, que adornava o centro do pátio, sob os aplausos do ancião, que ficou a observá-lo enquanto devorava a iguaria.

Como o passarinho, seus pensamentos também voaram para um tempo distante, no momento em que aquela cena lhe trouxe à memória seus passeios pela praia da grande Cidade Central da Terra de Zac, onde pássaros semelhantes colhiam da vegetação próxima sementes e frutinhas, em igual euforia. Seus olhos se anuviaram ao lembrar do belo palácio de onde governara o antigo tuxauá, cujo telhado se avistava da praia. De repente, como já havia acontecido tantas vezes nos últimos tempos, viu-se uma cena na qual alguns homens sábios, com títulos sacerdotais, embora cada um tivesse uma profissão diferente dentro das ciências, como astrônomos ou construtores, se reuniam em uma aldeia às margens de um riacho chamado de Ereth, pelo povo do lugar, nas terras onde um dia seria um lugar chamado Caldéia.

A terra era quase árida, apesar dos grandes rios que a cercavam, criando os pequenos riachos, como o que circundava a aldeia.

Não tinha idéia do que se tratava, mas os nomes vinham claros à sua mente, assim como as visões detalhadas das construções da aldeia, que eram baixas e dispostas de forma circular, em torno de uma espécie de templo, feitas de junco e madeira.

Via-se sempre como um dos sacerdotes ou magos em suas meditações pensava que, pelo visto, aquela seria sua profissão por muito tempo ainda, pois lhe parecia um vislumbre do futuro. Ou, quem sabe, fosse o passado?

Se, por um lado, ser sacerdote parecia apenas uma continuação do que sempre fizera e o pensamento lhe parecesse apropriado, por outro lado essas visões de um possível futuro lhe davam arrepios, pois se lembrava das que tivera anteriormente, quando do grande cataclismo que havia se abatido sobre as cidades antigas, que era como o povo das terras altas chamava as cidades do Vale das Araras Vermelhas, desaparecidas sob as águas.

Para alguns sacerdotes da época era relativamente comum esse tipo de viagem no tempo, impelida por alguma sintonia da consciência com algum sentimento, conectando-os com momentos anteriores ou posteriores ao presente, por vontade própria ou espontaneamente, como naquele momento. O tempo, de qualquer forma, aos olhos do velho mago, não passava mesmo de uma ilusão, assim como todo o restante.

Viu-se por um instante em uma grande reunião, na qual servos andavam ligeiros de um lado para o outro, em torno dos sacerdotes, sentados em círculo em um salão rústico, mas bem iluminado por tochas dispostas de forma uniforme pelas paredes. Os sacerdotes reunidos em torno de um sacerdote supremo discutiam a construção de uma grande pirâmide: havia angústia estampada em seus olhos. De alguma forma, algo determinava grande sofrimento para a humanidade, como uma predição. Sentiu aquela angústia entranhando em seu ser.

— Salve, ó grande sacerdote dos templos, o representante de Tupã nas terras altas, o escolhido...

Despertado subitamente daquela estranha jornada pela entrada brusca de seu servo na pequena varanda de seus aposentos, olhou assustado para o fiel amigo, que recitava todas as reverências de praxe que competiam a seu cargo; mãos unidas ao peito e com a cabeça em leve posição de submissão.

Voltando completamente a si, interrompeu-o com um gesto amigável, chamando-o para perto de si.

— Até quando vais me saudar com tanta pompa, Zadeu, meu caro? Estás comigo há tantas luas grandes que nem todas as conchas da praia seriam suficientes para contá-las, e mesmo assim não te esqueces dessas cerimônias — comentou divertido.

Terra dos Ay-Mhorés

O serviçal abriu um leve sorriso de satisfação, desfazendo a postura ritualística. Amava seu chefe, mas não conseguia ter atitude de intimidade em sua presença, tal o respeito e admiração que possuía por ele.

— Nestes tempos, só tu mesmo para fazer rir este velho rabugento, Zadeu — continuou o sacerdote, ajeitando a velha, mas ainda alva, túnica de tecido cor de areia e que lhe cobria as pernas até os tornozelos.

Tabajara era um homem alto e magro, e apesar da idade avançada, tinha quase 80, mantinha a disposição espiritual de um garoto. Sua pele era enrugada pelo tempo e cor de cobre, da raça dos nhengatus e os cabelos, muito brancos, desciam até os ombros. Usava às vezes uma fita clara, quase branca, passada pela testa e amarrada na parte de trás da cabeça para segurar os cabelos rebeldes, finos e lisos, que eram divididos ao meio.

Tinha o queixo quadrado, em um rosto fino e com um nariz aquilino, que lhe conferiam uma expressão séria, o que não condizia com o seu temperamento alegre. Usava dois colares: um rente ao pescoço, feito de sementes imantadas, retiradas de algumas plantas selecionadas que cultivava secretamente na floresta. O segundo, que descia até a cintura, era confeccionado de um cipó fino, com aparência de velho, de onde pendia um amuleto feito de uma pedra esverdeada, enfeitado por pequenas penas de araras.

Usava ainda, presa na cintura, uma pequena bolsa, já manchada pelo tempo, feita de pele de javali, bem curtida e macia, onde carregava as ervas que podia necessitar em uma emergência, além de outros pequenos objetos, dos quais se valia, para os procedimentos magísticos.

Cada vez que a tocava, mesmo inadvertidamente, seu coração ficava apertado, lembrando-se do velho gigante de coração bondoso que a havia dado de presente. Aquela pequena bolsa havia sido confeccionada nas terras do príncipe Anhanguera, por Gueutar, o artesão mor e favorito.

O velho amigo era dado a ter favoritos em todas as áreas de trabalho nas florestas que cercavam suas terras, por onde seu povo se espalhava além das áreas de defesa e nos limites da cidade, por onde saíam os caminhos em direção ao mar e para a Cidade Central.

Lembrou-se, em um repente, de Urassay, o curador de animais, um dos muitos que viveram nas terras do príncipe, morto na campanha de provar a inocência do rei. Quantos amigos perdidos na luta para salvar o povo da Terra das Araras Vermelhas das traições e também do grande cataclismo! Homens e mulheres que deram suas vidas com heroísmo jamais visto em prol de seu povo e de seu amado rei.

Costumava ser convidado para um ou outro jantar com Anhanguera, que, na verdade, apenas serviam de desculpas para longas conversas sobre o oculto, assunto que muito interessava ao príncipe. Eram pequenas viagens onde aproveitava para relaxar dos muitos afazeres do templo e desfrutar um pouco do clima mais ameno da floresta. Não raro outros príncipes e sacerdotes, além de alguns nobres, apareciam do nada, quando Tabajara estava em visita ao amigo; todos querendo partilhar um pouco da companhia de ambos, sem a correria e o protocolo da Cidade Central.

Mas tudo isso era apenas parte de uma lembrança e de quando em quando seus olhos se umedeciam, sem que nada pudesse fazer para evitar. Lembrava-se de suas risadas altas e desajeitadas, de seus cabelos avermelhados que desciam em cachos até os ombros descomunais e dos abraços efusivos que o faziam quase perder o ar, desaparecido junto a seu peito enorme.

A idade já avançada após tantas luas sobre a terra o obrigava a andar com alguma dificuldade, valendo-se de uma espécie de cajado para o apoio, providenciado com zelo pelos trabalhadores do templo. De tão lustrado, às vezes lhe saltava das mãos, o que o fazia comentar que pedira apenas uma bengala e não um objeto para admirar sua bela figura, o que provocava risadas nos serviçais. Tratavam então de lixá-lo, sem, todavia, esquecerem de encerá-lo de novo... para ficar bonito. Tabajara sorria conformado, cuidando de agarrar firme para que não escapulisse quando se apoiasse.

Zadeu também não era mais um jovenzinho. Tinha mais de 50 anos nesta altura da vida. Era um meninote quando as águas tragaram as terras do vale, obrigando sua família a abandonar tudo para trás e buscar a salvação pelos caminhos das montanhas.

Com uns quilos a mais, seu perfil era um pouco arredondado e a maior parte de seus cabelos já o havia deixado, restando uma pequena coroa de cabelos grisalhos, muito lisos, em volta de uma calvície reluzente. Tinha um aspecto simpático, com a pele mais clara do que a do sacerdote e os dentes muito brancos, sempre exibindo um sorriso bondoso para todos.

Servia ao sumo sacerdote desde antes da grande migração do povo de Zac para as terras altas. Seu pai, Zandyr, tinha sido um leal servidor do Templo de Leo, onde Tabajara exercia as funções na época, e não saiu do vale enquanto seu sacerdote não seguiu o povo pelas trilhas íngremes.

    Zadeu e seu pai ajudaram a construir o atual Templo de Áries que, apesar de simples e em nada lembrar a grandiosidade que ostentava nas terras baixas, mantinha o brilho das estrelas quando a noite caía, parecendo iluminá-lo particularmente com uma discreta e estranha nuance de azul. Tempos depois se tornou um aprendiz. Quase quatro dezenas de luas grandes haviam se passado desde então.

    E, mesmo que Zadeu continuasse parado, sorrindo, parecia afobado, a esfregar as mãos.

    — Fala, homem! — ordenou o sacerdote. — O que tens de tão importante para tal inquietação?

    — O tuxauá em pessoa deseja falar-vos, meu senhor — falou o servo, mal contendo a alegria de tão importante visita, ainda que não rara, pois desde criança, Tupayba, o oitavo rei da dinastia dos Ay-Mhorés, tinha em Tabajara o conselheiro de todas as horas.

    Embora o falecido príncipe Jatay tivesse sido designado regente do império por seu pai Ay-Mhoré, o sétimo da dinastia, antes de sua morte na tragédia que havia se abatido sobre o Vale das Araras Vermelhas, era em Tabajara que o Tupayba havia sempre confiado desde muito pequeno. Tabajara lhe ensinara quase tudo, desde as primeiras letras até os segredos do oculto.

    Sem esperar ser anunciado, o rei adentrou a varanda que, àquela hora, a sexta da tarde, estava banhada por uma coloração amarelada com tons avermelhados que davam ao local, cheio de plantas floridas pendentes das colunas de madeira bruta, uma sensação de paz indescritível. Ao mesmo tempo, o rei nunca sabia discernir se a paz vinha daquele lugar ou da figura paternal do sacerdote, que sempre o amparava nos tempos de dúvida e dor.

    Juntando as mãos ao peito, saudou o velho amigo, respeitosamente:

    — Eu te saúdo, Tabajara, meu sumo sacerdote — falou com um sorriso que, todavia, não escondia a expressão de preocupação que, nas últimas luas, havia tomado conta de seu semblante por completo.

    — Que Tupã esteja convosco, meu rei! — devolveu o sacerdote que há muito havia deixado o templo de Leo, assumindo, por deliberação do último Grande Conselho dos Príncipes acontecido ainda nas Terras das Araras Vermelhas, o cargo de Sumo Sacerdote dos Templos. Abrindo os braços para um abraço, imediatamente quebrou a cerimônia, sendo ele, Tabajara, estreitado nos braços de seu gigantesco tuxauá.

Tupayba era bem mais alto e mais forte do que o sacerdote, embora esguio. Tinha um ar juvenil, apesar de estar por volta de seus 40 anos. Usava os cabelos presos por uma espécie de trançado rígido de cipós, o que lembrava uma coroa muito simples.

Usava, habitualmente, fora das grandes cerimônias do reino, uma bata curta até o meio das pernas, indo do creme para o marrom, enfeitada na barra por detalhes bordados em tons avermelhados. Sua pele também era morena, mais escura do que a do sacerdote, queimada pelo sol. Exibia, na altura dos bíceps, ornamentos confeccionados, aparentemente, por tiras de cipós flexíveis.

Sua aparência era a de um guerreiro sempre pronto para defender o seu povo, o que não condizia com seu temperamento brando e afável. Não raro, era visto portando uma espécie de lança, levada em punho. Não sabiam as pessoas que a arma havia sido magiada pelo velho mago, tal qual um objeto a servir como ponto de força das correntes de energia da natureza ou, quem sabe, de fé, para sua proteção. Todos achavam que era apenas um objeto cerimonial.

Apesar de muito respeitado e querido por grande parte do povo, grandes problemas assolavam a Terra dos Ay-Mhorés — nome escolhido pelo Grande Conselho dos Príncipes para homenagear seu pai, antes mesmo do vale ter desaparecido sob as águas; a contragosto, o rei, nos seus últimos dias, não compreendia, por sua nobreza de espírito, a necessidade daquela homenagem.

Tabajara apontou as grandes e surradas almofadas de penas de araras, espalhadas sobre os tapetes de junco dispostos sob a pérgula que fazia as vezes de varanda e circundava todo o pátio; ambos se sentaram para conversar, aproveitando a brisa que soprava mais forte nessa altura, aliviando ainda mais o forte calor do dia, habitual nesta época do ano.

Zadeu se retirou, voltando, em seguida, com uma infusão fria de chás de ervas refrescantes, que serviu aos dois homens instalados confortavelmente.

— Adivinhaste meus desejos, Zadeu. Como sempre, serves bem a teu tuxauá — dirigiu-se carinhosamente Tupayba ao servo que se inclinou em um rápido agradecimento, sorrindo com a deferência amigável.

— Vida longa ao tuxauá, o eleito dos deuses! — recitou, se retirando a seguir.

Os dois amigos ficaram alguns minutos a bebericar seus chás e a conversar sobre amenidades. Tupayba comentou sobre os amados pássaros do amigo, que habitavam o templo, e obteve explicações mais que sabidas sobre seus hábitos ao entardecer. Falaram sobre um e outro assunto de menor importância, até que Tabajara quebrou o constrangimento que nos últimos tempos, diante dos problemas do reino, entristeciam e preocupavam aquele a quem queria como filho:

— Mas de certo não viestes aqui apenas para me brindar com sua companhia no chá da tarde, não é mesmo, meu filho? — perguntou, deixando os protocolos de lado, tal a intimidade que tinha com seu "menino", como gostava de falar a Zadeu.

Tupayba transformou sua fisionomia em um semblante grave.

— Tu sabes muito bem, meu querido amigo, que a situação está ficando insustentável. Já não confio mais em quase ninguém chegado à casa real. Às vezes, por exemplo, nem nos conselhos de meu fiel grande conselheiro Iandé eu acredito. Ele, como tu sabes, é meu amigo desde a infância e jamais quereria meu mal. Esta situação está me deixando louco. Estou sendo injusto com as pessoas e isso me corrói.

Como se o amigo continuasse apenas a fitá-lo calado, continuou:

— Os rumores sobre uma nova conspiração crescem a cada dia, como tu bem o sabes. Parece que Acau-hã, meu meio-irmão, não desiste, mesmo após tanto tempo. Tenho certeza de que ele está envolalações, aquilo que eu pensava ser um acerto quando fui indulgente, foi o maior erro da minha vida. Tivesse sido eu mais duro, talvez isso não estivesse acontecendo novamente. Vim para te pedir perdão por minha teimosia e para pedir teu conselho — completou, baixando os olhos para o chão coberto por esteiras de palha.

Tabajara ficou a olhar para ele, profundamente consternado. Sabia, desde os tempos das primeiras conspirações nas terras altas (e já se passavam quase quinze luas grandes), que aquilo aconteceria novamente. Estava escrito. Não se erra impunemente. O povo, em sua difícil luta pela sobrevivência nas terras altas, após séculos de boa-venturança no vale, não havia conseguido se tornar menos ambicioso, individualista e egoísta com o passar dos tempos.

Zac, tempos depois da migração do grande continente, por orientação de Payê-Suman, o morubixaba, havia determinado tais mudanças no espírito dos nhengatus como caminho único para a continuidade daquela raça. Alto preço haveria de pagar a Tupã aquela civilização escolhida, que não compreendeu de fato o legado do mestre e em cujo seio conspirações se sucediam desde sempre, provocadas pela insanidade dos homens em seus desvarios de poder e desejos de todos os tipos.

Tabajara, todavia, compreendia a bondade do coração de Tupayba; perdoara Acau-hã quando tentara se apoderar do trono, determinando apenas que fosse banido para sempre.

Dias difíceis aguardavam aqueles atlantes destemidos, mas desavisados, sempre se insurgindo contra os deuses que tentavam ampará-los da melhor forma.

Capítulo 2
A Terra das Araras Vermelhas

Mais de 400 anos haviam se passado desde a vinda do povo de Zac do grande continente. Uma brilhante civilização agora habitava o grande vale, sob o reinado do sábio e austero Ay-Mhoré. Ele era o sétimo de uma dinastia que governava em sucessão a Zac, o primeiro tuxauá, aquele que ouviu a voz dos mestres antes do grande cataclismo que se abatera sobre a Terra Mãe, e partiu com seus barcos em direção ao Sétimo Continente, salvando parte de seu povo.

Zac fez nascer na Terra das Estrelas a grande nação Nhengatu, que floresceu formando a Cidade Central, as doze cidades e as colônias fora dos limites das cidades, que há muito haviam se expandido além das fronteiras. Um grande império.

De um lado, o mar e, do outro, as montanhas com seus mistérios inacessíveis. Apesar dos séculos passados na região e apesar das tentativas de invasão dos etíopes que serviram grandemente para a união dos príncipes, outrora guerreando entre si, não havia ainda o povo do vale descoberto o caminho para as terras altas. Criou-se a lenda do demônio Anhangá, habitante do alto da montanha, em cujo sopé se erguiam as cidades. A criatura, tida como terrível, com poderes mágicos, supostamente interferia no acesso dos homens à sua montanha, entre outras coisas. O opositor de Tupã.

As cidades eram magníficas, com templos e praças distribuídas harmoniosamente entre as casas da população. Cada uma era governada por um príncipe. Outros príncipes de menor hierarquia e muitos nobres faziam parte da corte de cada um dos representantes do Grande Conselho.

Na Cidade Central se encontrava o palácio do rei, o tuxauá e os templos principais, com os supremos sacerdotes de cada um deles. No templo de Áries se instalava o Sumo Sacerdote dos Templos, a máxima autoridade clerical e segunda voz na nação depois do tuxauá, sendo seguido pelo Grande Conselheiro do rei, Turyassu.

Nessa época — sete gerações após a partida de Zac para o encontro com Ara, o deus Sol —, ocupando o cargo de Sumo Sacerdote, estava o sombrio e ambicioso Azamor. Não era novo. Alto, magro e de voz estridente, sua figura era completamente desagradável.

Faltavam apenas algumas luas para que a terrível predição passada para Ay-Mhoré no Templo de Leo, próximo do bosque de Pan, nos arredores da cidade, se concretizasse. A voz doce de Payê-Suman se fizera ouvir pelo tuxauá, alertando-o para o grande cataclismo que se abateria sobre mais uma parte remanescente da Atlântida, a terra cujo povo comprometera a própria sobrevivência ao dedicar-se largamente à prática da magia negra. Os deuses cobrariam agora, uma vez mais, a loucura dos homens.

Todo o vale seria engolido pelas águas do mar, em conseqüência de grandes convulsões na crosta do planeta, que fariam soçobrar a quase totalidade da longínqua Terra Mãe, elevando em ondas colossais todo o oceano que banhava a Terra das Estrelas. Do que restava da Terra Mãe, apenas algumas ilhas sobreviveriam.

Nada sobraria da grande nação Nhengatu se seu rei não levasse o povo para as terras altas. Corajosos amigos se uniram em torno do rei para ajudá-lo na tarefa quase impossível, tendo em vista uma conspiração em curso, armada pelo sumo sacerdote que, auxiliado por alguns príncipes, tramava para desacreditá-lo e derrubá-lo do trono, ansioso por se tornar o Grande Conselheiro do reino e deter em suas mãos um poder inimaginável.

A intenção dos conspiradores era fazer o povo crer que o rei estava desequilibrado, pois falava coisas sem nenhuma razão plausível. Impossível pensar que a Terra das Araras poderia ser engolida pelo mar. Uma fantasia sem precedentes, mesmo porque ninguém conhecia o caminho para as terras altas e, caso fosse descoberto, teria que se passar, necessariamente, pela Montanha Azul, onde supostamente habitava Anhangá, o demônio. Quem ousaria desafiar o demônio?

Toda a trama correu rapidamente de boca em boca entre o povo do vale.

Inconseqüente, Azamor, o supremo sacerdote do reino, pretendia fazer de Arary, um dos príncipes das cidades satélites, cujos segredos mais sórdidos conhecia, e que, por isso, comia em suas mãos o novo tuxauá. Isso arranjado, não haveria mais limites para o exercício de seu poder. Lamentava não ter sangue nobre e não poder, ele próprio, subir ao trono.

Sentado em uma das salas de seus aposentos pessoais no enorme Templo de Áries, Azamor fazia planos grandiosos. Eliminaria todos aqueles que se colocassem em seu caminho. Sorriu um sorriso macabro, com sua boca angulosa, em um esgar diabólico com seus dentes tortos e deu um grande suspiro, seguido por um dar de ombros, resignado com a falta de sorte na parentela. Quase delirava imaginando-se sentado ao trono da casa real e tendo a seus pés todo o Conselho de

Príncipes. Mas como não poderia ser o rei, por falta de sangue nobre, mandaria em tudo assim mesmo, tendo o deplorável, ganancioso e já velho príncipe Arary como seu fantoche.

Embora corresse à boca pequena que a ordem tinha vindo do grande e respeitado morubixaba Payê-Suman, cuja presença misteriosa no vale nos tempos de Zac era por todos muito conhecida, a sede de poder de Azamor simplesmente o cegava, assim como a muitos outros.

Como que saciado em seus devaneios repletos de porções ilimitadas de poder, espreguiçou-se, bocejou algumas vezes e, levantando-se do pequeno divã no qual tinha estado recostado a bebericar um chá, dirigiu-se para sua sala de trabalho, um ambiente escuro, onde grossas cortinas feitas de peles de animais cobriam as janelas, prejudicando a entrada da luz solar. Tornava-se carregado, especialmente pelo odor nauseante que inalavam dos dois círios escuros, permanentemente acesos em sua mesa. Parecia não se dar conta de nada disso.

Surpreendido pela chegada repentina de seu mestre, o servo de confiança, Dagbar, quase caiu da cadeira onde cochilava. Levantou-se em um pulo e tratou de derreter-se em mesuras, curvando-se até o chão:

— Salve, ó Sumo Sacerdote dos Templos, o escolhido por Tupã, o... — calou-se em um sobressalto diante dos gritos de Azamor.

— Chega, seu vagabundo! — vociferou o sacerdote, tendo surpreendido o servo a dormir em sua mesa. — Bando de inúteis! — prosseguiu, quase que para si mesmo, enquanto empurrava Dagbar para longe de seus pés.

Nestes tempos, o humor de Azamor, que já não era bom, estava péssimo. Dagbar estremeceu. Mas Azamor nem se lembrava mais dele, passeando de um lado para o outro da sala com seus pensamentos. Dagbar ficou mudo, imóvel, esperando que o mestre se pronunciasse. Odiava o velho mago que não perdia a oportunidade de humilhá-lo, mas era covarde demais para reagir, pois suas bruxarias o apavoravam e, além do mais, sonhava com o dia em que seus serviços seriam reconhecidos. Quem sabe até mesmo um título de nobreza o esperasse.

Depois de uns minutos, percorreu os olhos pelo ambiente, como que a procurar alguma coisa. Dagbar ousou perguntar, em uma voz sumida:

— Procurais algo, senhor? — perguntou Dagbar, não sendo ouvido. Parecia que era invisível.

Indiferente ao esforço do outro para agradá-lo, o sacerdote virou-se e falou-lhe uma única frase, como se falasse para um objeto de trabalho.

— Vai e traz até aqui o Supremo Sacerdote do Som.

O servo saiu em desabalada carreira, tropeçando nos próprios pés, não sem antes recitar umas palavras de reverência e obediência, aliviado com o descaso do chefe à sua presença e, portanto, ao seu deslize.

Azamor e Siamor, o gorducho e corrupto sacerdote do Som Sagrado, eram cúmplices na empreitada de derrubar o tuxauá. Se antes um queria mais poder espiritual e o outro tinha como aspiração suprema o trânsito livre no palácio real e a amizade do rei com seus conseqüentes benefícios, agora as coisas tinham mudado para pior e seus sonhos eram grandiosos. Aproveitavam o momento difícil pelo qual o tuxauá passava para darem margem à ambição.

Ao chegar no Templo do Som, Dagbar foi recebido com uma falsa alegria por Aleutar, o cínico e ardiloso servo de confiança do sacerdote. Nada esperto, era usado por Aleutar para obter informações junto ao sumo sacerdote. Na verdade, Siamor tinha pretensões bem mais ambiciosas que as declaradas a Azamor nos tratos que haviam feito. Pretendia enriquecer, além de fazer de sua irmã a sacerdotisa principal do Templo do Vento. No momento, o cargo era ocupado por Nadja, sendo sua irmã uma simples corista.

Aleutar, por sua vez, aparentemente mancomunado com Siamor, tinha outras idéias na cabeça. Idéias que ultrapassavam, em muito, as quireras prometidas por sua lealdade a seu amo, quando o projeto se concretizasse. Na verdade, não passavam todos de um bando de mentirosos e traidores, cada qual querendo usar o outro e puxar as vantagens para o seu próprio lado.

Muitos nobres de segundo ou terceiro escalão e de menos importância da corte de cada cidade também estavam envolvidos, aparentemente em gestos de lealdade aos príncipes aliciados. Pretendiam todos, sem exceção, subir na hierarquia e obter títulos de nobreza mais expressivos, com os respectivos benefícios, naturalmente. Parte da nobreza era corrupta, preguiçosa e interesseira, não perdendo oportunidades de obter benefícios sem fazer força. Um excelente ambiente para se alastrar uma conspiração.

— Salve, Dagbar! — saudou Aleutar à vista do esbaforido amigo. — Em que posso servir-te? — completou, com um sorrisinho maroto, ao notar o estado de ansiedade do outro, que não foi, todavia, percebido pelo tolo assistente de Azamor.

— Salve, amigo! Meu mestre tem pressa em ver teu senhor. Ele está no templo? — disparou sem rodeios.

— Nossa, mas qual é a razão dessa pressa toda? Não queres antes um suco ou um chá para se acalmar? — perguntou fingindo interesse. E, rodeando o outro como uma serpente sorrateira, continuou: — Esses sacerdotes estão sempre com uma pressa sem razão, não é mesmo? Estão sempre abusando de nossa boa vontade, sem reconhecer nossos leais esforços para servi-los, tu não achas? — falou em um tom doce e compreensivo.

Dagbar rendeu-se. Largou-se em um divã e agradeceu, arfante ainda pela corrida entre os dois templos, um pouco distantes um do outro.

Estimulado por um suco fresco e pela promessa de que o recado seria passado a seguir, Dagbar se refestelou junto às almofadas coloridas e convidativas e, estimulado pelo esperto servo de Siamor, contou sem nem mesmo perceber, um ou dois segredos de menor importância sobre os planos de Azamor, mesmo porque não sabia de nenhuma novidade importante e tampouco da verdadeira extensão dos planos de seu amo.

Entediado e frustrado com o garimpo inútil, Aleutar logo o despachou com uma desculpa qualquer, voltando aos seus afazeres. Tratou, todavia, de dar o recado ao sacerdote — muito conhecido pelo humor instável — porque era de seu interesse estar sempre nas boas graças de Siamor.

Mal Dagbar voltou ao Templo de Áries, adentrou o recinto a passos largos. Seguido por dois auxiliares em uma pequena caravana silenciosa e furtiva, o sacerdote provocava calafrios até mesmo no deplorável auxiliar de Siamor. Seu nome era Omandyas e viera da longínqua e lendária Terra Mãe.

Muito pouco se sabia sobre ele, a não ser o fato de que seu amo, estranhamente, visto se tratar de humilde professor, o tratava com toda deferência. Como das outras vezes, ao adentrar o grande e majestoso átrio, o tal sacerdote tinha um olhar frio e inexpressivo, o que chegava a incomodar, pois suas intenções eram absolutamente impenetráveis.

Para o estúpido Dagbar, que se julgava muito ardiloso, pois pensava conhecer os pontos fracos de cada um, estar em posição de momentânea inferioridade em relação a alguém desconhecido, sem saber exatamente o que viria dali, muito o constrangia. Se submetia aos desejos de Azamor, até com certo gosto, pensando servir aos seus próprios interesses. Não havia outro jeito, pois morria de medo dele. Aquele estranho visitante, que não conhecia, naqueles dias conturbados que o império vivia, onde todo mundo planejava trair todo mundo, o fazia sentir muito mais vulnerável que de costume, o que o irritava muitíssimo.

Estando no átrio por acaso, apenas por ter acabado de chegar, deu alguns passos em sua direção com um sorriso falso pregado na face para fazer as honras da casa, o que de certo agradaria o sumo sacerdote. Ia fazer os cumprimentos de praxe, mas o outro se adiantou, sem prestar a menor atenção, deixando-o de boca aberta, no meio da primeira palavra:

— Leve-me até Azamor — ordenou simplesmente, em tom baixo mas inquestionável.

Dagbar ferveu de raiva por dentro e, muito vermelho, embora procurasse dissimular, o que não lhe era muito difícil, pois tinha muita prática, assentiu sorrindo convenientemente e, com leve sinal de cabeça e braços, convidou Omandyas a segui-lo, o que foi feito, de forma imperturbável e sem sequer olhar para os lados.

Os príncipes

Dentre os doze príncipes, os sacerdotes revoltosos conquistaram reforços para sua empreitada. Entre eles, Javaré, Juruá, Ubiracy e Aratimbó, além de Arary — o velho príncipe da Cidade Leste era especialmente seduzido pelas perspectivas de se tornar o tuxauá. Jaranam e Jatay estavam indecisos e os demais — Anhanguera, Arary-Bhoya, Tupyara, Urubatam e Tupanguera — eram leais a Ay-Mhoré.

Da Cidade Leste, por intermédio de mensageiros, Arary mantinha contato com os etíopes, cujas hordas seriam usadas para a invasão da cidade e derrubada do rei, passando por cima dos exércitos dos príncipes leais.

Aliou-se ao poderoso e cruel príncipe Zanatar, das Terras de Zantar, servindo de intermediário entre ele e Azamor. Os revoltosos, em sua prepotência, pensavam que as intenções do príncipe negro seriam apenas a de derrubar Ay-Mhoré, fazendo posteriormente uma aliança com o novo governo, de onde levariam a cada lua uma porcentagem sobre a riqueza produzida no vale, além de outras benesses. Imaginavam que o estavam usando a seu serviço, desqualificando completamente sua inteligência, audácia e ambição de conquista. Acostumado a escravizar seus vencidos, Zanatar tinha planos nada generosos para aqueles atlantes, incluindo Azamor e todos os seus aliados.

A pretensa aliança com os etíopes era muito conveniente, pois de terríveis inimigos, cujas tribos já haviam tentado invadir o vale mais de uma vez nas gerações anteriores, passariam a aliados.

Quanto aos outros quatro príncipes engajados na campanha, eram meros seguidores, sem expressão própria. Usariam seus exércitos da forma que lhes fosse solicitado. O problema estava em Jatay e Jaranam, inteligentes, justos, levados sempre pela razão e donos de vontade férrea. Eram mais determinados em suas próprias convicções e, até então, não estavam convencidos da loucura do rei.

Em relação aos cinco príncipes fiéis ao rei, não haviam sequer sido sondados para uma possível adesão aos planos do grupo, pois, além de fiéis, eram amigos íntimos de Ay-Mhoré e, de certo, denunciariam a trama toda, pondo tudo a perder.

Os príncipes Anhanguera e Arary-Bhoya, a bondosa dupla de gigantes com voz de trovão e coração angelical, como eram conhecidos, provavelmente esmagariam com as próprias mãos os autores da trapaça, sem pestanejar um instante.

A primeira conspiração

Siamor, vivendo ainda a falsa lua-de-mel com o sumo sacerdote, intensificou seu trabalho na conspiração sob suas ordens por ocasião da chegada do estranho sacerdote-professor da longínqua Atlântida, cuja história verdadeira jamais seria descoberta pela dupla de tratantes. Omandyas atenderia sempre com presteza aos chamados de Azamor e voltaria ainda várias vezes ao Templo de Áries durante as breves luas que durariam a conspiração.

O papel principal do assistente interesseiro e boboca foi o de espalhar, justamente, a loucura do rei, o que, em função de seu temperamento dissimulado e fofoqueiro, sempre se esgueirando pelas beiradas da vida para apanhar as migalhas de simpatia que os incautos deixavam cair ao chão, não foi nada difícil. Espalhou seus espiões por todo o reino. Fez todo o jogo sujo; arriscou-se sem perceber e poupou Azamor de se expor demasiadamente. Se alguém descobrisse todo o plano, certamente o primeiro pescoço a rolar seria o seu.

Naquela tarde, com Azamor à beira de um ataque de nervos com as incertas notícias que eram trazidas das terras de Arary de que os homens de Zanatar faziam exigências descabidas, uma vez mais foi ordenada sua presença. Do alto de sua ambição, não percebia que não passava de um moleque de recados para o astuto sumo sacerdote.

Como sempre, chegou esbaforido, deixando de lado as tradicionais mesuras dos serviçais inferiores que tanto o encantavam, indo direto ao gabinete do chefe, que o recebeu azedo, fazendo com que medisse ainda mais as palavras na conversa:

— Alguns espias trouxeram notícias de que aqueles malditos etíopes querem mais e mais em troca de sua ajuda às tropas dos príncipes para derrubar o rei! — despejou Azamor aos gritos em cima do encolhido Siamor que tentava em vão cumprimentá-lo. — O que sabes disso?

— Eu soube disso, Excelência, e tomei, então — falou em um fio de voz —, a liberdade de despachar homens de confiança para as terras de Arary para verificar melhor o que está acontecendo e acalmar os etíopes — completou. Em seguida, fez uma pausa para olhar de soslaio se Azamor parecia mais calmo.

— Creio tratar-se de algum equívoco, pois as palavras estão empenhadas e além do mais...

— Achas mesmo que palavra de etíope vale alguma coisa? — explodiu, sem dar tempo que Siamor terminasse a frase, aproximando seu rosto do assustado subalterno, que pôde sentir seu hálito fétido, fazendo-o se encolher ainda mais.

— É que... É que... — gaguejou o infeliz, aterrorizado com a ira do outro. Bem sabia que Azamor poderia jogá-lo em uma masmorra qualquer, onde desapareceria para sempre.

— É que o quê? Despeja logo o que sabes, criatura — vociferou.

— É que tenho contatos dentro do próprio exército de Zantar, Excelência. O príncipe só está pressionando para terminarmos logo com isso, pois seus homens estacionados na Ilha Gorda, ao largo da costa, estão ficando ansiosos. São muitos guerreiros e esta longa espera sem fazer nada os desagrada. Querem sangue!

— Ah! — foi só o que deixou escapar o sumo sacerdote, entre aliviado e assustado.

"Sangue?", pensou, enquanto sentia um nó na garganta e engolia em seco.

— Bem, nesse caso, acho que não temos muito com o que nos preocupar — falou meio sem graça, querendo mais convencer a si mesmo.

Todos sabiam da ferocidade das hordas etíopes, cujas lendas contavam terem sido expulsas do vale em tempos remotos pelos valentes homens de Zac, guiados por sua inabalável fé na proteção e na orienta-

ção do Grande Morubixaba, que passara pelo vale naquela época.
O morubixaba era um ser quase divino e, da mesma maneira que um dia apareceu misteriosamente para guiar os passos de Zac na nova terra, desapareceu no início da dinastia Ay-Mhoré. Muitas lendas haviam-se criado em torno de sua figura gloriosa.

Azamor soltou a túnica de Siamor, que havia agarrado pela gola, ajudando-o a se recompor, alisando com a mão as dobras amassadas.

— Hás de compreender minha preocupação, meu caro, pois estamos lidando com selvagens — falou com a voz mansa, fingindo se desculpar. — E, como tu mesmo o disseste, essas bestas estão ficando nervosas.

Siamor se ajeitou melhor e, embora ainda estivesse meio desconfiado, não abriria mão de nenhum sacrifício para galgar postos mais altos, preferindo acreditar naquelas desculpas esfarrapadas em vez de querer enxergar que, para Azamor, ele não passava de um lacaio útil e que isto, obviamente, não mudaria nunca, mesmo que a conspiração chegasse a bom termo.

— O capitão Arassagy, vosso chefe da guarda, pode confirmar estas informações se Vossa Excelência achar por bem.

Azamor já estava distante, matutando como apressar as coisas para o grande desfecho.

Capítulo 3
O sétimo continente

Voltando no tempo e ao velho continente de Aztlan, à época da migração do povo Zac, encontra-se apenas o que restara da grande Atlântida. Depois do grande cataclismo que se abatera sobre o continente lemuriano, continuava em curso o lento, mas progressivo, desaparecimento da Terra Mãe.

Milhares de anos antes, com o afundamento completo da Lemúria nas águas do Pacífico, uma enorme parte do grande continente já havia sido destruído. Atingido posteriormente por um grande asteróide, toda as terras entraram em enorme convulsão, com grandes terremotos e maremotos. Aquilo que fora um dia a orgulhosa Atlântida viu-se então reduzida a apenas duas enormes ilhas: Ruta e Daitya que, posteriormente, mudou seu nome para Poseidon.

Povos inteiros foram sepultados nas águas dos oceanos, pois já naqueles tempos diferentes raças, separadas em um sem-número de pequenos reinos e cidades, proliferavam por toda parte, sempre em luta entre si. Inúmeros governantes despóticos e magos negros pululavam naquelas bandas, disputando o poder palmo a palmo. A magia negra prosperava.

Quando na esteira dos tempos as ilhas remanescentes começaram a perder terreno e seu desaparecimento começou a ficar evidente para os deuses do espaço, seres de constelações próximas e mais adiantadas em todos os sentidos, que haviam tomado para si a tarefa do desenvolvimento das raças humanas em auxílio ao espírito planetário, decidiram avisar aos homens da necessidade de partir, mas muitos ignoraram os avisos dos mestres siderais que velavam por aquela civilização desde seus primórdios. Na principal cidade, Lanka, os apelos não foram ignorados, mas isso propiciou que os magos negros, que dominavam a cidade naqueles tempos, também migrassem com seus templos da luz negra para outras regiões, inclusive para a futura Terra das Estrelas, bem ao norte da praia generosa que acolheria Zac e seu povo.

Há muitos outros milhares de anos antes, após o primeiro grande cataclismo que rachou ao meio o continente, as grandes migrações atlantes já tinham tido curso nas mais variadas direções. A princípio, separados por suas etnias, os povos foram conduzidos pelos deuses compassivos para regiões mais seguras dentro da própria Atlântida e, posteriormente, guiados cuidadosamente para outras regiões escolhidas do planeta, que tivera sua face transformada após os terríveis eventos geológicos que se impetraram nos dois grandes continentes. Imensidões de terras, plataformas continentais inteiras e enormes cordilheiras desapareceram para o surgimento de outras, que se levantaram dos seios da terra como em um passe de mágica.

Nos mais distantes rincões, civilizações magníficas floresceram, especialmente nos altiplanos do continente sul-americano, nas densas florestas em torno de seu mar interno e no norte da África; tiveram seu ápice de esplendor, para depois eclipsarem, não só pelos desmandos dos homens como quando seus ciclos evolutivos simplesmente se encerravam, com o suceder das inúmeras sub-raças anteriores ao povo de Zac.

De Tihuanaco ao posterior Império de Paititi na região que seria chamada de Amazônia no futuro, da Caldéia às disnastias divinas do Egito, muito antes dos primeiros faraós humanos reinarem absolutos, os atlantes se espalharam pelo planeta levando sua fantástica cultura, sempre orientados, a princípio, pelas mentes e mãos generosas dos seres das estrelas, cujos nomes se transformaram em lendas através dos milênios. O deus Osíris, no Egito, havia sido Toth, de Alfa Centauro; Manco Kapac, de Vênus, discípulo de Aramu-Muru, o mestre sideral que veio para o novo continente com seus barcos voadores trazendo o disco de ouro resgatado do Templo da Luz Divina da Lemúria ancestral antes de seu fim, após a derrota da magia negra no primitivo continente, onde ela havia se iniciado, se transformou em uma das inúmeras divindades adoradas nos Andes, e assim por diante.

Exilados de Ruta e Daitya, em diferentes épocas, vieram para a Terra das Estrelas. Muitos, como o imperador de Ruta e seu povo, se estabeleceram em uma das cidades satélites ao redor da grande cidade de Ophir, capital do império de Paititi, acolhidos pelo grande Conselheiro e Mestre Uiran-Taê e migrando posteriormente para Ibez, mais ao sul, antes da destruição das cidades; grandes terremotos e maremotos causados pelo afundamento de parte de Ruta convulsionaram uma vez mais os continentes, mudando novamente a face das terras que acolhiam os atlantes sobreviventes, ceifando a vida de milhares.

Milênios mais tarde, quando Ibez já havia se transformado em um grande império, foi a vez de Zac deixar a Atlântida e se estabelecer com seu povo no litoral do Atlântico Sul, a sudeste das grandes e esplendorosas cidades na região central daquilo que seria um dia a

América do Sul. O grande mar interno que ligava os dois oceanos já havia desaparecido, tragando em suas entranhas as magníficas cidades de Paititi.

Ao escolher o nobre príncipe Ay-Mhoré para seu sucessor na Terra das Araras Vermelhas, no litoral que em um futuro longínquo seria chamado de Espírito Santo, Zac iniciava, sem saber, uma gloriosa dinastia que carregaria o sangue atlante nhengatu, a poderosa raça vermelha, pelos tempos que viriam. A glória deste povo se prolongaria por várias gerações e, posteriormente, nos 40 mil anos que se seguiriam, suas reminiscências ancestrais se fariam sentir na cultura, especialmente a espiritual, dos povos que emergiram no futuro da Terra das Estrelas, o Baratzil.

Ay-Mhoré VII, assim como seus antecessores, era um espírito devotado a seus súditos e, sem que tivesse consciência, tinha participação mais que ativa, há milhares de luas grandes, no grande projeto sideral chamado Terras do Sul, tendo abdicado de seu lar sideral para viver sua aventura terrena. Tinha sido o grande mestre do Império Paititi e de Ibez, milênios atrás, Uiran-Taê.

Ainda na velha Atlântida, em sua primeira encarnação no planeta, tinha sido Nofru, o belo príncipe de raça negra, herdeiro do reino das Terras Roxas, que lutou sem tréguas contra a magia negra. Originário de Erg, o mundo perdido no espaço sideral, onde era chamado de Albiom, vinha de Kendom Silá, a linda cidade imantada em Shukra ou Vênus, seu lar nas estrelas; tinha vindo apenas por amor desinteressado ao povo de Bhûmi, aquele planeta que mais tarde seria chamado de Planeta Azul ou Terra. Tinha sido um cientista de um avançado estágio de evolução no qual não mais necessitava usar seu veículo físico o tempo inteiro; trabalhara por tempos sem conta para o desenvolvimento da vida neste sistema planetário inferior que acolhera seu povo, em retribuição amorosa. O povo de Erg semeava a vida e por isso foram chamados de jardineiros cósmicos.

Muitos desse ergs, também reencarnados no planeta, acompanharam Albiom em sua longa trajetória terrena até a Terra das Araras Vermelhas, seguindo depois para a Terra dos Ay-Mhorés. Os mais iluminados sacerdotes, os mais devotados reis, príncipes e conselheiros e os mais valentes guerreiros que passaram pela linda colônia atlante no litoral do Baratzil eram também, muitos deles, seres vindos das estrelas, oriundos do desaparecido planeta Erg.

Entre encontros e desencontros durante suas encarnações no planeta, queimaram seus carmas coletivos, ganharam outros, acertaram e erraram. Dia próximo virá na esteira dos tempos em que todo o povo de Erg se reunirá novamente para retornar para as estrelas, mas, neste dia, é provável que ninguém se deixe seduzir pelo brilho vindo dos céus. Talvez prefiram continuar no generoso Planeta Azul que lhes ofereceu a oportunidade de aprender e servir.

Capítulo 4
Nas terras altas

O último a subir foi o príncipe Jatay, agora regente do trono dos Ay-Mhorés por determinação do Grande Conselho e a pedido do grande tuxauá, na ocasião de sua abdicação em favor de seu filho Tupayba, na última reunião do conselho na Terra das Araras Vermelhas.

Os primeiros a partir foram os habitantes das cidades satélites; depois os das doze cidades, seguidos pelos nobres e, por fim, os soldados, sacerdotes e membros da família real.

A maioria dos príncipes, dos comandantes dos exércitos e outras autoridades já tinha subido e descido a montanha várias vezes para conhecer o novo local e traçar planos para os habitantes das cidades. A passagem secreta descoberta pelo rei fazia com que o trajeto não levasse mais do que uma hora. Os soldados e muitos trabalhadores já tinham iniciado a limpeza das áreas e o corte das árvores, entre outras providências iniciais, para dar lugar às construções. Para não haver disputa dos melhores lugares e terras, cada cidade seria construída na mesma orientação da anterior. A que estava no leste permaneceria no leste e assim por diante.

O povo recém-chegado alguns dias após o término da migração para as terras altas, desconsolado, confuso e desorientado por tantos acontecimentos trágicos, se espalhava pela campina, exausto e faminto.

Nesses dias, uma chuva fina, fria, constante e intermediada com ventos fortes caiu sobre as terras altas, vinda dos lados do mar. Atordoados, eles tentavam olhar o horizonte, lá embaixo, e nada viam além de uma feia neblina acinzentada com tons arroxeados que cobria a cidade, os caminhos da montanha e o mar. Era como se estivessem pairando em uma ilha, suspensa no meio das nuvens, sem um chão ao seu redor.

Acostumados ao sol e ao calor, estavam agora molhados, sujos, quase sem abrigo e ouvindo o barulho dos ventos no meio daquele clima estranho; se assustavam com o presságio, cada vez mais perto, do cumprimento da profecia.

Os habitantes das cidades satélites, cuja migração havia começado bem antes do Grande Conselho, ajudavam no que podiam, pois, nos tempos que antecederam a subida de toda a nação, já haviam preparado o essencial para receber a grande massa que viria a seguir.

Calmo e equilibrado, Jatay ordenou ao capitão Pery, elevado agora à condição de comandante geral dos exércitos, que ordenasse a seus comandados de mais alta patente, os comandantes de cada cidade, a organização de parte dos exércitos em pequenas patrulhas, a comandar cada uma grupos de homens do povo para, inicialmente, providenciarem carne de caça como alimento para a multidão que se aglomerava, ansiosa e preocupada.

Tudo foi feito com rapidez, pois os alimentos trazidos do vale seriam insuficientes para todos e logo começariam a escassear.

Por ordem dos organizadores do êxodo, homens e mulheres, independente de sua posição social, quase nada haviam trazido mediante a caminhada pelas montanhas além de poucos bens pessoais, mais de caráter afetivo, e algumas roupas e utensílios. Servos foram orientados a cuidar também de suas famílias e não apenas das de seus senhores. Oficinas que seriam necessárias ao bem comum foram desmontadas e seus instrumentos principais levados. O mesmo aconteceu com moinhos, estaleiros, observatórios astronômicos e outras facilidades.

Homens do exército, durante algumas luas antes da grande migração, haviam transportado ferramentas, teares, sementes de tipos variados, chás, redes para a pesca e tudo o que se julgou imprescindível para a subsistência do povo nos primeiros tempos, além dos pergaminhos dos templos, do material cerimonial e dos objetos sagrados do palácio real e dos principais templos, tais como Áries e Leo. De outros templos menores, os sacerdotes carregaram o que puderam.

Cada príncipe decidiu o que seria levado pela população e de seus palácios, todos priorizando a subsistência básica, sob a supervisão rígida do príncipe regente que espalhou homens de confiança pelas cidades, a orientar e a impedir abusos desnecessários, o que sobrecarregaria as tropas e poria em risco as marchas pela montanha.

Em grandes arcas feitas de material leve, todo esse material foi transportado, assim como grandes quantidades de roupas, cobertores de penas, potes de todos os tipos e outros apetrechos. Naturalmente, os mais gananciosos trataram de transportar as coisas que achavam valiosas, de forma sorrateira, pois Jatay dera ordens explícitas para que nada disso fosse levado.

De forma estranha, a maioria dos pássaros e muitos outros animais desapareceram das terras baixas na última lua, tendo migrado, espontaneamente, para lugares mais altos, seguindo seus instintos.

Imaginava-se, como de fato ocorreu, que a caça nas terras altas fosse abundante. Usando a exuberante vegetação, logo cabanas comunitárias foram erguidas, de forma a acomodar entre seis e sete famílias em cada uma delas. Apesar das dificuldades, os homens se dividiam em equipes para a abertura de clareiras, para a caça, para o corte dos juncos para as construções, para a construção de cabanas e para a provisão de água. Riachos e cachoeiras foram encontrados de forma farta nas densas matas próximas.

As mulheres se organizavam em improvisadas cozinhas nos grupos a que agora pertenciam e tratavam de preparar a alimentação em pequenos fornos escavados na terra, usando fogueiras de pedra para os grandes tachos e aparadores suspensos para os espetos, onde as carnes eram assadas. Frutas e sementes eram encontradas por toda parte, como um presente da natureza para aquele povo sofrido; leguminosas gigantescas e nunca antes vistas eram enroladas em folhas e colocadas nos braseiros dos fornos subterrâneos, idealizados pelo esforço coletivo.

Após a confusão inicial, um espírito de grupo começou a emergir naqueles sobreviventes e muitas atitudes de cortesia e solidariedade começaram a aparecer.

Cada príncipe tomou para si a organização de sua gente, sem contudo ir contra as ordens iniciais de Jatay, de organizar as patrulhas e as cabanas coletivas. O Conselho determinou que estaria reunido de forma permanente: mensageiros levavam as ordens e as idéias de um membro a outro, cobrindo as distâncias com rapidez, pois organizaram entrepostos com estafetas de plantão.

De repente, no meio da lida de reconstrução, o barulho dos ventos cessou por completo. A chuva parou e o ar se tornou, momentaneamente, pesado, quase irrespirável. Por um instante, nada se moveu; as pessoas, aterrorizadas, se abraçavam chorando. Em todos os núcleos, mães agarravam seus filhos e maridos corriam para proteger suas mulheres. Os sacerdotes se prostraram no chão, entoando mantras e acendendo círios.

O novo sumo sacerdote, Tabajara, implorando pela clemência de Tupã para com aquele povo, se postava de joelhos, contrito, braços elevados aos céus em cima do pequeno e tosco altar que os servidores do templo haviam erguido. Ao seu redor, os demais sacerdotes e serviçais dos Templos de Áries e de Leo assumiam, sem pensar, a mesma postura. Em toda a volta, o povo caía de joelhos, mudo e impotente, esperando pela vontade dos deuses.

Momentos depois, que pareceram uma eternidade, um barulho infernal se ergueu do horizonte, como se mil trovões se fizessem ouvir ao mesmo tempo. A terra tremeu quando um enorme impacto se fez sentir, seguido de muitos outros menores, levando a multidão, num repente, ao pânico completo. Muitos corriam desesperados para todos os lados, cegos e desorientados, tapando os ouvidos com as mãos e clamando pela proteção dos deuses. Outros, mais corajosos, esbravejavam contra Anhangá, o demônio das montanhas. Crianças e mulheres choravam assustadas.

Por uma bênção especial das forças superiores, o povo Nhengatu reunido no alto da montanha não viu o desaparecimento da terra que tanto amava. Como uma pedrinha jogada no meio de um rio, a Terra das Araras desapareceu nas águas do oceano, como em um passe de mágica.

Tempos depois, ainda atônitos, viram, finalmente, o mar a bater nas rochas, algumas dezenas de metros abaixo de seus pés e depois subir lentamente, até se formar uma espécie de praia afundada e perigosa, tomada por uma água escura, cheia de dejetos de todos os tipos e de uma espuma suja e esverdeada - resíduos movimentados pela força do maremoto, que arrancou e destruiu tudo o que ficou no seu caminho. Troncos enormes de árvores boiavam, despedaçados, como se fossem galhinhos arrancados por passarinhos. Aqui e ali se percebiam incontáveis destroços da gloriosa arquitetura da Terra das Araras Vermelhas.

Sabiamente, Jatay havia delimitado para bem longe a área de onde as construções deveriam começar, prevendo o aparecimento daquele arremedo de praia.

Durante dias e dias, apesar do trabalho frenético para a construção de mais e mais abrigos para toda a população, prioridade número um estabelecida pelo príncipe regente, pois a temporada de chuvas se aproximava, as pessoas estavam mudas, em uma espécie de estado de choque. Tudo parecia um sonho ruim do qual não havia, no entanto, um despertar. Não pensavam. Apenas se movimentavam freneticamente a trabalhar sem cessar.

O ar da montanha, geralmente mais leve e puro, estava agora incrivelmente seco e carregado de resíduos amarelados, em nuvens sucessivas que iam e vinham, formados por uma fina poeira vinda não se sabe de onde, malcheirosa, dificultando a respiração das pessoas. Crianças, especialmente, necessitavam de atenção, com panos molhados sendo enrolados como proteção em seus rostos. Todos, de alguma forma, providenciavam algum tipo de máscara umedecida para poder respirar. Os sacerdotes curadores se desdobravam, juntamente com seus auxiliares e aprendizes, nos cuidados dos doentes e feridos. O sol brilhava forte e um calor abafado, estranhamente, dominava toda região, um pouco fria, deixando as pessoas ainda mais confusas. Estavam novamente a beira-mar.

Araguary

Outra espinhosa missão ainda aguardava pelo príncipe regente, pois a rainha, aflita, ansiava por se reencontrar com Ay-Mhoré e a todo o momento perguntava por ele, enquanto amamentava o pequeno Tupayba, recostada em um divã improvisado por peles de animais no abrigo que já a aguardava no momento de sua chegada nas terras altas, no lugar escolhido para a construção do novo palácio real.

Ay-Mhoré decidira não subir com seu povo e os únicos a deterem a informação, como um terrível segredo, eram Jatay e Tabajara. Apesar dos protestos de ambos, nada demoveu o tuxauá de sua quase incompreensível decisão. Nem mesmo os avisos do sacerdote sobre o carma que ganharia ao entregar sua vida sem lutar por ela foram capazes de demovê-lo.

Heroicamente, o tuxauá resolvera desaparecer junto com a terra generosa que acolhera o seu povo desde os primeiros tempos, acreditando que sua missão estava encerrada. Achando-se merecedor de receber a permissão do príncipe regente para realizar seu desejo, obteve dele sua palavra, mesmo contra sua vontade. Confiara-lhe os destinos do povo e o amparo de sua mulher e de seu filho; e a Tabajara a educação formal e espiritual de Tupayba.

Depois que a tempestade inicial passou, o desespero da rainha transbordou, mesmo com as notícias desencontradas de que ele se encontrava em outra região, conduzindo os trabalhos de reconstrução.

Dias depois da tragédia que se abatera sobre o vale, foi Tabajara quem decidiu que não havia mais como poupar a rainha, assim como o povo das terras do velho príncipe Anhanguera, aflitos com o desaparecimento de seu amado senhor, pois também eles não sabiam que ele decidira ficar no vale, solidário com seu rei e amigo. Se achando velho para se adaptar à nova vida, o gigante de coração bondoso, como era conhecido, também preferiu desaparecer com seu rei e sua terra tão amada. Na verdade, este bravo guerreiro não poderia jamais deixar Ay-Mhoré sozinho na hora mais dramática de sua vida.

Tabajara confiou a Jatay a missão de falar com a rainha enquanto ele próprio se dirigia para os lados das terras mais longínquas onde a cidade do príncipe Anhanguera seria reconstruída e onde seu povo se concentrava.

Sua chegada, acompanhada de uma solene procissão de outros sacerdotes, foi seguida de um silêncio sepulcral, enquanto o mago subia, a passos lentos, em um grande amontoado de terra, rochas e troncos de árvores retiradas para abrir a clareira, para poder ser visto por todos. Era como se todos pressentissem o pior e o semblante carregado de Tabajara prenunciasse mesmo o veredicto.

Sua túnica, outrora branca, estava quase marrom, com manchas escuras de sujeira e pó, pois ele se entregara ao auxílio geral com os demais sacerdotes dos diversos templos, correndo daqui para ali, a dar amparo espiritual, além de curar feridas e tratar das doenças de todos os que necessitavam, sem um minuto de descanso. A dura subida pela montanha para as mulheres, crianças e para os mais idosos tinha deixado um preço em seus corpos cansados.

As pessoas o olhavam com admiração e respeito. Em seus quase quarenta anos, era o mais jovem sacerdote já escolhido para ser o supremo dirigente dos rumos espirituais dos Nhengatus, nas sete gerações de tuxauás que haviam reinado no vale. Segundo a tradição, o Conselho dos Príncipes referendava o nome escolhido pelo concílio dos supremos sacerdotes dos doze templos principais. Estes, por sua vez, escolhiam entre uma lista de nomes apresentada pelo tuxauá. Desta vez, no entanto, o nome de Tabajara, supremo sacerdote de Leo, fora uma unanimidade, tendo Jatay apresentado-o unicamente, em consulta prévia feita aos demais sacerdotes e aos príncipes.

Era por todos respeitado por sua lealdade, sabedoria e poderes espirituais. Durante toda a crise pela qual o reino passara, Tabajara trabalhara de forma incessante e quase invisível aos olhos de todos ao lado do rei, dando-lhe proteção e equilíbrio, em comunhão com as forças da luz. Criou em torno dele um campo de proteção; um campo de força que mantinha afastados uma troupe de artificiais criados por Azamor e seus comparsas, além de outros tipos de entidades naturais interessadas na confusão geral, como magos menores e outros infelizes.

Não foi possível antepor mais magia de seu grupo de sacerdotes diretamente contra os conspiradores, embora tivesse até condições para isso, pois estaria a interferir no livre-arbítrio do rei e dos demais envolvidos no processo cármico daquele povo, impedindo-os de chegar aos momentos dramáticos que se avizinhavam que, de fato, aconteceram; momentos de grandes decisões que teriam de tomar, fossem elas certas ou erradas.

Sabia que, até mesmo aqueles seres que mantinha afastados, embora fossem apenas simples aproveitadores ou cegos seguidores de seus senhores, somente haviam se aproximado devido à raiva que explodiu no coração de Ay-Mhoré, que, embora avisado, não conseguiu se controlar e com eles sintonizou. De fato, todos os demais envolvidos do lado do bem, o que aliás era algo bem relativo a seus olhos, nutriam sentimentos contraditórios, como raiva, medo, tristeza, ciúme etc., o que facilitou a ação dos agentes das sombras.

Parou por um instante no alto do entulho, de cabeça baixa, em uma prece silenciosa, sem se atrever a olhar de imediato nos olhos daquele povo, que teria ainda outra tristeza quando soubesse da perda de seu rei. Pedindo amparo a Tupã e ladeado pelo nobre Araguary, também residente da Cidade Interna, como era chamada a cidade de Anhanguera, por ser a mais distante da Cidade Central e protegida por uma mata densa, respirou fundo e falou:

— Que Tupã nos guarde a todos nesta hora de aflições, meus filhos! — mal começou as primeiras palavras e muitos começaram a soluçar baixinho, exauridos com tudo o que já haviam passado e antevendo o que iriam ouvir. E ele continuou, limpando a lágrima que insistia em rolar pela sua face:

— Por séculos sem conta o espírito de Zac amparou seu povo em nosso querido vale. Contudo, era chegada a hora do desaparecimento da Terra Mãe e nova missão estava reservada para a gente da Terra das Araras Vermelhas: sobreviver! — falou bem alto, dando ênfase à última palavra. — Sobreviver e não deixar desaparecer sob esta santa terra do sul que nos acolheu o sangue atlante dos Nhengatus. Grandes planos estão traçados em um futuro distante para aqueles que carregarem em suas veias este nobre sangue! — continuou antes de fazer uma pequena pausa, a observar os olhos úmidos dos que estavam mais perto, sabendo que a maioria não podia compreender o que dizia em toda a sua amplitude.

— E entre os mais nobres está o sangue de nosso querido príncipe Anhanguera — proferiu com estas palavras que foram o suficiente para que gritos de dor ecoassem pela clareira.

Fez mais uma pequena pausa, esperando que as pessoas se acalmassem para que pudesse se fazer ouvir e continuou:

— Provando uma vez mais seu caráter e sua lealdade, além de

sua coragem inabalável, ele decidiu ficar no vale até o fim, pois esta foi a decisão de nosso amado tuxauá, que não quis abandonar o solo sagrado em que sua dinastia reinou por tanto tempo, considerando sua missão terminada com o povo que tanto amou. Ay-Mhoré não abandonou sua amada terra e Anhanguera não abandonou seu rei.

Homens e mulheres caíam de joelhos aos prantos, chocados com mais este drama que teriam de enfrentar: a perda de seus dois queridos senhores e protetores.

Depois de um tempo, mostrando o príncipe a seu lado, que, cabisbaixo, se controlava para não chorar também, embora já soubesse da notícia anteriormente, continuou, num esforço supremo:

— O Grande Conselho, em uma reunião de emergência horas atrás, deliberou e decidiu que o mais adequado líder para a Cidade Interna neste momento, em substituição ao insubstituível príncipe Anhanguera, é seu leal servidor e também filho das terras de caça, o príncipe Araguary. Quer todavia o Conselho, em nome do príncipe regente Jatay, que doravante dirigirá os destinos da nação por determinação expressa de Ay-Mhoré enquanto o pequeno príncipe herdeiro não tiver idade para isso, que seus habitantes tomem a decisão final — fez uma pequena pausa e finalizou, com ênfase: — Qualquer que seja, ela será respeitada!

Um silêncio caiu de súbito sobre a triste e cansada assembléia ali constituída. As pessoas se entreolharam por alguns momentos e, de repente, do meio da multidão uma voz forte se fez ouvir:

— Salve o príncipe Araguary!

Após um instante outras vozes se uniram àquela e em breve um coro em uníssono gritava seu nome. O jovem príncipe, tido como um filho por Anhanguera, e que estivera a chorar baixinho, caiu em pranto total ao ser arrebatado pelas pessoas que o carregaram nos braços. Tal como seu pai postiço, Araguary tinha um enorme coração e era amado por todas as pessoas daquelas bandas.

Tabajara sorriu um sorriso comovido ao ver a manifestação popular, que fazia da dor pungente que lhes atravessava o coração um grito de esperança depositado nas mãos daquele que escolhiam com amor para continuar a ditar seus destinos. Erguendo os olhos úmidos e os braços para o alto, tendo um dos joelhos na terra em um gesto de agradecimento, rezou em súplica:

— Dai forças a vosso povo sofrido, ó Tupã! — e, isso feito, retirou-se, deixando Araguary nos braços de seu povo. Em uma última virada para trás, enquanto caminhava de volta junto de Zandyr, seu servo de confiança, e alguns outros sacerdotes, seu olhar se cruzou com o de Araguary, que o olhava agradecido. Sorriu novamente e abraçou o pequeno Zadeu, filho de Zandyr, que o seguia por toda parte como um carrapicho, como o chamava.

Uma nova luz brilhava em seus olhos percebendo os caprichos de Tupã, que possibilitava àquela gente simples resgatar seu carma coletivo sem a sombra momentânea da desesperança.

Mas logo começariam a correr murmúrios de que seriam todos castigados por Tupã por terem deixado seu rei para trás.

A rainha Bartyra

Enquanto isso, Jatay havia contado para Bartyra o que sucedera com Ay-Mhoré, Anhanguera e Nadja, a Suprema Sacerdotisa da Dança do Templo do Vento, que não tinha sido vista nas terras altas e, segundo tinha chegado a seus ouvidos, também resolvera ficar no vale. Quando soube dos boatos, Jatay havia procurado Narayama, a mais adiantada aprendiz do Templo.

— Então, o que me dizes, Narayama? — perguntou o príncipe, surpreso. — Quer dizer que a sacerdotisa Nadja também ficou? — perguntava, mais para si mesmo, como querendo convencer-se da idéia.

— Sim, meu senhor — respondeu a jovem, de olhos baixos e marejados. E, mostrando a mão ao príncipe regente, exibiu em seu dedo o anel cerimonial que a tornara a nova sacerdotisa suprema da dança mágica. Um anel de ouro trazendo em cima uma borboleta com as asas abertas.

Jatay tomou-lhe a mão e ficou a admirar a pequena jóia, sem acreditar. Tinha grande admiração por Nadja, por seu talento, por sua firmeza de conduta e por sua beleza, embora não fossem amigos muito próximos.

Depois de breves momentos, refeito do susto, fez uma pequena reverência e recitou, de forma protocolar:

— Salve, ó Grande Sacerdotisa da Dança!Que Tupã proteja teus passos. Este teu príncipe te recebe em nome do futuro tuxauá, Tupayba.

A moça, então, comovida e ainda entre lágrimas, fez uma longa mesura, abaixando-se quase até o chão, recitando em resposta:

— Que Tupã guarde o futuro tuxauá, o escolhido dos deuses e o príncipe regente.

Sem mais delongas, Jatay perguntou:

— Tu já sabes do tuxauá, não sabes? — e ante o olhar da moça abaixado ao chão, como um pequeno gesto afirmativo, enquanto apertava na mão o anel ritualístico, soube que sim.
— Quem te contou? — insistiu.
— O sumo sacerdote, alteza. Eu o procurei para contar de Nadja e tudo o mais sobre mim. Soube também do príncipe Anhanguera.
— Ah! Claro. Está certo — não chegou a ouvir enquanto a moça completava:
— Jamais compreenderei suas decisões, embora as respeite.

Mas Jatay estava longe, pois um pensamento passou por sua mente como um raio:
"Por que os dois ficaram? Anhanguera até entendo, mas os dois...", suas inquietações se perderam no nada.

Mas, como a moça continuasse a falar, foi despertado de seu devaneio, subitamente. Olhou a jovem, de cujo talento já ouvira falar tantas vezes, que o olhava respeitosa, não acostumada aos tratos de seu novo posto, agora calada.
— Hã... desculpe, o que disseste? É que tenho muitas preocupações — desculpou-se.

A jovem se inclinou em uma despedida cerimoniosa e falou:
— Naturalmente, meu príncipe. Nada de importante. Não devo tomar mais vosso tempo.

* * *

A rainha andava de um lado para o outro, em passos lentos, como um autômato. Ora chorava, ora emudecia e ficava a olhar em direção ao horizonte além das nuvens, como que procurando pelas trilhas por onde o povo subira e que não mais existiam, na esperança vã de ver a figura de Ay-Mhoré chegando.

O Grande Conselheiro Turyassu chegou num repente e estancou à entrada da grande cabana que servia de refúgio à rainha e a seu filho, à guisa de morada real.

Ela era feita de troncos de madeira, dispostos em quatro cantos e ao centro. O teto e as paredes móveis, feitas de uma espécie de junco, abundante na região, levantavam e abaixavam em pequenos painéis, deixando entrar a brisa refrescante. O pequeno Tupayba dormia em um berço improvisado, feito de um tronco escavado e forrado de uma manta trazida das terras baixas, tecida com suaves penas de araras.

Turyassu passou os olhos pelo lugar e suspirou, tentando recompor-se do baque causado pelos últimos acontecimentos: a perda das cidades, dos templos e, principalmente, a perda do grande tuxauá, a quem muito admirava. Com idade avançada, o velho conselheiro lutava para não se deixar perturbar em demasia pelas tragédias sucessivas que se abatiam sobre o povo da Terra das Araras Vermelhas.

Sabia que sua missão com o povo não estava ainda terminada e, além do mais, amargava uma perene e profunda culpa por ter entregado Juranan, o antigo sumo sacerdote, nas mãos de seu antecessor. Era como se um punhal estivesse permanentemente enterrado em seu peito, a arder em chamas, numa dor que não cessava jamais, como em penitência eterna que impusera a si mesmo. Inconformado com algumas bobagens que fizera na juventude, muito antes de se tornar o conselheiro do rei, quando ainda se preocupava com os tesouros da terra, viu-se nas mãos de Azamor, que tudo sabia; em um momento de fraqueza e medo errara de novo, negociando o silêncio do então sumo sacerdote e por isso não se perdoava.

O trabalho incessante era como um dreno à sua dor e um pagamento aos deuses por seus erros. Somente a Tabajara confiara seu triste segredo. Este o amparara, compreensivo, mostrando-lhe a imperfeição dos homens como estímulo para seu crescimento e pedindo a Tupã o perdão pelos seus atos. Compreendia, mas não se consolava.

Bartyra nem percebeu sua presença, sendo necessário que ele pigarreasse algumas vezes, discretamente, para se fazer notar.

Entre lágrimas, a rainha não tinha voz. Mantendo apenas o que restava de sua dignidade real, fez um gesto naturalmente elegante, oferecendo ao conselheiro assento nas almofadas que se espalhavam pelo recinto, todo forrado por peles de animais e esteiras de palha.

Olharam-se por uns instantes, cada qual tentando descobrir por onde iniciar uma conversação naquele momento de dor. Foi a rainha quem tomou a iniciativa, após bater palmas, chamando a presença de sua serviçal.

— Diga-me, ó Grande Conselheiro, meu amigo, por que Tupã nos pune de forma tão severa? — perguntou, sem esperar, de fato, uma resposta. Lágrimas voltaram a lhe brotar dos olhos, enquanto procurava disfarçar a emoção, como convinha a uma rainha.

Turyassu abaixou os olhos.

— Que sabemos nós dos desígnios de Tupã, majestade? — falou escolhendo cuidadosamente o que dizer para não fazer sofrer ainda mais sua rainha. — Sabeis muito bem da natureza nobre do tuxauá e de seu amor por aquela terra. De certo, seu coração grandioso o

fez decidir com ela ficar, em um último gesto de agradecimento pelo lugar que abrigou tantas gerações dos Ay-Mhorés.
Sem pensar, num devaneio, a rainha retorquiu:
— E o amor por seu filho, por sua mulher, onde ficou? — parecia ressentida pelo que começava a julgar ser um abandono.
Medindo sempre as palavras, até por não ter ainda opinião realmente formada sobre o gesto do rei, Turyassu argumentou, mais como consolo à sua rainha:
— Sabeis que nunca ficarão desamparados, nem Vossa Majestade nem o príncipe herdeiro. O amor e o respeito de todos pela família real continua o mesmo. O rei se foi, mas o príncipe Tupayba aí está para continuar sua obra para com seu povo. De certo, o rei contava com isso — falou dirigindo o olhar para o berço em que o pequeno começava a resmungar. — Talvez contasse com uma parcela de sacrifício de todos, na compreensão de sua atitude — argumentou, com a intimidade de velho e respeitado amigo da família.
A rainha se levantou e foi, como mãe zelosa, dar atenção ao bebê, voltando com ele nos braços, que despertava de um cochilo. Moreno, de tez avermelhada, com cabelos negros e lisos, Tupayba era um legítimo nhengatu.
Tinha seis meses de idade e estava vestido apenas com uma camisola curta, onde o emblema real de seu pai estava bordado, discretamente, na altura do peito. Inconsciente da tragédia que o cercava e dos sérios compromissos com que o destino o aquinhoara, como o de prover a sobrevivência de todo um povo e da dinastia das gerações de Ay-Mhorés que o haviam sucedido, o bebê acordava sorrindo, como sempre, provocando sem saber o primeiro sorriso naqueles corações apertados.
— Soubeste que a suprema sacerdotisa da dança também não subiu, não soubeste? — indagou a rainha, olhando fundo nos olhos de Turyassu, como a exigir uma resposta franca.
— Sim, Majestade. Eu soube — foi só o que lhe restou responder, calando-se a esperar a nova e constrangedora pergunta que, pelo tom da rainha, de certo viria a seguir.
Turyassu havia conversado bastante com Jatay e ambos tentaram decifrar a morte dos três: Ay-Mhoré, Nadja e Anhanguera, cuja amizade era por todos conhecida. Teriam feito um pacto de morte em amor à terra que amavam ou haveria algo mais que ninguém sabia?
Para a surpresa do príncipe regente, nunca havia passado desapercebido a Turyassu os respeitosos, mas profundos olhares da

sacerdotisa da dança em direção ao tuxauá. Teria Nadja se deixado ficar apenas por algum amor velado e mais que fraterno a seu rei? Teria mesmo Ay-Mhoré ficado apenas por considerar sua missão com a terra terminada? Jamais saberiam.

Pelo olhar angustiado e triste da rainha Bartyra, todos esses pensamentos já haviam passado pela sua mente. Seu ressentimento era mais que evidente.

A pergunta que Turyassu esperava, contudo, jamais foi pronunciada. Talvez não fosse necessária. Enquanto isso, a serva de confiança da rainha entrava com uma bandeja de refrescos, como lhe havia sido pedido.

Outra jovem serva, sua filha, entrou e, com um sorriso, recebeu o pequeno príncipe nos braços, ouvindo atenta as recomendações da rainha para que fosse banhado e trocado. Era Nacyra, de apenas 16 anos, a quem fora confiado o trabalho honroso de ser uma espécie de pajem de Tupayba.

Enquanto a breve cena doméstica se desenrolava, Turyassu se dava conta das graves situações que estariam por vir, mas nem mesmo o experimentado conselheiro real imaginaria os dramas que o futuro reservava à abatida nação da Terra dos Ay-Mhorés, que já nascia coberta de problemas.

Com a serenidade dos longos anos educando e servindo a rainha desde mocinha, quando prometida fora a Ay-Mhoré, o então jovem príncipe herdeiro, deu-se o conselheiro real, sem perceber, a audácia de chamá-la com intimidade, deixando de lado o protocolo, ansioso para confortá-la com amor de pai:

— Bartyra, minha filha — falou de forma solene mas carinhosa —, jamais saberemos de fato o que se passou pela cabeça de Ay-Mhoré ou quais os desígnios de Tupã para com ele. Continuo acreditando que o mais nobre sentimento moveu suas decisões, como sempre. Talvez seu destino estivesse entrelaçado com aquela terra generosa que recebeu o sangue nhengatu, tantas luas grandes atrás — e silenciou por uns momentos, a olhar pelo vão deixado pelas palhas levantadas das janelas, de onde nenhuma brisa entrava, pairando um ar abafado no ambiente; procurava as palavras: — Deverias repousar e entregar tua mente ao grande morubixaba, para que ele te aconselhe durante estes tempos difíceis, pois teu filho precisa de ti — sentenciou, abrandando o que gostaria de dizer de fato.

No entanto, quem mais precisava da rainha naquela hora era o povo, mas em razão de sua natureza emocional frágil, temia por ela e, por conseqüência, por toda a nação. Sabia, contudo, que tal vaticínio seria demais para ela naquele momento, sofredora e vitimizada, incapaz sequer de cuidar de si mesma. Na verdade, Bartyra tinha sido desde o nascimento protegida de tudo e de todos, como deveria mesmo ser a vida para uma princesa. Com o casamento, então, essa proteção só aumentou, tornando-se, inconscientemente, cada vez mais dependente de uma vida perfeita e sem problemas.

Com um gesto bondoso, amparou-a pela mão e ajudou-a a sentar-se. Ela o olhava com os olhos vazios, deixando sua mão ficar entre as dele, que a acariciava ternamente, sentada sem vida entre as almofadas suaves colocadas no chão. Ninguém poderia jamais saber o que estaria pensando.

De fato, depois desse dia, nenhum súdito jamais a viu em cerimônias públicas, tendo como que morrido em vida.

Capítulo 5
Parama Sukha

Após ter passado toda a sua vida em grandes farras, gastando a fortuna deixada pelo pai, o príncipe Paraguassu, primo de Ay-Mhoré, depois da morte do melhor amigo, Turano, em condições trágicas, o nobre Ararype acordou num repente quando se viu envolvido, meio sem querer, na luta contra o grupo de insurgentes. Auxiliado pela grande sacerdotisa Nadja, que lhe passou grandes ensinamentos, foi como que despertado de um sono profundo e inconseqüente, percebendo as movimentações infames dos homens liderados por Azamor que passavam ao seu redor. Como se tivesse estado cego por toda a vida, tirou de seus olhos as vendas de um egoísmo que, de fato, não condizia com sua natureza amorável, tornando-se o mais leal servidor do tuxauá.

Tempos depois da subida para as terras altas, já casado com a jovem Nayade, que esperava o primeiro filho do casal para breve, Ararype fora chamado às pressas de suas terras até o palácio real.

Ararype optara por viver longe da Cidade Central, que voltava, lentamente, a ser erguida, tendo à sua volta as demais cidades. Nenhuma delas tinha mais o explendor de suas antecessoras, onde as longas avenidas arborizadas, com seus templos e palácios, cruzavam com encantadoras ruas, onde as casas da população se postavam, pintadas de branco, com seus telhados baixos e suas formas quadradas.

Definitivamente, não se reconstruíam quatrocentas luas grandes de história em tão pouco tempo, pensava distraído, enquanto seus servos levavam sua pequena e discreta liteira sem adornos, feita de material leve, com pequenos troncos de junco na estrutura e nas folhas de palmeira na cobertura. A passos rápidos, duas equipes se revezavam na tarefa. Uma terceira equipe, formada por homens bem armados, levava provisões para a pequena viagem.

Bondoso e bem humorado, o jovem Ararype era muito querido pelos poucos empregados de sua propriedade. Decidira se tornar um pequeno plantador de chá e fabricante de mel, abandonando de vez a vida de irresponsabilidades e, para isso, convidara várias famílias de trabalhadores para morar em suas terras consigo e sua pequena família.

Erguera sua casa e a de seus empregados nas montanhas, a oeste das cidades, entre um rochedo, como proteção inacessível ao fundo, e um penhasco à frente, tendo apenas uma entrada lateral para as trilhas que davam para a longínqua estradinha da Cidade Central, a dias de viagem. Do outro lado ficavam as plantações e as colméias.

A casa era grande, feita de troncos de árvores e calafetada com uma espécie de barro, aliás como todas nas terras altas, com enormes janelas basculantes, como cortinas leves, que se abriam em todas as direções, protegidas por grandes varandas cobertas de folhas de palmeiras e sapé. O chão era de terra batida e pedras, cobertas por um visgo endurecido que o deixava liso e brilhante. As casas dos empregados iam na direção da plantação, sendo todas também confortáveis e frescas. Fazia questão de que todos tivessem boas condições de vida e, por isso, era muito considerado e querido por seu pequeno grupo de auxiliares.

Construída no meio de frondosas árvores milenares, sua sombra acolhedora tomava toda a parte da frente da casa, se estendendo até o penhasco, cerca de cem metros à frente, protegido por um muro de pedras além do mirante, onde alguns bancos feitos de troncos e mesas rústicas estavam dispostos de forma graciosa entre os muitos canteiros de flores silvestres espalhados por toda a parte. A propriedade logo ficara conhecida como a Casa das Flores, título do qual muito se orgulhava Nayade.

Ararype construíra um pequeno paraíso, auxiliado pelo bom gosto e pela simplicidade da jovem e querida esposa, acostumada à vida ao ar livre nas matas do príncipe Anhanguera, onde crescera ao lado irmão, guarda-caça da propriedade, agora casado com uma das ex-aprendizes favoritas de Nadja, Narayma, que fora liberada pela sacerdotisa dos votos religiosos por seu amor a Azalim.

Narayma e o marido haviam decidido ficar na nova Cidade Interna, para ajudar o príncipe Araguary a reconstruir a cidade, como um reconhecimento de Azalim pelo protetor Anhanguera, que o havia recolhido e amparado, juntamente com a irmã, ainda muito pequenos, por conta da morte de seus pais em um ataque de animais da floresta.

Ararype, por sua vez, desgostoso com o rumo que as coisas tomaram após a morte de seu tuxauá, por quem teria dado a vida nas luas finais das terras baixas. Seguido da estranha morte da rainha e dos rebuliços entre os príncipes pelas disputas pelos limites entre as cidades, além das escaramuças entre os exércitos, decidiu que era mais que a hora de se retirar e viver uma vida mais tranqüila, longe daquelas confusões. "Como se todos já não tivessem sofrido o suficiente", pensava desanimado, "ainda procuram outras razões para brigarem entre si".

Pela lealdade demonstrada ao rei em seus últimos dias, quando havia se tornado uma peça chave na defesa do reino contra as hordas de etíopes, conclamados pelos príncipes e sacerdotes revoltosos, recebera como prova de gratidão do Conselho dos Príncipes, tais como Azalim e Zyliar, além de outros ferozes defensores do tuxauá, o direito de escolher uma terra para tornar sua propriedade, considerando-se que era o único herdeiro do príncipe Paraguassu.

Zyliar, filho do pastor Tupyass, tinha sido o bravo montanhês que auxiliara a caminhada de Ay-Mhoré pela Montanha Azul em busca do caminho para as terras altas.

Terra era o que não faltava naquelas bandas, para o espanto do povo, desacostumado às grandes amplidões, uma vez que seu mundo, nas terras baixas, se restringia às faixas litorâneas.

Escolheu as mais distantes possíveis da Cidade Central, para surpresa de todos, que esperavam que escolhesse um terreno na avenida principal dos templos, acostumados à sua fama de festeiro irresponsável e imaginando que voltaria em breve àquele tipo de vida.

A grande avenida era o local onde os nobres e suas cortes se digladiavam para residir, muito embora devessem retornar aos mesmos locais que residiam nas terras baixas, pela sábia decisão de Turyassu, o conselheiro real, justamente para evitar atritos.

Mas a corrupção corria solta e muitas trocas de favores aconteciam agora que a mão forte do rei já não mais se fazia sentir e o príncipe regente se mostrava estranhamente abatido. Quase uma lua grande havia se passado desde que a grande tragédia se abatera sobre o vale.

Durante a cansativa viagem teve tempo de sobra para matutar sobre todos os acontecimentos de sua vida recente. Lembrava-se principalmente do amigo Turano, em cuja homenagem ele e Nayade haviam decidido dar o nome ao filho que estava por nascer. Um menino, como profetizara Tabajara, por ocasião da última visita do casal ao Templo de Áries. Adaptaram o nome para Thu-ran e ao bom amigo confiariam sua educação.

Tentava ainda adivinhar as razões da solicitação do regente Jatay para sua presença na cidade. O que ele haveria de querer, já que não se imiscuía nas decisões do reino e nenhuma ameaça parecia pairar sobre o povo. Até porque se tornara apenas um pequeno agricultor, sem pretensões políticas.

Tentou e tentou achar razões, mas terminou por desistir, tratando de apreciar a bela vista que desfrutava na descida de sua montanha, como gostava de dizer, até o mar. Tabajara havia batizado a montanha de Parama Sukha, o que na língua derivada da linguagem dos deuses, o devanagari, significava a montanha da felicidade suprema.

As primeiras horas da tarde caíam sobre a cidade, deserta àquela hora por causa do calor abafado, quando o grupo cansado chegou. Uma luz amarelada e uma atmosfera abafada cobriam as casas toscas, assim como os templos, dispostos da mesma maneira que os anteriores. Construções simples substituíam as formidáveis obras de engenharia que povoaram a grande cidade anteriormente.

Palácios e templos, com suas muitas salas, seus grandes átrios e escadarias, construídos ao longo dos séculos, ora jaziam sob as águas, para desgosto dos arquitetos que não encontravam meios de reconstituí-los.

Em vez de se dirigir ao palácio real, tratou de procurar Tabajara, não só para tentar saber de antemão os motivos da solicitação, mas também pela acolhida que certamente o sumo sacerdote lhe daria e a seus homens extenuados.

— Salve, meu amigo Tabajara, sumo sacerdote de todos os templos da Terra dos Ay-Mhorés! — saudou com alegria à visão do amigo, que se apressara em recebê-lo na entrada do templo, tão logo foi anunciada sua chegada.

Um forte abraço selou uma vez mais a intimidade dos dois homens. Com a morte de Anhanguera, Tabajara tinha em Ararype o amigo íntimo para todas as horas, apesar da diferença de idade entre ambos. Ararype não havia chegado aos 30 e Tabajara já beirava os quarenta.

"Quando eu estiver com 80 e tu com 90 não fará mais nenhuma diferença", costumava brincar Araraype.

— Que bom te ver! — exclamou Tabajara, em sua voz doce e firme que encantava o povo quando a ele se dirigia nos festejos religiosos públicos. — E Nayade, como vai? — e sem esperar resposta: — E o pequeno Thu-ran? Já lê os pergaminhos?

Riram-se os dois para depois, abraçados, adentrarem o templo.

Em um segundo apareceu Zadeu, cumprimentando festivamente o nobre Ararype, que logo lhe entregou, tirado do embornal que trazia a tiracolo, um mimo especialmente feito por Nayade para ele. O menino dava pulos de felicidade com o presente nas mãos. Era uma pequena sacola para carregar flechas, feita de bambu, com uma alça para ser levada a tiracolo e toda decorada com minúsculos pedaços de couro tingidos de várias cores, tendo como enfeite principal a figura de uma grande ave bordada com cordões pretos e azuis.

— Nayade fez especialmente para ti! — anunciou divertido Ararype, ao ver o entusiasmo do garoto.

— Que lindo presente! Só mesmo a delicadeza de Nayade para dar-se a tanto trabalho — falou Tabajara, admirando aquela pequena obra-prima de artesanato.

Zadeu ria de orelha a orelha, encantado.

— Agora vais poder caçar teus coelhos e teus patos para o jantar — comentou o sacerdote. — Não voltas mais de mãos vazias.

Riram todos, inclusive Zandyr, que se aproximou do grupo e, com uma pequena mesura, cumprimentou respeitosamente o nobre.

— Ficamos muito agradecidos, meu senhor. Agradeça à sua nobre esposa por nós, não é Zadeu? — falou, voltando-se para o rapazote, que admirava embevecido o seu novo embornal.

Em um arroubo não muito apropriado pelo protocolo geral, o qual quase tinha sido abolido entre os íntimos do grande templo (pois Tabajara achava tudo aquilo uma bobagem), Zadeu abraçou Ararype pela cintura e falou, emocionado:

— Muito obrigado, meu senhor. Muito obrigado. Vou caçar alguns coelhos bem grandes e levar as peles para a Casa das Flores para aquecer o berço de vosso filho. Tu me levas, não é pai? Levas-me?

Todos riram da euforia do menino e foi Ararype quem respondeu:

— Então está combinado, Zadeu. Assim que Thu-ran nascer, tu vais com teu pai levar as peles de coelhos para Nayade fazer um belo cobertor para o pequenino.

— Vamos todos! — emendou Tabajara. — Agora vai, Zadeu! Trata de levar os carregadores para que se acomodem. Manda providenciar água e alimento para todos.

Zandyr se adiantou e cuidou de organizar a pequena confusão causada pela presença da pequena caravana de Ararype. Enquanto isso, os dois homens se afastavam para uma pequena varanda, onde logo Ararype se deixou cair nas almofadas convidativas.

Em um instante, se deliciou com os sucos e com a carne frita dos grandes caranguejos que proliferavam por todo o mangue formado à beira-mar, trazidos por uma serviçal sorridente.

E entre um bocado e outro, comentou, de boca cheia:

— Lá na montanha não temos esses bichos saborosos, amigo.

O sacerdote o olhava placidamente, enquanto bebericava seu suco.

— Não vais comer também?

— Não. Tenho que deixar para ti.

Novas risadas.

Depois de saciado e descansado, limpou as mãos e voltou o olhar para fora. Dava para sentir a brisa do mar, que quebrava um pouco o mormaço.

— É engraçado. Não sei se fico feliz ou triste ao sentir essa brisa. Esse mar assassino parece outro mar. Quando penso nele e me dou conta de que estamos no alto das montanhas, fico me sentindo tão pequeno. Já paraste para pensar na profundidade e na força dessas águas?

Os amigos se tratavam sem a pompa que dividia os homens comuns dos nobres e dos sacerdotes.

Tabajara pensou por uns momentos.

— Não é o mar o assassino, meu amigo. Isso tudo foi a vontade de Tupã e dos homens.

— E por quê? — perguntou, com a voz sumida, fitando o sacerdote nos olhos, como a querer uma resposta para o que ninguém poderia saber com certeza, sobre o que já tinham conversado tantas vezes.

— Os homens fazem cumprir seus próprios destinos. Digladiam-se, esquecidos de suas origens divinas. Matam-se e traem-se na luta pelos desejos de poder, de palácios e terras. Enquanto tudo desejarem... — emudeceu por uns instantes, a refletir consigo mesmo, para depois prosseguir: — A Terra Mãe, de onde veio o nosso povo, cobra-os por sua infâmia, levando para o fundo dos mares todos os que ousam desafiar os desígnios de Tupã. — Tabajara falava em voz baixa, desviando o olhar para o mar ao longe. Podia-se ouvir o barulho surdo das ondas a bater ritmado. — Já aconteceu antes e acontecerá de novo — concluiu.

E, como Ararype se remexesse inquieto nas almofadas, voltou seu olhar a ele, de forma severa.

— Duvidas, meu caro?

— Mas o que dizes? De novo? — um olhar angustiado acompanhava sua fala.

Adivinhando os pensamentos do amigo, preocupado, de certo, que nova tragédia atingisse as terras altas e que seu filho tivesse que enfrentar novamente tudo aquilo, adiantou-se:

— Não será no nosso tempo. Não te inquietes. Mas tempo virá em que o mar novamente se erguerá e ceifará as vidas dos insanos. A terra se abrirá e, de suas entranhas, o fogo se elevará às alturas, destruindo tudo ao seu redor. Está escrito. De tempos em tempos, as humanidades se perdem no desvario da matéria e se esquecem do porquê de estarem aqui tantas vezes repetidas. Não aprendem. Não compreendem. Como crianças irresponsáveis e descuidadas, saltitam alegremente entre uma vida e outra, jogando fora as oportunidades de aprendizado. Mas não te zangues, pois são apenas crianças e, como tal, devem ser compreendidas e aceitas. Não nos podem fazer mal, pois, afinal, o que é nosso realmente? — perguntou em um menear de cabeça.

Ararype ouvia, perplexo, a profecia do sumo sacerdote.

— Tempos virão até que o destino do planeta se cumpra por inteiro — olhou para Ararype de forma solene —, e aqui, como em toda parte, o destino final da Terra das Estrelas se fará. Mas não será no nosso tempo — sorriu levemente, lembrando-se de suas viagens pelo tempo. — Os mares se levantarão a grandes alturas e o solo explodirá em grandes crateras; gases venenosos cobrirão toda a atmosfera e os dias se transformarão em noites durante muitas luas; o fogo e a lava cobrirão as encostas enquanto os rios secam, as ravinas se transformarão em desertos e novos mares aparecerão com grandes montanhas emergindo de suas profundezas — parou um instante para ouvir os passarinhos e sorriu tristemente antes de retomar seu vaticínio. — Toda uma civilização será varrida da crosta do planeta, quando o tempo for chegado. O pouco que restou de um, quando a terra varreu nosso vale, já terá soçobrado em cataclismos anteriores e, quando o dia virar noite, nossa Terra Mãe, a Atlântida, já não mais existirá para testemunhar os passos finais de muitos de seus filhos. Nos últimos tempos, os homens já deverão ter aprendido que a morte não existe. Será apenas o fim de mais um ciclo. Sobreviventes darão início a uma civilização mais espiritualizada, quando a sétima sub-raça começar a se desenvolver no planeta. Cidades magníficas que sobrevivem no etérico, pois que nada acaba, se plasmarão reluzentes, em beleza indescritível, aos olhos dos homens dos novos tempos e um único governo se instalará sobre a terra. E será bem perto daqui, no coração da Terra das Estrelas. Um Ay-Mhoré virá novamente, desta vez para guiar o rumo dos homens azuis. Dos céus estarão velando, em puro amor, as consciências dos grandes morubixabas. Oh! Que grande momento para todos que, desde o princípio dos tempos, estão zelando por este belo planeta! — concluiu emocionado.

E como Ararype continuou mudo e de olhos arregalados, como a beber as palavras, mas, obviamente, não compreendendo sua profundidade, o sumo sacerdote percebeu que estivera mais falando consigo mesmo, e tratou de desanuviar o ambiente. Ensaiando um sorriso brando, falou:

— Por Tupã, homem, não te preocupes assim! Eu e minha língua grande. Teu Thu-ran tem, para si, traçadas grandes tarefas e Casa das Flores verá teus netos nela crescerem.

— Estás sempre a me espantar com estas tuas coisas. Não erras nunca e então devo me preocupar, não achas? Tens certeza de que não será em nosso tempo? — perguntou Ararype entre sério e divertido, tentando relaxar.

— Ao menos, não no tempo desta vida. Agora, se resolveres voltar muitas vezes em um futuro muito adiante, corres o risco de molhares de novo o traseiro — brincou o sacerdote.

Tabajara decidiu dar por findo aquele tipo de assunto. Acostumado às conversas com os enviados dos deuses, não deveria passar adiante as informações trágicas sobre o destino daquele povo já tão sofrido. Sua história seria breve. Em não mais que duas centenas de luas grandes, aquele povo se dispersaria e a grande nação dos nhengatus desapareceria para sempre.

Mudando de assunto, continuou:

— Então, já sabes a razão de te chamarem ao palácio?

Ararype, meio que despertado de um sonho ruim, sorriu um sorriso meio sem graça.

— Quem me dera! A última coisa que queria era descer a montanha agora e deixar Nayade. Pensei que tu soubesses.

— Não te preocupes com Nayade. A hora ainda não é chegada. E, quanto a tu, eu sei, de fato, o que o príncipe regente quer de ti.

E como se o outro o olhasse interrogativamente, continuou:

— Vão te oferecer uma grande honra, mas acho que não vais aceitar.

— Honra? — perguntou surpreso.

— Como é de teu conhecimento, o Conselho do Doze está reduzido a onze príncipes e Cidade Leste está com um interventor do palácio real, Capitão Itapegy, a ditar-lhes os caminhos, provisoriamente. O povo de lá está descontente.

— Sim, pois Arary não deixou herdeiros. O que não é uma grande honra — falou com um tom sarcástico.

— Sim, é verdade. E agora, depois de sua morte no cativeiro... — não pôde terminar, pois foi interrompido bruscamente pela surpresa do outro.

— O que me dizes? Arary está morto?

— Matou-se na prisão. Talvez arrependido, talvez desgostoso com sua situação. Quem sabe?

— Ora, ora... e que tenho eu a ver com isso. Ele que vá para os infernos de Anhangá, que bem merece.

Tabajara riu de leve, concordando interiormente.

— De certo, não temos que nos preocupar com isso. Acontece que Jatay recomendou ao Grande Conselho o teu nome para assumir a Cidade Leste. Os nobres que desejam assumir a cidade são apenas ambiciosos inconseqüentes e incompetentes para tal empreitada.
— Hã? O quê? — estava muito surpreso. — Era só o que me faltava! — levantou-se e passou as mãos pelos cabelos, num gesto característico de quando algo o incomodava.

Ararype era alto, de corpo bem proporcionado. Não chegava a ser bonito, mas tinha expressivos olhos e cabelos negros, cortados bem curtos em franja. Com a pele avermelhada e queimada pelo sol da montanha, fazia um conjunto simpático e harmonioso. Se antigamente sua aparência era pardacenta e inexpressiva, embalada pelas noites mal dormidas e os dias perdidos no ócio, tinha se tornado um homem forte e cheio de músculos com sua nova vida na lida das plantações na montanha.

Trabalhava com afinco junto aos seus colaboradores, com quem dividia os eventuais lucros. Naqueles tempos difíceis, eles eram apenas fruto das trocas entre o que produziam, como mel e chá, e as outras coisas de necessidade básica, como sal, ferramentas, fios etc. As mulheres de Parama Sukha cozinhavam e teciam em toscos teares as poucas roupas disponíveis; os homens caçavam, pescavam e colhiam frutos, além de cuidarem das hortas, plantações e colméias.

— Não te inquietes, amigo. Não podem te obrigar a nada, mesmo porque não seria adequado. De qualquer forma, nem sei o porquê de te escolherem, a não ser, é claro, por tua lealdade e capacidade de trabalho. Todos sabem que agora és um homem do campo. Se fosse em outros tempos, quem sabe... — riu-se. — Bem, em outros tempos não serias escolhido, não é? — comentou divertido o sacerdote.

— Tu não achas que tenho que aceitar, achas? — perguntou receoso, sem sequer notar a piada que o amigo fizera, tão nervoso ficara. — Tua opinião é muito importante para mim, bem o sabes.

Tabajara sorriu complacente, sossegando o amigo.

— Claro que não. Já fizeste tua parte. De certo acharão outro para colocar ordem naquela confusão que nosso bom Itapegy já não dá mais conta de resolver. É um militar e não um governante. E, além do mais, grandes coisas estão escritas para acontecer na Casa das Flores em tempos vindouros e tu precisas estar lá! — profetizou, com um olhar enigmático.

— O que queres dizer?

— Não te preocupes com nada agora que não seja tua propriedade, teus companheiros de trabalho na montanha e tua família. Há seu tempo tu saberás o porquê de teres ido para tão longe. Nada de ruim vai acontecer com os teus. Acalma teu coração e deixa que os grandes príncipes cuidem de seus problemas.

A conversa estava nesse pé quando Zandyr entrou feliz no recinto, dirigindo-se ao sumo sacerdote.

— O príncipe Tupanguera chegou com seu filho, o jovem Ityrapuan.

Ambos sorriram, esquecendo-se, por um instante, do que falavam. Tupanguera era um velho e fiel amigo de Tabajara e, depois dos acontecimentos do vale, também se afeiçoara a Ararype. Oriundos da mesma cidade haviam crescido juntos, tendo cada qual, a seu tempo, seguido seu destino. A Tupanguera coube continuar o trabalho do pai, como governante da cidade, e a Tabajara, a carreira clerical, para onde fora encaminhado ainda jovenzinho quando o então supremo sacerdote do Templo de Leo, Ahzy-Da, percebeu nele a luz azul que brilhava em sua fronte.

Feliz da vida o rapazote seguiu para a Cidade Central, já que sempre havia desejado se dedicar aos estudos da magia, da natureza e dos deuses, a contragosto de Tupanguera, que o queria no futuro como conselheiro oficial, trabalhando consigo no palácio. Na Cidade Central havia criado laços profundos de amizade com Ay-Mhoré, o príncipe herdeiro, na época um jovem estudante dos templos de ensino onde o jovem sacerdote freqüentava aulas especiais. Embora Ay-Mhoré fosse um pouco mais novo, tornaram-se, os três, espíritos inseparáveis, como dizia Tabajara, pois a distância só os fazia unirem-se ainda mais.

Voltando a Tupanguera, era difícil naqueles tempos para o jovem aspirante a príncipe compreender os dons paranormais do amigo, que via e ouvia coisas que ele mesmo não percebia.

— Estás maluco — costumava dizer, apenas por brincadeira. — Falas com os mortos e com as paredes — no entanto, respeitava muitíssimo as coisas da espiritualidade e sabia que, mais cedo ou mais tarde, o amigo iria mesmo partir para outros vôos.

E ambos seguiram suas vidas, dedicando-se com afinco às tarefas que lhe foram destinadas. Quis o destino que, quase na mesma época, se tornassem os sucessores. Tabajara, não tendo completado trinta luas grandes, se tornou o supremo sacerdote do Templo de Leo, sucedendo seu mestre Ahzy-da na ocasião de sua morte e Tupanguera sucedeu seu pai pelo mesmo motivo, tornando-se príncipe da grande Cidade Aberta.

Grandes problemas aguardavam a trinca de amigos.

— Que entre, que entre! — apressou-se o sacerdote para o servo, que saiu satisfeito.

— Aposto como armaste este encontro — diagnosticou Ararype, rindo e mais relaxado agora —, mas me faz feliz. Encontrar dois amigos a uma só vez é uma graça para poucos.

Tabajara nem teve tempo de responder, pois os dois convidados já estavam entrando. Todos se abraçaram. O sacerdote segurou o jovem em seus braços e o abraçou ternamente.

— Como cresceste! A cada dia que te vejo te acho mais alto e forte! — exclamou, verdadeiramente contente com a presença do rapaz, orgulho de Tupanguera por sua boa índole. Com apenas 16 anos era extremamente dedicado ao povo de sua cidade, trabalhando de sol a sol, ao contrário de outros herdeiros, no auxílio da reconstrução e no atendimento de todos que o procuravam; tinha para todos uma palavra amiga, boa vontade e um coração aberto. Nas terras baixas dedicara-se precocemente aos estudos no Templo de Leo, alimentando o sonho de se tornar um sacerdote como seu mestre A-Waré, segundo sacerdote do templo na época e agora na sua direção, com a saída de Tabajara para o Templo de Áries.

O príncipe, fiel a Ay-Mhoré desde sempre, olhou embevecido para o filho que, tímido na presença do grande sacerdote, apenas sorriu, abaixando os olhos.

Tabajara passou a mão ternamente nos cabelos do menino. Sabia das grandes lides que o esperavam nos templos, pois haveria de se tornar um líder religioso importante na nação.

— A-Waré sempre pergunta de ti. Precisas ir ter com teu professor, que está saudoso do aluno dileto.

— O tempo é curto, Excelência — dirigia-se respeitoso no tratamento formal ao sumo sacerdote — e, ademais, tenho que ajudar meu pai nas lides da cidade. O trabalho não acaba nunca e todos precisam de tudo, como sabeis.

— Eu sei, eu sei. És um bom menino, mas teu mestre tem grandes planos para ti e teu pai vai ter que te dividir com o templo qualquer dia destes — falou, olhando de soslaio para o príncipe, que sorriu resignado ao ouvir aquelas palavras, pensando como eram parecidos seu filho e seu melhor amigo.

Tupanguera bem sabia do futuro predestinado por Juranan ao filho, antes de seu nascimento. Juranan tinha sido o antecessor de Azamor no comando dos templos, antes de cair em desgraça e ter se tornado o bruxo Dezan — o mesmo Juranan cuja desgraça trazia tanta culpa ao coração de Turyassu, o velho conselheiro real.

Sentia orgulho e ao mesmo tempo uma ponta de tristeza por saber que o filho não seria o seu sucessor na Cidade do Sul. Mas confiava nos desígnios dos deuses.

— Eu sei, Excelência — respondeu Ityrapuan, num sorriso radiante ao ler nos olhos benevolentes de seu pai a aprovação às palavras do sacerdote. Queria de todo coração dedicar-se aos estudos para se tornar um sacerdote como seu mestre A-Waré. Desprovido de ambição, não conseguia notar o papel de destaque que teria na sociedade como príncipe. As glórias da terra não lhe interessavam de nenhuma maneira. Confiava que a pequena Élide, sua irmã, trataria das causas do povo com amor, visto que a menina era um anjo de bondade encarnado entre os homens. Lendo, literalmente, seus pensamentos, Tabajara pensou consigo mesmo: "Tu também és um anjo, meu pequeno". Parecendo ter ouvido o pensamento do sacerdote, o jovem o olhou longa e profundamente.

— No devido tempo... No devido tempo — concluiu Tabajara, em sua voz doce, sorrindo brandamente, acalmando os corações de pai e filho. — Que bom que vocês vieram!

Sem que fosse preciso convite, todos se sentaram, com Tupanguera logo se servindo dos caranguejos convidativos, sem maiores cerimônias.

— Pelo visto não sou só eu que chego faminto — riu-se Ararype.

— E então? Como vão as obras em sua cidade? — perguntou o nobre, em uma pausa das comemorações pelo reencontro.

— Difíceis! Não fosse acreditar que foi a vontade de Tupã a nos trazer para este lugar infernal, eu diria que Anhangá teve participação neste plano diabólico de fazer o mar se elevar às alturas do céu até a montanha virar praia.

As terras altas realmente não eram um paraíso na Terra. As matas eram infestadas de enormes e perigosos animais selvagens, que, vez por outra, atacavam um incauto; os rios e as lagoas borbulhavam de monstros horríveis, como enormes e famintos jacarés, além de outros animais gigantes que estavam sempre à espreita de uma vítima.

Muitas vezes o calor e a umidade eram insuportáveis e os insetos, enormes; vinham em grandes enxames de quando em quando, sendo espantados somente com o uso de fogueiras cuja fumaça, no entanto, deixava o ar ainda mais irrespirável. Embora abundantes, a caça e a pesca, assim como a derrubada da mata para a construção de novas casas, se constituíam em perigos constantes. Os homens se dividiam sempre em grupos de trabalhadores e de guardas que protegiam — ou tentavam proteger — os demais com suas lanças e flechas, precárias àquelas alturas, contra tantas ameaças.

O príncipe regente precisou criar grupos especializados em fazer essas fogueiras pelas cidades, pois alguns incêndios aconteceram pela inabilidade dos moradores e pela fragilidade das construções. Da mesma forma, patrulhas de soldados bem treinados foram formadas para vigiar as matas próximas, nos limites das cidades.

Muito embora depois de tantas luas os animais não entrassem mais comumente nas cidades, a vigilância tinha que ser permanente, especialmente nas estradas que ligavam uma cidade à outra e, em particular, nas imediações da Cidade Interna, mais para dentro da floresta.

— Então o nobre conselho me quer para governar a Cidade Leste, Tupanguera? — perguntou Ararype, em tom de anedota.

— Eu sei que não é de teu desejo, amigo; cheguei a falar no Conselho sobre tuas decisões de vida, mas a quem mais poderíamos fazer tal pedido? Os príncipes aceitaram a indicação de Jatay e insistem em teu nome — respondeu o príncipe quase que se desculpando.

— Os nobres daquela cidade são todos uns palermas corrompidos e ambiciosos; estão se engalfinhando na disputa pelo poder achando que vão virar príncipes da noite para o dia e muito em breve o pobre Itapegy será obrigado a fazer uso das armas para conter uma revolução interna naquelas bandas.

— Tiveram um bom professor — atalhou Ararype sarcástico, referindo-se ao finado príncipe Arary.

— Como se ser príncipe fosse um prêmio dos deuses e não um fardo mais que pesado! — interrompeu Ityrapuam, com toda a sinceridade de seu bondoso coração, acostumado a partilhar das reuniões importantes ao lado de seu pai como um igual.

— É isso mesmo! E, sendo de lá — continuou Ararype dirigindo-se ao jovem. —, conheço a maioria deles. Não querem nada com o trabalho duro, como o que tu e teu pai estão fazendo. Meu pai deixou a cidade porque não tolerava mais os desmandos de Arary, como todos sabem. Até o povo mais comum gosta de uma boa confusão. É uma gente por demais complicada; nunca houve, em todo o império, cidade mais atrapalhada — lamentou-se, por fim.

— É a mais pura verdade, mas temos que achar uma solução — sentenciou Tupanguera.

— Tens razão, meu amigo — concordou o sacerdote. — Mas penso que não adianta continuarmos a enumerar os defeitos daquelas criaturas infelizes. Precisamos de um nome, pois muito me preocupa essa situação. Se eles continuarem a brigar entre si, como já estão fazendo, logo pegarão em armas. Uma luta fratricida pode se espalhar por outras cidades, pois como sabeis, outros príncipes, como Aratimbó, por exemplo, deixam muito a desejar no socorro de seu povo. Existe muita gente insatisfeita e uma revolução acharia terra fértil para se espalhar entre aqueles que passam necessidades ou entre outros aproveitadores.

Todos, instintivamente, balançaram as cabeças, concordando.

— Mas quem? — perguntou Tupanguera, meio que para si mesmo, fazendo uma careta. — Nos nobres das terras dos príncipes que não foram fiéis a Ay-Mhoré não podemos confiar. Todas as outras cidades estão ainda com muitas dificuldades e seus nobres não vão querer abandonar seus príncipes nesta hora difícil. Então, quem?

Um grande silêncio se abateu sobre o grupo pensativo e cabisbaixo. "O que fazer?", pensavam todos.

De repente, Ararype levantou-se e começou a dar voltas pela sala, coçando o queixo.

— Estás me deixando tonto — riu-se Tabajara, desanuviando um pouco o ambiente. — Em que estás pensando? Pois se te conheço bem, estás tendo alguma idéia.

Todos se voltaram para o lado onde o amigo estava como em um balé ensaiado, mas este, no entanto, parecia não vê-los, embora exibisse um risinho maroto no rosto.

Parou no meio do aposento e abriu os braços:

— Eu já sei!

E como todos continuassem a olhá-lo com expectativa, continuou:

— Tive uma idéia genial! — falou com um brilho malicioso nos olhos. — Não queremos causar muita polêmica entre os nobres da cidade, certo? — e sem esperar resposta continuou: — Como único filho do príncipe Paraguassu, um dos mais importantes nobres de todo o reino, meu nome teria que ser aceito por eles, não é mesmo? Ainda mais meu pai tendo sido primo-irmão do antigo tuxauá, não é fato? — concluiu, muito seguro de si.

— Pois foi por isso também que te escolhemos! Mas disseste que não queres assumir o posto — admoestou Tupanguera, sem entender.

— Calma, amigo! Eu vou assumir e, em seguida, renunciar. — falou, abrindo um largo sorriso.

— O quê? — perguntaram surpresos todos ao mesmo tempo.

— Isso mesmo! Vocês se lembram de meu primo Iraty?

— Não! — foi a resposta novamente em uníssono dos três.

Ararype riu.

— E nem poderiam, pois quando ainda estávamos no vale, antes desta confusão toda começar, Iraty era pouco mais que um rapazinho e Arary sempre fez questão de deixar o resto da família fora do palácio e de suas decisões — suspirou e balançou a cabeça negativamente. — Infelizmente não se pode escolher a parentela, não é? — perguntou meio que brincando para depois concluir: — Era como se não existíssemos. Com meu pai, que largou tudo para trás, era até compreensível, porém o pai de Iraty, meu tio em segundo grau, sempre tentou ajudar. Com a conspiração, então, as portas do palácio eram vigiadas por mil serpentes venenosas, impedindo a todo custo a aproximação dos homens fiéis, como meu tio Potyguara, ao governo central.

— Acho que começo a perceber onde queres chegar — atalhou Tabajara, em um sorriso de cumplicidade.

— Claro! Eu assumo formalmente e depois renuncio em favor de Iraty, que se transformou em um jovem muito querido pelo povo, largado na mão daqueles gananciosos. É ele que está sendo o braço direito e eu diria até o esquerdo do capitão Itapegy na reconstrução da cidade. Trabalha dia e noite. E só por amor à sua cidade e ao seu povo, exatamente como esse aí. — falou apontando para Ityrapuam.

— Nem mesmo os nobres podem negar isso. É um líder nato.

— Mas qual é a idade desse jovem? — perguntou preocupado Tupanguera.

— Não mais que dezoito.

— Não será muita responsabilidade para colocarmos em suas costas? — o cuidado paternal sempre falava mais alto no bondoso príncipe.

Ararype ia responder, quando Ityrapuam adiantou-se:

— Meu pai — falou de forma respeitosa, olhando-o com firmeza nos olhos —, tivesse eu, por um destino qualquer, que assumir nossa cidade, ainda que fosse hoje, dirias que não estou preparado para tal empreitada?

Todos se calaram por uns momentos diante daquela assertiva.

O sumo sacerdote, tomando novamente a palavra, foi quem quebrou o silêncio:

— A adversidade transforma meninos em homens, meu amigo. Tens um exemplo debaixo de teu teto — falou dirigindo-se ao amigo que, com os olhos úmidos, contemplava o filho querido. Ele apenas sorriu e balançou a cabeça afirmativamente.

— Tens razão — foi só o que conseguiu dizer.

Ararype tornou a sentar-se, tomando para si mais uma caneca do suco à sua frente.

— Então estamos todos de acordo. Quero só ver a cara daqueles patifes quando isso acontecer. Por Tupã, mal posso esperar! — falou após uns goles. E como se Tupanguera ainda não demonstrasse confiança, tornou a falar:

— Não te preocupes demasiadamente, amigo. Estarei sempre na retaguarda do menino. Aliás, acho que nós três estaremos, não é fato?

Todos concordaram.

— Então está bem — admitiu, finalmente, o príncipe. E, com a energia de quem está acostumado a decisões rápidas no comando de um povo, determinou: — Confio em teu parecer sobre Iraty. Vou, imediatamente, mandar um mensageiro para Arary-Bhoya. Toco daqui direto para a Cidade Aberta, onde o encontro para falar dessa tua idéia. Falaremos com os príncipes leais e depois ele convocará o Conselho novamente. Enquanto isso, tu irás ter com teu primo, de forma discreta, para não levantar suspeitas de nosso plano.

— Sou praticamente invisível, amigo — riu-se Ararype.

— Calculo que faremos tudo em três dias. O que achas, Tabajara? — perguntou dirigindo-se ao sacerdote que, de olhos fechados, estava silencioso e pensativo, parecendo transportado a outro mundo. Todos esperaram de forma respeitosa. Abriu os olhos lentamente, depois de breves momentos, e falou, com sua voz acolhedora:

— Que seja feita a vontade de Tupã, pois que os propósitos são nobres. Não deixeis que sentimentos ou pensamentos de vingança ou outros menos dignos tomem conta de suas mentes e de seus corações para que não haja sintonia com entidades das sombras que possam nos intuir de forma a darmos passos errados. Não vamos mais nos preocupar com os patifes, como diz Ararype, e, sim, com o povo da Cidade Leste, nossos irmãos, que precisam de uma mão firme e amorosa para seguir adiante neste momento. Iraty com certeza é esse que os conduzirá amparado pelas forças do bem até quando for possível — profetizou.

E, como se todos o olhassem meio espantados, mas assentindo, apenas sorriu, abraçando Ityrapuam que o olhava com grande admiração:

— Vão, meus amigos! Ao trabalho que o tempo é escasso. E, quanto a ti, meu filho, não deixes de visitar teu mestre quando puderes — falou, passando novamente a mão carinhosa pelos cabelos do menino.

E assim foi.

Capítulo 6
O príncipe regente

Tempos antes, depois de confirmada oficialmente a morte do rei, o Grande Conselho dos Príncipes tratou de se reorganizar nas terras altas, a despeito das dificuldades do lugar.

Os príncipes revoltosos que, com exceção de Arary, haviam sido perdoados pela generosidade de Ay-Mhoré antes de sua abdicação, estavam em situação desconfortável com a maioria do povo e também com os demais príncipes. De forma sistemática, não poupavam críticas ao governo central dentro do Conselho, como a arranjar problemas para minimizar os seus próprios. Sempre reivindicando para suas cidades quinhões maiores de benesses do que as possíveis, minavam a paciência do príncipe regente e dos demais componentes do grupo dos doze.

Jatay conduziu o povo nas primeiras luas, apesar de todas as dificuldades, com mão forte e segura, ganhando o respeito e a admiração dos mais próximos, que notavam sua coragem e desprendimento de si mesmo na árdua tarefa.

Para poder tratar dos assuntos do governo, aos quais deu exclusividade, Jatay delegou a direção de seu povo, a pequena Cidade do Noroeste, conhecida nos tempos da Terra das Araras Vermelhas como Araxá — a Cidade Alta, pois era a cidade situada em plano mais alto entre todas, numa pequena elevação ao sopé da Montanha Azul. Para conservar a tradição de suas terras, a nova cidade foi fundada no lugar mais alto novamente, em um planalto ao meio da longa subida de outra montanha. Pequenina, sua gente era ordeira e simples, tendo mantido a fama de bons curtidores de peles e excelentes caçadores.

Seu primo Pauetê, que tinha esse nome em homenagem às araras vermelhas, abundantes no vale que havia levado seu nome, fora o escolhido para a tarefa de conduzir o povo de Araxá. Calmo e compenetrado, fiel a Jatay, de quem era cunhado, Pauetê fora destinado para a tarefa. Não houve dificuldades para ser aceito pelo povo, que muito se orgulhava de ter o príncipe regente na direção da Cidade Central e de toda a nação.

Jatay não havia se casado, dedicado que era inteiramente à sua gente e à sua cidade; desde que se mudara para a Cidade Central, ocupava aposentos no palácio real, reconstruído precariamente ao norte da Grande Avenida, colocado estrategicamente na direção oposta ao Templo de Áries, onde residia o sumo sacerdote, simbolizando, assim, os dois poderes: o dos homens e o espiritual, exatamente como tinha sido nas terras baixas.

Na verdade, todas as construções nas terras altas não passavam de um arremedo mal acabado da grandiosidade arquitetônica de outrora, na época anterior ao cataclismo. O atual palácio real, por exemplo, embora com o conforto possível, ainda era apenas um grupo de grandes cabanas à guisa de salas de audiência, de orações, de refeitório, de quartos, de trabalhos artesanais, de armas, de alojamentos da guarda palaciana, de aposentos reais etc, interligadas por pérgulas feitas de madeira e junco, que propiciava que os ocupantes se deslocassem entre as construções sem estarem demasiadamente expostos ao tempo.

Com a distância de sua gente, todavia, Jatay, que nunca fora chegado aos demais príncipes e à vida da corte, sentia-se solitário, apesar de estar cercado de pessoas por todos os lados, solicitando o possível e o impossível, exigindo uma decisão a cada minuto, numa carga enorme de trabalho. Não raro, dirigia-se às cidades para acompanhar de perto sua reconstrução, sempre promovendo reuniões com os príncipes dirigentes de cada uma delas. Os príncipes amigos das cidades mais próximas, Arary-Bhoya e Urubatam, ajudavam no que podiam, já que tinham que cuidar também de suas cidades, despendendo algumas horas, de quando em quando, no gabinete de trabalho de Jatay, opinando e aconselhando, já que traziam ao regente as reais necessidades de toda a nação.

Tupanguera pouco podia colaborar nesse sentido, pois sua cidade era a maior de todas — e eram grandes os seus problemas —, além de fazer fronteira com as terras de Juruá, onde as pessoas, mais que desconfiadas de seu príncipe, ameaçavam a todo o momento derrubá-lo do poder, não faltando nobres desejosos de se candidatarem ao posto.

Aliás, os nobres tinham se tornado uma grande dor de cabeça para todos os príncipes, pois, despojados que foram de seus bens, custavam a se acostumar à nova vida, cheia de sacrifícios; sem o idealismo da maioria de seus senhores e sem a força do povo comum, só sabiam reclamar, criticar e atrapalhar a vida de todos. Ninguém mais os agüentava.

Como não tinham mais seus palácios e suas tropas, uma vez que a maioria dos guardas e dos serviçais estava tratando apenas de sobreviver, estavam inconformados com a perda do luxo e esplendor de outras épocas. Por tudo isso, nas terras onde os próprios príncipes eram pouco mais que um peso morto, como Juruá ou Ubiracy, por exemplo, ou ainda onde a liderança local era forte mas corrompida, como no caso da Cidade do Sul, do príncipe Aratimbó, nunca se sabia o que esperar daquela gente desesperada e sem comando eficaz. Uma rebelião era algo muito provável, sendo necessário reforçar as fronteiras das cidades mais organizadas, como as cidades dos príncipes Tupyara e Arary-Bhoya com guardas, perdendo-se homens preciosos ao trabalho de reconstrução.

Não bastasse tudo isso, havia, na Cidade Aberta, o vizinho povo do príncipe Arary, que não fora perdoado por Ay-Mhoré, tendo sido deposto e preso pelo conselho dos príncipes, ainda nas terras baixas.

Ainda por cima, como se tudo isso não bastasse, vários nobres se digladiavam pelo poder na Cidade Leste, deixando de lado as necessidades do povo. O interventor, capitão Itapegy, nomeado por Jatay, sofria impotente no meio daquela confusão, sendo auxiliado por Tupanguera, que se desdobrava, condoído com as dificuldades e agruras daquela gente sem pai, como costumava dizer. Itapegy não queria agir pelas armas e sim pela conciliação. Chegou a nomear homens de confiança da Cidade Central para postos de comando, mas depois desistiu, diante da reação raivosa dos oficiais do exército local.

A rainha, por sua vez, continuava desgostosa com a decisão de Ay-Mhoré, além da boataria repetitiva e maldosa dos nobres da corte a respeito do amor platônico de Nadja, a ex-sacerdotisa da dança, que em nome desse amor teria igualmente se sacrificado.

De fato, ela nunca mais se recuperou, despachando com freqüência o pequenino Tupayba para o Templo de Áries, juntamente com sua pajem Nacyra, alegando o desejo do antigo tuxauá para que fosse educado pelo sumo sacerdote, devendo, portanto, se familiarizar desde cedo com o ambiente religioso.

Bartyra, a grande rainha de toda a nação Nhengatu, depois de muitas luas remoendo seu sofrimento, e com um secreto sentimento de ódio nascendo em seu peito, estava no limite de suas forças, à beira de um colapso nervoso. Preferia a solidão de longos passeios pelas encostas à beira-mar, onde, via de regra, se sentava em um rochedo e se deixava ficar, horas a fio, a fitar o mar, com os olhos esgazeados e o pensamento perdido. Sua serva de confiança a acompanhava a distância, juntamente com dois ou três pares de guardas bem armados, que não ousavam pronunciar um só murmúrio que pudesse incomodar sua rainha.

Quase não se alimentava e seu estado físico começou a preocupar as pessoas que trabalhavam no palácio. Mais magra e com olheiras profundas, não se interessava mais pela música ou pelo canto, nem mesmo pelo artesanato, como outrora. Nunca mais visitou o Templo do Vento, que se reerguia e onde se encantava antigamente com a graça das bailarinas nas festividades, ou ainda com os corais do Templo do Som, que reproduziam os sons da natureza ou entoavam suaves canções, além dos estudos dos sons magísticos.

Turyassu, o Conselheiro Real, zeloso e nutrindo seu usual amor paternal por Bartyra, esgotou todas as possibilidades de convencimento que estavam a seu alcance para que se alimentasse e velasse pela sua saúde.

Em uma última tentativa, apelou para o sumo sacerdote dos Templos, a quem procurou numa manhã excepcionalmente fria, na hora sexta do dia.

Tabajara o recebeu em sua sala de trabalho, onde tomava um desjejum frugal, impossível de ser servido na varanda, como era de hábito, devido aos ventos cortantes daquela manhã. O Templo de Áries, por razões óbvias, naquele povo cheio de crendices, era a construção mais refinada e adiantada em seu acabamento, de todas nas terras altas. Embora não exibisse nem de longe a mesma opulência de antes, seu porte ainda impressionava perto das demais. De qualquer forma, o templo precisava mesmo ser grande, pois abrigava um grande número de sacerdotes, nas mais variadas funções da administração do clero, além de jovens aprendizes da vida religiosa. Geralmente alojados no Templo de Leo, os noviços não teriam onde ficar, pois aquele templo ainda estava precariamente instalado.

Os principais templos formavam, juntamente com as construções da casa real, uma cruz. Ao norte, o palácio; ao sul, o Templo de Áries; a oeste, o Templo do Som Sagrado; e a leste, o Templo de Leo, junto ao mar. Os demais se postavam ao longo da grande avenida que unia o palácio e Áries.

Grandes árvores haviam sido cortadas para a construção do templo que representava o poder espiritual, que ia se destacando aos poucos pelo tamanho. Uma argamassa feita com barro de pequenos rios próximos havia sido usada na construção dos altares e de outras dependências. Muitos homens do povo haviam se oferecido para ajudar na reconstrução do templo, considerado o mais importante de todos, na esperança de agradar a Tupã e aplacar sua ira contra a nação atlante. Tabajara não ousava contestar a fé daqueles homens simples.

— Salve, ó sumo sacerdote! — recitou sem entusiasmo Turyassu tão logo se deparou com o amigo, ao ser introduzido nos aposentos privados de Tabajara por um serviçal.

Este se levantou e o abraçou, convidando-o a se acomodar, quebrando o protocolo, desnecessário para aquele encontro íntimo.

Turyassu tirou a grossa capa que cobria sua túnica; um manto grosso a protegê-lo do frio, ao qual não estava acostumado. Vestido, como sempre, sem adornos, em nada se fazia notar a notoriedade de sua posição.

— Imagino que, por teres saído do palácio tão cedo, inda não fizeste tua refeição matinal?

— Tens razão. É que me apressei em vir a ter contigo. Grave problema cerca nossa rainha e preciso de tua ajuda, amigo. — Turyassu foi logo desabafando, enquanto se acomodava nas almofadas de penas em volta da mesa baixa onde Tabajara costumava despachar e onde agora a refeição estava servida. Chá bem quente, frutas da estação cozidas, mel e biscoitos duros, que só podiam ser comidos se amolecidos no chá. Nada mais que isso. Embora a maioria das pessoas tomasse um caldo grosso de peixes ou caranguejos no desjejum, o sacerdote os dispensava.

Tabajara ficou parado e silencioso por um momento, sentado em suas almofadas do lado oposto da pequena mesa. Suspirou fundo e meneou a cabeça para frente e para trás algumas vezes, como que procurando palavras, num gesto característico de quando estava triste ou preocupado. Em seguida, debruçou-se sobre a mesa, apanhou uma das tigelas vazias e falou, sorrindo levemente, procurando serenar o ambiente:

— Deixa que eu te sirva, amigo. Duas cabeças pensam melhor quando seus donos estão de barriga cheia.

Os dois homens comeram em silêncio. Nesta manhã não havia nenhum pássaro cantando no pequeno jardim que pudesse ser ouvido. Apenas o barulho das ondas quebrando nos rochedos ao longe era discretamente percebido, no meio do zunir incessante do vento. O gabinete de trabalho dava para a varanda particular do sacerdote, que se abria para o jardim, tratado com esmero pelo serviçal responsável, de nome Lahr, que lutava para fazer crescer as flores que o sacerdote tanto gostava, cujas mudas tratara de trazer do templo antigo.

A sala estava mal iluminada àquela hora do dia, pois o frio não permitia que fossem abertas as grandes portas feitas de junco trançado e sem cortinas que davam para a varanda. Pequenas lamparinas estavam acesas sobre a mesa e três círios azuis iluminavam fracamente o pequeno altar onde o sacerdote fazia suas preces, meditações e magias. Um grande cristal de rocha de tonalidade azul jazia no centro do altar, coberto por uma pequena e alva toalhinha feita de penas de araras, assim como um pequeno pote contendo água e outros dois, com ervas e sal.

Por detrás do altar, também trazido do templo original, havia um pequeno brasão bordado em um pano grosso, onde se via um pássaro amarelo de asas abertas dentro de um triângulo, encimado por um sol, símbolo de seu cargo. Por ordem dos guardiões espirituais, o símbolo da posição sacerdotal do Sumo Sacerdote dos Templos fora modificado, após os tristes episódios protagonizados por seu antecessor, Azamor. O brasão lembrava, bem sabia Tabajara em suas andanças pelo tempo, o estandarte usado pelos magos brancos dos Templos Iniciáticos em suas procissões na aurora da Terra Mãe, centenas de milhares de anos atrás.

Uma pilha de pergaminhos estava cuidadosamente arrumada em cima de um pequeno anteparo pregado em uma das paredes, e alguns tapetes cobriam o chão. Diferenciando-se de seus antecessores, o conjunto do ambiente, como tudo onde Tabajara punha sua chancela pessoal, transpirava extrema simplicidade e, embora o sacerdote fosse muito acessível, aquela sala era proibida à maioria das pessoas, que eram recebidas, geralmente, em uma pequena sala de audiências. Somente os serviçais mais próximos e os amigos mais chegados tinham acesso a ela, especialmente por causa do altar e das restrições ao seu redor.

Fora do círculo de trabalho de Tabajara, somente uma pessoa tinha livre acesso às suas discretas dependências particulares: Zadeu, o carrapicho, que muitas vezes até participava das audiências, servindo os interlocutores. O menino passava muitas e muitas horas sentado em um canto da sala de trabalho do sacerdote enquanto ele meditava ou trabalhava, exercitando-se na escrita ou na leitura, sob seu olhar atento e divertido, que procurava disfarçar. Inquieto, preferia caçar, pescar e até mesmo cuidar da limpeza ou ajudar o jardineiro, mas era impedido pelo sacerdote de gastar todo seu tempo com atividades físicas, pois tinha grande potencial intelectual e humano.

Turyassu comeu sem vontade, em silêncio, e, tão logo terminou, depositou sua tigela de volta na mesa, voltando-se uma vez mais para o sacerdote, como a esperar o início da conversa. Embora fosse bem mais velho e o cargo de Tabajara estivesse, teoricamente, acima do seu, tinham ambos grande respeito e amizade um pelo outro, e procuravam trabalhar juntos em prol do povo, da reconstrução da nação e dos desígnios de Tupã e dos deuses.

— Sei de teu apreço pela rainha e de tua preocupação com sua saúde, que também é minha — começou Tabajara.

— Então já sabes?

— Sim. E já tratei de enviar poções especiais por intermédio dos curadores do templo para ajudar na recuperação de seu estado de ânimo. Ela, todavia, segundo meus mensageiros, não mostrou nenhum interesse em tomá-las. De fato, não sei o que fez.

— E ela tampouco me disse que havias mandado ajuda — lamentou-se Turyassu.

— Estive, depois, pessoalmente no palácio, mas não fui recebido por ela, com uma ou duas desculpas educadas passadas pela serva de confiança, que quase morreu de vergonha, coitadinha — complementou o sacerdote.

Turyassu limitou-se a balançar a cabeça, consternado.

— O que tenho para dizer-te não é nada bom, meu caro amigo: nossa rainha está sob o efeito de alguma magia — calou-se esperando a reação do outro, que não tardou a chegar.

— Magia? O que me dizes? — perguntou aturdido.

— Não me digas que não desconfiaste disso?

— Sim, mas... — não terminou a frase. — Mas quem faria isso? Não há nada que possas fazer? Precisamos fazer algo. Tu precisas fazer alguma coisa! — falava rápido, aflito, procurando respostas.

— Mexer na livre vontade de alguém também nos remete à magia negra — argumentou o sacerdote, condoído com o sofrimento do amigo. — Infelizmente, Bartyra não deseja ser ajudada de nenhuma maneira. O ódio já tomou conta de seu coração, fazendo que reparta sua vida com entidades das sombras.

— Mas como é possível tal desgraça? — lamentou-se Turyassu em um fio de voz, falando quase que para si mesmo. — O que vai ser de nosso menino? — referia-se a Tupayba, a quem amava de todo o coração, pois via nele a continuidade não só da grande nação Nhengatú, mas do próprio tuxauá, com quem trabalhara por anos a fio e cuja morte ainda lhe era muito dolorosa, pela forma como acontecera. O conselheiro era agora um homem velho e fragilizado diante das intempéries sucessivas da vida.

Não havia em todo o reino, de certo, quem amasse mais o rei morto que o conselheiro, que guiara cuidadosamente seus passos desde a juventude, pois se tornara rei ainda muito jovem; seu pai e antecessor, o VI tuxauá, pouco antes de sua morte, confiara a Turyassu, na época seu homem de confiança, não só o cargo de Grande Conselheiro, como o próprio filho. Lágrimas vieram aos seus olhos e escorreram-lhe pela face, sem vergonha de serem percebidas. Turyassu cuidara tanto do rei como da rainha, como se filhos fossem, e agora sofria suas perdas.

Comovido, o sumo sacerdote chegou mais perto e abraçou o velho amigo, já tão vivido, e ouviu, num sussurro:

— Não há mesmo nada que possas fazer?

— Sim, há, mas depende da vontade dela aproveitar o amor, a saúde e a paz que disponibilizamos daqui de Áries para ela todos os dias. Não podemos obrigá-la a enxergar a luz que sempre existe depois das trevas. Não podemos obrigá-la a perdoar. Aquele perdão sublime que costuma resolver as coisas quando nada mais tem jeito. Não podemos obrigá-la a viver.

— O que mais Tupã reserva a este povo sofrido, Tabajara? — perguntou entre soluços pungentes da mais autêntica dor de um homem por seus filhos.

Turyassu sabia muito bem o que causava o poder do oculto sobre as pessoas. Viera ao templo de Áries para saber o que, no fundo, já sabia. A rainha estava sob efeito de magia e não havia quase nada que nem mesmo o poderoso mago e Sumo Sacerdote dos Templos pudesse fazer.

Em um esforço supremo, perguntou:

— Mas me diz, amigo, quem é o autor maldito desta obra terrível? Azamor está morto e não consigo pensar em ninguém tão infame que se iguale em maldade e ambição àquele ser desprezível. Somente ele seria capaz disso. Um discípulo, quem sabe?

— Não estás de todo longe da verdade. Eu diria que Azamor era um discípulo, e não um mestre. Como sabes, a morte é apenas uma mera mudança no estado do espírito. Azamor vive através de outras consciências que se alimentam de ódio, como ele mesmo o fazia.

Ante a surpresa estampada no olhar de Turyassu, arrematou:

— Esqueceste, não foi? Esqueceste que o ódio perdura no tempo como um visgo grudento e malcheiroso, guardado nas consciências milenares que continuam fomentando-o por intermédio de seus pares encarnados? Por que Azamor haveria de desaparecer nas profundezas das trevas de Anhangá, se pode ser tão útil para aqueles que tramam contra a luz e pelos infelizes que com ele se sintonizam?

Além disso, Azamor sabe muito, e seus serviços não seriam, de forma alguma, desprezados por outras consciências maléficas, como magos negros, por exemplo — fez uma pausa para dar tempo do outro se recuperar e falou finalmente: — Bartyra, em seu ódio, sintonizou com essas consciências, e por elas se deixa influenciar. Vou te contar tudo o que sei.

    Contudo, o que o sábio sumo sacerdote não sabia e, tampouco, o amorável grande conselheiro é que, em seu envolvimento com a magia, a rainha havia seduzido o cansado, solitário e por vezes deprimido príncipe regente, estando a esperar um filho dele.

Capítulo 7
Novos tempos

G raças à amizade de Tabajara e Ararype, Thu-ran e Tupayba tornaram-se grandes amigos ou irmãos, como gostavam de dizer. Passavam longos períodos um na casa do outro. Com a morte de Jatay e a escolha de Arary-Bhoya para príncipe regente pelo Grande Conselho dos Príncipes, não haveria mesmo razão para que algo fosse mudado.

Na verdade, o primeiro nome escolhido pelo conselho fora o do príncipe Tupanguera, que declinou modestamente em nome de Arary-Bhoya, seu grande amigo, dono de caráter exemplar e de lealdade inquestionável, pois ficara ao lado do rei desde o primeiro momento, quando sua autoridade foi questionada pelos revoltosos ainda na Terra das Araras Vermelhas. Não havia como o conselho desautorizar essa escolha, visto que quase sua metade, isto é, Aratimbó, Ubiracy, Juruá e Javaré, ainda estava ali por mera condescendência do falecido tuxauá e, desmoralizados, não tinham voz ativa dentro do conselho.

Muito parecido com Anhanguera, seu grande amigo, o príncipe Arary-Bhoya, tinha também uma voz de trovão, era firme e respeitado entre os povos de todas as cidades. Não haveria melhor escolha para suceder o infeliz Jatay.

O pequeno grupo dos antigos parceiros de Arary havia pretensiosamente armado elevar Aratimbó ao cargo de regente, sendo, todavia, facilmente derrotados na votação, pois os demais príncipes, Jaranam, Arary-Bhoya, Tupyara, Urubatam, Tupanguera, Araguary, Pauetê e Iraty, estavam unidos e de sobreaviso contra eles, de forma permanente. Como se sabe, Araguary substituiu Anhanguera, seu padrinho, Pauetê substituiu seu primo Jatay e, no lugar de Arary, agora tinha assento um nobre originário da própria Cidade Leste, o jovem e respeitado Iraty, sobrinho do príncipe Paraguassu, que, desde os primeiros dias, tomara a frente de seu povo para a reconstrução da cidade sem um líder formal. Iraty assumira depois que seu primo, o nobre Ararype, considerado mais experiente, abdicou em seu favor, conforme o plano armado no Templo de Áries.

Tupanguera, por sua vez, governava a maior cidade com seu filho mais velho e braço direito, o jovem Ityrapuam, e agora, tendo voltado a seus estudos sacerdotais no Templo de Leo, a pedido de seu mestre A-Waré, estava sobrecarregado. Combinou com Arary-Bhoya continuar dando seu total apoio, exatamente como fazia com Jatay. Da mesma forma, Urubatam se colocou à disposição para ajudar no que fosse possível.

Nem duas luas grandes haviam se passado desde a subida do povo para as terras altas, quando esses arranjos todos tiveram que ser feitos. Jatay morrera depois de uma longa moléstia, definhando aos poucos, desanimado e sem vontade de alimentar-se. Na verdade, o sofrido príncipe regente não havia agüentado a morte de sua amada, a rainha Bartyra. Não soube lidar com a perda que a vida lhe impunha, tendo se tornado um homem amargo e sem brilho, longe da força, coragem e vivacidade daquele que conduzira tão bem a migração do povo em seus primeiros tempos. Mesmo amparado e consolado por Turyassu e Tabajara, que tudo sabiam, jamais se recuperou, e nas últimas luas de sua vida, impossibilitado de sair do leito, passou o governo para o príncipe Tupanguera, provisoriamente. A conspiração fizera mais uma vítima.

Amigos para sempre

Doze luas grandes se passaram depois dos trágicos acontecimentos que mudaram a vida do povo do vale. Encontramos o jovem príncipe estudando com afinco ao lado de seu amigo Thu-ran, na pequena varanda da sala de trabalho de Tabajara. Estudavam, com ele e seus sacerdotes, os pergaminhos, a natureza, as ciências e a administração das pessoas. Estavam passando outro período na Casa das Flores, na montanha de Ararype, sob os olhares vigilantes de Nayade, que não descuidava um só momento das peraltices da dupla. Na montanha, deveriam aprender a caçar, plantar, manejar as armas, cuidar das colméias e sobreviver diante dos perigos das terras altas.

Tupayba era mais velho que Thu-ran pouco mais de um ano, mas quase não se notava a diferença. Thu-ran era alto, forte e esperto, ao passo que Tupayba era gentil, dedicado e compreensivo. A ambos eram dadas as mesmas tarefas e estudos.

Tupayba era mais dado aos estudos formais e Thu-ran às atividades físicas, de forma que se completavam bem e se ajudavam mutuamente. Todavia, isto muito preocupava Ararype, que acreditava que ambos precisavam desenvolver todo o seu potencial e não apenas parte dele.

Mais tranqüilo que o pai de Thu-ran, o sacerdote sempre tentava convencer o amigo, nas muitas vezes em que se encontravam, que seria assim mesmo. Naquela tarde, em Parama Sukha, o assunto voltou à baila:

— Aquieta-te, amigo, pois, se pensares bem, cada um tem o melhor do que vai precisar nesta vida! — fez uma pausa para saborear o refresco que Nayade trouxera; estavam sentados nos bancos de pedra debaixo das frondosas árvores que ornamentavam o bem cuidado jardim de onde observavam os meninos brincando, mais adiante, um divertido jogo com saquinhos de areia junto de outras crianças. Nayade se juntara a eles e ouvia atenta as palavras do amigo.

— Repara bem — continuou —, Tupayba é dado aos estudos e não gosta muito dos exercícios ao ar livre. Diverte-se por estar com o amigo nessas atividades e assim vai aprendendo, sem querer, o manejo da lança e como sobreviver fora de casa, o que não é de suma importância, pois não vai poder mesmo, no exercício de suas funções reais, sair por aí lutando, caçando coelhos ou colhendo mel das colméias. Sua cultura permitirá que governe sem medo de ser ludibriado por sacerdotes, professores ou príncipes. Não sabe manejar as armas com a destreza de Thu-ran, mas os guardas farão isso por ele. Enquanto isso, vosso filho é forte e disposto, leal e sem preguiça; não se intimida nem com as tempestades nem com os animais. Exatamente o que vai precisar para administrar esta propriedade e seu povo. Lê os pergaminhos meio sonolento, mas aprende o suficiente para não se deixar enganar por outros nobres ou pelos pseudo-sábios que andam por aí — fez mais uma pausa para concluir a seguir:

— Vão se ajudar muito no futuro... Mais até do que fazem agora — sentenciou com o olhar distante para além do penhasco à sua frente, que fazia as vezes de fronteira da propriedade.

Ararype e Nayade o olhavam respeitosos, sem nada dizer.

Tabajara voltou a si de repente, após breves instantes, e notando o olhar solene do casal, sorriu bondosamente, acrescentando:

— Já disse que não deveis vos preocupar em demasia. Grandes coisas estão reservadas para nossos meninos.

Antes que eles pudessem falar qualquer coisa, foram rodeados por um enxame de crianças alegres, meninos e meninas que literalmente se atiraram com grande alvoroço em cima das jarras de suco e das gostosas raízes assadas que estavam sobre a pequena mesa.

Nayade tratou de colocar um pouco de ordem naquela bagunça, sob os olhares divertidos dos dois homens.

Mais tarde, naquela noite, estavam todos novamente reunidos embaixo das árvores, aproveitando a brisa da noite que trazia um ar fresco, compensando o mormaço abafado do dia. Os pássaros se aquietavam e de toda a parte vinham os sons dos animais noturnos.

— Meninos, o que aprenderam hoje? — perguntou o sacerdote.

Acostumados com aquelas perguntas que nada mais eram que pequenas cobranças à dedicação para o aprendizado, ambos se entreolharam e sorriram. Tinham sempre a resposta na ponta da língua. Foi o despachado Thu-ran, espécie de porta-voz da dupla que se adiantou a responder, deixando de lado, por um momento, o arco que fazia com capricho:

— Aprendemos a estripar coelhos, Excelência — dirigia-se ao sacerdote com toda a praxe protocolar, embora já tivesse sido dispensado disso. — Foi ótimo! — acrescentou animado. — Foram esses que comemos no jantar.

Nayade e Tabajara trocaram um olhar de nojo ante o pensamento de estripar um animal, lembrando, ainda por cima, que o haviam comido com grande satisfação; o sacerdote ainda encontrou uma forma singela de falar, meio sem graça e já arrependido de ter perguntado qualquer coisa:

— Que bom, meu filho... — o que provocou uma gargalhada de Ararype.

— Foste tu quem perguntaste, amigo — e a resposta veio desanimada:

— Pois é... Pois é... — limitou-se a responder.

— Acertei dois com meu arco, e Tupayba mais um — continuou o garoto, sem perceber o mal-estar do sacerdote e de sua mãe, muito feliz com sua façanha. — É a primeira vez que trazemos o jantar para casa — dirigia-se ora ao pai, ora à mãe. — Amanhã vamos ao riacho que nasce lá no alto da montanha, nas pedras, para tentar pescar alguns peixes. O guarda-caça jurou que dá para pegá-los com as mãos, pai — falava pelos cotovelos, enquanto Tupayba apenas sorria satisfeito, ocupado no trabalho com suas flechas, nas quais amarrava cuidadosamente em uma das pontas um cipó fino e trançado, o que permitiria ser recuperada após usada.

Com sua calma habitual, esperou o companheiro sossegar e declarou com um largo sorriso, em tom baixo, mas firme, como lhe era peculiar, dando, inconscientemente, a última palavra, como convinha a um futuro rei:

— E amanhã traremos peixes para o jantar. E é só isso, meus senhores — e, tendo falado, levantou-se, chamando o amigo:

— Vamos juntar nossos apetrechos para amanhã? Tajgor nos

chamará ao nascer do Sol — falou referindo-se ao guarda-caça da propriedade.

— Mas claro! — foi a resposta alegre de Thu-ran, pondo-se de pé em um só pulo e disparando na frente em direção à casa. Foi seguido por Tupayba, que, calmamente, despediu-se de um por um antes de se retirar, desejando que Tupã velasse pelos sonhos de todos, além de recomendar, com candura, que não se esquecem de vibrar, antes de dormir, pela harmonia e paz de todos os seres.

Tão logo o menino desapareceu por entre as árvores, Ararype comentou entusiasmado e impressionado, como sempre, com as tiradas do pequeno príncipe:

— Um legítimo herdeiro de Ay-Mhoré! Um verdadeiro rei! O escolhido dos deuses!

— Que assim seja! — respondeu o sumo sacerdote.

E Nayade recitou emocionada:

— Porque assim será!

Ainda naquela mesma noite, quando já recolhido ao seu aposento na Casa das Flores, Tabajara meditava sozinho sobre os acontecimentos após o jantar e ponderava qual seria o melhor momento de contar ao pequeno, mas precoce príncipe, sua verdadeira história.

Esse dia, no entanto, não tardou a chegar.

Capítulo 8

Magia negra

Voltamos à entrevista do conselheiro real com o sumo sacerdote. Este relatou, com detalhes, o que sabia sobre a magia na qual a rainha estava submetida.
— Omandyas... — falou Tabajara num repente.
E como se Turyassu o olhasse espantado e sem entender, repetiu:
— Omandyas! Esse é o nome! — tornou-se enfático.
— Do que falas? Que Omandyas é esse? — inquiriu ansioso Turyassu, acostumado às charadas enigmáticas do amigo, quando tinha algo de ruim para lhe contar.
— Tu te lembras do bruxo que chegou de Ibez, algumas luas grandes antes das ondas varrerem o vale, dizendo-se oriundo da Terra Mãe? — perguntou, calmamente.
— Bruxo? O único bruxo verdadeiro que conheci foi Dezan, aquele que Azamor perseguiu — estancou a fala de repente, fisgado por suas lembranças amargas, para depois continuar em um esforço supremo. — Quero dizer, o único que conheci de perto. Os outros, como tu mesmo costumas dizer, são bruxinhos de segunda categoria.
— Estás com a memória fraca. E o próprio Azamor? E eu, então? — Tabajara provocou um sorriso no amigo cansado.
—Ah! Mas tu não conta, nem teus sacerdotes, porque são todos do bem. Tu és um mago, de certo, mas bruxo? Isso tem uma conotação negativa. Se bem que Dezan não era mau, a princípio.
— Então não deixa de ser verdade — emendou, sorrindo. Depois continuou:
— Mas tens razão. Esse tal Omandyas chegou em um dos grandes barcos de comércio. Creio que te falei sobre ele.
— Não me lembro. Tantas coisas aconteceram naqueles tempos. Tu sabes que minha memória já não é como antes. Já sou um homem velho, amigo. Mas o que ele tem a ver com nossa rainha? — perguntou, aflito com o rumo da conversa.
— Tudo — foi a resposta lacônica. E como Turyassu continuasse a olhá-lo sem compreender, continuou:
— Logo que chegou, ele procurou um dos templos de ensino, oferecendo-se para ser professor. Dizia-se um sacerdote com grande experiência no assunto, originário do além-mar, vindo missionariamente para ajudar no ensino do povo do vale. Foi recebido por Vesak,

o sacerdote superior nas lides do ensino, que ficou encantado com sua presença, sua cultura e sua afabilidade. Depois de sabatinado, como mandam as normas, e do curto tempo de adaptação, já estava lecionando em um dos cursos do templo, sendo adorado pelos alunos.

— Sim? — Turyassu denotava impaciência, que não passou despercebida por Tabajara.

— Já vou chegar onde queres, amigo. Embora não fosse de minha alçada, pois se referia a estudantes comuns, chegou a meus ouvidos a presença de tão especial professor lecionando nos templos. Fiquei curioso e mandei que fosse trazido à minha presença, afinal, também queria conhecê-lo e saber o que tinha de tão singular. Bem sabes como gosto de ficar a par de tudo o que acontece nos templos.

— E o que achaste dele?

— Ele veio um dia com Vesak e mal adentrou o átrio do templo, onde eu me encontrava nos preparativos para as festividades da colheita, um arrepio correu por todo o meu corpo, como se um raio tivesse me atingido. Por pouco, não caí, pois estava completamente despreparado para tal embate. — Tabajara recostou-se em suas almofadas e passou as mãos pelos longos cabelos, como a querer se livrar de um incômodo qualquer que as lembranças lhe traziam.

Nesta altura, o conselheiro já estava interessadíssimo pelo relato, tendo deixado para trás todo o desânimo. Esquecido de qualquer cerimônia, serviu-se avidamente de uma segunda caneca de chá, pronto para ouvir o resto da narrativa.

— Quando nossos olhares se cruzaram, ele percebeu imediatamente que havia sido descoberto e o constrangimento da entrevista foi notório. Ao seu redor, três entidades sombrias serviam como um pretensioso escudo de proteção, uma delas era gigantesca e de formas humanóides, urrava de vez em quando, provocando certa irritação nas outras duas, que pareciam magos menores das sombras ou simples servidores de outro mago. — fez uma pequena pausa e logo prosseguiu: — Como tu sabes, pouco ouvimos falar de magia negra na Terra das Araras, e a presença de um mago negro, enrustido na pele de inocente professor, era, de fato, algo inusitado, mas muito bem planejado, tanto que nem mesmo Vesak, com sua experiência, havia percebido. E como tu mesmo bem o disseste, só nos anteparávamos com maguinhos de segunda. Tive que me concentrar imediatamente para que ele não tentasse invadir minha mente e sugar alguma informação de qualquer natureza — o sacerdote fez uma pequena pausa, como se puxasse pela memória os acontecimentos daquele encontro.

— Na verdade, passados os primeiros momentos e já recomposto do susto inicial, fiquei curiosíssimo para saber os propósitos de alguém se arriscar daquela maneira. Não era possível que achasse que jamais seria descoberto no interior de um dos grandes templos.

— Tentaram te atacar de alguma maneira? Refiro-me às entidades que o acompanhavam — quis saber Turyassu, preocupado.

— Não. Não ousaram. — Tabajara se mostrava compenetrado, agora que as lembranças se avivaram na sua mente. — Guardiões espirituais do templo imediatamente me cercaram, mantendo as criaturas a certa distância, temerosas. Percebi que os guardiões agiam da forma que era compreensível para eles, mesmo porque, não estavam ali para nenhum embate. Somente Omandyas se adiantou e, apesar de sua posição de fragilidade no momento, me encarou diretamente sem nenhum medo — falou o sacerdote antes de se calar por um longo tempo, rodando sua tigela vazia nas mãos de forma distraída, como se estivesse se recordando daqueles acontecimentos.

Turyassu implorava com o olhar pela continuação do relato. Tabajara seguiu contando:

Por uns instantes, nossos olhares se cruzaram, depois se curvou em uma mesura cerimonial. O auxiliar que o introduzira ainda se encontrava próximo, além de outros servidores que se ocupavam dos preparativos para as festividades, enfeitando com arranjos um dos altares públicos. Sua voz melodiosa, contida e baixa, logo se fez ouvir:

— Salve, ó sumo sacerdote do Templo de Leo! — recitou enquanto se inclinava quase até o chão.

Vestia uma túnica cinza-escura, com enormes bordados dourados nas mangas, sem nenhum significado que eu conhecesse e muito diferente das roupas claras e discretas dos sacerdotes locais, especialmente os que se dedicavam ao ensino. Usava ainda uma sobrecapa no mesmo tom dourado, mais apropriada, a meu ver, aos supremos sacerdotes de cada templo. Sabendo que ele tinha consciência sobre eu já ter percebido quem ele era de fato e, diante de seu olhar frio e desafiador, não me dei ao luxo de perder tempo com grandes cerimônias. Apenas disfarcei para que as pessoas em volta não notassem a situação inusitada. Cumprimentei-o com um leve menear de cabeça, convidando-o a entrar com um gesto, não sem antes ordenar aos guardiões que mantivessem aquelas entidades fora do templo. Outras haviam aparecido como em um enxame escuro. Percebi que, naturalmente, era eu que sintonizava com elas, pois, de certo, estava zangado com o desplante da presença de um mago negro em meu templo.

Tratei de me equilibrar, até porque tinha que descobrir o motivo da visita daquele servidor das trevas em nossa cidade.

Determinado, adentrou o grande salão após o átrio e estancou à minha espera e a de Vesak que, alegre e distraído, disse-me não poder permanecer para a audiência em função das muitas tarefas a serem cumpridas antes das festividades. Tão feliz quanto veio, retirou-se apressado, prometendo voltar em outra hora com mais tempo.

Enquanto isso, meu convidado não denotava nenhuma curiosidade pelo grande e belo saguão do templo, o que também chamou minha atenção. Tampouco se deu ao trabalho de se despedir de seu superior, que lhe acenava de forma efusiva e simpática, como era sua característica. Vesak, apesar de seu alto posto na hierarquia do clero, era extremamente gentil e afetuoso com todas as pessoas, e exercia sua autoridade de forma amável, tornando-se muito querido por todos.

Fui à sua frente, conduzindo-o a uma das salas de audiências, dispensando o serviçal que o introduzira e esperava por alguma ordem minha.

Não parecia se impressionar com o fato de seus auxiliares invisíveis terem sido colocados para fora. Mantinha um olhar distante e indiferente. Ao observar aquela triste figura, lamentei comigo mesmo a situação de alguns homens. Tinha conhecido várias criaturas das trevas, inclusive alguns magos negros que habitavam o astral inferior, de onde podiam interagir com o nosso plano mais facilmente, mas estar com um deles, em carne e osso, era deveras interessante. Tinha ouvido histórias e lendas da magia negra que grassava na Terra Mãe e nas outras colônias atlantes do sétimo continente, derrubando governos e destruindo cidades. Sacerdotes usavam seus conhecimentos em favor das forças do mal, aliciados sob o jugo de magos negros verdadeiros.

Sua expressão era menos confiante ao entrarmos na sala de audiências. Suas baixas vibrações não combinavam com as do ambiente, fazendo-o despender enorme esforço para permanecer naquele local, o que o enfraquecia.

Virei-me e o encarei. Ele sustentou o olhar por um tempo e depois andou pela sala sem constrangimento, ganhando tempo, para se recompor. O mago rodeou até, finalmente, se acomodar nas almofadas à sua disposição, denotando nítido desconforto. Neste momento, entrou Zandyr, solícito, parando junto à entrada principal. Sempre que alguém de fora se fazia presente ele não tardava a aparecer para providenciar o necessário.

Adiantei-me, impedindo que ele perguntasse algo:
— Não se faz necessária tua ajuda, amigo. Melhor te ocupares das festividades, pois tudo parece estar atrasado para amanhã.

Zandyr permaneceu mudo e estático à porta, me olhando sem compreender, pois tudo estava pronto e as comemorações só começariam em três dias. Titubeou por uns instantes, mas, esperto, logo compreendeu que era uma espécie de senha que eu lhe passava. Olhou-me, então, de forma compreensiva e respondeu, com voz firme, dando-me a entender que estaria de sobreaviso para qualquer eventualidade:

— Sob vossas ordens, meu senhor. Estarei na ante-sala com os servidores, caso necessiteis de mim — e tendo dito isso retirou-se, não sem antes examinar o visitante de alto a baixo, deixou-me a sós com o tal professor, que parecia desinteressado daquela conversa.

Aproximei-me, sentando-me a uma distância confortável.
— Então vens do norte? Que me dizes daquelas terras? — perguntei de forma casual.

Omandyas sorriu levemente, acomodou-se melhor e falou com sua voz aveludada, fingindo que nada de extraordinário estava acontecendo naquela pequena audiência:
— É uma honra conhecer-vos. Todos falam muito de vós nos templos de ensino — disse sem responder à minha pergunta.

Fingi não perceber e tornei:
— Falam muito de ti, também. Por esta razão me apressei em ver-te. De onde vens exatamente? — fitei-o nos olhos de forma determinada, como a exigir uma resposta direta.

— Originalmente, vim da Terra Mãe para as colônias, algumas luas grandes atrás, em um dos grandes barcos — respondeu brevemente, mudando sua postura inicial e colocando-se discretamente na defensiva. Tudo nele era mais ou menos imperceptível e sorrateiro, necessitando de atenção para os detalhes.

— Muitas conturbações pelos lados de tua terra natal, não? — e sem esperar a resposta emendei: — Naturalmente soubeste dos problemas dos templos por lá.

— Oh, sim! Naturalmente, mas minha decisão de vir ajudar nas colônias me tirou todo o tempo de me enfronhar nesses assuntos. Muitos preparativos, além das permissões que me fizeram andar de templo em templo atrás das autorizações necessárias. Não queriam me liberar de jeito nenhum, pois era muito querido pelos estudantes — falou, sem modéstia, a pequena mentira, como se fosse algo absolutamente inquestionável.

Intrigava-me o fato dele saber que eu havia visto seus acompanhantes e continuar fingindo que não sabia disto. Até quando sustentaria aquela situação? Por que não tinha medo de ser desmascarado? Eu poderia facilmente mandar prendê-lo e ele, de certo, sabia da autoridade de um supremo sacerdote de templo. Matutava sobre esses pontos, mas perguntei quase casualmente, pretendendo apenas dar mais corda:

— E pretendes ficar para sempre?
— Se assim me for permitido, Excelência. Gostei muito do vale, de seu povo amável e de como fui bem recebido pelos demais sacerdotes de ensino. Conhecendo-vos fico mais convencido de minha decisão — bajulou, de forma inexplicável.

Nesses tempos, na Terra das Araras Vermelhas, incitados pelos conspiradores, não haviam ainda começado os falatórios sobre a loucura do rei, portanto, também não se falava da necessidade de mudança para as terras altas.

— Sei, sei — limitei-me a responder, tentando deduzir algo mais sobre suas reais intenções ao mesmo tempo em que perscrutava sua fisionomia, procurando alguma brecha de fraqueza, inutilmente. Ele, por sua vez, também se limitava a olhar-me, impassível. — Mas fale-me de suas atividades nos templos de onde vieste — ainda tentei, mesmo sabendo que não teria sucesso. Sabia, no entanto, que só conhecê-lo já tinha sido por demais proveitoso e surpreendente, embora minha curiosidade falasse mais alto.

— Ensino, Excelência. Ensino — foi a resposta do mago, que parecia mais à vontade novamente. — Todas as atividades nos templos eram voltadas ao ensino. De fato, minha vocação sempre foi com os jovens — falou com a candura de um professor dedicado e inocente.

"Mas o que pode estar pensando essa criatura? Até quando pretende levar esta comédia adiante?", pensei, intrigado com aquela postura. Invoquei, então, mentalmente, quase que me alienando do ambiente por alguns instantes: "Ó Tupã, ajudai-me a compreender e encontrar as respostas das verdadeiras intenções deste ser". No mesmo momento, aquela voz doce e amorosa que sempre vinha aos ouvidos de meu espírito nos momentos de apreensão falou-me:

— Filho meu, os homens estão a traçar seus próprios destinos. Não tens como interferir. Sossega teu coração, pois, em seu tempo, tua tarefa se tornará árdua na defesa desta grande nação e de teu tuxauá; em seu tempo, saberás mais do que precisas saber. Em seu tempo — repetiu, sumindo como sempre em um leve ruído, como se uma brisa suave batesse nas folhas das palmeiras à beira-mar, deixando no ambiente um discretíssimo perfume de flores silvestres.

Voltei a mim, como que acordado de um rápido sonho, e percebi que meu visitante nada havia notado, pois continuava sentado confortavelmente, indiferente, a alisar um grande anel adornado por uma grande pedra vermelha. Tudo nele parecia exagerado.

Impressionado ainda com o enigma que ouvira de meu mestre e vendo que a conversa não ia mesmo dar em nada, esforcei-me por ficar satisfeito, pensando que necessitava refletir sobre tudo aquilo para depois decidir sobre o que fazer. Tinha muito o que pensar. Dirigi-me ao bruxo, desejoso de livrar-me de sua presença e dar fim à entrevista, levantando-me:

— Bem, o que posso dizer-te pelo momento é que esta terra trata bem e acolhe a todos que lhe são fiéis em pensamento e em coração — dei uma entonação grave na voz, deixando claro que eu o reconhecia.

Omandyas apenas sorriu de forma cínica, para, em seguida, levantar-se sem esforço, apesar de não ser um jovenzinho. Ajeitou as elegantes vestes e, virando-se para mim, fez novamente uma longa reverência, recitando como mandava o protocolo:

— Salve, ó grande sacerdote do Templo de Leo, o escolhido dos deuses! — em seguida emendou, olhos fixos no chão, mãos espalmadas ao peito, em uma atitude de aparente subserviência e em um tom quase inaudível, lançando um evidente desafio que escancarava sua posição: — Deuses ou demônios dependem da competência de cada um, não achai Excelência? Faz bem esta terra em acolher apenas os escolhidos — virou-se em um rodopiar repentino, esvoaçando sua longa capa e deixou a sala sem esperar nenhuma resposta. Deixei-o partir sem interferir, pois não precisava de confrontos àquela altura. Queria apenas observá-lo. Por meio de clarividência, percebi os guardiões liberando algumas das entidades que o haviam escoltado até o templo.

Terminada esta parte do relato, Tabajara saiu um pouco de seus pensamentos e fitou o conselheiro do reino, que o olhava embasbacado, de olhos arregalados.

— Estou chocado! — foi só o que conseguiu dizer.

— Também fiquei, amigo — falou o sacerdote, como que para consolá-lo.

— Mas o que foi feito do mago e o que tem ele a ver com nossa

Bartyra? — perguntou ansioso.
Tabajara olhou-o longamente e percebeu que teria que entrar nos detalhes daquele assunto tão desagradável. Suspirou longamente como a recuperar energias, para depois continuar:
— Enviei emissários incógnitos, de minha confiança, aos templos de ensino para avaliar sua postura dentro e fora das salas de aula. Com quem andava, aonde ia, o que fazia nas horas vagas e tudo o mais.
— E o que descobriste?
— Não muito mais do que eu já sabia — falou com um muxoxo. E antes que o amigo morresse de ansiedade continuou a narrativa, não sem antes puxar para os ombros a manta que estava a seus pés, para agasalhar-se melhor naquela manhã excepcionalmente fria. O ruído do vento lá fora parecia tornar aquele encontro ainda mais triste.
— Fui informado de que Omandyas fez várias visitas aos diversos templos nas semanas que se seguiram, inclusive ao Templo de Áries, o que não seria nada demais a um sacerdote chegado de terras distantes, não fosse sua peculiar condição. Embora eu nunca tenha simpatizado com Azamor, na época, seu cargo era indiscutível, assim como sua capacidade de lidar com o oculto. Achei que deveria saber a opinião dele sobre o visitante e se havia algo que ele sabia e estava escondendo por alguma razão. Assim que pude, fui ao seu encontro em seu gabinete, no qual fui rapidamente introduzido por Dagbar, sem conseguir impedir que ele se derretesse em mesuras.
— Dagbar... — falou de repente o conselheiro, pensativo. — Nem me lembrava mais dele. Foi um dos servos de confiança de Azamor que desapareceu depois de sua morte, não foi? — perguntou de cenho franzido, puxando pela memória.
— Foi. Como sabes, o problema é que muitos conspiradores de baixo escalão desapareceram, o que sempre me preocupou. Os nobres e os oficiais leais ao tuxauá se preocuparam tanto com os príncipes que se esqueceram de seus auxiliares. Alguns desapareceram misteriosamente — ficou pensativo por um instante ou dois, mas como o amigo continuasse a olhá-lo de forma interrogativa, terminou simplesmente: — Mas penso que não havia mesmo outra forma. Havia que se pegar os peixes grandes.
— E Azamor?
— Recebeu-me com toda a pompa e cordialidade, o que me estranhou, pois me tratava sempre com certa distância, para não dizer rispidez. Eu bem sabia que ele apenas me tolerava, já que meu nome para o Templo de Leo havia sido quase que imposto pelo tuxauá

em pessoa, depois da morte de meu mestre Ahzy-Da; éramos amigos desde jovenzinhos, eu, Ay-Mhoré e Tupanguera — sorriu de leve por um momento ao ser fisgado por aquela lembrança. — O tuxauá sabia de minha lealdade e de meu amor ao povo. Além disso, como sabes, aquele templo tinha sido minha casa desde sempre e eu conhecia seus meandros como a palma de minha mão; quando Azamor pretendeu colocar um subserviente preposto seu, de carreira administrativa, em um dos templos mais importantes, o rei se irritou muitíssimo, porque o nome indicado pelo concílio tinha sido o meu. Azamor pretendia passar simplesmente por cima dos sacerdotes e, pasme, do próprio tuxauá. Não sei se tu soubeste de todos esses detalhes na época?

— Assim, assim — respondeu o velho Turyassu, já esquecido de muitas coisas do passado.

— Desta forma — continuou, depois de uma pausa —, ele não podia nem me ver e tratava sempre de colocar certa dificuldade nas minhas solicitações, alegando burocracias e outras coisas, que eu fingia não perceber. Naquele dia, todavia, me recebeu quase saltitante, se apressando à minha frente para me oferecer assento nas almofadas de pena. Ordenou até a vinda de chás e frutas, para meu espanto total.

Então, Tabajara lembrou-se do encontro com o sumo sacerdote, que o recebeu tão amistosamente, incluindo até um longo cumprimento cerimonial:

— Salve, ó supremo sacerdote de Leo! — falou o sumo sacerdote de forma alegre, dando-me as boas-vindas. Recitei de volta, como mandava o protocolo, mas coloquei-me, instintivamente, na defensiva diante de seu comportamento tão peculiar naquele dia.

— Salve o sumo sacerdote de todos os templos da Terra das Araras Vermelhas! — eu estava surpreso e mais que desconfiado.

— Mas senta-te, Tabajara. Acomoda-te, amigo — disse o solícito Azamor, deixando-me por um segundo de boca abertad espanto. — O que precisas deste humilde sacerdote?

No fundo, tive vontade de rir, diante de tamanha falsidade, mas a gravidade da situação me trouxera ali. Aqueles tratos gentis, sem dúvida, mostravam que algo acontecia por trás de meu mentiroso interlocutor. Em uma fração de segundo, passou-me pela mente se aquela cortesia toda teria alguma coisa a ver com Omandyas.

"Mas o que poderia ser?", pensei, balançando a cabeça como que para afastar aquele pensamento. O sumo sacerdote era apenas um interesseiro de pouca estatura. De certo não estaria envolvido com magia negra. Ele deveria apenas estar armando uma bobagem qualquer para a qual precisaria dos sacerdotes supremos de todos os templos.

"Ora, mas que bobagem!", voltei a pensar, tentando convencer a mim mesmo de que ele era apenas um mago esperto e pretensioso, para no minuto seguinte me armar novamente. Enquanto eu conversava comigo mesmo, ele já havia se acomodado à minha frente e me examinava com seus olhos de águia. Quando o fitei, desanuviou em um segundo o olhar, abrindo um leve sorriso por trás dos dentes tortos.

Nessas alturas, Dagbar entrou trazendo os pedidos, que foram servidos fartamente. Limitei-me a tomar meu chá decidido a resolver uma coisa de cada vez. Primeiro, o mais importante, isto é, o mago negro. Mas eu continuava lutando comigo mesmo. Talvez a mudança de Azamor fosse apenas porque queria algo do tuxauá e pretendia pedir meu auxílio mais adiante, como era bem de seu feitio. Estava mesmo sempre a pedir uma graça qualquer do rei, como me contara Ay-Mhoré, entre risos.

Na verdade, o rei não só tolerava o sumo sacerdote como tinha até certo apreço benevolente por ele; quando de sua indicação para o cargo, resolveu seguir a escolha do concílio, pois não via nenhum problema nele, como, de fato, não havia mesmo. E também não havia como negar que era um mago muito competente.

Durante o chá, trocamos algumas informações sem relevância sobre os festejos da colheita, há pouco encerrados. Azamor demonstrava um interesse singular, aos meus olhos, mas, no fundo, eu sabia que ele gostava das festividades públicas, pois, como as dirigia, tinha um papel de extrema relevância junto ao povo e aos sacerdotes. Em função de sua vaidade, sua satisfação nessas ocasiões era notória, o que me fez pensar que talvez tanta gentileza fosse mesmo por causa da época. Senti até um pouco de culpa com o pensamento, mas não me desarmei por completo.

— Gostaria de saber vossa opinião sobre um acontecimento inusitado aqui no vale — coloquei de forma fria, sem demonstrar preocupação particular.

— Algo novo está acontecendo neste vale? — indagou sorridente. — O que poderia ser de tanta importância para tirar-te de teu templo, vós que estais sempre tão ocupado?

Sem fazer rodeios, falei da visita de Omandyas e o que eu tinha percebido nele, o que causou evidente surpresa no sumo sacerdote. Percebi, de imediato, que aquele não era para ser um assunto do meu conhecimento.

— Como o conheceste? — perguntou tentando se recompor do susto sem me fazer perceber, o que, evidentemente, não foi possível. Azamor era demasiado transparente em suas emoções.

— Mandei-o vir à minha presença. Os boatos correm rápido na Cidade Central, Excelência, e logo me veio a notícia de um novo sacerdote trabalhando nos templos de ensino, com formidável desempenho. Quis conhecê-lo — e sem lhe dar tempo para pensar concluí: — Soube até que vós o conheceis também, pois ele tem vos visitado com certa assiduidade — não havia como ele me perguntar como eu sabia disso, pois a resposta era óbvia.

Um pouco mais pálido do que já era, ajeitou-se nas almofadas e, sem perder um milímetro de sua compostura, respondeu-me, em tom baixo de confidência, esticando o pescoço em minha direção, obrigando-me a fazer o mesmo para conseguir ouvi-lo.

— Este era um segredo que eu esperava resolver sozinho. Não quis trazer preocupações aos dirigentes dos outros templos, exatamente como aconteceu contigo. Pensava em poupar o rei dessas banalidades — sussurrou, como se alguém pudesse nos ouvir dentro de sua grande sala de trabalho.

— Então a condição do professor como emissário das sombras era de vosso conhecimento? — provoquei, querendo saber mais.

— Mas é claro, meu caro! — respondeu com certa afetação. — Achavas mesmo que teu sumo sacerdote não perceberia? — sorriu com gosto, denotando complacência com minha suposta ignorância. — Pois não é esta minha função? Não estão a mim afeitos os problemas espirituais da nação Nhengatu? — perguntou satisfeito.

Sem esperar resposta continuou:

— Sei tudo o que se passa no vale, Tabajara. Não te preocupes. De qualquer forma, teu interesse é louvável e não deixarei de anotá-lo — sentenciou, como a encerrar a entrevista, me despachando. Mas insisti:

— Na verdade, Excelência, gostaria de saber vossa opinião sobre o tal Omandyas e que providência pretendeis tomar. Como supremo sacerdote de Leo, é de minha alçada problemas com professores. Creio, aliás, que magia negra é da alçada de todos os dirigentes religiosos desta terra. Não é novidade para ninguém as sérias perturbações causadas por esses rituais em outras terras.

— De fato, de fato — respondeu fazendo uma pausa para pensar no que ia me dizer. — Mas digo que não te preocupes, pois consultei os emissários do bem que me assistem a todo o momento em função de minhas obrigações espirituais, e percebi tratar-se de um simples aprendiz; um maguinho de terceiro ou quarto escalão — falou com superioridade, para depois acrescentar rapidamente: — Por que achas que o tenho chamado à minha presença por diversas vezes? Nessas alturas, minha culpa tinha desaparecido por completo e minha curiosidade, aumentado muitíssimo.

— Sem querer ser inconveniente, meu sumo sacerdote, minha impressão sobre ele foi oposta. Percebi um enxame de entidades das trevas ao seu redor, incluindo artificiais de aspecto deplorável; daqueles usados para magia negra. Ele tampouco se importou que eu soubesse quem era, chegando a me desafiar — coloquei de forma firme, como exigindo uma resposta.

Azamor e eu nos levantamos, como era de praxe, uma vez que não tínhamos intimidade. Andou pela sala escura e malcheirosa, parando em frente do altar onde dois círios eram mantidos acesos. Virou-se vagarosamente para mim e atalhou, de forma sutilmente desafiadora:

— Duvidas então da opinião de teu superior, meu caro?

— De forma alguma — respondi calmamente. — Apenas pensei que um supremo sacerdote pudesse confidenciar ao seu superior as suas expectativas e experiências paranormais, com toda a franqueza. Com quem mais poderia fazer isso, a não ser convosco, Excelência?

Pego de surpresa, mas fisgado em sua vaidade, saiu-se com um largo sorriso.

— Tens razão, tens razão — afirmou ligeiro. — Embora eu não tenha observado as mesmas coisas que tu nas diversas vezes em que estive com ele, vamos fazer o seguinte: para que não te inquietes, além de não deixar o reino correr qualquer risco, o que não creio ser o caso, vou mandar que o tal sacerdote... Como é mesmo o nome? — fingiu esquecer-se. — Que o tal sacerdote seja vigiado dia e noite por homens de minha absoluta confiança. Além disso, estaremos, eu e meus mestres do Astral, de sobreaviso para qualquer eventualidade — falou de forma enfática. — Se percebermos algum movimento estranho, por menor que seja, ele será preso e submetido a julgamento. Qualquer novidade eu te prometo que serás o primeiro a saber.

Percebendo que tinha chegado ao final da estrada e que mais nada tiraria de Azamor, dei por encerrada a conversa.

— Agradeço por vossa atenção, Excelência — disse, despedindo-me, ao que ele aquiesceu com um breve gesto de concordância. Bateu palmas e como em um passe de mágica, Dagbar apareceu no pórtico de entrada.

— Acompanhe o supremo sacerdote de Leo até a saída — ordenou.

O auxiliar dobrou-se quase ao chão fazendo-me um gesto para que eu saísse à sua frente. Já ia me retirando quando ele me chamou:

— Hã... — hesitou por um segundo, parecia escolher as palavras. — É melhor que não leves as tuas preocupações ao tuxauá, que já tem muito com o que se preocupar.

— Naturalmente, Excelência.

E, voltando-se ao estupefato conselheiro que a tudo escutava tão interessado quanto no início da narrativa, Tabajara concluiu:

— E foi assim que aconteceu a entrevista, meu caro Turyassu.

— É incrível, mas não foste falar com Ay-Mhoré? Achaste mesmo que ele estava sendo sincero? Não fizeste nada? Mas, afinal, por que achas que o tal Omandyas está envolvido com o problema da rainha? — atropelava as palavras, me cobrindo de perguntas.

— Não saberia te dizer de fato, amigo — falou, referindo-se à última pergunta. — Mas minha intuição diz que ele foi o único mago negro que apareceu por aqui nos últimos tempos. Então não pode ser coincidência a rainha estar sob efeito de magia, não achas? Quem mais faria isso? Azamor ajudaria se pudesse, pois deve ter guardado muito ódio de nosso grande tuxauá, que o desmascarou. Isso se não estiver enredado pelas consciências de seus asseclas das trevas, chafurdados nos pântanos do astral inferior.

Como Turyassu já demonstrava cansaço, pois não era mais um menino há muitas e muitas luas grandes, e parecia não compreender completamente, Tabajara completou:

— Como muitos dos auxiliares de segundo escalão, Omandyas desapareceu misteriosamente do vale quando os etíopes foram vencidos pelas tropas fiéis ao tuxauá. Quase ninguém se deu conta, pois era um humilde professor dos templos. E isso é muito significativo. A arrogância de Azamor o tornava vulnerável, diferentemente de Omandyas, que de estúpido não tinha nada. Sendo assim, porque razão ele não pode estar novamente rondando os destinos de nossa gente? Magos negros sempre têm interesse no poder, de alguma forma. Você quer obra mais bem feita do que enlouquecer a rainha? Nem que fosse apenas por vingança, caso algum plano tenha sido abortado com o fim da conspiração.

— Mas como ele consegue? — balbuciou o velho conselheiro, esgotado por tantas emoções.

— Como te disse, ela se sintoniza com ele, pois tem muita mágoa no coração. Na verdade, com o passar das luas, essa mágoa se transformou em ódio... Convives com ela tão de perto, sabes do estado de seu coração sofrido. Penso que, em outras vidas, ela e o mago tiveram algum envolvimento que se transmutou em um carma para ela, para que pudesse se transformar, no futuro.

Turyassu parecia dar-se por vencido, pois os argumentos eram fortes.

— Falaste com Ay-Mhoré?

— Sim — foi a resposta lacônica do sacerdote, porque não havia mais nada a se dizer, e ambos compreendiam isso. Levantou-se de sua almofada e ajoelhou-se ao lado do amigo, a quem abraçou ternamente, amparando em seus braços um servidor de toda uma vida, onde os sentimentos de tristeza e culpa se misturavam às lágrimas que caíam abundantes pelo seu rosto tão envelhecido. Entrando já nas últimas luas de sua vida, ele não esperava a dor que Tupã havia lhe reservado para os últimos tempos.

Os magos

Naquele dia, ainda no vale, mal Tabajara se retirou e um Azamor colérico mandou Dagbar, seu inútil e medroso assistente, chamar o supremo sacerdote do som sagrado, Siamor, para ele tão inútil e medroso quanto o outro. De fato, Siamor não era um exemplo de caráter a ser seguido, mas, ao contrário de Dagbar, era ardiloso e esperto, tendo conseguido chegar a um posto importante graças a isso e à sua bela voz.

O sumo sacerdote pensava freneticamente no quanto Tabajara saberia de fato sobre Omandyas.

"Maldito intrometido!", pensava, enquanto andava de um lado para o outro, sem notar um serviçal encolhido junto à porta de entrada, sem se atrever a balbuciar uma palavra sequer. "Mago negro! Quanta besteira!", nunca havia pensado em Omandyas dessa forma. Riu sozinho, nervosamente. De alguma forma, Tabajara havia conseguido plantar nele uma ponta de dúvida e medo.

Nem mesmo o poderoso sumo sacerdote tinha desenvoltura para transitar naquela área. Quando seus olhos apertados caíram sobre o serviçal, este gelou, abrindo a boca para dizer alguma coisa; todavia não conseguiu pronunciar nenhum som, tão assustado estava, esquecido até das reverências obrigatórias.

— Como se atreves a interromper meus pensamentos? — vociferou o sacerdote, dando um passo em sua direção.

O infeliz estava mudo e aterrorizado. Todos conheciam a fama do chefe. De repente, prostrou-se ao chão de forma absolutamente submissa, o que fisgou, como sempre, a vaidade de Azamor, que sorriu de leve, demonstrando sua satisfação com o poder. Limitou-se, então, a dizer em um tom mais leve:

— O que queres, criatura?

— As... As... — gaguejava, enquanto o sacerdote balançava a cabeça com impaciência. — As bandejas, Excelência — conseguiu falar, por fim: — Vim retirar as bandejas, Excelência.

O sacerdote fez um gesto com as mãos, aquiescendo. Como um raio, o rapaz se ergueu, apanhou tudo e saiu, esquecendo-se novamente das reverências.

— Estou cercado de inúteis — lamentou-se, para sorrir em seguida, enquanto se largava em seu macio divã de penas. Lembrou-se do aparecimento daquele poderoso sacerdote vindo da Terra Mãe, tão cheio de idéias interessantes e, ao mesmo tempo, tão subserviente à sua autoridade de sumo sacerdote.

"Que conveniente situação", pensou satisfeito, afastando da mente os sinais de perigo que ameaçavam seu brilhante futuro.

Excitava-se, mesmo não sabendo muito bem do que lhe serviria tudo aquilo, na cegueira que costuma atacar os prepotentes, como gostava de dizer o suave e sábio príncipe Tupyara; governava a belíssima Cidade das Estrelas, a mais distante da Cidade Central entre todas as situadas à beira-mar, antes das cidades satélites e que ganhara essa alcunha por concentrar os maiores astrônomos e homens de ciência de todo o vale.

Cada uma das doze grandes cidades tinha adquirido, através dos tempos, uma vocação peculiar e, tendo a Cidade das Estrelas como seu dirigente um príncipe herdeiro de uma geração de cientistas, era natural que tudo continuasse a acontecer dessa forma.

Assim como Tabajara, o ardiloso sumo sacerdote havia mandado chamar o tal professor de quem todos falavam tão bem nos templos. E, da mesma forma que o supremo sacerdote de Leo, logo havia notado seus acompanhantes, questionando-o imediatamente, para deixar claro sua capacidade e autoridade espiritual.

Omandyas não se fez de rogado, pois também percebia facilmente, por sua vez, os idênticos acompanhantes do sumo sacerdote que se deixavam ficar pela sala e que o olhavam entre sinistros e curiosos. Hábil com as palavras, frio e já conhecedor do perfil de Azamor, disse apenas, com falsa humildade:

— Folgo em saber que Vossa Excelência transita com tanta desenvoltura por ambos os lados da natureza. Eu, naturalmente, sou apenas um humilde aprendiz perto de vós, meu sumo sacerdote e senhor — concluiu, fazendo um discreto gesto com o braço apontando os seres invisíveis aos olhos da maioria. Denunciava a clientela de Azamor deixando claro os seus poderes.

Pego sem possibilidade de contestação, Azamor não tinha outra saída a não ser aceitar a observação como um elogio e engolir sua admoestação inicial. Mas, altivo, demonstrando seu traquejo em lidar com as confrontações e tentando não mexer um só músculo facial que demonstrasse qualquer surpresa, mentiu, em um sorriso comedido:

— E eu folgo em saber que passaste em meu teste, pois ordenei a vinda dessas entidades — e, levantado os braços em um gesto teatral, falou algumas palavras incompreensíveis, fazendo que sumissem do ambiente. Voltou seu olhar de águia ao visitante, como em um desafio para que fizesse o mesmo.

Omandyas, imperturbável e sem desviar o olhar do sacerdote, fez um leve sinal com a cabeça, fazendo com que as entidades naturais que o acompanhavam simplesmente se desvanecessem no ar, para o espanto de Azamor. Um grande artificial que se interpunha entre elas foi transformado em uma miniatura grotesca, após um pequeno estalar de dedos, e se esfumaçou em seguida.

Estavam ali dois bruxos disputando os seus poderes.

Não se dando por vencido e sem poder demonstrar seu espanto com a facilidade com que Omandyas lidava com a situação, Azamor apenas abanou a cabeça, aprovando. Um pouco constrangido, para não dizer temeroso com a capacidade do outro, que mostrava ter um poder igual ou quem sabe maior que o seu, como nunca imaginara que alguém pudesse ter, nem mesmo o pobre Dezan, procurou ganhar tempo.

Apontou de forma arrogante o lugar no qual ele deveria se sentar, no que foi obedecido sem maiores problemas. Aquele estranho visitante o deixava confuso, pois mostrava suas habilidades mágicas sem mistérios e, ao mesmo tempo, seu trato era de absoluta humildade: sorriso contido, olhos baixos esperando ser solicitado, obediência e discrição.

"Seriam assim todos os sacerdotes vindos de Mu? Como estamos atrasados", pensava, enquanto o outro se ajeitava nas almofadas; nunca vira nada parecido. Sabia que alguns sacerdotes da Terra das Araras eram poderosos e podiam controlar seres desencarnados ou percorrer o astral com desenvoltura, como Tabajara ou A-Waré, por exemplo, mas ninguém jamais tinha medido forças com ele. No fundo, preferia duvidar que fossem capazes daquelas façanhas.

"Seria uma ousadia ou aquilo era normal nas terras além do mar?", por um momento vacilou, sentindo-se um estúpido por não ter se informado sobre essas coisas antes. Detestava não dominar um determinado ponto que pudesse expor qualquer fragilidade sua. Ao mesmo tempo, já estava totalmente fascinado e interessado nos procedimentos mágicos do outro. Decidiu, num repente, quando sua arrogância falou mais alto novamente, deixando de lado sua habitual precaução, que Omandyas estava ali para servi-lo, vindo como um presente dos deuses para ele, pois poderia lhe trazer preciosas informações das atividades magísticas e dos métodos usados nos templos da Terra Mãe.

Esquecia-se, completamente, das notícias perturbadoras que chegavam todos os dias do velho continente sobre a magia negra que grassava nos templos, dos assassinatos dos sacerdotes que não se afinavam com as trevas, da escravidão imposta aos incompetentes, das destruições das cidades.

Olhou esfaimado para o sacerdote à sua frente, como se ele fosse uma presa fácil; este se mantinha calmo, esperando placidamente por uma determinação sua ao rumo da entrevista; Azamor estava ávido como um abutre por arrancar dele preciosas informações que pudessem consolidar seu poder espiritual no vale.

"Tornarei-me um mago imbatível", pensou, em seu desvario de grandeza quase infantil, que acontecia em uma velocidade vertiginosa, antevendo em sua glória que todos, até os príncipes, se curvariam e admirariam seus extraordinários poderes.

Omandyas, que captava integralmente todo aquele delírio, apenas sorria submisso, enquanto gargalhava por dentro:

"Mas que idiota!", pensava satisfeito.

Azamor pensava em usar Omandyas, mas o bruxo tinha outros planos.

— Então, caro Omandyas — e sua voz soava doce e perigosa como o silvo de uma serpente encantadora de incautos —, conta para este teu sacerdote onde aperfeiçoastes estes dons — sorriu falsamente, pretendendo adular o visitante. E, sem esperar resposta, acrescentou, mostrando que mandava ali: — Sei tudo sobre ti. Coisas como de onde vieste, porque vieste, como são interessantes tuas aulas e como os alunos te adoram; desta forma, podemos pular esta parte. Na verdade, o que mais me interessam são os dons de meus sacerdotes, afinal somos os escolhidos por Tupã na terra e devemos desenvolver certos poderes, não achas? — perguntou dando especial ênfase à palavra "poderes".

— Naturalmente, Excelência — respondeu em sua voz mansa, fingindo-se de fiel servidor dos templos. — O que gostaríeis de saber a respeito de meus, como dizeis... dons?

— Ah, sim! — falou de forma quase desinteressada, tentando não deixar demasiadamente claras suas intenções. — Estudaste tais práticas em algum templo de ensino, de certo?

— Na verdade, só as desenvolvi, pois me são naturais — afirmou, tentando demonstrar humildade.

Conversavam calmamente, como se há instantes atrás não estivessem cercados de entidades malévolas com as quais estavam obviamente acumpliciados. Na verdade, conversavam como se aquele pequeno incidente não tivesse a menor importância moral ou espiritual em si mesmo.

Duas raposas tentando se passar por inocentes coelhos, em uma tosca representação.

— De fato? Muito interessante.

— Nos templos de onde vim, existe uma forte tendência de que a carreira sacerdotal seja reservada apenas àqueles que tenham esses dons de forma espontânea. Desta maneira, o contato com as forças da natureza e espirituais nos é muito mais fácil, como deve ser, não concordai, Excelência? — sem resposta, continuou, simplesmente: — Parece que o mesmo não se dá na Terra das Araras. Na verdade, essas notícias correm depressa nas cidades da Terra Mãe, quer levadas pelos viajantes dos grandes barcos, quer captadas pelas consciências expandidas de muitos de nós — falou quase que com candura.

— De fato? — repetiu o sumo sacerdote, meio que embasbacado com o relato, que traduzia, a seu ver, o avanço que aquela outra civilização estava em relação ao povo do vale. A inveja e a cobiça subiram a limites extremos em sua mente.

Omandyas ria-se por dentro ao ver a vulnerabilidade do outro, que explorou ao máximo. Pretendia, de fato, com outros assecias bem assessorados por seres trevosos que compartilhavam os mesmos interesses, implantar a magia negra no sétimo continente de uma vez por todas, como lhe tinha sido ordenado por seu superior. Esta manobra permitiria que determinados sacerdotes dominassem não só o poder eclesiástico, mas também o palácio de governo, como já acontecia em outros lugares. Pleiteava, naturalmente, muito poder e benesses para si mesmo.

"Este palerma ambicioso é perfeito para ser um intermediário. Cai como uma luva em meus planos", pensava, enquanto Azamor se derretia em rápidas conjecturas mentais, sem conseguir perceber que as mesmas entidades que haviam sido enxotadas, lá estavam de volta, sorrindo com escárnio e concordando com Omandyas.

Com afabilidade calculada, respondeu com outra pergunta ao sumo sacerdote:

— De fato, Excelência. Mas, sem querer ser impertinente, não seria hora de se fazer o mesmo por aqui? Tenho dificuldade em compreender sacerdotes sem dons, o que não é vosso caso, como bem o sei e vi, mas os demais parecem deixar a desejar nesse quesito.

— Concordo plenamente contigo — disse sem pensar direito, pois estava muito ocupado refletindo sobre seu brilhante futuro. Logo caiu em si e balançou a cabeça, jogando os longos cabelos para os lados, como para se sintonizar novamente com a conversa. Pigarreou e tratou de consertar: — O que quero dizer é que dons têm de ser desenvolvidos ao máximo. Não tenho como reservar o sacerdócio apenas para os iniciados, pois aqui não temos muito dessas coisas. Poucos ou talvez ninguém nestas terras tem os poderes que possuo, por exemplo. É por isso mesmo que fui o escolhido pelo concílio e deferido pelo tuxauá — falou, afetado pela habitual vaidade, com um sorriso de desdém.

— De qualquer forma, é admirável querer dar a oportunidade aos iniciados de se desenvolverem ainda mais, como o senhor mesmo, Excelência — insistiu, dando ainda mais corda para aquele delírio que se instalava como uma erva daninha.

Azamor sorriu, deliciado com a bajulação, enquanto Omandyas chegava a se espantar com a facilidade que descobria seus pontos fracos.

"Como é idiota! Nem mesmo uma criança se deixaria levar desta forma", pensava o mago, observando o rosto afogueado do outro.

— Já que és talhado para professor e vieste para ajudar, terias interesse em auxiliar teus pares e poupar este trabalho a teu sumo sacerdote? É claro que eu próprio poderia dar as aulas, mas, como deves imaginar, na minha posição os afazeres são inúmeros e não me sobra tempo para nada. Sempre pensei em como auxiliar meus sacerdotes, mas nunca foi possível — lamentou-se com tato e escolhendo as palavras, sem querer dar a entender que o interesse era dele mesmo.

— Tudo o que quiserdes, senhor. Estou aqui para servi-vos e isso nada mais é que uma honra, embora só possa auxiliar os que já tenham o dom. Como sabeis, não se fabricam dotes espirituais.

— Naturalmente — respondeu Azamor. Ia sugerir que demonstrasse seus métodos antes de iniciar um programa de aulas, quando Omandyas se adiantou:

— Se não for vos incomodar em demasia, Excelência, gostaria de demonstrar meus métodos para o senhor antes de iniciar este tipo de trabalho. Preciso de vossa aprovação — falou humildemente e de olhos baixos.

— Certamente, certamente. Devemos escolher juntos o que é mais adequado para meus sacerdotes, posto que os conheço melhor que tu — não cabia em si de satisfação. — Se precisares de algo, algum material específico, serviçais, qualquer coisa, é só falares com meu assistente Dagbar. Darei ordens para que sejas bem atendido em teus pedidos e para que possas vir até mim sem precisares marcar audiências. Tudo em prol de uma árdua missão, não é mesmo? — e Azamor sorria, esquecido de disfarçar sua felicidade.

— Tudo o que disserdes, senhor. Eu agradeço pela confiança, Excelência. Espero poder corresponder. Se me derdes licença, então, irei já começar a preparar uma lista do que preciso.

— Mas é claro! — respondeu levantando-se e batendo palmas para chamar o assistente, que entrou esbaforido e assustado como sempre. Passou-lhe as ordens do tratamento ao novo professor dos templos, dando uma desculpa qualquer, despachando-o a seguir. Dagbar não entendeu nada, porém não ousou perguntar coisa alguma.

— Não é bom que gente comum saiba dessas coisas — determinou após a saída do confuso auxiliar.

Omandyas assentiu com uma longa reverência, mãos espalmadas ao peito, despedindo-se cerimoniosamente:

— Que Tupã proteja o grande sumo sacerdote, o escolhido pelos deuses!

Azamor despediu-se com um gesto amigável e, mal ele virara as costas, já esfregava as mãos, antevendo os gozos que tal poder magístico lhe traria. Embora pretensioso, ele não tinha a menor idéia do que era a magia negra realmente, pois jamais havia executado de forma competente qualquer ritual desta natureza propositalmente, se limitando a fazer, ora ou outra, pequeninas maldades sem maior importância. Não sabia o que era comandar realmente entidades trevosas e muito menos como lidar com um mago negro. Nesse aspecto, seu antecessor, Juranan ou Dezan, como cada um preferisse, tinha sido muito mais eficiente.

Cego em sua ânsia de poder, sequer havia percebido que o sacerdote da Terra Mãe nada mais era do que um deles e tampouco o perigo que isso representava, não só para a Terra das Araras como para ele próprio.

Omandyas, por sua vez saiu mais que satisfeito com a entrevista, acompanhado de sua troupe e já planejando os próximos passos.

Esse malfadado encontro seria o início de mais um episódio que culminaria com o fim da grande nação Nhengatu.

A trama continua

Tempos depois, voltando a Siamor, tão logo Aleutar, o auxiliar de confiança, lhe passou o recado do sumo sacerdote para que comparecesse ao Templo de Áries, atirou-se dentro de sua enfeitada liteira arrastando junto o auxiliar e saiu a toda velocidade para atender ao chamado. Não perdia uma só oportunidade de lamber as sandálias de seu superior, a quem, de fato, detestava e desdenhava interiormente, mas a cada nova oportunidade só faltava babar de satisfação.

Ambicioso, no fundo invejava não apenas a posição do chefe, como também o trânsito livre que achava que ele tinha no palácio real. Um grande equívoco, na verdade, uma vez que Ay-Mhoré escolhia a dedo as pessoas para gozar de sua intimidade, permitindo apenas aos amigos mais íntimos o convívio na casa real consigo e sua família; pessoas como Tabajara, alguns príncipes e outros nobres, mais alguns sacerdotes e sacerdotisas, como a doce Nadja, além mesmo de várias pessoas do povo comum a quem tinha se afeiçoado das mais diferentes maneiras durante a vida, formavam o rol de seus amigos, lista da qual Azamor não fazia parte.

Siamor adoraria fazer parte dos pares do tuxauá e não se contentava apenas com a atenção que recebia da maioria dos nobres que o adulavam para poder contar com seus cantores e cantoras em suas recepções. Nada nunca estava bom o bastante para ele quando se tratava de posição social. Seria o palácio real ou nada.

Covarde e traiçoeiro, no entanto, tentava ganhar a confiança e a amizade de Azamor, o que, em suas mirabolantes conclusões, o levaria a desfrutar da amizade do rei e de sua corte particular, correndo para se prostrar à sua frente a um simples estalar de dedos do orgulhoso sacerdote.

A liteira atravessou rapidamente a grande avenida, bastante movimentada àquela hora do dia, chegando aos portões do templo principal, onde foi parada pela guarda, para as averiguações de praxe, o que sempre o aborrecia.

"Imbecis!", pensava sempre. "Será possível que nunca reconhecem o supremo sacerdote do som?", de fato se sentia ofendido com os procedimentos de segurança aos quais era submetido quase como um outro qualquer ao chegar ao Templo de Áries ou no palácio real, onde a guarda era sempre reforçada.

Embora a espalhafatosa liteira fosse impossível de não ser reconhecida, pois era até motivo de galhofa do povo e dos militares, um dos guardas sempre enfiava a cabeça para dentro das cortinas da liteira e, via de regra, gritava de lá de dentro mesmo, o que fazia um conformado Siamor tapar os ouvidos delicados com as mãos:

— Tudo bem! É só o supremo sacerdote do som! Pode deixar passar!

"Imbecis!", continuava a pensar repetidas vezes, enquanto aceitava com um suspiro os cumprimentos formais do chefe da guarnição de plantão.

Encantava-se, no entanto, com as reverências dos demais serviçais à sua passagem pelas alas já dentro do enorme templo, por onde passava com um meio sorriso estampado na face gorducha e avermelhada, e aos quais fazia um pequeno e condescendente aceno com a cabeça. Embora conhecesse de cor o caminho que levava ao gabinete de trabalho do sumo sacerdote, adorava ser conduzido com toda deferência pelos corredores, escadarias e grandes galerias. Na ante-sala, geralmente estava o ardiloso Aleutar, que se desmanchava em falsas mesuras, as quais aceitava com falso constrangimento:

— Ora, ora, caro Aleutar — sempre dizia querendo se tornar íntimo do assistente, não desperdiçando nada que pudesse ser um caminho para ganhar a afeição do superior —, deixa-te disso, pois já somos amigos e um homem na tua posição não precisa dessas coisas — adulava, recebendo de volta um sorriso com a mesma falsidade:

— Sois muito generoso com este humilde servidor, Excelência — respondia o astuto Aleutar, o que o deliciava.

A alta cúpula do reino tinha em seu recheio, além dos fiéis agregados, um bando de trapaceiros gananciosos.

Entrou apressado na sala de trabalho, tão logo Aleutar liberou sua passagem. Geralmente, esperava muito tempo, por vezes até horas, pela boa vontade do sumo sacerdote até ser atendido, mesmo que a entrevista tivesse sido por ele agendada. Passava-se por compreensivo, pedia algumas guloseimas, puxava um ou dois dedos de prosa sem compromisso com Aleutar e terminava por se sentar em um dos divãs da varanda, onde a brisa o ajudava a se acalmar e não transparecer sua irritação quando adentrasse o gabinete.

"Quem ele pensa que é, afinal?", dava larga às suas queixas internas, enquanto sua respiração ia se tornando mais e mais ofegante, além de suar em bicas por causa do nervosismo. Carregava sempre consigo uma pequena toalha bordada, com a qual enxugava as mãos e o rosto a todo o momento, colocando a culpa no calor que, dentro das enormes paredes do templo, todavia, era irrisório.

Aleutar assentia com um sorriso maroto, se divertindo com a situação constrangedora na qual o tolo sacerdote do som sempre era colocado. Dagbar, que via de regra se arrastava atrás dele, se encarregava de fazer eco a toda e qualquer coisa que o chefe dissesse.

Por fim, frente a frente com Azamor, derretia-se em mesuras especialíssimas e demoradas, sendo quase sempre interrompido quando a curta paciência do outro terminava.

— Às vossas ordens, Excelência — disse procurando dar um tom de total subserviência a sua voz. — Vim o mais rápido que pude — completou como se não tivesse esperado uma eternidade do lado de fora e aquilo não fizesse a menor diferença.

— Sei, sei — respondeu Azamor, sem dignar-se a olhá-lo, mexendo em um baú cheio de papiros; como um aluno exemplar estava à procura de alguns textos antigos dos quais se lembrava vagamente e que poderiam talvez auxiliá-lo nesta nova empreitada, deixou-se ficar nesta tarefa por um tempo até que, exasperado por não encontrar o que queria, deixou escapar alguns impropérios, que o surdo Siamor fingiu não ouvir, pois continuava a sorrir como um perfeito idiota, pensando aborrecido nos sacrifícios que fazia para conquistar seus objetivos. Era como se ele fosse apenas um móvel de decoração naquela sala. Nada mais que isso.

Depois de outro tempo interminável, enquanto Azamor examinava outra pilha de papiros, arriscou-se a dizer baixinho e brandamente:

— Se precisardes de ajuda, meu senhor... — deixando a frase no ar. Não obteve nenhuma resposta.

Após outro tempo, Azamor pareceu cansar-se, desistindo e largando tudo pelo chão, bastante irritado; deixou-se cair em seu divã por detrás da mesa de trabalho, de onde fulminou o subalterno com um olhar atravessado, enquanto este se encolhia, baixando os olhos como para mostrar que não presenciara a crise de fúria, lamentando interiormente a má sorte de ter chegado naquela hora infeliz.

Azamor ficou mudo e bufando por uns momentos enquanto se acalmava. Nem se lembrava mais por que mandara chamar aquele palerma interesseiro e adulador. Tomou uns goles do suco que estava servido em um canto da mesa sem oferecer ao outro e foi arrumando os pensamentos.

Queria que Siamor investigasse junto de outros sacerdotes o quanto e o que Tabajara sabia da vida de Omandyas, para estar tão preocupado; naturalmente não seria a simples constatação que esta ou aquela entidade o acompanhava em determinado momento; e, além disso, quais seriam os verdadeiros poderes espirituais do supremo sacerdote de Leo, pois, além de não se abalar com nada, parecia saber sempre mais do que geralmente demonstrava. Se não bastasse tudo isso, já que contava com as benesses do tuxauá, teriam eles conversado sobre o assunto e Tabajara o enganado?

Deu-se conta, de repente, de que perdera tanto tempo com sua raiva e que nada sabia sobre ele, de fato. Não queria concorrentes que pudessem confrontar seus futuros poderes e ser acusado de magia negra, o que poria tudo a perder.

"Magia negra... pois vejam só!", pensou exibindo um risinho nervoso. "Esses tolos vêem demônios por todos os lados! Quanta bobagem... nosso pobre mas competente professor apenas transita com facilidade por todos os lados, assim como eu". Seu pensamento corria rápido, entre o desdém e o medo. "Tabajara deve pensar que sou um idiota qualquer! Ora, ora! Vou mostrar a ele com quem está se metendo."

Por outro lado, como não queria levantar suspeitas, ninguém melhor do que Siamor, que comia na sua mão, para fazer o trabalho. Uma ou duas mentiras seguidas de uma ou duas promessas seriam suficientes para obter toda sua discrição, com certeza.

— Entendestes o que te peço? — perguntou, fitando o atônito Siamor, que não esperava por essa.

— Perfeitamente, Excelência — foi a resposta meio vacilante, apenas para não dar o braço a torcer. — Apenas eu gostaria... Se fosse possível, naturalmente, saber por qual razão vos importais tanto com o que o supremo sacerdote de Leo pensa de um professorzinho recém-chegado? É por ser Tabajara uma figura misteriosamente poderosa e, apesar de sua modéstia e discrição, ser muito respeitado? Dizem coisas incríveis sobre ele — interrompeu-se por um segundo, pensando ter um raciocínio brilhante. — Achais, por acaso, que tem algo errado com o professor e quereis saber se Tabajara pode descobrir para vós? — concluiu, sentindo-se espertíssimo.

A primeira reação de Azamor foi a de esganá-lo pela insolência de falar com tanta simplicidade, como se fossem favas contadas, sobre os poderes do opositor, assim, nas suas barbas; um segundo depois, no entanto, e pensando bem, percebeu que Siamor arranjara sozinho a desculpa perfeita.

Abriu um sorriso melado para o ansioso sacerdote à sua frente e, depois, tomando-o pelo braço, andou com ele de braços dados até uma varanda que estava escondida atrás das pesadas cortinas, intimidade jamais sonhada pelo pobre Siamor, que estava prestes a desfalecer de alegria.

Sentou-o com delicadeza em um grande divã de juncos, puxando para si uma pequena poltrona do mesmo material, sentando-se à sua frente, a pouquíssima distância, dando um quê de confidência e dramaticidade à cena.

Espanta-me tua inteligência, caro amigo — adulou, olhando-o de forma séria e falando baixinho, como se um segredo estivesse no ar. — Desconhecia essa tua faceta de entender por meias palavras e raciocinar rápido. É assim que se governa, sabias disso? Nem tudo pode ser colocado às claras na mesa. Existem espias por todos os lados e desta forma somos obrigados, a contragosto, a nos valer de investigações secretas para preservar o bem de nosso vale, não criar pânico, essas coisas. O tuxauá está, enquanto for possível, sendo poupado dessas preocupações. Tu és o primeiro a saber... E o último, naturalmente. — mentiu, como se fosse o maior mistério sobre a terra.

O boboca sacerdote do som sagrado aproximou-se ainda mais e, em um sussurro, falou, sentindo-se importantíssimo e quase não acreditando que estava desfrutando de segredos do sumo sacerdote:

— Vossa Excelência pode contar comigo sem reservas para esses problemas de Estado. Sou vosso humilde servidor... e admirador — acrescentou, sem saber de fato o que o outro queria. De qualquer forma, Siamor seria sempre de extrema utilidade aos propósitos menos honestos do sumo sacerdote.

Azamor abriu um sorriso.

— Sei de tua lealdade para com teu sumo sacerdote; de outra forma, não te chamaria jamais para confiar-te tão importante missão.

Nessas alturas, Siamor até endireitou-se no divã, estufando o peito.

— Vossa Excelência não tem idéia de minha satisfação com essa deferência de poder ajudar-vos sem restrições. Vosso dever é o meu dever, senhor.

— Sei disso, meu caro — tratava-o como um igual, fisgando-o até o último fio de cabelo. — Só não posso contar-te ainda, pois não tenho autorização de meus superiores espirituais dos motivos pelos quais preciso das informações sobre o tal Omandyas — falou dando ênfase ao "espirituais", como se estivesse sendo assessorado por entidades da mais alta estirpe; para impressionar Siamor, dava a entender que o problema transcendia até o lado material.

— Na verdade, o problema não é exatamente com o coitado — falou como se estivesse até penalizado. — Mas com alguma coisa na Terra Mãe. É o máximo que podes saber no momento.

— Oh! Mas é claro, Excelência — foi a única fala genuinamente honesta de todo o encontro.

— Então entendeste? — retornou Azamor, querendo se certificar de que ele não faria nenhuma bobagem. — Vais descobrir tudo o que Tabajara é capaz de fazer com a espiritualidade, do lado do bem e também do lado das sombras.

Diante do olhar esbugalhado de susto, também genuíno, de Siamor, percebeu que falara demais, tratando logo de consertar, rindo para desanuviar o ambiente:

— Notei que te espantaste, meu caro — disse, fingindo estar achando engraçado.

— Com todo respeito, realmente me espantei, pois não há uma só pessoa no vale, ou além, que desconfie que o supremo sacerdote de Leo mexa com entidades das sombras, Excelência. Ele é respeitadíssimo.

Azamor engoliu em seco e teria tido um ataque de nervos ali mesmo, se não precisasse tanto daquele estúpido cupincha. Sua vontade era chutar seu gordo traseiro escada abaixo.

— Mas é claro! Entendeste mal, amigo — fez uma pausa sorridente para dar destaque às suas boas intenções. — Como poderíamos duvidar da lealdade de Tabajara ao tuxauá? O que é preciso saber é se ele tem a competência que dizem, para, em uma eventualidade, em uma emergência, em defesa da nação, juntar-se a nós, tu e eu, a fim de lutar contra as entidades das sombras — fez nova pausa, denotando profunda consternação. — Como sabes, a magia negra grassa nas colônias e em Mu. Se Tabajara puder me poupar o trabalho e descobrir o que é necessário sobre Omandyas, de quem os deuses suspeitam, razão pela qual pretendo mantê-lo sob minhas vistas, saberei que posso contar com ele.

Siamor flutuava nas nuvens, completamente alheio ao absurdo do pedido que lhe estava sendo feito, pois era mais do que óbvio que essa competência não precisava ser questionada. E em seu pensamento sinos tocavam juntamente com as palavras do superior: "... tu e eu...".

— Tudo pela nação Nhengatu, senhor. Este vosso humilde servo morre pelo rei e por vós — discursou de forma apaixonada, querendo convencer de vez ao outro de sua lealdade, que fingiu não notar o exagero.

— Outra coisa — atalhou sério Azamor —, lembra-te de que precisas descobrir o que Tabajara sabe ou pensa que sabe sobre Omandyas e suas relações, mesmo que inocentes, com os problemas dos templos da Terra Mãe. No afã de proteger o tuxauá e o reino é capaz de querer resolver tudo sozinho e se dar mal ou até morrer, quem sabe? E não queremos que isso aconteça, não é?

— Não, não.

— Não sei se é de teu conhecimento, mas Tabajara e eu não somos ainda muito chegados — balançou a cabeça consternado. — Creio que ele tem um pouco de ciúmes da amizade e da confiança que desfruto junto a Ay-Mhoré, embora não pudesse ser diferente — e dando um tom de benevolência extrema, concluiu. — Mas ele é jovem e essas coisas passam com o tempo, não é mesmo? Por isso não posso pedir nada diretamente a ele, compreendes?

— Mas é claro! Compreendo perfeitamente a complexidade da situação.

— Sei que compreendes. Mas diga-me, tens homens de confiança para o trabalho que não puderes, pela tua posição, fazer pessoalmente?

Siamor abriu um largo sorriso e falou com convicção e superioridade:

— Tenho vários homens à minha inteira disposição, que também morreriam por mim e pela nação.

— Decerto que tens. Bem, confio totalmente em tua discrição. Se vier à tona qualquer coisa poderemos os dois perder nossos cargos — balançou a cabeça como se a idéia o deixasse desgostoso. — O que será deste povo sem nós? Quantos sacrifícios somos obrigados a fazer...

— Como falei, Vossa Excelência pode confiar inteiramente em mim, pois não falharei — falou determinado, como um menino que faz uma promessa ao pai.

— Por outro lado, podes imaginar a alegria do rei quando souber que desvendamos todos esses mistérios que podem envolver o professor, além de termos evitado que algo de mal acontecesse com o nosso bom Tabajara? — fez uma pausa sorridente. — Nunca mais permitirá que nos afastemos do palácio real.

Os olhos do desprezível sacerdote cantor brilhavam enquanto seu respeitável peito parecia explodir. Não cabia em si de satisfação.

E, dessa forma, deixou o Templo de Áries, rindo sozinho, sem falar com ninguém, deixando o sempre interesseiro Aleutar mais que cismado.

Antevia as manifestações de apreço daquele pequeno grupo de importantes e leais servidores da nação; sonhava já com as festas e com as explicações banais que daria a todos que o assediariam como um herói, como se seus atos de astúcia e lealdade não fossem nada de mais; delirava, literalmente, com as reuniões íntimas que desfrutaria no palácio junto ao tuxauá e ao seu restrito círculo de amigos mais íntimos; desfrutaria até mesmo do prestígio que gozava Tabajara em todo o reino, a quem havia protegido com o risco da própria vida. Doações polpudas de certo seriam feitas ao Templo do Som Sagrado.

"Ah! Como a vida é boa!".

A pequena quadrilha que ora se formava, lideraria, tempos depois, a primeira conspiração.

Capítulo 9
Payê-Suman

Naquela mesma noite, após a entrevista com Azamor e enquanto a cidade dormia, Tabajara dirigiu-se silenciosamente ao palácio real.

De volta à sua sala de trabalho após a visita ao Templo de Áries, chamou Zandyr, seu servo e amigo de confiança; tendo lhe explicado o acontecido, pediu que providenciasse uma liteira comum para o pequeno trajeto, pois a sua ostentava os galardões de seu posto e não deveria ser reconhecido na rua, embora a cidade fosse estar vazia. Receava que os homens do sumo sacerdote pudessem ter ordens para seguir os seus passos, após a conversa que tiveram.

Durante todo o dia deu ordens para não ser incomodado, pedindo que sua agenda fosse cancelada completamente. Sabia que Zandyr arranjaria uma desculpa qualquer. Precisava pensar.

Sentado com as pernas cruzadas em frente do altar de sua sala de orações reservada sobre um tapete de peles de jaguatirica, pediu ajuda a seu verdadeiro superior e mestre, com grande fervor. Expandindo sua consciência em poucos instantes deslocou-se para outro plano, para um lugar que conhecia muito bem. Como que plasmado nos tempos, havia um outro templo, de dimensões formidáveis, que se impunha imerso em luzes de tonalidades entre o azul e o lilás, brilhando em grande esplendor.

Por toda parte uma música suave enchia de graça e tranqüilidade o ambiente, emitida aparentemente por delicadas estruturas ovais nos contornos das pesadas rochas do qual o templo parecia ser feito. Um discreto orvalho parecia cair perpetuamente sobre as plantas viçosas que brotavam de enormes vasos de argila dispostos com esmero na grande galeria que dava para o salão principal, deixando um aroma de terra molhada no ar.

Algumas pessoas andavam calmamente ou conversavam em pequenos grupos. Usavam túnicas claras e pareciam muito entretidas; de suas cabeças saíam discretíssimas ondas luminosas, nas mais diversas tonalidades, todas belas. Um clima de fraternidade pairava perene naquele lugar amorável.

Cumprimentou algumas pessoas com as quais já tinha se encontrado anteriormente, que lhe respondiam efusivamente.

"Que maravilha seria ficar aqui para sempre". Com esse pensamento, deliciava-se com o lugar. Ficara quase esquecido do porquê estava ali, quando ouviu a voz envolvente e carinhosa do mestre:

— Vem, filho meu, que te espero.

Sorriu e agradeceu por tanta ventura, dirigindo-se ao pequeno e discreto altar que conhecia tão bem, quase imperceptível na lateral do grande salão; um outro e enorme altar aparecia disposto ao fundo do salão, dominando todo o ambiente do alto, no fim de uma escadaria reluzente e de beleza indescritível.

Uma suave névoa azul clara envolvia o pequeno altar e tudo o que se encontrava ao seu redor, numa distância de três passadas largas. Em volta dele, dentro do limite banhado pela névoa mística, um banco de pedras estava disposto em um semicírculo, amparado por uma pequena e baixa cerca, também de pedra, à guisa de encosto.

Sentou-se, e com o coração repleto de amor e agradecimento, esperou. Meditou e perdeu a noção do tempo e do espaço, tendo viajado por outros lugares e outros tempos, presenciando guerras fratricidas, nações inteiras se despedaçando, templos e palácios sendo destruídos, governantes fugindo ou sendo mortos, cidades sendo deixadas com pedra sobre pedra até que nenhuma vida pudesse voltar a pulsar ali.

Viu-se novamente sentado no banco circular. De seus olhos saíam lágrimas pungentes de dor pelo que tinha visto.

"Seria o passado ou seria o futuro?", pensou, considerando em seguida que não fazia nenhuma diferença em qual época tanta dor era impingida aos homens.

Brilhando dentre aquela névoa, uma luz mais forte surgiu. Embora da mesma tonalidade, destacava-se de alguma maneira do restante. E dela a voz do mestre se fez ouvir em sua mente novamente:

— É o passado e também o futuro.

No meio da névoa, a figura bondosa do mestre se sobressaía discretamente, com sua túnica pregueada de linho branco, alva com o mais puro cristal jamais encontrado; seus longos cabelos brancos caíam suavemente pelos ombros, fazendo um harmonioso contraste com seus brilhantes olhos azuis. Era Payê-Suman, o grande morubixaba da terra de Zac, que orientara a grande nação Nhengatu em seus primeiros dias de glória e voltava agora para ampará-la nos seus dias de dor. Sem que Tabajara soubesse, o mestre se comunicava com

Nadja, a grande sacerdotisa da dança, dirigente máxima do Templo do Vento, a quem falava ao coração.

Tabajara recolheu-se em um silêncio respeitoso, unindo sua consciência com a do mestre.

— O tempo está chegando, filho meu, dos homens desta terra decidirem o seu futuro. Há milhares de luas grandes este povo caminha trôpego pelos caminhos do tempo dos homens, tentando aprender o significado da palavra amor. Como eles, humanidades inteiras já se perderam nessa busca insana, arrastadas em veredas mais interessantes aos sentidos. Grandes serão as mudanças que estão por vir na grande nação Nhengatu em função dos desmandos dos homens na Terra Mãe, onde a magia negra já se instalou. O tempo que te falo não é ainda chegado. Pressentes o mal, filho meu, mas ele é necessário para que os homens percebam o bem. O mal é apenas um momento de transformação, pois, sem ele, tudo estaria estagnado e nada teria sentido; sem ele, a paz que os homens tanto perseguem não seria jamais compreendida. Aquilo que nos parece ser o mal, especialmente quando atinge tantas pessoas, como vistes há pouco, sempre se transforma no bem para tantas outras, no devido tempo. Desta forma, ele não existe e, portanto, não inquietes teu coração. Alerta aos homens mas deixa aos deuses neste momento os destinos de tua tão amada gente. Tua missão ainda está por vir. Paz em teu coração.

O sacerdote sentiu uma leve pressão no peito, como se a mão espalmada do mestre estivesse pousada em seu coração. Emocionado e agradecido, uniu as mãos e reverenciou o mestre respeitosamente, enquanto ele desaparecia lentamente na névoa do pequeno altar com um doce sorriso em sua direção.

Instantes depois, estava de volta em sua sala de orações, com o rosto banhado em lágrimas.

No palácio real

Enquanto isso, no palácio real, a movimentação era grande em função da chegada do príncipe herdeiro, que se aproximava a cada dia. As servas da rainha corriam de um lado para o outro preparando tudo o que seria usado pelo bebê, enquanto os artesãos davam os últimos retoques no berço e demais peças de seus aposentos. Sacerdotes curadores se revezavam em turnos, para nunca deixar a rainha sozinha, caso o parto acontecesse de uma hora para outra.

Acomodada em confortáveis almofadas de penas, Bartyra descansava na enorme varanda de seus aposentos, refrescando-se com a brisa suave da tarde, que amenizava o calor daquela época do ano. Duas aprendizes do Templo do Som haviam sido enviadas por Siamor, o supremo sacerdote; sentadas discretamente em uma das alas do grande quarto, entoavam de forma doce lindas canções, preenchendo o ambiente com suaves vibrações.

A rainha, acompanhada de sua serva de confiança, da sua filha e de outras duas nobres da corte conversavam animadamente enquanto bordavam, com suas mãos delicadas, o brasão real em pequeninas batas que seriam usadas pelo principezinho que estava por vir. Uma pilha de roupinhas estava colocada sobre uma mesa baixa, além de duas macias mantas de penas de araras que serviriam para aconchegar seu berço. A felicidade parecia não caber no coração de todas, que riam e faziam planos para o pequenino.

O nome do herdeiro havia sido escolhido pelo rei e haveria de se chamar Tupayba.

Após as festividades da colheita, o grande assunto que corria o vale inteiro era agora o próximo nascimento do primogênito de Ay-Mhoré, o grande tuxauá. Grandes festas estavam sendo preparadas em todos os templos e em todas as cidades, até mesmo nas colônias mais distantes.

Todo o povo e forte nação Nhengatu, no auge de seu esplendor, onde as ciências, o comércio com os grandes barcos, a agricultura, a pesca, a astronomia, o artesanato, a arquitetura e as artes ostentavam um desenvolvimento jamais visto, aguardava com ansiedade seu próximo rei, que governaria do magnífico palácio real toda aquela pujança.

O palácio, uma extraordinária obra de arquitetura formada por diversas edificações, se situava em uma das pontas da grande avenida, em uma posição ligeiramente mais elevada que os demais edifícios, dominando toda a Cidade Central e, de suas altas varandas, o tuxauá podia admirar seu reino até onde a vista se perdia no horizonte, tanto ao norte como ao sul. Tendo o mar de um lado e formidáveis montanhas do outro, o rei tinha o vale a seus pés. Durante sete gerações depois de Zac, os Ay-Mhorés vinham conduzindo o progresso daquele povo com mão forte e amiga. Além das doze cidades principais, muitas outras menores haviam se formado, erigindo-se desta forma um grande império atlante nas terras do sul.

Enquanto a rainha bordava despreocupada, seu marido se ocupava das tarefas do reino, em reuniões com os príncipes, conselheiros e sacerdotes. Não era incomum se deslocar com toda uma comitiva para as cidades para observar de perto o progresso e os problemas. Também não era raro ter que se reunir com os oficiais mais graduados dos exércitos para conter alguma insurgência entre as cidades, além de dominar as muitas vaidades dos nobres e, às vezes, até dos sacerdotes.

O tuxauá

Naquela noite, depois do encontro com o sumo sacerdote, quando os serviçais e demais sacerdotes do Templo de Leo já tinham se recolhido, Tabajara e Zandyr entraram silenciosamente na discreta liteira que os esperava em um jardim lateral. Homens da absoluta confiança de Zandyr aguardavam para levá-los, a passos ligeiros, ao palácio do tuxauá. O inteligente assistente do sacerdote já havia despachado durante a tarde seu auxiliar direto, como mensageiro, ao palácio para marcar o encontro. Ele falaria apenas e tão-somente com outro homem de confiança, diretamente, e este se encarregaria de avisar o rei.

Na penumbra da noite, eles chegaram rapidamente ao palácio, onde entraram por uma ala de serviço, onde os guardas já os esperavam. Ao sair da liteira, Zandyr notou o olhar curioso dos guardas e tratou de disfarçar, assim que Tabajara foi introduzido para dentro do palácio:

— Meu amo e o tuxauá parecem não ter sono nunca — disse, sorrindo amarelo e meneando a cabeça, como se reprovasse aquilo e estivesse sonolento. — Gostam de bater papo e jogar conversa fora às horas mais estranhas, não acham? Devem fazer isso desde que eram jovens. Eu queria mais é estar dormindo. Essa gente importante é muito estranha — bocejou.

Um brevíssimo silêncio se fez, com os guardas caindo na risada a seguir, para alívio de Zandyr, que riu gostosamente com eles, inventando a seguir uma ou duas histórias engraçadas sobre a dupla, para o deleite dos soldados.

Nesse ínterim, Tabajara já havia adentrado os aposentos particulares de Ay-Mhoré, tendo este dispensado o serviçal que o introduzira; cumprimentaram-se sem cerimônias com um abraço apertado. Segurando-o depois pelos ombros com os enormes braços, o rei olhou-o com preocupação.

— Deixaste-me preocupado, amigo. Armaste toda esta engenhoca para vires falar comigo. Por que devemos nos encontrar em segredo? — perguntou, em voz baixa. — Sei que tu não és dado a bobagens.

— Quem me dera isto fosse uma bobagem, meu rei e soberano senhor de toda a Terra das Araras — falou humildemente.

— Para ti sou apenas o amigo de sempre e para sempre.

Ambos sorriram enquanto se acomodavam nos divãs de penas em um canto discreto do salão de audiências particular. Parecendo incomodado com alguma coisa ou querendo mais privacidade ainda, Ay-Mhoré levantou-se de súbito, chamando-o:

— Vem.

Tabajara o seguiu até uma pequena saleta avarandada de onde se avistava a praia e todo o vale, além da montanha ao fundo, por cima dos telhados do palácio.

— Ah! Teu posto de observação. — comentou sorrindo.

— Assuntos importantes contigo têm que ser tratados aqui. Neste lugar me sinto mais perto dos deuses.

Sentaram-se em almofadas em volta de uma pequena mesa cheia de papiros, potes de vários tamanhos, óleos e essências aromáticas que enchiam o lugar com um perfume agradável.

— Mas o que fazes aqui, amigo? Alquimias? — sugeriu, divertido, o sacerdote.

Ay-Mhoré riu e se defendeu como um menino pego a fazer uma arte qualquer:

— São aqueles deveres de casa que deixei para trás quando estávamos nos templos de ensino. Eu ia pescar em algumas horas de estudo — brincou. — Agora não posso mais pescar e então voltei aos papiros. Estavas alguns anos na minha frente, lembra-te?

Riram-se os dois. Sim, Tabajara se lembrava.

Na verdade, Ay-Mhoré, de espírito enérgico e curioso, não deixava nunca de querer saber um pouco mais de todas as novidades que apareciam no vale, sempre solicitando material para que pudesse melhor se informar de tudo. Tudo o que dizia respeito a melhorar as condições de vida do povo era de seu interesse direto.

— Alguns sacerdotes curadores estão experimentando curas extraordinárias com o uso de óleos e aromas, como tu bem o sabes. Quis ver com meus próprios olhos do que se tratava.

— E em quem vais experimentar? Nas tuas jaguatiricas, por acaso? Creio que deverias chamar o jovem Azalym, o guarda-caças de Anhanguera para amansar as feras antes de tentares colocar os tais óleos nelas — provocou brincando.

Os dois riram novamente e trocaram algumas palavras sobre a novidade que estava aparecendo, até que se aquietaram, pois pairava no ar a gravidade do momento.

— Então, amigo, o que afinal te trazes aqui? Não deve ser apenas para estragar o meu sono?

— Talvez de certa forma seja isso mesmo.

E então o sacerdote contou ao rei sobre a presença do mago negro e também da entrevista, mais que suspeita que tivera com o sumo sacerdote.

Como lhe tinha sido recomendado pelo mestre, limitava-se a alertar o amigo, deixando aos deuses o momento de orientá-lo, ou não, sobre o que aconteceria à nação Nhengatu em função da magia negra que tomava conta da terra mãe, até porque não sabia dos detalhes. Sabia apenas que momentos difíceis estavam por vir, mas nem mesmo isso podia dizer ao querido amigo. Enquanto lhe narrava os fatos, percebeu em um repente que os destinos do povo eram um carma de Ay-Mhoré e que, de seu livre-arbítrio, o destino seria moldado para muitos outros, todos entrelaçados no mesmo movimento da história.

"Oh! Como gostaria de poder dizer-lhe mais, alertá-lo mais", pensou olhando nos olhos preocupados, mas corajosos do amigo de tanto tempo. Como era difícil não interferir sem sentir que estava omitindo informações que poderiam ser úteis... mas o que sabia de fato que não fosse subjetivo?

Enquanto isso, Ay-Mhoré deixava o enorme corpo se acomodar melhor nas almofadas, cenho franzido e ouvindo com grande atenção.

Ao final do relato balançou a cabeça, meio que desapontado.

— Então queres me dizer que aquela velha raposa está tramando alguma coisa. E tem a ver com um mago negro! — falou referindo-se a Azamor.

— É provável, mas não consegui ainda matutar o que seria. De qualquer forma, sabemos que ele não faz nada sem segundas e terceiras intenções.

O tuxauá parecia realmente desapontado.

— Eu sempre o julguei meio falador, mas nunca imaginei que pudesse representar qualquer tipo de perigo. Sempre o vi como um velho canastrão que sabia mexer bem com as coisas do espírito, apesar de tudo.

E, como se Tabajara apenas balançasse a cabeça, continuou:

— Estou pasmo — falou meio que para si mesmo. — Bartyra nunca confiou nele, achando sempre que havia algo escondido por trás daquele olhar de águia traiçoeira. De fato, ela sempre procurou me abrir os olhos, mas eu sempre achei graça nas suas preocupações com um velhote vaidoso e inofensivo; ela tem até certo medo dele — balançou a cabeça de um lado para o outro, como a se censurar por um descuido.

Parou por um momento e olhou o amigo nos olhos.

— Tu também tentaste me avisar, não é? Achei graça em tuas queixas.

— Não tinhas como saber. Não te recrimines. Nem sabemos de verdade qual o real envolvimento dele com o tal mago negro. Lamento te trazer preocupações nesta hora de tanta alegria na vida, com a chegada próxima de teu filho, mas tinha que te contar.

O rei fez um movimento com as mãos, mostrando que compreendia para, em seguida, perguntar:

— O que achas, então, que o sumo sacerdote está querendo?

— Não sei ao certo. Cheguei a pensar que Azamor não tinha nada a ver com a história, como te contei, mas depois percebendo como mentia para mim e juntando tudo, é óbvio que ele não é apenas um simples mago perdido em sua vaidade ou rancor. Não deve ser tão inofensivo assim. É uma raposa velha esperta e inteligente, embora se consuma em sua própria prepotência, sempre achando que os outros são cegos ou burros, incapazes de perceber que algo está errado. Seu modo de agir é sempre se esgueirando pelas beiradas — fez pequena pausa, meditando consigo mesmo, para concluir a seguir:

— Muito diferente de Omandyas, que ataca de frente, sem medo. Não sei o que seres tão diferentes estariam tramando juntos.

Nestas alturas, o tuxauá já estava a pique de querer pegar Azamor pelo pescoço. Se ele estivesse ali sentiria a mão pesada de Ay-Mhoré com certeza. Com os punhos cerrados e afundados nas almofadas podia-se quase ouvir sua respiração acelerada. O rei não era homem de brincadeiras e apesar da afabilidade tinha o pavio muito curto. Não gostava de ser enganado, ainda mais se censurando por ter sido tão complacente.

Conhecendo o amigo, Tabajara interveio:

— Ainda não sabemos o que ele pretende — disse calmamente.

— Para quê ele precisaria de um tipo como esse mago? Não é ele próprio o enviado de Tupã para cuidar de assuntos de magia e do espírito? Não seria ele o mais competente de todos?

— Sim, ele é muito competente, mas não está acostumado a mexer com certos tipos de magia. Pode ser que esteja se mancomunando com Omandyas para juntar forças para alguma coisa. Mas pelo que vi do mago negro, ele parece ser ainda mais esperto que nosso caro sumo sacerdote, que parece, este sim, estar sendo usado por ele. É frio, destemido e parece ter perfeita consciência de seus poderes. Aparentemente não hesitaria em medir forças comigo ou com qualquer outro sacerdote.

— Hum! Interessante. Então a pergunta correta seria: o que quer um mago negro na Terra das Araras?

— Talvez começar um movimento para implantar a magia negra nos templos, como já acontece em outros lugares, como bem o sabes. E, se assim for, parece lógico que deva começar pelo aliciamento de sacerdotes gananciosos.

Tabajara fez uma pausa, pensativo, lembrando das histórias que ouvira contar, mas também das palavras do mestre, que ressoavam em sua mente: "...humanidades inteiras já se perderam nessa busca insana, arrastadas em veredas mais interessantes aos sentidos... alerta aos homens, mas deixa aos deuses, neste momento, os destinos de tua tão amada gente".

Sem saber, Tabajara acertava em cheio sobre os planos do mago. Ou, pelo menos, parte deles, pois havia sempre a porção do indivíduo que, travestido ou não de legítimo lutador pelos ideais de seu grupo, não se despe nunca da ganância pessoal pelo poder, o que de fato sempre alimenta muitas almas. Com Omandyas não era diferente. Ainda se recordava do mestre quando foi bruscamente trazido de volta, por assim dizer, pela voz forte e grave de Ay-Mhoré:

— Mas, no caso de Azamor, o que mais ele pode querer? É o Sumo Sacerdote dos Templos; a segunda voz na nação... O que mais pode querer? — repetiu desconcertado.

— Teu nobre coração às vezes te impede de enxergar além do caráter aparente dos homens, meu bom amigo. Nunca sabemos o que vai na mente enlouquecida das pessoas. Por acaso te esqueces da capacidade dos irmãozinhos da mão esquerda, essas consciências que nem magos negros precisam ser, de se acoplar em personalidades hesitantes, que com elas sintonizam a todo o momento? — falou bondosamente.

— Tens razão! — sorriu sem vontade por um momento. — Tu e Bartyra, cada qual de uma maneira, sempre têm razão.

Depois conjeturou:

— O que seria, então? Aprender magias que não conhece para se beneficiar de alguma forma? Ouro? Pedras brilhantes? Terras, quem sabe? Desejaria talvez fugir em um dos grandes barcos carregando um tesouro? — sem perceber, Ay-Mhoré novamente acertava, agora nos planos de Azamor, mas como não houvesse resposta possível, determinou então uma ação, como era de se esperar de um rei:

— Vou então mandar vigiá-lo para ver se descobrimos alguma coisa. E quanto a ti, poderias mandar seguir os passos do tal Omandyas. Quando descobrires algo que o incrimine, poremos a correr esse mago negro dos infernos. Por Anhangá, era só isso o que nos faltava! — desabafou.

Tabajara sorriu e aquiesceu. Na verdade, já o estava seguindo. Despediu-se repetindo o breve ritual do mestre, colocando sua mão espalmada em seu coração e depois no coração de Ay-Mhoré, recitando emocionado:

— Paz em teu coração, ó escolhido dos deuses para governar a grande nação dos Nhengatus.

O tuxauá o abraçou fortemente, selando novamente aquela grande amizade que nem mesmo todos os demônios e nem todos os tempos seriam capazes de destruir jamais.

— Somos dois homens, tu e eu — falou Ay-Mhoré.

Tabajara compreendia naquele momento que seu dever naqueles tempos seria estar sempre na retaguarda, com paciência e o mais silencioso possível, dando toda a proteção espiritual possível ao amigo, para que ele pudesse sempre tomar as melhores decisões e passar ao largo de magias e outros ataques.

Capítulo 10
O meio irmão

Fortemente apertado no colo de sua pajem Nacyra, acometida de súbita tontura, o pequenino Tupayba, assustado, começou a chorar. A jovem foi amparada pelo grande conselheiro, que lhe trouxera a notícia da morte da rainha; Turyassu ajudou-a a sentar-se, tomando-lhe o pequeno dos braços.

— O que dizes, senhor? — foram suas primeiras palavras, ditas com olhos arregalados. — Minha rainha está morta? Como pode ser? Como pode?

Percebendo a menina descontrolada, Turyassu abraçou-a ternamente, acariciando seus longos cabelos negros.

— Força, minha pequena! — falou em um sussurro, como que para si mesmo, pois ele mesmo não havia ainda se recuperado do baque da notícia, ainda que várias luas já se tivessem passado. Outras servas, que olhavam estupefatas a cena, se acercaram, como a implorar com os olhos marejados que o conselheiro quebrasse o protocolo e a elas se dirigisse com informações.

Depois de alguns instantes, tendo confortado Tupayba, que já brincava sobre os tapetes de peles no chão, ele se virou para as moças, fitando uma a uma nos olhos.

— Minhas filhas — falou de forma triste e solene — , nossa rainha se foi ao encontro de seu tuxauá. Nada se pode contra a vontade de Tupã.

As moças se agruparam em volta do principezinho que brincava com um boneco de pano, todas chorando e querendo acariciá-lo ao mesmo tempo, como se pudessem recuperar um pouco de sua rainha através de seu filho. O pequeno ria inocente, sem saber que jamais veria a mãe novamente, estendendo os bracinhos para as moças, provavelmente achando muito divertido aquele pequeno tumulto. Ele tinha não mais que uma lua grande de vida sobre a terra.

Aos poucos, todos foram se acalmando e Turyassu pôde então se levantar e ordenar que cuidassem de Nacyra, ainda prostrada sobre os tapetes, inerte a olhar o menino com os olhos esgazeados, parecendo estar em outro mundo.

— Ela vai ficar bem. Sabe de suas responsabilidades — falou, percebendo a preocupação das servas com a pajem.

Em seguida, deu as ordens para que ninguém arredasse pé do

palácio com a notícia, que seria dada ao povo na manhã seguinte, pois as estrelas estavam altas no firmamento e as pessoas já estavam recolhidas às suas casas àquela hora, oitava da noite.

De fato podia-se perceber um silêncio absoluto vindo de fora e, instintivamente, todas aguçaram seus ouvidos tentando ouvir alguma coisa, inutilmente.

Chamou a seu lado a serviçal mais velha, Neredyena, deixando Tupayba a seu cuidado pessoal, enquanto Nacyra não se recuperasse.

Com energia, Neredyena colocou ordem na pequena confusão das moças atônitas e distribuiu tarefas que, apesar de tudo, começaram a ser cumpridas com rapidez. Tupayba foi levado para seus aposentos, assim como Nacyra e, em um instante, o silêncio exterior reinava no pequeno salão onde Turyassu fora deixado a sós com a dor da perda de sua filha do coração.

Sua primeira reação foi deixar-se cair nas almofadas e ali ficar. Em um esforço supremo, levou os olhos ao alto e implorou por forças a Tupã, em uma prece silenciosa, sabedor que muitos embates viriam pela frente; a rainha não mais estava ali para representar Ay-Mhoré, a outra parte de seu coração cansado, que observava impotente o destino dos filhos que cuidara desde a meninice, sem nada compreender sobre suas estranhas decisões.

Decisões que lhes custaram as vidas e que de certa forma sobrecarregavam os ombros dos fiéis amigos remanescentes, como Tabajara, Ararype, Tupanguera e, por que não dizer, dele próprio. No fundo, pelo que lhe cabia de tantas desgraças, sentia-se merecedor de passar por tudo aquilo. Lamentava-se por Ay-Mhoré, por Nadja, por Bartyra e por toda a nação.

Percebeu uma ponta de amargura em seus sentimentos; estava magoado com todos aqueles que haviam abandonado a luta, mas tratou logo de afastar da mente a tagarelice daqueles pensamentos que, no fim, não levariam a nada, repetindo a frase que já tinha ouvido tantas vezes do sacerdote amigo:

— Compreensão sempre! — falou em voz alta, como que para selar consigo mesmo um compromisso de não mais perder seu tempo tentando adivinhar o porquê das coisas, como já se havia proposto tantas outras vezes. Lembrava-se das longas conversas com o amigo Tabajara, que lhe advertia brincando que ele entendia muito das coisas de Estado e muito pouco de pessoas e por isso sofria:

"Coloque a sua verdade sem esperar ser compreendido e não espere entender a dos outros. Não espere que as pessoas pensem pela sua cabeça. E não se puna tanto naquilo que chamas de teus próprios erros. Cada espírito está em um momento peculiar. Sempre aprendendo. Se você tem certeza do que é melhor para o outro, aprenda a pensar sempre na continuidade da vida e não no problema isolado do momento. Fale com brandura e de forma quase trivial. Um dia a semente dessa verdade vai germinar naquele coração e ele vai compreender, mas não será necessariamente nesta vida. Por que és tão apressado? Por que sofres, amigo? Tudo o que nos parece ser um grande engano apenas faz parte do aprendizado dessas almas, assim como da nossa. Tudo neste plano é apenas uma ilusão dos nossos sentidos. Nossa vida verdadeira não está aqui", dizia o sacerdote em sua voz firme e envolvente, nas tantas vezes que o procurou para se queixar de alguma teimosia inútil de seus protegidos, subalternos ou companheiros, assim como de suas próprias faltas.

Compreensão sempre, tornou a repetir para si mesmo, agora em pensamento. Tornou a olhar em volta. Por toda parte via os sinais de Bartyra, naquele lugar onde tinham estado juntos tantas vezes. Lamentou não poder ter consolado aquele coração partido como gostaria, mas era cada vez mais claro que nada jamais seria como antes e que consciências milenares não seriam nunca conduzidas à vontade de outrem.

O curador

Voltando muitas luas atrás, tempos depois da subida do povo para as terras altas, encontram-se a rainha, em sua quarta lua de gravidez, completamente desesperada pela impossibilidade de continuar escondendo seu estado para sempre. Insatisfeita e deprimida, tendo, de quando em quando, ataques de fúria por qualquer bobagem, havia se tornado uma figura caricata, de pele pardacenta e inchada, de todo descuidada de sua aparência e dos tratos de cortesia, distante daquela bela e suave mulher que todos haviam conhecido outrora, no esplendor do império.

Na verdade, a esposa de Ay-Mhoré nunca havia passado por sofrimentos que fizessem sua verdadeira alma transparecer: ressentida, melindrosa e egoísta, pouco se importava com os destinos do povo, com o belo sonho de seu marido para a continuação da raça nhengatu e muito menos com o pequeno Tupayba, que crescia aos cuidados de outras pessoas.

Quanto ao infeliz Jatay, pouco se lembrava dele, a quem já tinha descartado, sem nem mesmo lhe dar qualquer explicação, indiferente a seus apelos e disposição de lutar por aquele amor e por aquele filho, mesmo que fosse necessário abdicar de seu posto de regente. Voltariam para sua pequena cidade se preciso fosse e lá seriam felizes, com o apoio de sua família e de seu povo que, compreensivos, de certo se encantariam com o herdeiro.

Jatay não percebia que não vivia com ela um amor e, sim, uma paixão, que apenas unira, momentaneamente, dois seres cansados, solitários e carentes.

Incapaz de olhar além de seu próprio mundo, Bartyra só via a própria dor; recusava a se curvar aos destinos traçados por Tupã. Nem mesmo o pequenino ser inocente que carregava no ventre era capaz de comover aquele coração endurecido, tendo feito vir à sua presença um curador de má fama, às escondidas, a quem sondou a possibilidade de um aborto, não sem antes ameaçá-lo de morte, caso a notícia se espalhasse.

O homem assustado jurou segredo, mas informou-a da impossibilidade de tal operação, tendo em vista a gravidez adiantada, o que fez a rainha esbravejar pelos quatro cantos do aposento. Enquanto o homem se encolhia, sentado a seus pés em almofadas, suando em bicas, ela andava para lá e para cá, praguejando contra os deuses e invocando Anhangá.

Nesse ínterim, o curador, de nome Sham-buya, um ex-sacerdote escorraçado dos templos por condutas imorais muitas luas grandes atrás, pensava rápido numa solução para livrar-se da ira da rainha, que parecia estar a caminho de cair na sua cabeça. Usava uma túnica até os pés, rota, meio que empoeirada e sandálias velhas. Era um homem pequeno, magro, de meia idade, barba longa cheia de falhas, com longos cabelos grisalhos, despenteados e engordurados. Uma figura patética e repelente.

Apavorado, levantou a mão timidamente como a querer chamar a atenção e falou, numa voz sumida, por entre os dentes estragados:

— Senhora... eu... hã... quero dizer... — gaguejava baixinho.

A rainha estancou de súbito na sua frente e o olhou raivosa.

— O que queres, criatura desprezível que nada sabes fazer para auxiliar sua rainha? — falou, ameaçadora.

O outro, de olhos baixos e com a mão ainda levantada, tentou explicar-se:

— Minha rainha, a escolhida pelos deuses para essa ventura na terra — balbuciou —, ouve teu pequeno súdito.

Absolutamente desconsolada, ela se largou nas almofadas, olhando-o sem forças para responder.

Entendendo o gesto como uma afirmativa, o homenzinho despejou de uma só vez a idéia que tivera. Pensou na possibilidade de fazer sumir a criança depois de nascida, para não pôr em risco a saúde da rainha com um aborto perigoso. Poderia se encarregar disso pessoalmente, sem alarde.

Bartyra o olhava de uma forma diferente, como se uma luz brilhasse trazendo a solução para suas angústias mais urgentes.

— Farias isto por tua rainha? — perguntou, a olhá-lo sem convicção.

Sham-buya se levantou com agilidade para tornar a se prostrar no chão de joelhos, na sua frente, abaixando a cabeça até o chão, em uma reverência demorada.

— Minha vida pela vossa, ó senhora de toda Terra dos Ay-Mhorés — falou de forma solene, sem ousar levantar os olhos. — Farei vosso parto e levarei a criança sem que ninguém, além de um ou dois servidores de confiança, se dêem conta disso. Ninguém jamais ficará sabendo.

— E o que queres em troca? — atalhou a rainha, desconfiada.

O curador titubeou por uns instantes, pois lhe passou pela mente, como uma fagulha brilhante, o desejo ganancioso de subir na vida, ter uma cabana melhor, roupas, talvez pedras brilhantes, tudo o que pudesse garantir uma velhice tranqüila. Mas tão rápido esses pensamentos delirantes vieram eles se foram, pois de nada adiantariam tantas coisas se ela mandasse matá-lo para silenciá-lo. E não havia absolutamente para onde fugir, pois com o maremoto nunca mais nenhum barco havia aportado naquelas bandas. Adentrar-se na selva em busca das terras do norte só se fosse louco, pois imaginava as feras e os monstros que pululavam na mata densa e nos rios mais para o interior.

Resignado, virou-se para Bartyra e falou, com um sorriso amarelo:

— Apenas a certeza de que a rainha verá em mim um súdito e servidor fiel para sempre, disposto a qualquer coisa por ela.

— Que seja! — limitou-se a dizer a mulher, já meio incomodada com a presença do infeliz suplicante à sua frente. — Mandarei providenciar para ti uma boa cabana e assegurar que tenhas o necessário. Tenho servos de confiança, cujo exemplo deves seguir: são cegos, surdos e mudos. Te darão toda a assistência e providenciarão tua vinda sempre que for preciso. Só deves vir se chamado ou se tiveres alguma notícia realmente importante para dar. Natan, aquele que foi te buscar, o chefe de minha guarda pessoal, será teu contato. Mais ninguém. Ele te procurará para dar instruções.

Sham-buya sorria de orelha a orelha; embora procurasse disfarçar sua alegria, não conseguia. A entrevista misteriosa tinha saído melhor que a encomenda. Estar sob a proteção da rainha era tudo o que o preguiçoso arremedo de bruxo queria da vida.

Morador da cidade do príncipe Aratimbó, tinha sido instado pelos guardas, na ponta de lanças, a trabalhar pelo seu sustento, assim como todos, e não tinha um minuto de descanso, pois suas últimas arremetidas como curador não tinham dado em nada e todos desconfiavam de seus poderes. Estava completamente desacreditado, nada lhe restando além do trabalho árduo da reconstrução das casas para lhe render alguma comida no fim de cada dia.

Refestelado na liteira que lhe foi designada, anotava atento os detalhes que Natan lhe havia passado. Estava sendo levado para uma cabana nos limites da Cidade Central, sob uma falsa identidade de escriba; não precisaria trabalhar, sob a desculpa que restaurava pergaminhos para o governo.

A seus pés, uma pequena trouxa com roupas novas e alguns objetos de uso pessoal. Na cabana encontraria um catre, uma mesa, alguns tamboretes, uma arca, alguns potes e tigelas, além de cobertores. Também lá estariam velhos papiros inúteis, que a ignorância das pessoas não saberia distinguir, e material de escrita, para completar seu disfarce. Os alimentos seriam deixados em sua porta de quando em quando. Um verdadeiro tesouro, pensou. Esfregou as mãos de satisfação. Não deixava nada para trás; ultimamente, morava em uma cabana coletiva, onde não tinha quase nada de seu, além de uns trapos velhos, pois quase não trabalhava e assim recebia quinhões pequenos de tudo. A vida nas terras do príncipe Aratimbó era dura, suspirou, ao lembrar-se. Nem notariam seu desaparecimento.

Mas, em seguida, quebrando o encanto com um arrepio, lembrou-se do olhar gelado do chefe da guarda ao lhe informar calmamente que cortaria pessoalmente seu pescoço caso alguém soubesse de uma só palavra de sua verdadeira identidade, de sua entrevista com a rainha ou de qualquer outra coisa. Para dar ênfase às palavras, o guarda chegou bem perto, segurando com uma das mãos o punho da espada na cintura e com a outra seus cabelos na nuca, levantando sua cabeça, a ponto de poder sentir sua respiração. Ficaria mudo como um peixe — decidiu sem pestanejar um segundo.

Logo seria aliciado por Omandyas, que acompanhava atento todos os acontecimentos.

O pupilo

Enquanto isso, uma figura estranha se punha a observar a rainha estranhamente feliz em achar alguém que daria cabo de seu filho; não se dera ao trabalho de saber o que Sham-buya faria com a criança. Deitada em sua cama macia após a entrevista com o curador, sentia-se mais tranqüila, embora algo a incomodasse. Não conseguia achar uma posição confortável onde pudesse repousar seu corpo cansado de tantas noites mal dormidas.

Seu desconforto foi crescendo e sentiu, de súbito, que algo ou alguém a observava. Sacudiu a cabeça com força como a querer afastar de si aquela estranha e desagradável sensação. Era como se a paz estivesse perdida para sempre. Com o que lhe restava de pureza no coração, agora enlameado, pensou por um instante que talvez Anhangá estivesse a lhe cobrar algo pela solução que arranjara para o problema. Ou, quem sabe, era Tupã a puni-la de alguma forma? Na dúvida tornou a balançar a cabeça e sentiu-se aliviada, pois a entidade com a qual se conectava e que lhe passava esses pensamentos desligou sua mente da dela. Sorriu, observando que esses pensamentos eram bobagens, pois o feto nem vida tinha ainda; convenientemente convenceu-se em um repente.

A entidade também sorriu, satisfeita com seu trabalho.

Caiu em sono profundo, sendo levada em desdobramento astral à presença de um mago negro, como já havia acontecido tantas outras vezes, sem que se desse conta ao despertar.

Era um lugar estranho, sem dimensões que pudessem ser estabelecidas, como se não houvesse chão, teto ou paredes. Uma névoa clara discretamente ocupava o lugar, como uma tênue luz; um cheiro de flores impregnava o ambiente, de forma hipnotizante. De qualquer forma, apesar de estranho, era um lugar relaxante e extremamente confortável. Era sempre recebida por um homem com a voz doce e melodiosa; respeitoso e confiável, ele sempre a convidava a um passeio. Andavam por alamedas que pareciam arborizadas e que, embora cobertas por aquela estranha névoa, lhe traziam paz.

Confiante, ouvia atentamente as palavras do desconhecido, acordando sempre com um solavanco. Voltava sempre com a idéia fixa e quase delirante de uma traição de Ay-Mhoré com Nadja e de como precisava livrar-se daquela criança, cuja culpa de ter sido gerada era também do ex-marido, que a abandonara. A criança deveria ser um enviado de Anhangá para acabar de vez com sua vida, com certeza.

Sem que soubesse, o curador inescrupuloso havia sido cuidadosamente colocado em seu caminho para ser um instrumento fácil nas mãos daquelas consciências desejosas de colaborar com o fim do império dos Ay-Mhorés e ter para si mesmas o poder, como já havia acontecido em outros lugares. Tudo estava devidamente arranjado. O antigo servidor de Thevetat, o famoso mago negro que se tornou imperador em Ruta e depois em Itaoca nos Templos da Cidade das Pedras, voltava. Era Omandyas, que havia subido sorrateiramente para as Terras Altas.

O fogo contra o feiticeiro

Indiferente à irritabilidade crônica de Aleutar, seu padrinho, Acau-hã corria pela montanha onde vivia. Tinha quase 12 anos. Sequer percebia o ambiente pobre e hostil no qual vivia. Nada além de uma pequena cabana perto da floresta tendo em volta muito lixo acumulado, denotando que o dono não era dado a grandes tarefas. Nada fazia lembrar a presença de homens civilizados naquelas bandas.

Sempre vivera ali e não compreendia muito bem as lamentações e os resmungos do padrinho, que não tolerava o lugar.

— Que mal fiz eu a Tupã para merecer esta vida? — clamava aos céus aos gritos. — Vinde ver, ó deuses, a infelicidade deste vosso pobre filho, abandonado à própria sorte neste buraco ridículo — lamentava-se Aleutar, deixando-se cair no chão aos prantos, para espanto absoluto do menino, que não o entendia, pois o lugar onde viviam lhe parecia ótimo. Havia riachos para pescar e nadar, árvores frutíferas, além de muita caça pequena fácil de apanhar, isso para não falar do clima ameno e das enormes árvores que forneciam sombras frescas para uma soneca a qualquer hora. Os grandes animais viviam apenas nas florestas distantes e nos grandes rios ao nível do mar.

Tendo sido trazido por Omandyas ao nascer, foi deixado aos cuidados de Aleutar, o espertalhão, ganancioso e sempre mal intencionado assistente de Siamor.

Quando a conspiração no vale para derrubar Ay-Mhoré foi a pique, todos os envolvidos de segundo escalão, como Aleutar, trataram de desaparecer enquanto seus amos e senhores eram presos. Alguns foram até mesmo mortos nas escaramuças com os exércitos leais nas pequenas ilhas de resistência que espocaram pelo vale.

Com o desaparecimento misterioso, como se falou a boca pequena, do supremo sacerdote do Templo do Som na Ilha Gorda, onde se escondiam os etíopes mancomunados com os príncipes revoltosos e com Azamor, estava completamente só e desprotegido, tratando de esconder-se na casa de parentes, pelas bandas das remotas terras de Anhanguera, a Cidade Interna.

Seu povo pacífico, mas ignorante e mal informado, não reconheceu no astuto assistente o auxiliar de Siamor. Aliás, nem sabiam direito quem era Siamor. A figura do gorducho sacerdote cantor era algo longínquo e sem nenhum interesse àquela gente simples e trabalhadeira. Aqueles que eventualmente poderiam reconhecê-lo, como os homens fiéis aos príncipes ou os oficiais da guarda real, estavam ocupados demais preparando a partida para as terras altas para se preocupar com gentalha como ele. Nas luas finais da Terra das Araras Vermelhas formaram-se grupos de pequenos bandidos atordoados, interesseiros e bajuladores de quinta categoria, que passaram a vagar pelo vale depois de tudo terminado.

Aos parentes, disse estar sendo injustamente perseguido pela política da corte, apelando aos laços de sangue para obter proteção para começar uma nova vida; estaria tão desgostoso com os fuxicos dos templos que aquele tipo de vida já não lhe interessava mais. Os parentes, gente simplória e trabalhadora, o acolheram de braços abertos.

A contragosto, passou a trabalhar como carregador e estripador de caça, acompanhando os tios e os primos em suas alegres caçadas, o que de fato lhe dava vontade de vomitar. Ou estripava a caça ou carregava muito peso extra. Ofegante, pálido e passando sempre mal, era motivo de piadas entre a parentela, acostumada à vida dura dos campos e das matas. Mas não tinha jeito, pois ou era aquilo ou a prisão na certa; e como auxiliar do sacerdote, cúmplice de Azamor em toda a trama, temia ser torturado e até morto. Covarde, desconhecia o coração generoso do tuxauá, pois as masmorras de tortura e morte do palácio, fechadas há gerações, nunca foram reabertas. Nem mesmo naquela que havia sido a maior crise do império.

Pouquíssimo tempo depois todos se mudaram para as terras altas e sua vida só piorou, pois o trabalho de reconstrução era dobrado; isso sem falar nos animais horrendos que tinham de ser mortos ou evitados para se conseguir caçar o que comer. Tinha horas que preferiria estar sentado no chão de uma cela sendo alimentado sem fazer nada do que estar ali naquela situação terrível.

À noite, no canto que lhe fora designado na cabana familiar coletiva, exausto demais até para praguejar, orava em sua fé hipócrita, implorando aos deuses uma solução para sua vida, pois não agüentaria aquilo muito mais. "Afinal", argumentava, "era um homem da elite, instruído, acostumado ao bom e ao melhor da vida, a ser servido". Dera duro para chegar onde tinha chegado no Templo do Som Sagrado e estar, agora, jogado e esfarrapado em um canto sujo não lhe parecia justo. Prepotente, apelava à justiça divina, esquecendo dos que mandara matar ou sumir para alcançar degraus mais altos na hierarquia do templo, sob as vistas grossas ou até mesmo a mando do supremo sacerdote, que não era nenhum modelo de virtudes. Tinha sido um bom servidor, afinal de contas.

Certa tarde, quase uma lua grande depois do cataclismo que abalou o vale, foi procurado por um homenzinho de nome Shambuya, que se apresentou como escriba real. Bem arrumado e falante, o visitante convidou-o para um gole em uma taberna próxima, fora das terras do príncipe Araguary. Queria colher informações sobre o andamento dos trabalhos na Cidade Interna para seus relatórios e o havia escolhido ao acaso.

Desconfiado, hesitou por um momento, o que foi percebido pelo desconhecido que, imediatamente, se desculpara por importuná-lo, virando-se para ir embora:

— Não te preocupes, amigo. Se tens outros planos para hoje, posso falar com outra pessoa.

— Espera! — falou quase gritando. — Eu te acompanho. Só fiquei surpreso, mas é uma honra colaborar contigo.

Na verdade, a idéia o havia deliciado, pois era a primeira possibilidade de quebrar sua enfadonha rotina de foragido, resolveu sem pensar a arriscar-se a sair além das fronteiras da Cidade Interna. "Afinal", pensou, "o que mais poderia me acontecer?".

Acomodado dentro da liteira do desconhecido, a quem olhava curioso, recebia de volta um largo e amistoso sorriso que o desarmava. Acostumado a lidar com gente de caráter duvidoso, até mesmo por ser do ramo, julgava-se muito esperto, acima do bem e do mal no sentido de que não seria jamais enganado por nenhum espertalhão. Relaxou confiante, disposto a aproveitar o passeio.

— Mas, afinal, amigo, o que queres de mim? Não te conheço e tu não deves me conhecer. Vens a mando do governo? Trabalhas para o governo, não é? — perguntou tranqüilo, pois se fosse algo a ver com a conspiração, teriam mandado guardas e não um inocente escriba. Enquanto dava tratos à cachola, os carregadores rapidamente os deixavam à entrada da tosca taverna, quase vazia à hora quarta da tarde.

Vaidoso, chegou a lhe passar pela cabeça que talvez precisassem de sua valiosa colaboração na administração da reconstrução da cidade, esquecido de seu disfarce de humilde trabalhador. Tentando compor-se o melhor possível em suas roupas velhas, desceu imponente do transporte, olhando com afetação para os carregadores cansados, o que não passou desapercebido pelo outro, que sorriu satisfeito enquanto pensava: "O homem perfeito para os planos de meu senhor".

Em uma mesura discreta, Sham-buya ofereceu-lhe a frente, seguindo-o de perto, sempre com seu falso sorriso amistoso pregado em seu rosto. Qualquer um menos vaidoso teria percebido.

Acomodaram-se em uma mesa discreta aos fundos, de onde o desconhecido fez os pedidos. Extasiado, ouviu o pedido da comida e da bebida. Chegou a abrir um grande sorriso quando a primeira e generosa dose do vinho foi trazida em uma grande caneca. Bebeu em grandes goles, como se estivesse morrendo de sede.

Uma grande travessa com um delicioso assado não tardou a ser colocada em sua frente, sendo imediatamente atacado em grandes bocadas.

Ao notar o olhar divertido do outro, que apenas bebericava sua bebida, estancou de repente sua fúria gastronômica e meio que se desculpou:

— Não temos dessas coisas mais sofisticadas na Cidade Interna. Como deves saber, o trabalho é muito e quase não tenho tempo de sair, pois ajudo na reconstrução — disse com um sorriso sem graça de quem é pego com a boca na botija. — O príncipe Araguary sempre procura a mim e à minha família, tradicional naquelas bandas, para conselhos, de sorte que estamos sempre com as mãos e as mentes ocupadas, o que é cansativo e me toma todo o tempo — mentiu sem preocupações de ser ridículo.

O outro apenas sorriu, consentindo, mas pensando: "Que arrogante. Tem-me como um tolo estúpido que não sabe de sua vida. Pois muito bem. Vamos ver até quando isso dura".

Respondeu, depois de um tempo:

— De certo! Homens ocupados dão bons conselhos. Mas já que és tão ocupado, não ouso pedir-te mais nada — fingiu lamentar-se, abanando a cabeça.

Aleutar quase deu um pulo na cadeira, mas se conteve:

— Imagina! É sempre um prazer ajudar os... hã... Quem dissesse mesmo que és? — apressou-se a intervir, antevendo que dali viria algo bom, pela fartura da amostra.

Sham-buya não se fez de rogado. Apresentou-se, acrescentando trabalhar para um importante sacerdote vindo da terra Mãe, de nome Kapila. Como Aleutar pudesse ter tido algum conhecimento sobre Omandyas, já que desconhecia sua intimidade com o falecido Siamor, inventou um nome qualquer.

O outro deu tratos à bola e não conseguiu se lembrar do nome. "Mas", pensou, "eram tantos os templos e os sacerdotes; agora, então, deve estar tudo mudado". E, medindo cuidadosamente as palavras, saiu-se com esta:

— Não ficas ofendido se te digo não me lembrar de tão ilustre figura? Em meu antigo emprego eu convivia muito com eles todos e... — estancou de repente com vontade de morder a língua. Quase fora traído pela própria vaidade.

Sham-buya riu de gosto e, finalmente, deu por encerrada a sessão de divertimento, aproximando-se mais da mesa; em um sussurro falou quase ao ouvido do espantado Aleutar, que não compreendia o que estava acontecendo:

— Não te preocupes, amigo. Sei quem és. Sei qual era teu antigo emprego e quem era teu senhor.

Aleutar gelou. Chegou a pensar que o outro blefava. Muito pálido, balbuciou em uma voz fugidia:

— Não compreendo.

— Não mesmo? Queres que eu relacione para ti um por um os nomes dos cantores e cantoras do antigo Templo do Som ou o de Siamor, o supremo sacerdote, é o bastante para te refrescar a memória?

Aleutar foi tomado por súbito e grande nervosismo; olhou rapidamente em volta como a procurar, instintivamente, uma saída para fugir.

O outro notou e não pôde evitar um sorriso sarcástico.

— Não estou te segurando. Podes ir se quiseres, mas tenho uma proposta que pode te interessar.

Tentou se recompor, preparando-se para a luta. Respirou fundo. Parecia estar tentando se lembrar dos tempos em que participava de grandes negociatas.

— O que queres de mim? — falou altivo, olhando o outro diretamente nos olhos.

O visitante ignorou a pergunta fazendo outra:

— Queres sair desta vida miserável que levas ou devo denunciar-te para os guardas do príncipe regente? — continuava a sussurrar. —

Podes também embrenhar-te pelas matas e tentar fugir dos soldados, mas receio que não durarás muito com tantos animais monstruosos à solta. Tu é que sabes.

— Que... quero... — gaguejou, já completamente vencido e desarmado. Era prepotente, mas não era burro e sabia perfeitamente que não havia para onde ir.

— Ótimo! — exclamou alto para depois voltar a sussurrar: — Meu mestre gosta de servidores cooperativos e leais.

— Teu mestre? Quem é teu mestre? Do que falas? — perguntou desatento e atordoado.

Como sempre, ignorando as perguntas de Aleutar, o visitante explicou o plano de uma só vez.

— Havia um menino, um bebê, sob a guarda pessoal do sacerdote e que precisava de refúgio urgente sob a tutela de alguém confiável e cuja ausência não fosse percebida. Alguém como tu! — falou alto.

— Eu? Mas por que eu?

— E por que não tu? És esperto, inteligente e culto, além de anônimo neste momento. Perfeito para tutelar a criança. Queres ou não queres melhorar de vida? — perguntou Sham-buya, em sua rotina de dar vida curta às suas dúvidas.

— Sim, mas.... — foi interrompido bruscamente.

— Vamos falar com franqueza, meu caro. Como te disse, sei quem és. Temos planos para ti.

O espantado Aleutar ouviu Sham-buya contar o que sucedera com a rainha.

Nova tragédia

Depois de sua decisão de dar fim ao filho da rainha, Sham-buya era introduzido com certa freqüência aos aposentos reais, na figura de curador de confiança da rainha, a contragosto de Turyassu e outros servidores leais. Ninguém sabia de onde vinha e para onde ia, pois era conduzido pelos guardas pessoais de Bartyra. Como ela já estava muito sofrida, ninguém ousou intervir naquele pequeno capricho. Até porque, além de suas servas de confiança, do seu chefe da guarda, Natan, e do já abatido príncipe Jatay, que eram os únicos a serem por ela recebidos em seus aposentos, ninguém mais parecia saber daquela gravidez.

A rainha, com o passar do tempo, começou a ser vista como uma pessoa doente, mental e fisicamente esgotada. Diante de seu estado e com sua anuência desinteressada, Tupayba e sua pajem, além de outros servidores do pequeno príncipe, foram todos deslocados para morar no Templo de Áries, sob os cuidados pessoais de Tabajara. Desta forma, mesmo que sem querer, os auxiliares do governo tiraram sua atenção dos aposentos reais que funcionavam como o antigo palácio, abrindo ainda mais o caminho para as incursões do preposto do mago negro. Até mesmo Jatay, desesperançado, passou a despachar do Templo de Áries, com a desculpa de ficar próximo do príncipe herdeiro e acompanhar seu crescimento e educação, como lhe fora recomendado por seu pai, o grande Ay-Mhoré.

Em uma manhã fria, os guardas ouviram os gritos da serva de confiança da rainha vindos da pérgula que dava para os aposentos reais. Correram todos para acudir a mulher que gritava histérica. Em choque, ela nada conseguia falar, continuando a gritar de forma desconcertante. O primeiro a chegar foi Natan, homem de confiança da rainha, cujos aposentos ficavam ao lado dos dela, que se arremeteu para dentro do quarto, espada em punho, acompanhado de outros dois guardas, gritando também:

— Às armas, homens! Às armas!

Estancaram imóveis diante da cena que presenciaram. Bartyra jazia no leito, coberta de sangue por todos os lados. As janelas abertas de par em par deixavam entrar o ar frio que vinha do mar. Passava da hora sexta daquela manhã gelada e fatídica. Uma grande confusão se armou. Os servidores do palácio, acordados, de repente, por toda aquela barulheira, corriam desorientados sem saber o que fazer. A notícia que se espalhou como o vento ao longo do dia era a de que a rainha tinha sido assassinada. Logo o povo se aglomerava às portas da construção, esperando por notícias que não tardaram a ser passadas pelos serviçais assustados. Todos achavam que a rainha estava morta.

Tabajara, chamado às pressas, adentrou o recinto junto de Turyassu e logo percebeu, por sua experiência de sacerdote curador, que ali havia acontecido um parto inconseqüente e não um crime. Pela quantidade de sangue que havia no local, concluiu que a rainha morrera de hemorragia naquele parto.

Ao ver a cena do desesperado Natan, ajoelhado em prantos ao lado da cama ensangüentada, completamente alheio aos protocolos, Tabajara deu-se conta do amor impossível daquele homem por aquela mulher. Levantou-o pela mão e o abraçou ternamente, como a uma criança. O poderoso chefe da guarda apenas balbuciava palavras desconexas, que, aos poucos, foram fazendo algum sentido.

    Contou ao sumo sacerdote sobre a gravidez da rainha e sobre Sham-buya, que era quem devia estar de posse da criança, caso estivesse viva. Devia estar, ponderou, senão teria sido deixada ali. Não sabia quem era o pai e, tampouco, que a criança seria levada. Imaginava que a rainha queria apenas ter uma gravidez tranqüila, alheia às fofocas da corte, e que o curador a trataria sem alardes, até que decidisse o que fazer. Não desconfiava, nem de longe, da existência de Omandyas e de seus planos para o príncipe bastardo.

    Em uma fração de segundos, Tabajara compreendeu toda a história e ligou Omandyas ao acontecido. Só mesmo ele poderia estar por trás de toda a trama para seqüestrar o bebê. Percebeu que a magia sobre a rainha ia bem mais longe do que imaginava e que seus objetivos eram grandiosos. Deixou-se ficar por uns momentos consolando o chefe da guarda até se dar conta do estarrecido Turyassu, que, pálido, se postava mudo à entrada do recinto, chorando baixinho, deixando as lágrimas correrem por seu rosto envelhecido.

    Quando seus olhares se cruzaram, veio dele a pergunta óbvia e para a qual não havia ainda uma resposta:

— Por quê? Por quê?

    Sem que tivesse tempo de ir até ele para consolá-lo, um Jatay desconcertado e enfraquecido entrou cambaleando no quarto, amparado por dois guardas. Ao ver a cena, deu um grito de dor e desmaiou. Jatay estava doente há tempos, sem que ninguém conseguisse diagnosticar sua moléstia. Tabajara costumava dizer para o preocupado Turyassu que a doença começava em algum lugar de sua alma.

    Em um ato piedoso, procurando poupar a honra da rainha, o grande conselheiro decidiu que nada seria dito ao povo, até mesmo para não manchar a lembrança do tuxauá. A rainha teria mesmo sido morta por salteadores, pois muitos andavam à solta pelas terras altas naqueles tempos de grandes agruras.

    Embora Tabajara tivesse sido contra em um primeiro momento desse arranjo, soube, por intermédio de uma imediata sintonia psíquica, que o bebê não seria encontrado e, desta forma, a mentira piedosa não mudaria em nada a situação. Ao contrário, talvez poupasse o império dos nhengatus de uma guerra entre as cidades, caso algum príncipe se revoltasse contra Jatay. Sim, porque tão logo se recuperou do desmaio, ele confessou para o sumo sacerdote e para o grande conselheiro, entre soluços angustiados, ser o pai da criança desaparecida.

    Havia no reino, portanto, apenas cinco pessoas que sabiam da gravidez da rainha e três sabiam quem era o pai. Para o sossego de Tabajara, todos amavam a rainha e a solução encontrada só seria revelada a seu tempo. Ele tinha a esperança de que Tupayba tivesse a oportunidade de crescer em paz e que, com sabedoria, pudesse unir aquele povo sofrido e reconstruir a grande nação atlante, pois vislumbrava lutas fratricidas que colocariam as cidades à beira da destruição total.

Ao mesmo tempo, o sacerdote compreendia cada vez mais claramente o plano do mago negro para assumir o poder, caso o bebê pudesse ser usado por ele um dia para disputar o trono com Tupayba. Não seria a primeira vez que isso aconteceria. Já havia acontecido ali mesmo, no sétimo continente, e na Terra Mãe. Magos negros haviam se tornado reis e imperadores.

Admirava-se com a paciência e a organização dos irmãos das sombras. Mas nada podia fazer para impedir que o destino do povo se cumprisse, pois existia um carma coletivo que poderia ser modificado pelo amor ou, com certeza, seria queimado pela dor, não sem antes gerar outros que se arrastariam por milênios mais.

Pensava consternado no futuro, mas sabia que o tempo era apenas uma ilusão, aliás, tudo era apenas uma ilusão. A vida não passava de um mero reflexo da grande consciência na qual todos os homens estavam envolvidos, mas ainda assim precisava de esforço mental para serenar o coração diante de tantos acontecimentos.

Muitas buscas foram realizadas sob as ordens de Natan, mas nada foi descoberto. A criança, assim com Sham-buya, havia desaparecido como que por encanto. Mas, em algum lugar nas montanhas, Acau-hã cresceu criado por Aleutar, ou melhor, criado pela natureza, inconsciente dos problemas que sua chegada ao mundo havia trazido a tantas pessoas. A mando de Omandyas, Sham-buya passou a criança para Aleutar, dando-lhe casa e manutenção permanente para que não mais precisasse trabalhar. Em troca, sua participação na conspiração que tentou derrubar o rei seria mantida em segredo. Ao conhecer Omandyas ou Kapila, ficou claro que, se não cumprisse suas ordens, seria simplesmente morto. Não havia saída. Além disso, não poderia tocar em um único fio do cabelo do menino, além de lhe ensinar tudo o que constava em uma longa lista que lhe foi entregue.

De tempos em tempos, recebiam a visita de algum sacerdote aliciado para a empreitada de educar Acau-hã, para alívio de Aleutar, sem paciência e entediado com o quase nada a fazer. Além do mais, detestava crianças e cuidar do garoto era um sacrifício incomensurável.

A cada lua grande, Omandyas em pessoa comparecia ao refúgio para avaliar a educação de seu protegido, como gostava de dizer. Amável e solícito, cobria o pequeno de presentes, o que desde cedo lhe permitiu conquistar sua simpatia e grande amizade. Acau-hã, em sua inocência, contava as luas para a chegada de seu mestre, a quem passou a adorar. Não conhecia nada além daquele seu pequeno mundo com Aleutar, de forma que aquilo lhe parecia normal e, por isso, não sofria com o isolamento.

Quando fez quinze anos, Omandyas tirou-o da montanha e o levou para morar na cabana de Sham-buya, agora travestido de velho e inocente professor, nos arredores da cidade do príncipe Aratimbó, muito conhecido por seu mau humor e evidente desgosto, com o fim de sua esplendorosa cidade das terras baixas.

Esses atributos não passaram desapercebidos por Omandyas, que logo viu na esquecida e decadente cidade governada pelo deplorável príncipe, que só havia sido perdoado por sua participação na conspiração que precedeu o grande cataclismo, pelo coração bondoso de Ay-Mhoré, que pensou primeiro no resguardo da grande nação nhengatu, como o lugar ideal para completar a educação de Acau-hã.

Sua cidade era o porto seguro para todos os malandros e malfeitores do reino e, por isso, ninguém investigava a vida de ninguém. Os guardas faziam vistas grossas à sua presença. Por tácito acordo sem palavras entre eles, nada era roubado na cidade, sendo os crimes praticados sempre nas outras cidades, o que os levava a ser tolerados pelos habitantes.

Com o peso dos anos, o falso escriba estava irreconhecível e já transitava sem medo por todos os lugares e apresentava Acau-hã como neto. Nessas alturas, ninguém mais se lembrava do acontecido com a rainha e, aproveitando o deslumbre do rapazote com o mundo novo que começava a conhecer, começou lentamente a contar-lhe uma versão de seu passado cuidadosamente preparada pelo mago; nessa versão, sua mãe havia sido morta por Turyassu, o ex-conselheiro real, falecido há muitas luas grandes atrás. Ele pretendia matá-lo para preservar o trono em favor de seu meio-irmão, Tupayba, o que teria se consumado não fosse a rápida intervenção dos guardas leais à rainha, levando-o para a montanha. Deveria voltar um dia para reclamar o que era seu e vingar-se, se possível, de todos aqueles que participaram do crime.

Aos poucos foram envenenando aquele coração com as sementes do ódio e despertando nele a ambição pelo poder.

Capítulo 11
A passos largos

Dono de forte personalidade, Acau-hã logo se sentiu à vontade na cidade governada por Aratimbó. Alto, forte, inteligente, culto e desinibido, algo peculiar para os dezessete anos, era o orgulho de seu mestre, que investira em sua educação nos mínimos detalhes. Sua pele era mais clara que a da maioria, e seus cabelos castanhos encaracolados. Na verdade, era parecidíssimo com o seu pai, o príncipe Jatay, de quem se orgulhava. Não seria difícil que fosse reconhecido como seu legítimo herdeiro quando a hora chegasse. Sham-buya havia lhe contado, em detalhes, uma falsa história sobre a morte de Jatay, creditada ao mesmo grupo que achava ter matado sua mãe, no qual estavam incluídos o grande conselheiro Turyassu e o príncipe Arary-Bhoya. Turyassu, por desejar que Tupayba, a quem amava como filho, subisse ao trono sem ter outros pretendentes e Arary-Bhoya, evidentemente, por desejar o cargo de príncipe regente que pertencia ao seu pai.

Manipulado por Sham-buya, não dava ainda grande atenção para a cidade de Araxá, que continuava a ser governada por seu primo em segundo grau, Pauetê. A pequena cidade era considerada outra parte do plano. Distante da Cidade Central, seu povo, da mesma forma que o povo da Cidade Interna — governada por Araguary, pupilo de Anhangüera —, era pacífico e ignorante, mal se dando conta do que se passava nas outras cidades do império. Pauetê, por sua vez, era um homem doce, compreensivo e sem ambição; o tipo perfeito para ser enganado, pensava Omandyas. Certamente, acolheria o pequeno primo de braços abertos, quando fosse necessário.

O plano principal consistia, basicamente, em fomentar a crise já existente, de forma crônica, pouco mais de uma década e meia após a subida para as terras altas. Todos estavam mais ou menos descontentes; o cataclismo tinha empobrecido os nobres, tirando-lhes muitas das regalias às quais estavam acostumados e também perturbado em muito a vida do povo comum, que teve de trabalhar em dobro para reconstruir suas casas e alimentar suas famílias, pois a maioria dos empregos havia desaparecido no caos inicial, que durara algumas luas grandes. Durante muito tempo, houve muito trabalho, mas nenhuma remuneração.

Embora não morassem mais nas cabanas coletivas, como no

princípio da reconstrução, nem mais passassem fome, suas casas agora eram menores e a vida dependia de mais esforço de cada um. A quase irmandade, que unira o povo no afã da sobrevivência nos primeiros tempos, já tinha desaparecido sem deixar vestígios.

Nas cidades em que os príncipes se empenhavam junto ao povo em sua árdua tarefa, o ambiente era de mais serenidade, mas nas outras nem tanto. Mesmo agora, após todo o empenho do governo central e da maioria dos príncipes nas cidades principais, a vida continuava difícil, um arremedo do que havia sido na esplendorosa Terra das Araras Vermelhas. Como costumava dizer Tabajara, não se reconstruía o labor de sete gerações em algumas luas grandes.

O plano do mago consistia em aproveitar o descontentamento geral e jogar uns contra os outros para que o governo fosse considerado incompetente e pudesse ser derrubado. Antes disso, Acau-hã retomaria o posto que era seu por direito na Cidade Alta e, com a autoridade de um príncipe, teria trânsito livre no império. Denunciar o que havia acontecido com seus pais também ajudaria a angariar simpatia e despertar desconfiança. Alguns ódios viriam no pacote, mas isso também seria muito proveitoso se bem manipulado. Quanto mais prós e contras, maior a confusão na cabeça das pessoas. Se as cabeças de alguns príncipes fossem levadas de roldão, também não faria diferença nenhuma. Ao final, com a morte do rei, que deveria acontecer de alguma maneira, ele seria o único herdeiro, sendo filho da rainha Bartyra.

Para que Acau-hã estivesse preparado para tantas emoções, muito tempo ainda seria necessário, mas pressa era uma palavra que não existia na cabeça de Omandyas.

O jovem manejava uma espada com a mesma desenvoltura que compreendia obscuros textos nos papiros. Fora criado para ser altivo e independente, nunca se conformando em aceitar idéias prontas. Era instado a discutir até mesmo com o mestre, se dele discordasse. Aprendera que emoções como compaixão ou medo se destinavam apenas aos fracos de espírito.

Cuidadosamente preparado para comandar com mão-de-ferro e habilidade, quando a hora chegasse, aquecia seu coração no ódio àqueles que haviam matado sua mãe, privando-o da disputa pelo trono, vivendo em compasso de espera. Omandyas e Sham-buya haviam feito uma verdadeira lavagem cerebral no rapaz que, apesar de inteligente, alimentava fortes convicções em tudo aquilo que havia sido implantado como verdade em sua mente.

Poucas luas depois de sua mudança para a cabana de Shambuya, foi encontrado morto misteriosamente nos arredores da cidade seu padrinho Aleutar, sem uma única marca de violência no corpo. Sua utilidade, pelo visto, havia terminado e recebia agora o pagamento pelos bons serviços prestados ao mago.

Acau-hã não pareceu se importar sobremaneira com o acontecido, ou porque não morria de amores por seu padrinho ou porque estava se tornando insensível. Havia se ligado de forma definitiva a Omandyas que, de tempos em tempos, o visitava. Como sempre, vinha carregado de mimos para seu pupilo. Tratava-o com toda deferência, dando-lhe liberdade para conversarem de homem para homem, o que deixava o jovem e desavisado Acau-hã deslumbrado com tanta dedicação; costumava aceitar cegamente suas ordens e orientações, achando que tinha opinado sobre tudo. O mestre dizia sempre querer recompensá-lo por suas perdas, mostrando-se solidário, inconformado e quase revoltado com o que lhe tinha acontecido, instando-o aos mesmos sentimentos.

Não sabia de onde vinha nem para onde ia, mas isso não parecia incomodá-lo. Sabia que seu mestre era um sacerdote e mago vindo da Atlântida e, como ele lhe dizia com freqüência que magia se fazia em qualquer lugar, lhe parecia até empolgante o mistério que o rodeava. Sentia-se envaidecido por ser seu pupilo e protegido.

Algum tempo antes de completar dezesseis luas grandes, foi levado à Cidade Central por Sham-buya para compreender ainda mais o que estava perdendo. A ocasião havia sido escolhida a dedo pelo maquiavélico Omandyas, como tudo, aliás, que envolvia o jovem Acau-hã. Eram as festividades de confirmação de Tupayba como príncipe herdeiro, pois aos dezessete anos e com o fim da adolescência, segundo mandava a lei, deveria aceitar publicamente seu cargo. Dentro de três luas grandes seria coroado rei da Terra dos Ay-Mhorés. Nesse ínterim, trabalharia junto de Arary-Bhoya, o príncipe regente, para aprender as tarefas e os encargos de seu futuro posto. Duríssima tarefa para alguém tão jovem e que devia desde cedo assumir tantas responsabilidades. Os tempos das brincadeiras, passados na Casa das Flores com o amigo Thu-ran, haviam chegado ao fim.

Enquanto andava pela grande avenida que ainda era, após tantos anos, uma mera sombra da magnificência que fora nas terras baixas, quando gerações sucessivas de arquitetos se empenharam nas construções dos grandes templos, do palácio real e das lindíssimas residências dos nobres, Acau-hã se encantava com tudo o que via.

Criado nas montanhas e nas precárias terras do príncipe Aratimbó, para ele, a grande Cidade Central era magnífica.

Toda enfeitada com bandeirolas colocadas em mastros à entrada das casas, dos templos e também nas árvores frondosas que a margeavam de lado a lado, a avenida vibrava em alegria e beleza singela. Os cidadãos, vestindo suas melhores roupas, conversavam alegremente em grupos nas calçadas pavimentadas de forma rústica, e as liteiras, também enfeitadas nas cores do brasão do príncipe, iam e vinham em grande agitação. Por toda parte ouvia-se um burburinho sem precedentes.

De vez em quando, dava um esbarrão em alguém, tal o movimento do povo pela cidade, o que o fazia rir, feliz e completamente imerso no clima de festa que dominava o lugar, o que fez Sham-buya perceber que estavam se desvirtuando dos propósitos da viagem. Como quem não quer nada, ele falou de forma distraída:

— Sabes para quem é a festa?

Foi o suficiente. Acau-hã estancou de repente, como se tivesse despertado de um sonho bom para uma realidade ruim, pois até a pouco ria como uma criança. Olhou-o com o olhar esgazeado de quem procura algo dentro de si mesmo.

— Sim, eu sei — disse mais para si mesmo, como era seu hábito.
— Para aquele usurpador covarde que não quis medir forças comigo — repetiu como um papagaio amestrado as palavras do mestre, sem sequer perceber.

Sham-buya tomou-lhe o braço e retomou a caminhada, dizendo-lhe baixinho, a reconfortá-lo:

— Tenha paciência, meu menino, pois o seu tempo chegará em breve. Vem, vou te mostrar onde vais viver.

Andaram de braços dados até pararem em frente do palácio real, onde os muitos guardas se encontravam perfilados em seus uniformes de gala, portando lanças reluzentes. Uma pequena escadaria levava à entrada do prédio principal, que se sobressaía a todas as outras construções da avenida e da cidade, com exceção do Templo de Áries. A casa real fora construída em uma pequena elevação para ficar acima da cidade. Muitos homens haviam se revezado através dos anos, em um grande esforço coletivo para erguer o palácio; outrora símbolo da pujança da nação, hoje não passava de um arremedo do que fora, mas, ainda assim, era um belo conjunto de construções.

A grande cúpula do átrio central fora reconstruída de forma a assemelhar-se ao palácio das terras baixas, assim como as varandas tradicionais que cercavam todo o prédio.

Lindas aprendizes, vindas do Templo do Som Sagrado, se postavam no alto da escadaria vestindo trajes leves e esvoaçantes; entoavam bonitas e alegres canções, fazendo com que uma pequena multidão se reunisse ao pé da escada para ouvi-las e aplaudi-las com entusiasmo. Músicos sentados em tamboretes as acompanhavam com seus instrumentos.

Em volta delas, outras moças dançavam em movimentos lentos e suaves, com graça indescritível. Eram bailarinas do Templo do Vento. Uma jovem senhora sorridente batia com um pequeno bastão ao chão marcando o ritmo e comandando toda a apresentação. Um verdadeiro espetáculo de leveza e pureza.

Abriram caminho por entre as pessoas até se aproximarem do palácio. O jovem estava boquiaberto e deslumbrado com o que via. Não havia, naturalmente, conhecido o vale das araras e, portanto, aquilo tudo lhe parecia simplesmente maravilhoso. Deixou escapar sua admiração:

— Por Tupã! Como nunca me trouxeste aqui, velho? — chamando-o como de costume.

— Trouxe-te quando teu mestre determinou que estavas preparado.

— E desde quando tem que se estar preparado para ver tanta beleza? — questionou, como era de sua natureza.

Sham-buya apenas sorriu e aproveitou a deixa:

— Vive bem teu irmão, não achas? — falou apontando o palácio, zombeteiro.

Recebeu de volta um olhar raivoso.

— Pois se te empenhares ele poderá ser teu, meu jovem. Tens tanta legitimidade para disputar esse trono como ele. É claro que, para isso, nosso caro Tupayba terá de ser convencido de algum modo. Mas antes terás que provar ser um legítimo herdeiro da grande rainha Bartyra, tua mãe. Muitos te verão como um sabotador inconseqüente e talvez tenhas que recorrer à força. Precisarás, então, de exércitos a teu lado — despejou de uma só vez, como a recordá-lo das tarefas agendadas pelo mago para ele. — Tens muito trabalho pela frente — provocou.

— O que pensas, velho? Que vou desistir? Que não sou capaz? — enfureceu-se, como era mesmo o propósito de Sham-buya.

— Quem sabe? Em três dias terás a oportunidade de conhecer teu irmão, quando a sagração se der às portas do Templo de Áries — falou, apontando para o outro extremo da avenida.

— Não me interessa conhecê-lo — resmungou zangado.

— Precisas saber quem vais derrubar — riu-se. —Vamos, anime-se! Teremos três dias de boa música e de boa comida antes disso — e, sem dar-lhe tempo para pensar, arrastou-o pelo braço para um passeio em volta do palácio.

Mocidade

Enquanto isso, no interior do palácio real, sem desconfiar que abutres rodeavam sua casa, esperando a melhor hora para atacar, Tupayba também se preparava para o grande acontecimento que se daria em três dias e, ao contrário de Thu-ran, que se mostrava entusiasmadíssimo com as festividades, se mostrava tranqüilo, como sempre. Havia sido bem preparado para a chegada desse dia e tinha total consciência de suas responsabilidades, o que não o angustiava de forma alguma.

— Não sei como podes ficar tão calmo. Se estivessem me empurrando na direção de um trono eu fugiria pela janela — ria-se Thu-ran, divertido. — Imagine não poder andar livremente pelas montanhas ou não poder tomar banho de cachoeira sem que um bando de guardas esteja a postos para pular atrás de você e salvá-lo ao menor barulho de folha caindo sobre as águas.

Thu-ran crescia, mas seu espírito jovial e bem humorado o acompanhava, fazendo um contraponto ideal para o sério e compenetrado príncipe, que amava o amigo como a um irmão.

Tupayba se limitava a rir das palhaçadas do amigo.

— Não te preocupes. Na cachoeira é só fingir que os guardas são invisíveis e, quanto às montanhas, não faltarão oportunidades de passear na tua casa, ou não vais mais me convidar?

Thu-ran ria, brincando com uma pequena jaguatirica que Tupayba ganhara de presente do príncipe Araguary, para festejar a ocasião. Ambos estavam nos aposentos do príncipe, que estava muito diferente desde que o palácio havia ficado pronto. e foi onde ele voltou a morar, como determinava o protocolo. Era um esconderijo para brincadeiras dos dois companheiros até altas horas, e costumavam levar também outros amigos para lá. Os rapazes, incluindo o próprio Tupayba, dormiam pelo chão, em cima de mantas de penas de araras, ou nos tapetes, para desespero do serviçal de confiança do príncipe, Airumã — uma mistura de segurança, camareiro e secretário —, que não conseguia controlar aquela bagunça sozinho.

Airumã não era exatamente um modelo de beleza masculina. Grandalhão e desajeitado em seus 40 anos, tinha um perfil arredondado, mas seu ar juvenil e seu sorriso constante faziam dele uma figura extremamente simpática e agradável. Auxiliou, juntamente com sua mulher Juçara, na criação de Tupayba desde seus primeiros passos. Esta era forte e determinada e era quem, em última instância, punha ordem na casa. Alta, bonita e de tez morena, usava duas grandes tranças que lhe caíam pelas costas. Sem filhos, tinham grande amor pelos meninos, de quem cuidavam como se seus filhos fossem, sendo retribuídos nesse amor, incondicionalmente, pelo herdeiro e seus amigos, especialmente Thu-ran, que passava longos períodos no palácio.

Quando era a vez de Tupayba ir para a Casa das Flores, lá iam eles atrás, para a alegria de Ararype e Nayade, que os tinham como irmãos, esquecidos completamente das diferenças sociais, que, aliás, achavam uma idiotice completa.

Uma das tarefas de Airumã era manter Tabajara informado sobre tudo o que acontecia com Tupayba em sua vida particular, o que o levou muitas e muitas vezes ao Templo de Áries para conversar com o sacerdote.

Era sempre recebido com festa, gozando da intimidade e da confiança do sumo sacerdote. Recebia sempre uma relação de recomendações a serem observadas quanto aos hábitos, os amigos que poderiam ser recebidos no palácio etc. Da mesma forma, deveria sempre avaliar as saídas do príncipe e sua segurança. Tupayba só sairia do palácio com sua anuência explícita à guarda real, que deveria acompanhá-lo permanentemente. Cumpria suas obrigações com gosto e era obedecido pelo sempre amável príncipe, que não lhe dava nenhum trabalho além das correrias pelos corredores do palácio e das risadas em altas horas quando os amigos dos templos de ensino iam visitá-lo.

Vesak abrira os templos de ensino para os jovens do povo comum, o que causou certo constrangimento entre os nobres que, apesar de quase falidos, julgavam serem os templos de uso exclusivo de seus filhos. Nessa época, no entanto, poucos jovens oriundos da nobreza se interessavam pelo estudo, preferindo a doce vida de vagabundagem que sua posição na sociedade lhes permitia. Quando mais crescidos, não raro, causavam brigas, arruaças e confusões nas cidades, necessitando da intervenção dos guardas, o que acabava criando muitos problemas para o já velho e cansado príncipe regente, pois uma boa parte da nobreza se achava acima da lei.

Arary-Bhoya havia apoiado integralmente a iniciativa do velho sacerdote, pois havia muitos professores ociosos nos templos de ensino. Com a ida para as terras altas, muitos dos pequenos templos nunca foram reconstruídos e muitos sacerdotes foram deslocados para funções educacionais, pois o governo central tinha a perfeita noção de que haveria muito trabalho intelectual a ser feito para a reconstrução da nação. Não bastavam braços fortes, era preciso mentes abertas e bem informadas, novos arquitetos e artesãos. De fato, era necessário todo o conhecimento disponível.

Infelizmente, muitos jovens das diversas cortes, respaldados por pais ignorantes, embora não vivendo mais com os mesmos privilégios de antes, quando seus palácios resplandeciam nas grandes avenidas das cidades, continuavam achando que tudo lhes seria provido apenas por serem quem eram e, não raro, se acomodavam nessa posição pueril e perigosa. Com os templos acomodados em construções mais humildes e sem nenhum glamour, não se davam mais ao trabalho de freqüentá-los.

Desta forma, não restou outra opção a Vesak, o supremo sacerdote de Leo, senão abrir os templos para todos os jovens interessados no estudo, não importando sua classe social, o que foi recebido com grande entusiasmo por dezenas deles nas diversas cidades, para a alegria do príncipe regente, que temia pelo futuro quando a geração atual de intelectuais desaparecesse.

O sumo sacerdote Tabajara, que já beirava os 60 anos, via com grande satisfação o fato de os amigos de Tupayba não virem apenas da nobreza. Suas amizades tinham sido construídas pelo coração e não pelas conveniências. Para desespero total de Airumã, Tupayba, desde menino, gostava de dormir fora do palácio, nas casas de Iandé ou Shem-han, seus grandes amigos, filhos de um artesão e de um oficial da guarda do templo de Leo, respectivamente. Nesses lares, o pequeno príncipe sempre tinha sido acolhido como membro da casa, sem nenhuma cerimônia, por uma orientação especial do sumo sacerdote às famílias, para onde enviou assistentes tão logo a amizade se fortaleceu entre os meninos. Não raro, a turma se completava com Thu-ran e Apoena, vindos de Parama Sukha. Os cinco amigos eram inseparáveis. Apoena era filho de um dos trabalhadores que ajudavam Ararype nas colméias. Dono de inteligência refinada e de bom coração, era também sagaz e determinado, não demorando em se destacar entre as crianças que Nayade ensinava na Casa das Flores.

E, por tudo isso, era bastante comum Airumã adentrar o Templo de Áries com grandes olheiras, causadas por noites inteiras de vigília, pois não dormia enquanto o príncipe não retornasse ao palácio, informando-se com freqüência junto aos guardas se tudo estava bem.

Estes tinham ordens de lhe enviar relatórios completos a cada hora.
— De que eles te falam, Airumã? — perguntava divertido Tabajara, nessas ocasiões. — Da lua e das estrelas, com certeza, pois que mais nada acontece nessas longas noites. Os meninos dormem e tu tens que aprender a relaxar, meu amigo.
— Como sabeis, Excelência, a segurança do príncipe é minha responsabilidade — defendia-se, cansado e sem entusiasmo.
— Eu bem sei. De fato, não sei o que faríamos sem ti, meu caro amigo — falava com sinceridade e carinho. — És mais que um pai para nosso menino.
Com seu jeitão simples, ele sorria sem graça e satisfeito.
— Quem não gosta nada disso é Juçara, Excelência. Prefere ter uma dúzia de meninos a correr pelo palácio que ficar sem Tupayba debaixo de suas vistas. Prefere ter Thu-ran pendurado nas árvores que ficar longe deles.
— Ah! As mães... — ria-se o sacerdote. — São todas iguais não achas? — e depois concluía com bondade: — Dizei a ela que Tupã vela por eles.
Sempre que o quinteto se encontrava na Cidade Central — o que acontecia cada vez mais freqüentemente, por determinação discreta de Tabajara —, ele se encontrava com o sumo sacerdote. Passavam dias inteiros em conversas e estudos no templo de Áries, onde estavam hospedados.
— Para te dar um pouco de sossego — dizia Tabajara a Airumã; no fundo, além da brincadeira com o auxiliar, gostava de estar perto do príncipe e avaliar seu progresso, intelectual e humano, o que, no entanto, era quase desnecessário. Aplicadíssimo nos estudos, sendo naturalmente tranqüilo, cortês e brando no trato com as pessoas, além de determinado e confiante, não dava nenhum trabalho em sua formação.
Em um desses dias, algumas luas antes das festividades de sua sagração, estavam todos se refrescando com a brisa da tarde e fingindo que estudavam na varanda da sala de trabalho do sacerdote, que também fingia não notar. Olhando com o rabo dos olhos para os meninos do lado de fora, via que atiravam sementes de frutas uns nos outros. Tinham entre dezesseis e dezoito anos, o que fazia que se lembrasse de suas aventuras com os amigos Tupanguera e Ay-Mhoré, quando tinham quase a mesma idade. Bons tempos nos quais tragédias não faziam parte de suas inocentes vidas. Só havia felicidade, trabalho, sonhos.
Estava perdido em seus pensamentos quando seu olhar se cruzou

com o de Tupayba, sempre expressivo em brandura, que lhe sorriu discretamente, como era de seu costume, sempre contido e delicado. Sorriu de volta pensando como agora tudo era diferente. Havia lhe alertado de suas precoces responsabilidades e lhe ensinado os mais secretos segredos da alma humana em seus vários momentos. Falaram de amor e de magia. De doenças e de remédios. Do bem e do mal.

Ao contrário dos tempos habitualmente despreocupados de um futuro rei nas terras baixas, havia agora todo um povo sobrevivente para ser protegido e toda uma nação para ser salva. Mas não havia mais um Ay-Mhoré de mão forte para lhe ensinar com o exemplo e tampouco um pujante império que crescia por si só, vibrando com as conquistas do comércio e das ciências.

Olhou com ternura para os cinco rapazes. Cinco amigos cujos destinos se entrelaçavam de forma definitiva ao futuro da nação Nhengatu e cuja inocência, bem o sabia, estava prestes a ser perdida para sempre.

Tabajara andara inquieto nos últimos dias, o que não costumava acontecer com os meninos no templo, pois estes lhe tomavam todo o tempo, que não sobrava para se preocupar com mais nada. Meditando em sua sala de orações, notou grande agitação no astral. Decidido a saber do que se tratava, desdobrou-se um pouco mais e foi surpreendido por um grupelho de entidades trevosas que se esgueiravam pelas sombras do que parecia ser, aos olhos humanos, um charco perto de uma grande muralha enegrecida. Tentaram se aproximar em correria, mas foram impedidas por um simples movimento de mão do sacerdote, o que as atirou para trás; assustadas, fugiram aos tropeções, pronunciando impropérios de todo tipo.

Acostumado àquelas pequenas incursões exploratórias, não se abalou, pois já tinha acontecido antes. Era fortemente atraído por um pensamento, que quase se podia ouvir no etéreo acinzentado que fazia as vezes de céu. Voltou para a meditação de sua sala e, neste estado, percebeu que aquilo era o que o estava incomodando nos últimos dias. Era um pensamento sem forma e sem palavras. Parecia vir de dentro dos altos muros nos quais havia se defrontado com as entidades. Foi ao seu encontro, mobilizando sua mente até poder sintonizar com aquela consciência e poder sentir o que vinha dela. O sentimento era de ódio, mas também de sagacidade e astúcia. Que tipo de consciência estava criando tudo aquilo e por que se conectava com ela?

Um nome, velho conhecido, estampou-se em sua mente em uma fração de segundos: Omandyas. O mago havia desaparecido da Terra das Araras Vermelhas da mesma forma como apareceu, sem deixar vestígios. No meio da confusão dos momentos finais da conspiração nas terras baixas, seguida pelo período que antecedeu o grande maremoto que inundou o vale, de repente ninguém mais deu atenção ao seu nome, até porque, primeiro, era preciso sobreviver e depois analisar as causas das inúmeras tragédias.

Não foi difícil para o sacerdote relacionar sua volta à sagração de Tupayba, já que somente ele poderia saber do destino do filho de Bartyra e Jatay. Omandyas deveria estar encarnado para poder manter viva sua atuação daquela forma.

Preocupado, decidiu que era hora de contar a Tupayba os segredos que envolviam a morte de sua mãe. Não havia mais como poupá-lo. Percebeu também que eram as preocupações com o futuro de Tupayba, agora que sua maioridade se aproximava, que o faziam se conectar com a consciência do mago.

De todas as pessoas que haviam partilhado o segredo, ele era o único sobrevivente. Jatay morrera poucas luas grandes após a morte da rainha, seguido por Turyassu, o velho conselheiro de Ay-Mhoré. Desgostoso com tantas tragédias e provavelmente ainda carregando alguma culpa, deixou seu cargo, retirando-se do governo e se afastando de tudo o que a ele dissesse respeito, até mesmo os amigos. Era como se quisesse poupar das lembranças que a convivência traria. Voltou para sua cidade e morreu, poucas luas depois, doente dos pulmões.

Natan, o chefe da guarda pessoal da rainha, morrera em escaramuças com bandoleiros nas proximidades do então tosco palácio real algum tempo depois da morte do conselheiro. A serva de confiança de Bartyra, Nhandeara, apareceu com seu corpo boiando nas águas logo depois. Nunca se soube o que aconteceu, mas todos na época falaram em suicídio, até mesmo Nacyra, sua filha e pajem de Tupayba desde os primeiros dias e agora auxiliar de confiança de Juçara no palácio. Especulou-se, a boca pequena, que nutria uma paixão secreta por Natan.

Olhava para o mar ao longe; aves marinhas haviam voltado a freqüentar, ruidosamente, o novo litoral formado após o cataclismo, cruzando os céus e atirando-se, de quando em quando, em direção às águas à caça de peixes suculentos. Seu pensamento, porém, se concentrava em Omandyas e nos embates que viriam pela frente, com certeza. Em uma prece silenciosa, Tabajara suplicava a Tupã algum tempo a mais de permanência na terra para ajudar Tupayba nos tempos difíceis que se avizinhavam; fazia de fato uma escolha virtuosa. Simbolicamente, pois, sabia que precisava fazer e não apenas pedir.

Também pedia por todos os que se digladiavam, no planeta, contra a magia negra e a ganância descabida dos homens; mediante sua vontade, disponibilizava a todos esses seres uma suave luz azul para apaziguar os corações e possibilitar que suas mentes trabalhassem, então, libertas das paixões humanas. Neste estado, entrou novamente em profunda meditação.

Quando despertou, notou os cinco rapazes em volta de si, todos sentados sobre os tapetes de peles em posição de meditação, de olhos fechados. Respeitosamente, em silêncio, também meditavam, como se quisessem auxiliá-lo nessa jornada.

O sacerdote sorriu levemente e agradeceu aos deuses a ventura de poder contribuir com a educação de espíritos tão especiais como aqueles, nas mãos dos quais estava depositado o futuro de toda a gente da terra dos Ay-Mhorés. Aguardou, elevando sua mente em novas orações.

Depois de alguns momentos, os meninos começaram a voltar, abrindo os olhos sorridentes e em paz.

— Tentamos estar convosco, Excelência — disse o sempre doce Iandé, sorrindo brandamente.

— E estavam, meus filhos. Muito obrigado.

Em um segundo, Thu-ran se aproximou mais do sacerdote, sentando-se a seus pés.

— Fui incumbido de vos fazer um pedido, Excelência — falou com o olhar maroto.

— Ora, mas que novidade seres tu o escolhido para me falar das artes que gostam de fazer! — riu-se Tabajara, procurando não trazer os jovens para suas preocupações. — Por que será que és sempre o incumbido desta tarefa, Thu-ran?

Todos caíram na gargalhada.

— Porque é o mais arteiro — respondeu Shem-han, sempre mais reservado.

Tabajara observou por uns momentos como era formado o pequeno grupo. Tupayba e Iandé eram suaves e tranqüilos, enquanto Thu-ran e Apoena eram enérgicos e vibrantes. Shem-han, por sua vez, parecia ser uma mistura agradável dos dois tipos, pois sabia ser tranqüilo e tinha ao mesmo tempo tenacidade e determinação. Queria ser militar como o pai.

"Uma boa combinação", pensou divertido, enquanto Thu-ran,

para variar, falava sem parar tentando explicar o que queriam. Voltou-se para o rapazote e fez um movimento com as mãos para que fosse mais devagar:

— Calma, meu filho. Começa de novo, Thu-ran, para que este velho possa acompanhar teus pensamentos.

Novas risadas. Thu-ran respirou fundo tentando controlar sua excitação habitual e recomeçou:

— Queremos visitar novamente o Templo do Vento, Excelência. Minha mãe sempre fala da maravilha que são aquelas danças mágicas e nós só podemos vê-las nas festividades. E, mesmo assim, muito raramente. Queríamos conversar com a suprema sacerdotisa Narayama para compreender melhor.

Todos os meninos o olhavam em grande expectativa. Não podia discordar de Nayade, de forma alguma. As dançarinas do vento eram mesmo extraordinárias. Também compreendia o interesse dos meninos em estar mais próximos de moças tão delicadas e bonitas. Estavam em uma idade na qual certas coisas não podiam ser ignoradas.

Pensou por uns instantes e, antes que os rapazes tivessem uma síncope pela expectativa, falou tranqüilo:

— Pois muito bem. Vamos aproveitar que as festividades de confirmação de Tupayba se aproximam e visitar o templo, que deve estar em grandes preparativos. Só não podemos atrapalhar os ensaios. Se Narayama falar que atrapalhamos, ficará para outra hora, está bem?

Todos abanaram as cabeças confirmando.

— Então se preparem, pois amanhã, na oitava hora, estaremos de saída — falou levantando-se e batendo palmas para chamar o assistente. Palmas essas que não foram ouvidas, no meio da algazarra feliz que se instalou, com todos rindo e falando ao mesmo tempo.

Zadeu e Airumã ouviram, todavia, a barulheira e entraram ao mesmo tempo. Foram cercados pelos rapazes, que de mãos dadas dançavam a seu redor, fazendo-os rodopiar e rir.

— Por Tupã, o que está acontecendo? — Airumã falou quase gritando para se fazer ouvir.

— Vamos ao Templo do Vento! — falaram todos ao mesmo tempo.

Os dois olharam para o sacerdote que, rindo também, deu de ombros como a dizer: fazer o quê?

Tabajara tratou de organizar a pequena bagunça determinando que fossem, então, se preparar; ordem que foi seguida sem pestanejar, saindo todos em correria. Em um momento, um silêncio absoluto reinou no ambiente.

— Ouçam este maravilhoso silêncio, meus amigos — brincou o sacerdote, pondo uma das mãos em concha no ouvido. Os outros dois continuavam a sorrir.

— A grande sacerdotisa já sabe da visita, Excelência? — perguntou Airumã, sempre respeitoso.

— Não, meu caro, e por isso te chamei, para que providencies um mensageiro que parta à nossa frente, para lhe explicar o inesperado desejo dos meninos que para tudo tem pressa. Que o mensageiro se dê conta de que não estaremos importunando os ensaios.

Zadeu riu divertido da expressão de conformismo de Airumã.

— Até parece que não estás acostumado, amigo. Jovens são assim. Eu me lembro de minha excitação na idade deles para caçar coelhos quando a idéia vinha num repente, do nada. Eu tinha que sair correndo, como se os coelhos fossem desaparecer no momento seguinte da face da terra.

Tabajara também sorriu com a lembrança.

— Pois eu me lembro muito bem. Sempre foste apressado, estabanado. Recordo-me do trabalho que deste a Zandyr, teu pai, no dia em que ganhaste o lindo embornal para flechas que Ararype te trouxe da Casa das Flores. Querias porque querias sair àquelas horas mesmo, já anoitecendo, para ir atrás dos teus coelhos. Lembra-te?

— De certo. Ainda o tenho até hoje, Excelência. Uma linda lembrança de minha meninice — falou com o olhar perdido, como que viajando no tempo àquela doce época.

— Bem — asseverou Airumã —, se tu, tão organizado, eras estabanado, significa então que estes meninos têm cura e um dia ou outro vão se acalmar.

Riram os três gostosamente, com Zadeu passando o braço pelos ombros do amigo, a abraçá-lo ternamente.

— Então queres dizer que eu dei certo na vida, apesar de tudo? — continuava Zadeu, rindo.

— Pois é, pois é! — retrucou o tímido Airumã, meio que constrangido por fazer uma anedota.

Gozavam os dois da intimidade do sacerdote; Zadeu havia sido criado como filho e a breve e amistosa cena seria incompreensível para a maioria das pessoas do reino, acostumadas a colocar o sumo sacerdote em posição inacessível, já que, formalmente, ele era o enviado de Tupã à terra — idéia que Tabajara abominava, mas não podia desfazer. Embora ele fosse amistoso e terno para com todos, era idolatrado e até por isso, na medida em que ídolos não têm amigos e, sim, apenas seguidores, seria um ser bem solitário e não desfrutasse da companhia de amigos próximos e fiéis.

Airumã se retirou para providenciar o mensageiro, além das liteiras, da escolta armada e tudo o mais que se fazia necessário quando o jovem príncipe saía às ruas.

Sozinho com Zadeu, Tabajara, já preocupado com a possibilidade do mago estar rondando a vida de Tupayba, solicitou que ele os acompanhasse e cuidasse pessoalmente com o chefe da guarda uma atenção especial, agora que a confirmação do príncipe se aproximava. Não queria lhe contar ainda sobre Omandyas.

— Temeis por algum atentado, Excelência? — preocupou-se o assistente fiel. — Penso que o povo gosta muito do príncipe.

— Gostavam muito de Ay-Mhoré também, e isso de nada serviu. Sim, meu filho. Sinto no ar que pode haver insatisfeitos nesta nova etapa de nosso povo e, assim sendo, todo cuidado é pouco. Vou conversar com Tupayba e explicar-lhe minhas preocupações e, desta forma, suas saídas deverão ser limitadas ou quem sabe ainda mais cuidadas, sem dar a perceber às pessoas em geral, se é que me entendes. Temos aqui o futuro tuxauá e os nobres são gananciosos, invejosos e eu não sei mais o quê. Imagino que todo tipo de loucura possa passar pela cabeça deles ou de tantos outros ambiciosos. O naufrágio da Terra das Araras Vermelhas parece ter enlouquecido muitos homens — lamentou-se.

Zadeu franziu os olhos e a boca, abanando a cabeça afirmativamente. Pressentiu que algo estava acontecendo, mas discreto, não perguntou o que seria.

— Sabeis que estou aqui para defender até a morte por nosso menino.

— Eu bem sei, meu caro — respondeu o sacerdote, tomando-o pelo braço e caminhando até a varanda. — Para nós, o jovem príncipe é apenas um menino, e nós às vezes nos esquecemos o que ele representa. Sem ele, esta nação, como a conhecemos, não teria mais razão de existir. Mas, de certo, há quem não se esqueça. Olhai! Olhai nossa grande cidade! — apontou para a grande avenida, ainda movimentada àquela hora.

— O que vês? O que se esconderá em cada esquina? Quantos pensam na nação Nhengatu e quantos pensam apenas em si próprios? — fez uma pausa e suspirou. — Que falta nos faz nosso grande tuxauá para unir o povo em torno de um futuro melhor! — concluiu, com os olhos marejados.

Zadeu, emocionado, apertou forte a mão do sacerdote, que o segurava pelo braço.

— Não nos enganemos, Zadeu. Ambos sabemos que nosso Tupayba é demasiadamente brando para conduzir, com mão firme e sem ajuda, um povo tão turbulento.

— Estamos aqui para ajudá-lo, Excelência.

— Sim, meu filho, mas até quando? Estou ficando mais velho a cada dia e tu, sozinho, o que poderás fazer?

— Aconselhá-lo, quem sabe? E, de mais a mais, não podemos nos esquecer destes jovens que são seus amigos leais. Com certeza, jamais sairão do seu lado. E tem também os grandes príncipes leais das cidades.

— A maioria também já entrada nos anos. De qualquer forma, continuam assoberbados de trabalho em suas cidades; terão tempo de virem defender o rei em uma necessidade? Os grandes exércitos já não existem mais. Os príncipes não têm mais como sustentá-los. Com o desaparecimento dos etíopes, as ameaças são apenas de cidade contra cidade. Quanto aos jovens, creio que Thu-ran e Apoena não deixariam as espadas de lado se fosse preciso defendê-lo, mas ambos não têm nenhum poder. Nem mesmo Thu-ran, que é um príncipe, pois Ararype se distanciou definitivamente da nobreza e já não tem nenhuma influência sobre ela. Creio que a ajuda deles seria limitada ao conforto dos amigos, da mesma forma que Iandé e Shem-han, que se tornarão bons e íntegros conselheiros. Acredito até que Tupayba fará de um deles o Grande Conselheiro da nação.

— Vos esqueceis do príncipe Arary-Bhoya, por acaso? — perguntou aflito, procurando achar alternativas.

— Nosso grande príncipe regente é mais velho ainda que este teu sacerdote. Vai ensinar Tupayba a governar, mas não poderá lutar em seu lugar, e muito menos lhe passar sua forte personalidade e capacidade de liderança — sorriu e abanou a cabeça de leve. — Personalidade não se ensina, se nasce com ela; tu sabes muito bem que nosso querido menino tem mais vocação para o sacerdócio, com seu coração bondoso, seu gosto pelos estudos e pelas artes, além de sua gentileza com todos que, para um forte e poderoso rei que deve comandar todo um povo com firmeza e altivez... — fez uma pequena pausa, para depois continuar:

— Faz um instante de silêncio e procura te lembrar da voz de nosso Arary-Bhoya... O que essa voz te lembra?

Zadeu sorriu.

— Uma trovoada furiosa.

Riram os dois por alguns momentos.

— Sim. Assim também era nosso bom Anhangüera. E mesmo Ay-Mhoré não ficava para trás quando se zangava. Consegues imaginar Tupayba falando dessa forma com alguém? Ele vai tentar, é claro, mas temo que não consiga. Tupayba é um conciliador amoroso e não um guerreiro. Talvez essa seja sua maior arma. Quem sabe?

Ficaram os dois a olhar o mar que, calmamente, batia de leve nas pedras, a distância, dando a falsa impressão de beleza e inocência, fazendo todos esquecerem de que cidades esplendorosas jaziam em suas entranhas.

Capítulo 12
As bailarinas do vento

Narayama andava apressada passando por cada sala de ensaios do templo, que se espalhava por meia dúzia de construções arejadas com amplos salões que, apesar de rústicas, como tudo nas terras altas, eram perfeitamente preparadas para o uso das aprendizes e das bailarinas. Já beirando os quarenta anos, era ainda uma bela mulher, com seus cabelos longos presos em um coque no alto da cabeça para facilitar os movimentos da dança com seu corpo esguio e delicado. Trajando leve túnica em cores suaves, tinha sempre atrás de si duas ou três auxiliares a quem distribuía as últimas ordens, com firmeza, mas com doçura, apressando os preparativos e conferindo as coreografias.

Recebeu a notícia da vinda da pequena comitiva do sumo sacerdote com alegria, o que logo contagiou as moças, ávidas por conhecerem melhor o futuro rei. Narayama aproveitou para pedir às auxiliares que solicitassem empenho a todas as dançarinas, como uma deferência especial ao jovem e querido príncipe, o que também serviria para um apronto final para as apresentações nas festividades.

Tinha também em Tabajara um bom amigo que sempre a amparara nos momentos de dúvidas ou dificuldade, e sua vinda acompanhando Tupayba também a enchia de alegria. Nos primeiros tempos da subida para as terras altas sentia-se só e com enorme responsabilidade sobre seus jovens ombros, pois não tinha mais do que 20 anos; com a morte misteriosa da grande Nadja, fora alçada à condição de suprema sacerdotisa repentinamente, sem sequer ter tido tempo de assimilar a tristeza pela perda da mestra e amiga. Apesar de forte e determinada, precisou do ombro amigo e da mão forte do sacerdote para completar sua instrução e protegê-la, pois ele teve que convencer os nobres que era ela, realmente, a escolhida dos deuses para o cargo. Estes, naturalmente, tinham mil outras idéias para colocar alguma protegida no lugar.

Nenhuma de suas antigas companheiras mais próximas, aprendizes que eram todas do Templo do Vento nas terras baixas, continuava na tarefa original. Apenas Narayade havia se tornado sacerdotisa, como ela; sob a orientação do sumo sacerdote e a pedido de Nadja, ela havia se transferido para o Templo de Áries em função de sua sensibilidade acentuada para as coisas do oculto. Agora treinava outros aprendizes, além de auxiliar nos trabalhos magísticos do templo. Discreta, ela gostava de trabalhar em silêncio e quase imperceptivelmente.

Com extraordinária capacidade de conectar-se com outras consciências pelo mesmo método usado pela antiga suprema sacerdotisa, viajava pelo tempo quando era solicitada por Tabajara em alguma necessidade extrema, pesquisando as possibilidades do futuro por intermédio de seu mestre ou perscrutando o passado no espelho de basalto negro, que fora trazido do antigo templo da dança e que agora era bem guardado em Áries.

O espelho ficava guardado em um compartimento secreto, especialmente construído para esse fim, em uma inocente sala de meditação, estudo e orações usada pelos sacerdotes mais importantes. Envolto em panos brancos alvíssimos no fundo de um lindo baú, com o qual fora trazido das terras baixas, ali continuava a ser guardado permanentemente. Somente Narayade, Sadynara, Ityrapuan, Ravi e Tabajara sabiam de sua existência e o usavam, mesmo que raras vezes, como ponto de concentração de suas consciências para essas viagens e também para conectar-se com outros mestres.

O sumo sacerdote instruía ainda os quatro, mesmo que já não fossem mais jovenzinhos, procurando sempre incentivá-los a usar outros métodos para chegarem aos mesmos fins sem o uso de objetos intermediários, como o espelho de rocha negra; mesmo tantas luas grandes depois do grande cataclismo, aplicados e humildes, eles continuavam procurando as orientações do grande sacerdote de Áries, cônscios de suas responsabilidades e deveres para com o povo e os deuses.

Zadeu, por sua vez, era o guardião do baú e de seu precioso conteúdo, e somente ele cuidava de sua limpeza e manutenção delicada, com todo carinho.

Tão logo o dia nasceu já estavam todos de pé no Templo de Áries, para espanto dos serviçais, que raramente viam tanto alvoroço tão cedo no pacato templo.

Os rapazes tomavam o desjejum e conversavam alegres quando o sumo sacerdote entrou na sala de refeições acompanhado de dois outros sacerdotes do templo. Eram seus jovens auxiliares e costumavam também lecionar nos templos de ensino, sendo por isso muito conhecidos e respeitados pelo quinteto. Tabajara tentava dar à visita ao Templo do Vento um tom acadêmico. Inutilmente, é claro. Foram saudados com entusiasmo nunca visto, o que provocou risos nos três clérigos.

— Se tivessem toda essa animação com os papiros, seriam sábios

— comentou o mais jovem deles, Ravi, em tom de brincadeira. Não sendo muito alto e com feições delicadas, o belo jovem cativava a todos com seu ar e humor juvenis. Pareceria sempre um eterno menino.

Ravi era oriundo da Cidade das Estrelas, onde o dulcíssimo príncipe Tupyara, antigo aliado de Ay-Mhoré VII e seu tio por parte de mãe, governava com sabedoria. Desde meninote fora enviado aos templos de ensino por sua inteligência peculiar e perspicácia. Era considerado por todos como um garoto vivo, esperto que, com certeza, muito auxiliaria nos destinos da pequena cidade onde tradicionalmente as ciências floresciam mais que em todos os outros lugares das terras altas.

Seus pais, o astrônomo Beh-ryl e a princesa Iacyara, não hesitaram, todavia, em enviá-lo para o grande templo da Cidade Central tão logo sua vocação religiosa apareceu, em sua adolescência. Beh-ryl imaginava ter o brilhante herdeiro como continuador de suas pesquisas, mas, de forma, generosa abriu mão de seus sonhos para realizar os do rapaz, que sonhava unicamente em auxiliar a todos como sacerdote.

Lá, Ravi conheceu o jovem Ityrapuan, filho do príncipe Tupanguera, outro que abrira mão dos confortos da casa paterna para se dedicar ao humilde trabalho dos deuses, tornando-se imediatamente amigos inseparáveis. Essa amizade duraria toda uma vida e além, pois seus destinos não mais se separariam nos tempos vindouros.

Tabajara logo identificou em Ravi um de seus seguidores, o que já havia percebido de longa data em Ityrapuan, tornando-os, então, seus pupilos diretos, passando a cuidar pessoalmente de sua orientação, da mesma forma como havia feito com Narayade e Sadynara, tempos antes. As duas sacerdotisas, mais velhas alguns anos, tinham missões diferentes, até mesmo pelos temperamentos mais reservados. Eram mais talhadas para a magia do que para o trabalho público e quase administrativo de um supremo ou sumo sacerdote.

Na verdade, durante toda sua vida, Tabajara dedicou-se a uma dúzia ou mais de jovens especialmente talentosos e de coração puro nos mais variados períodos, cuidando particularmente de cada um de acordo com sua vocação — às vezes nem mesmo religiosa, como era o caso de Tupayba e seus amigos, por exemplo. Tratava de preparar, da melhor forma possível, os espíritos que poderiam ter decisiva participação nos destinos da grande e tão combalida nação. A educação e a formação de nenhum deles poderiam ser negligenciadas.

O sumo sacerdote costumava confidenciar a Zadeu seu pensamento sobre o assunto: "Se não deixarmos seguidores bem preparados, não teremos feito nada. Cuida sempre de ter olhos bem abertos para enxergar seus sucessores, meu amigo. Não podemos ser egoístas e pensar apenas no momento presente ou em nossa glória pessoal".

— Vamos todos? — perguntou Apoena, feliz com a presença de tão estimados professores e com toda aquela movimentação.

— Receio que sim — respondeu o outro professor, fazendo uma careta desanimada para provocar os meninos, que caíram na risada.

Esse outro sacerdote era ninguém menos que o próprio Ityrapuan que, agora, com seus 30 anos, estava sendo cuidadosamente preparado por Vesak, com a ajuda de Tabajara, para tornar-se em breves luas grandes o supremo sacerdote de Leo e depois, mais tarde, se fosse a vontade dos deuses, o Sumo Sacerdote dos Templos. Era intenção dos dois aproximar Tupayba, Shem-han e Iandé de Ityrapuan e Ravi, pois, apesar da diferença de idade, ela seria irrelevante no momento em que tivessem os cinco de assumir mais responsabilidades, exatamente como havia acontecido com Ay-Mhoré, Tupanguera e Tabajara.

Distinguido desde sempre por seu gosto pelo trabalho árduo, desprendimento às benesses da nobreza e por sua precoce sabedoria e bondade, além de seus poderes magísticos, Ityrapuan era popular entre os estudantes e respeitado, mesmo entre os sacerdotes mais antigos.

Conhecido em toda a Terra dos Ay-Mhorés, transitava com desenvoltura entre todas as classes sociais. Não demoraria a ter que assumir algum outro cargo, tendo sempre o fiel amigo Ravi como escudeiro. Com a anuência de Tabajara, o primaz do Templo de Leo não demorou também a se dedicar a Ravi, antevendo a rapidez com a qual os acontecimentos se precipitariam no futuro e desejando deixar ambos bem preparados para as difíceis lides espirituais. Vesak logo percebeu que seu verdadeiro sucessor no grande templo central de ensino seria Ravi, pois embora Ityrapuan fosse um pouco mais velho e mais conhecido naquele momento, o jovem sobrinho de Tupyara tinha nascido para ser um mestre, para ensinar, pois, além da inteligência brilhante, sua paciência e bondade eram inesgotáveis com os mais jovens. Além disso, percebia que Ityrapuan estaria metido em outras missões e sua passagem na direção de Leo seria rápida. A Ravi sobraria, então, uma dupla tarefa: auxiliar o amigo e coordenar os templos de ensino.

O mestre costumava brincar com o jovem madrugador que sempre encontrava nas salas de oração aos primeiros raios do sol, a acender os círios, a orar ou até mesmo a limpar o salão, algo que não fazia exatamente parte de suas atribuições:

— Não dormes, meu filho?

E, de volta, recebia sempre a mesma resposta emoldurada em um largo sorriso:

— Foste vós que me ensinastes que a preguiça rouba o tempo da contribuição, Excelência.

— Muito bem, muito bem — interveio Tabajara, fazendo-se de sério e pedindo um pouco de ordem. — Se não me engano, a solicitação foi para que a visita ao Templo do Vento fosse para observação e estudos, pois não?

Diante da afirmativa geral e fingindo acreditar em tão nobres propósitos, explicou que os professores os acompanhariam justamente para elucidar suas dúvidas quanto à magia da dança e do som. Obviamente, os templos da dança e do som não existiam apenas para o deleite das pessoas com suas apresentações maravilhosas. Seus componentes eram sacerdotes e sacerdotisas empenhados na realização de suas funções junto às necessidades da compreensão e manipulação das forças da natureza em rituais com finalidades divinas. A parte compreensível pelos homens comuns era a dança e o canto, que eram apenas a exteriorização dessas atividades. Nas festividades, pareciam apenas brindar as pessoas comuns com seu talento.

Todos ouviam com atenção, como que acordados de repente a relembrar aquelas verdades simples.

— É claro que seremos presenteados com alguma apresentação das talentosas bailarinas da grande sacerdotisa Narayama e espero que todos possam compreender os rituais e discutir na volta seus propósitos. De qualquer forma, aproveitem bastante e divirtam-se também. Se tivermos sorte, algum coral do Templo do Som Sagrado estará ensaiando para alguma apresentação em conjunto para as festividades e aí seremos duplamente premiados.

Os rapazes sorriam de orelha a orelha.

Naquele dia especial, às vésperas da confirmação de Tupayba, como previra Tabajara, se encontrava também no templo o Mestre do Som, Kalykaz, que substituíra Siamor quando de sua morte nas mãos dos etíopes, ainda nas terras baixas. Já muito entrado na idade, Kalykaz andava com dificuldade apoiando-se em pequeno bastão, mas tinha a jovialidade de um garoto, não se furtando ao trabalho. Sua linda voz não se mantinha na mesma intensidade de outrora, mas ainda emocionava a todos que o escutavam. Compunha ainda lindas canções de entretenimento e cultivava, nas cerimônias fechadas, os sons sagrados, mantras poderosos com incríveis poderes magísticos, que há gerações incontáveis, desde o antigo continente de Mu, impulsionavam a vontade dos deuses e dos mestres siderais vindos à Terra nos primórdios da humanidade.

Baixo para os padrões da época, era magro, empertigado e muito bem humorado. Sua vida era a música e habitualmente andava cantarolando pelos corredores do templo, distraído e feliz. Em ocasiões especiais, gostava ainda de usar a grande capa branca feita de penas de araras adornada por lindos bordados em tom escarlate, símbolo de seu posto. Costumava dizer em tom de galhofa que, como era muito pequeno, este traje era a única forma de ser notado pelos auxiliares quando adentrava o grande salão do Templo do Som Sagrado para as grandes cerimônias.

Muitos cantores e cantoras estavam também por ali para os ensaios das apresentações que seriam feitas com as dançarinas. Em pequenos grupos, eles afinavam suas vozes em cantos ligeiros acompanhados por músicos sentados em seus tamboretes. O ambiente era muito festivo e encheu os olhos dos rapazes logo à entrada do templo, no pequeno átrio que conduzia ao salão principal.

Avisada da chegada próxima do grupo, Narayama os esperava em companhia das auxiliares. À vista do sumo sacerdote, fez ligeira e graciosa reverência, mãos espalmadas ao peito:

— Salve, ó sumo sacerdote de Áries, enviado de Tupã à Terra. Que enorme felicidade tê-lo em meu humilde templo — recitou com um grande sorriso na face, demonstrando sua grande alegria por receber o velho amigo.

Tabajara retribuiu o sorriso e, deixando de lado o protocolo, abraçou-a ternamente. Trocaram algumas palavras e logo o sacerdote introduziu Tupayba que, gentilmente, após os cumprimentos de praxe, entregou à sacerdotisa o ramalhete de flores que apanhara pessoalmente em sua homenagem.

— Oh! Alteza! Quanta gentileza de vossa parte! — exclamou a sacerdotisa, detendo-se por um momento para sentir a doce fragrância do mimo recebido. — Eu lhe sou muito grata pela lembrança e também por sua presença, que tanto honra esta casa.

Tupayba só fazia sorrir e, meio constrangido com a recepção calorosa, passou às apresentações dos companheiros. A cada um Narayama tinha uma palavra amorosa de boas-vindas, deixando todos à vontade.

Ityrapuan e Ravi, que se colocavam modestamente atrás do grupo, foram saudados com entusiasmo pela sacerdotisa, que bem conhecia os dois. Atrás deles, os guardas reais cercavam todo o templo com o capitão Yacamin, chefe da guarda real, comandando pessoalmente a pequena operação militar. Outros guardas se juntavam aos guardas do templo ocupando posições estratégicas e discretas do lado de dentro da construção, sem atrapalhar a movimentação dos artistas e sacerdotes.

Foram todos convidados a entrar e, por onde passava a pequena troupe, serviçais, bailarinas e cantores, todos, sacerdotes ou aprendizes, saudavam a comitiva do príncipe. Era mesmo uma honra para a casa e para as pessoas, pois, com a discrição do herdeiro, raramente ele era visto tão de perto pelos súditos.

Shem-han, Apoena e Iandé, filhos de gente do povo, estavam especialmente encantados com toda aquela deferência, o que não passou despercebido pelo atento Ravi, que anotou na memória a necessidade de conversar sobre aquilo mais tarde. Os jovens não deveriam, de forma alguma, ficar deslumbrados com aqueles gestos e não poderiam confundir gentileza, protocolo, respeito e amor com poder e vaidade pessoal. O jovem sacerdote coçou a cabeça de leve e sorriu, pensando em quantas notas mentais teria que fazer até o fim do dia. Trocou olhares acumpliciados com Ityrapuan, que também notara o fato e que, chegando mais perto, cochichou brincando em seu ouvido:

— Não te preocupes, amigo. Também estou anotando.

No salão principal, uma pequena multidão se aglomerou para ver o príncipe, para desespero do capitão Yacamin, fazendo com que a suprema sacerdotisa decidisse que a apresentação em sua homenagem fosse feita de imediato. Estando tudo combinado com o mestre do som, apresentariam um breve espetáculo de balé e canto, que seria reproduzido mais tarde durante as festividades no palácio real.

O Templo do Vento e da Dança Sagrada tinha um dos maiores salões de apresentações entre todas as construções das terras altas, em função de sua natureza, que demandava grandes espaços. Todos os templos haviam sido reconstruídos em mutirão pelo povo e eram as maiores construções da Terra dos Ay-Mhorés, embora tivessem perdido sua grandiosidade anterior, atendiam perfeitamente os novos tempos com as adaptações feitas nos rituais.

A comitiva foi convidada a sentar-se enquanto Narayama e Kalykaz tomavam seus lugares no comando da apresentação, dispondo os músicos e cantores em seus lugares. Uma suave música começou a ser entoada pelo coral, acompanhada pelos músicos, que tocavam seus instrumentos com indescritível prazer. Em determinado momento, bailarinas parecendo ter surgido do nada, invadiram o salão em movimentos graciosos, rodopiando com grande técnica e leveza por todos os lados. Entravam e saíam pelos corredores laterais, se alternando em grupos com papéis específicos para cada momento da coreografia, que representava a própria nação Nhengatu em toda sua glória, em seus mais diversos nuances, como foi detalhadamente explicado aos convidados antes do início.

Com um final espetacular, no qual os cantores e as cantoras cantavam a plenos pulmões e as bailarinas chegavam ao ápice de todo seu talento, aplausos entusiasmados irromperam de todos os presentes por vários minutos a fio.

Tupayba, em um gesto de magnanimidade e gentileza máxima, levantou-se e fez questão de cumprimentar e agradecer um a um aos grupos que participaram da apresentação, recebendo em troca reverências emocionadas dos artistas, ainda não acostumados com a espontaneidade e a brandura do jovem príncipe. A notícia, naturalmente, se espalhou como um raio pela grande cidade, para a admiração de todos.

Contagiados pelo gesto do amigo, os outros rapazes se levantaram e repetiram os agradecimentos, para o agrado do sumo sacerdote, que tomou a palavra e também agradeceu, em nome do grande tuxauá Ay-Mhoré, tanto empenho e dedicação para com seu filho, o que trouxe lágrimas aos olhos dos mais antigos e que tinham tido a oportunidade de conhecê-lo.

Terminados os agradecimentos, as pessoas se retiraram lentamente do salão principal, ficando apenas os supremos sacerdotes, seus auxiliares diretos e seus convidados conversando em um pequeno grupo. Tupayba, ainda com o rosto afogueado por tantas emoções, se dirigiu especialmente a Narayama e Kalykaz.

— Quão maravilhosos são vossos trabalhos! — falou com sinceridade. — Espero poder outras vezes admirá-los.

— É uma grande honra para nossos templos se apresentarem para Vossa Alteza — respondeu Kalykaz, genuinamente admirado com a delicadeza e desenvoltura do jovem príncipe. Saíram os dois a conversar animadamente, enquanto os demais rapazes também saíam para admirar outros ensaios menores, acompanhados pelos professores e por outras sacerdotisas auxiliares do templo, que lhes explicavam pacientemente os meandros das atividades ali desenvolvidas.

Narayama tomou Tabajara pelo braço e o conduziu à sua sala particular, onde sucos estavam servidos. Sentaram-se gostosamente nos divãs e se refrescaram com a brisa que entrava pelas grandes janelas.

Longe dos olhares protocolares, Narayama mostrou toda sua surpresa.

— Meu caro amigo! Que jóia rara é esta que cultivas nos subterrâneos do palácio real?

Tabajara sorriu concordando.

— Ora, nem subterrâneos temos mais. Ainda se fosse na Terra das Araras... — brincou, para depois acrescentar com um tom grave:

— Nosso rapaz é mesmo especial, não achas?

— Sim, mas não lembra em nada o pai, que tinha um porte mais altivo. O grande Ay-Mhoré, nosso amado tuxauá, tinha uma presença também marcante, mas de outra forma. Dancei em sua homenagem algumas vezes. Parecia mais um rei de verdade, com todo seu porte altivo e sua autoridade, apesar de extremamente bondoso quando a ocasião exigia. Nosso príncipe é mais... — procurou palavras que combinassem bem com seus sentimentos naquele momento — ...doce e cativante — completou com ternura.

— De fato! Tens razão. Todavia, não sei dizer qual combinação agradaria mais aos deuses. Cada espírito traz em si mesmo algumas características imutáveis.

— Não entendo como não havia notado isso antes, se já conheço o príncipe há tanto tempo — lamentou-se.

— Tupayba sempre foi assim; apenas o poupávamos de muitas apresentações públicas para que crescesse sem o peso da responsabilidade de seu cargo e do que representa para toda a nação. Mesmo quando os sacerdotes de outros templos ou nobres iam me visitar por alguma razão e Tupayba estava presente, sempre fiz questão de que suas aparições fossem rápidas, para que pudesse se dedicar a ser um menino comum. Por isso tu não o conheces tão bem. Mas agora isso está mudando e em breve todos o conhecerão melhor.

— E amá-lo — atalhou a sacerdotisa, que já passava das quarenta luas grandes sobre a terra. — Impossível não amá-lo. Por Tupã, que espontaneidade, que doçura, que sinceridade no olhar, que amabilidade com seus súditos.

Tabajara ficou pensativo. A visão de Narayama era mais que perfeita e, de certo modo, avalizava a idéia de que sua personalidade pudesse ser considerada como fraca por aproveitadores e mal-intencionados em geral. Como por encanto, seu pensamento recaiu uma vez mais no mago negro que se esgueirava nas proximidades, fazendo com que prolongasse seu silêncio com outras idéias.

A sacerdotisa ficou a olhá-lo, adivinhando suas preocupações. O sacerdote voltou-se novamente para ela e sorriu sem entusiasmo.

— Conto contigo, minha amiga, e também com Kalykaz para iniciá-lo no conhecimento dos atalhos dos sons e danças sagradas. E também contigo, em especial, para auxiliá-lo em tudo o mais que se fizer necessário.

Narayama sorriu assentindo, certa de que a qualquer hora saberia o que mais se passava pela mente do sumo sacerdote.

— Sabes que pode contar comigo a qualquer momento — disse docemente.

— Bem sei que posso contar contigo, minha querida amiga, mas, como vês, não sou mais um menino e, embora saiba que Tupã não vá me chamar tão cedo, creio que nosso menino vai precisar de toda ajuda.

— O que tanto te inquietas amigo? — perguntou, entre aflita e pesarosa.

Tabajara levantou-se e andou até a grande janela, de onde se avistava o mar ao longe. Respirou fundo e voltou-se para a sacerdotisa.

— Prevejo dias difíceis para este povo, Narayama. O tormento desta nação ainda não está terminado — um sulco profundo cortava sua testa.

— Oh! — sussurrou a moça emocionada. — Que Tupã se apiede desses seus filhos desatentos.

O grande sacerdote voltou a sentar-se, agora perto dela. Tomou suas mãos e falou-lhe com brandura:

— Nunca te esqueças de tua missão, minha filha. O tempo, como o conhecemos, como tu bem sabes, não existe e desta forma devemos viver a cada dia contribuindo para o bem comum, apenas mentalizando para que cada um também faça sua parte, mas sem nos preocuparmos demasiadamente com dores prováveis, pois são passageiras e pequenas. Pequenas fagulhas perante uma possível eternidade. Se nossos desatentos conterrâneos, como tu mesmo o disseste, não puderem fazer sua parte neste momento da caminhada e disto advir novo sofrimento coletivo para a nação Nhengatu, é porque estamos todos enfeixados no mesmo momento cármico — fez uma pausa, como se viajasse no tempo em busca de outras lembranças. — Assim sendo, este é apenas mais um ciclo de aprendizagem.

Como se Narayama continuasse a olhá-lo com extremo interesse, parecendo já desanuviada daquele primeiro momento, concluiu com um pequeno sorriso:

— O que não podemos é deixar de fazer a nossa parte, nem que ela seja apenas servir como exemplo de equilíbrio, sensatez, firmeza ou bondade para os... distraídos. Até porque não podemos simplesmente cruzar os braços e deixar que tudo vire uma anarquia. Se assim fosse, estaríamos sendo coniventes. Não devemos nos omitir, pois nosso amor fraternal pode atingir e auxiliar muitas pessoas. As grandes lutas que esperamos e que tanto nos preocupam serão apenas parte da história dos povos se sucedendo. Devemos estar presentes, ativos e confiantes, esperando e trabalhando sempre pelo melhor, com todas as nossas forças, sem, todavia, deixar a sabedoria de lado. A sabedoria de que tudo isso aqui e, em especial, aquilo que chamamos de vida é apenas um pálido reflexo de nossas almas, que pairam serenas em outras dimensões, inabaláveis e sempre prontas para que o universo conspire com elas para outras oportunidades.

Sorriu novamente, no que foi acompanhado pela sacerdotisa, que compreendera cada palavra em sua profundidade. Não havia mais em seu coração a necessidade de saber o como e o quando tais momentos poderiam acontecer. E, como sempre, lendo seus pensamentos, Tabajara lhe falou:

— Na hora devida, minha filha, tu saberás sem pressa os presságios deste velho rabugento.

Neste momento, a serva de confiança de Narayama entra para anunciar o mestre do som que, descontraído, entra cantarolando alegremente e ao se deparar com a dupla que sorria comenta, descontraído:

— Ah! Vejo que a alegria também domina vossos corações. Que momento especial é este que estamos vivendo, não é mesmo?

Os dois amigos se entreolharam com cumplicidade quase divertida e falaram quase que a uma só voz:

— De fato!

Grandes momentos da história sempre seriam mesmo muito especiais.

Capítulo 13
O rei menino

O tempo passou ligeiro e logo o dia da confirmação do príncipe herdeiro chegou. No grande salão cerimonial do Templo de Leo se reuniam, às primeiras horas da manhã, os principais sacerdotes do reino, advindos de todos os templos da Terra dos Ay-Mhorés. Muitos círios brancos estavam acesos e, em preces, os religiosos entoavam mantras em um ritual que antecedia a cerimônia principal, que se daria no altar montado no alto das escadarias do templo, para que todo o povo reunido na praça e na grande avenida pudesse participar. Esse primeiro ritual era oficializado por Vesak, o supremo sacerdote do templo e o segundo na hierarquia geral do clero.

Dois estandartes, um com o brasão real de Tupayba e outro com o de seu pai, estavam colocados no altar, lado a lado. O de Tupayba exibia um coração azul sobre um fundo branco simbolizando a paz, trespassado por uma lança vermelha, simbolizando o sacrifício. O de Ay-Mhoré, um coração azul, simbolizando também a paz, trespassado por uma lança verde e por uma bandeira vermelha com uma cruz branca ao centro, símbolo da imortalidade. Embaixo, havia uma cruz azul com três degraus em branco, simbolizando as virtudes reais: o progresso, o amor e a esperança; acima do coração, uma arara vermelha de asas abertas, homenageando a terra do vale. O conjunto representava a proposta da dinastia dos Ay-Mhorés.

Uma guarda de honra armada, com dez militares de cada lado dos estandartes, se exibia orgulhosamente em uniformes e armas tinindo de novos.

Era chegada exatamente a hora nona do dia quando os gongos soaram, marcando o início da confirmação do príncipe, causando grande comoção no povo reunido do lado de fora, que, aos gritos de vivas ao futuro governante, aguardava a marcha cerimonial que sairia do templo, o que não tardou a acontecer, levando as pessoas ao delírio.

Em lento passo marcado, ladeado pelo sumo sacerdote Tabajara e pelo regente Arary-Bhoya, Tupayba saiu do templo, passando pela guarda de honra, que se postara do lado de fora formando um corredor em sua homenagem, com suas lanças elevadas acima de suas cabeças, honra somente concedida ao rei. Seguindo a tradição, no grande palco armado no topo da escadaria, ao lado direito do príncipe, se postou o príncipe regente e, ao seu lado, o Grande Conselheiro da nação. Na seqüência, se colocavam os demais príncipes dirigentes das grandes cidades. Em seu lado esquerdo, o Sumo Sacerdote dos Templos e depois os demais supremos sacerdotes e sacerdotisas, totalizando quatorze religiosos.

Durante a regência de Arary-Bhoya, o cargo de conselheiro máximo estava sendo ocupado pelo príncipe Tupanguera. Juntos exercitavam o poder e a direção da nação quase que a quatro mãos.

Essas cerimônias costumavam acontecer dentro do Templo de Leo, consagrado ao sol e ao deus Ara, mas, nas terras altas, o templo, agora mais modesto, apesar de se destacar ainda entre a maioria das construções, não comportaria tanta gente, tendo-se decidido pela cerimônia ao ar livre. Era superado em tamanho apenas pelo Templo de Áries e pelo palácio real.

Auxiliares e serviçais de confiança dos príncipes e dos sacerdotes religiosos, além dos nobres e suas famílias, todos se colocavam em bancos nas primeiras filas da escadaria, especialmente reservadas para eles por um cordão de isolamento feito pelos guardas. Neste grupo, bem à frente, estavam os inseparáveis e leais amigos de Tupayba com seus pais. Atrás deles, não havendo um só lugar desocupado na grande praça circular e nos dois lados da grande avenida, estava o povo comum, em grande expectativa.

Mais para o meio da praça, situada exatamente no meio da grande avenida, entre o palácio real e o Templo de Áries nas duas extremidades onde existiam outras duas grandes praças e tendo do outro lado, bem na frente do Templo de Leo, o Templo do Som Sagrado, fora armado um grande palco de, no máximo, cinco pés de altura, onde aconteceriam as principais apresentações artísticas, estrategicamente colocado de forma que todos, de qualquer direção, pudessem apreciar o espetáculo.

Depois dos dias de festa que antecederam a cerimônia, a excitação das pessoas tinha chegado a seu ponto máximo. As notícias sobre sua extrema simplicidade e bondade, além do temperamento nobre, correram rapidamente entre as pessoas, que ansiavam agora por estar perto do jovem, conhecê-lo melhor, embora as opiniões a respeito dessas qualidades em um futuro rei estivessem divididas, como bem previra Tabajara.

Nas rápidas aparições públicas, depois de sua visita ao Templo do Vento, todavia, sua presença a todos conquistava como em um passe de mágica com sua afabilidade e inteligência. Como dissera

Narayama um dia, era quase impossível não amá-lo.

No meio do povo, bem próximos da escadaria e com visão privilegiada, estavam também Sham-buya e Acau-hã que, silenciosos, observavam toda a movimentação. Acau-hã não desgrudava os olhos de Tupayba que, todo paramentado para a cerimônia, sorria discretamente, desejando que aquilo terminasse logo. Não estava definitivamente acostumado a ser o alvo das atenções.

Enquanto Tupayba se impressionava com a animação do povo, o que lhe mostrava ainda mais claramente a magnitude de seus compromissos, seu meio-irmão se contorcia incomodado com aquilo tudo, como que hipnotizado pelo pensamento do mago negro:

"Isso tudo também te pertence. Este povo devia estar te rendendo suas homenagens também. Deves lutar pelo que é teu."

Por outro lado, havia algo nos olhos doces de Tupayba que o atraía de forma fraternal e, por mais que se esforçasse, não conseguia ter raiva daquele estranho, o que o incomodava, pois fora criado para isso.

No ápice da cerimônia, depois dos príncipes das doze principais cidades terem feito seus juramentos de lealdade, o sumo sacerdote, adiantando-se, recitou em voz alta, de forma a ser ouvido por todos:

— Que Tupã esteja presente nesta hora na grande nação Nhengatu. Pelo poder a mim conferido como representante dos deuses na terra, e cumprindo a lei, confirmo o príncipe Tupayba como o legítimo e único herdeiro da dinastia dos Ay-Mhorés em toda a Terra dos Ay-Mhorés. Que seja feita a vontade dos deuses para que ele se torne o nono rei da Terra de Zac. Que assim seja!

Finda a evocação, os catorze sacerdotes postados ao lado responderam em coro:

— Porque assim será!

Tabajara, então, diante da grande multidão que se aglomerava, cumpriu o protocolo cerimonial colocando na cabeça do príncipe o grande e belo cocar das longas penas brancas de araras que havia sido de seu pai, o tuxauá, que lhe descia pelas costas formando uma longa capa até o chão. Tupayba foi, em seguida, ungido pelo príncipe regente com o ancestral cetro de metal precioso encimado por um globo luzidio e transparente de cristal, símbolo maior da realeza, que, no entanto, permaneceria com o príncipe Arary-Bhoya até sua coroação como rei.

Isso feito, soaram novamente os gongos. Por iniciativa própria, surpreendendo a todos, como sempre, o jovem Tupayba se adiantou ao máximo e, do alto da escadaria, cumprimentou o povo, juntando as mãos espalmadas ao peito fazendo humilde reverência. Em seguida, juntou ambas as mãos no coração para depois abrir os braços em direção das pessoas lá embaixo, como a dividir com eles todo o seu amor.

A multidão, que olhava estupefata, pois jamais tal gesto havia sido visto em toda terra alta, titubeou por uns momentos para depois explodir em palmas e gritos emocionados saudando o herdeiro. Se havia alguém que não houvesse sido conquistado, o sincero amor que o príncipe tinha pelo seu povo e agora demonstrado em gesto singelo, derrubou qualquer ranço de dúvida.

Cem araras multicoloridas foram soltas, voando em revoada pela praça, para a admiração das pessoas ali reunidas.

Logo após, novamente se ouviram os gongos, dando início ao espetáculo musical, fazendo com que os artistas começassem as diversas apresentações.

Todas as autoridades reunidas no alto da escadaria foram acomodadas em grandes cadeiras, à guisa de tronos, ocupando Tupayba, Tabajara e Arary-Bhoya aquelas em posição de destaque, ligeiramente mais elevadas que os demais.

Durante quase uma hora, o povo dançou e acompanhou com entusiasmo as notáveis performances dos músicos e de sacerdotes e sacerdotisas da dança e do som, em meio à grande alegria.

Findo o espetáculo, Tupayba se dirigiu em cortejo com toda a nobreza, sacerdotes e a guarda palaciana a pé pela grande avenida até o palácio real, sendo ovacionado pelo povo em todo o trajeto, aos quais agradecia com acenos discretos e comovidos.

Enquanto a procissão se afastava lentamente seguida pelas pessoas que queriam aproveitar cada minuto da companhia do príncipe, Acau-hã permanecia mudo e paralisado ao sopé das escadas do templo, olhando para a praça agora quase vazia. Seus pensamentos estavam confusos. Que estranho poder era esse que não conhecia e que vinha daquele olhar marcante? Por qual razão seu coração estava apertado e tinha vontade de chorar, o que nunca fizera antes? Que poderosa magia era aquela?

Acau-hã não sabia, mas estava se referindo ao amor desinteressado, fraternal e sincero que uma pessoa podia sentir por outra ou por muitas outras, como testemunhara naquela manhã. E isso era algo totalmente novo por ele.

Sham-buya, percebendo que algo não estava bem, tentou chegar-se mais perto e tomar-lhe o braço, sendo fortemente repelido:

— Deixa-me! — foi só o que disse para, em seguida, se sentar nos degraus e continuar com o olhar perdido para a praça vazia.

Sham-buya, não conseguindo decifrar aquele tormento, sentou-se alguns degraus acima e se dispôs a esperar que aquilo passasse, o que quer que fosse.

Um novo momento de esperança parecia nascer para a grande nação Nhengatu. Em breves luas grandes, no entanto, ele começaria a ser ofuscado por novas tragédias sem fim, já que o poderoso Omandyas, mais inteligente e sagaz que Sham-buya, se encarregaria de pôr fim àquele enlevo passageiro que tomava conta do coração de seu pupilo.

Paz no coração

Na manhã seguinte, bem cedo, mal o sol havia raiado, a comitiva real estava pronta para acompanhar o príncipe e seu amigo Iandé para as terras do príncipe Arary-Bhoya, onde passariam tempos a fim de aprender os ofícios do governo. Várias liteiras com os símbolos reais e da guarda palaciana estavam à espera em um jardim lateral do palácio e, sem alarido, logo todas partiram, escoltadas pelos soldados enquanto a cidade ainda dormia, cansada dos festejos da véspera.

Aos poucos, a Cidade Central foi voltando ao normal, embora o sumo sacerdote soubesse que nunca mais as coisas seriam iguais.

Tão discretamente quanto havia chegado para a cerimônia, Tabajara voltou para o Templo de Áries no mesmo dia, onde mandou chamar o comandante geral do exército, general Itapegy, pedindo-lhe que reforçasse ainda mais a guarda em torno de Tupayba e Iandé.

Embora não tivesse dado a perceber, pouco antes da cerimônia de confirmação de Tupayba começar, ainda dentro do templo de Leo, sentiu forte mal-estar que, em um primeiro momento, creditou à agitação da situação e pelo fato de não ter dormido, pois passara toda a noite em orações e meditação.

Logo percebeu, no entanto, que sua mente era atraída fortemente por outra e não custou a perceber que era a de Omandyas novamente, equilibrando-se em um minuto. Concentrou-se, procurando unir sua consciência com a de seu mestre e logo os sentimentos de Payê-Suman se transformavam em palavras em sua mente:

"Os que levam a mensagem do verdadeiro amor não devem se preocupar com o desvario dos insanos e tampouco com as ferramentas que utilizam. Devem sentir em seus corações a recepção dos bons sentimentos transmitidos, como tu, agora. A palavra do verdadeiro amor ressoa no universo e te atinge novamente, da origem ao destino, do destino à origem. Sente o amor e saberás que estás no caminho."

Ousou lamentar-se por um instante, pensando:
"Como ignorar as ameaças que pairam sobre nossa terra, mestre amado?"
Logo, aquela voz melodiosa se fez ouvir novamente na sua mente:

"Quem leva a palavra do conhecimento atinge a tudo, do amor ao horror. Dizei a todos que julgas necessário que não tenham medo de continuar suas missões, pois estaremos sempre os protegendo; mas que não subestimem os espíritos vivos da Terra: os homens. Eles podem ser as emanações práticas da ignorância que os controla e domina. Enfrentá-los com a verdade e a sabedoria do amor universal é o verdadeiro escudo contra seus ataques. Lembra-te que não tens inimigos; tens cegos da verdade, que precisam de tua luz para encontrar a estrada da salvação. Inimigo deve ser a palavra que os perdidos usam para contigo e aprendiz é a que tu deves usar para com eles."

Tabajara permaneceu em respeitoso silêncio mental, absorvendo os ensinamentos e assim o mestre concluiu:

"Não tenhas medo de que muitos venham a perder suas individualidades, filho meu, pois ela é apenas uma ilusão. Continues com tua missão de amor aos homens e dizei a todos que continuem, pois esta é a vontade dos deuses. Não cesses nunca de contribuir com a humanidade sem esperar retribuição, pois esta é a tarefa maior dos homens. Paz no teu coração. Paz a todos os seres!"

A voz calou-se e o sacerdote, com o coração serenado diante daquelas verdades incontestes tão bem conhecidas, prosseguiu os preparativos do cerimonial.

Capítulo 14
O retorno do príncipe

A notícia caiu sobre o reino como se mil trovões se fizessem ouvir ao mesmo tempo. A rainha Bartyra tinha tido um filho bastardo!

O falatório pelas ruas das cidades ganhou proporções inimagináveis e o povo, apesar da índole maldosa de muitos, se dividia entre atacar e defender a rainha tão amada. De fato, Bartyra havia se tornado uma espécie de lenda, especialmente entre os mais jovens, tantos anos passados após sua morte. Como se fosse uma heroína, martirizada pelos acontecimentos que envolveram o grande cataclismo e que culminaram com a morte do rei.

A passagem de Jatay pelo governo havia sido rápida, por assim dizer, e ninguém, além daqueles que haviam convivido proximamente com ele naqueles dias conturbados e do povo da distante Araxá, se lembrava mais do trabalho insano que ele havia desenvolvido nos primeiros tempos da tragédia que se abateu sobre o vale. Injustamente, era como se ele jamais tivesse existido e a notícia de que havia tido um romance secreto com a rainha era algo confuso. Afinal, que príncipe era esse, perguntavam-se com ingratidão, esquecidos dos sacrifícios que ele havia feito por amor ao povo nhengatu e a seu tuxauá, abdicando do convívio de sua cidade e de seus amados conterrâneos, pelos quais era amado e respeitado.

Conforme o planejado por Omandyas, não foi difícil Acau-hã se fazer reconhecer pelo povo ignorante e simplório da pequenina Cidade Alta, tal a semelhança que tinha com seu pai e tão verossímil sua história.

Munido de genuíno respeito à imagem de seu pai, o príncipe Jatay, seu discurso encantou a todos.

Em uma manhã, no começo da primavera, quando uma brisa fria da montanha ainda se fazia sentir, apesar do sol que brilhava ameno, trazendo conforto às pessoas, que caminham alegres pelas ruas, Acau-hã procurou o palácio do governo em Araxá, sendo introduzido à presença do príncipe sem dificuldades excepcionais. O velho conselheiro que auxiliava seu primo havia também sido o braço direito de Jatay, vinte e cinco anos antes e, a seu pedido, ficara com Pauetê para guiá-lo e protegê-lo, em função de seu grande conhecimento dos meandros e das dificuldades na condução de uma cidade.

Acau-hã não conseguiu passar pelos jovens guardas, que viam nele apenas um rapaz forte, bem apessoado e bem vestido, e insistiam, portanto, em saber o que queria e quem o havia enviado. Diante da insistência educada do moço que, pela aparência e modos, parecia ser da nobreza, ficaram com medo de se tratar de alguém importante, recorrendo então ao conselheiro, para que ele decidisse o que fazer com o jovem que teimava em ver o príncipe Pauetê.

Parecia mesmo disposto a não arredar o pé do átrio de entrada do pequeno palácio. Depois de revistado fora levado à presença do auxiliar do conselheiro, deixando o serviçal que o acompanhava a esperá-lo ao lado dos trabalhadores que haviam conduzido sua liteira.

Shandar trabalhava calmamente em seu gabinete quando o auxiliar de confiança entrou e contou-lhe do pequeno incidente que estava acontecendo. Curioso, mandou que o rapaz fosse trazido à sua sala.

Mal Acau-hã deu os primeiros passos porta adentro, o velho conselheiro cambaleou necessitando apoiar-se na mesa de trabalho. Não estivesse sentado, teria caído com certeza.

— Por Tupã! — exclamou surpreso. Em seguida, tomando fôlego, arriscou, como se estivesse olhando para um fantasma: — Quem és tu? — perguntou em uma voz sumida, vendo à sua frente a figura exata de seu amado príncipe Jatay.

Com cabelos castanhos encaracolados e pele mais clara do que a da maioria dos habitantes da Terra dos Ay-Mhorés, obviamente sua ascendência não era nhengatu, exatamente como o antigo príncipe regente. Impossível não notar a incrível semelhança. Com a era dos grandes barcos de comércio que se havia instaurado na terceira geração de Ay-Mhorés, outros povos deixaram suas raízes na nação, trazendo suas contribuições. A maioria havia sido, literalmente, assimilada pela raça nhengatu, mas alguns raros sobreviventes desses imigrantes de segunda hora, como a nobre família da Cidade Alta, haviam sobrevivido com seus traços originais, embora orgulhosamente também se dissessem nhengatus.

O jovem fez uma discreta reverência com a cabeça e saudou:

— Salve, ó grande conselheiro das terras de Araxá! Este teu príncipe te saúda em nome da memória, honra e grandeza de Jatay, meu pai.

Em uma fração de segundo, toda a história passou pela cabeça de Shandar: a nomeação do príncipe para ser o regente, sua ida para a Cidade Central, sua luta desde os primeiros tempos da grande tragédia no comando do império, sua doença misteriosa, sua morte e a mágoa do povo de Araxá com o resto da nação pelo aparente esquecimento de seu sacrifício e do trabalho realizado a duras penas.

Na verdade, as lendas que o tempo havia se encarregado de criar, transformando Jatay em uma espécie de mártir supliciado para o povo de Araxá, eram apropriadas para os planos de Omandyas; os habitantes da cidade alta, discretamente, como era de sua natureza recatada, sempre sonharam em ter resgatada, por toda a nação, a honra e a nobreza de alma de seu grande líder, relegado a um segundo e inexpressivo plano na história. Em Araxá, ele era lembrado como nada menos que um herói, tendo sua memória cultuada por todos. No coração de cada habitante da pequena cidade corria o fel de secreto ódio pelo desprezo a seu grande príncipe, situação ideal para os planos do mago.

O conselheiro olhava para Acau-hã com olhos arregalados, entre surpreso, assustado e emocionado. Depois de um tempo que levou para se recompor, levantou-se com dificuldade e conseguiu balbuciar:

— Mas quem és tu?

O rapaz sorriu discretamente e, sem demonstrar escárnio ou qualquer outra atitude negativa, perguntou singelamente:

— Não me reconheces? — dirigia-se ao conselheiro sem a forma protocolar hierárquica que o cargo exigia, o que dava ênfase à posição singular com a qual se apresentava.

Como se o velho trabalhador continuasse mudo de espanto, continuou:

— Não me achas parecido com meu pai?

— Mas teu pai não tinha filhos! — exclamou para um segundo depois perceber a bobagem do que tinha dito. Balançou a cabeça confuso, como querendo arrumar os pensamentos.

Uma parte de Acau-hã se comoveu com a figura paternal de Shandar. No fundo, ele não era de todo insensível, mas havia sido habilmente condicionado desde a mais tenra infância a se distanciar emocionalmente das pessoas.

— Sim, meu caro conselheiro, sou quem pensas que sou. Meu nome é Acau-hã e sou filho do príncipe Jatay.

Omandyas havia instruído o jovem sobre todos os detalhes do império, seus principais personagens e, em especial, sobre o povo de Araxá, incluindo seus familiares e auxiliares mais próximos, como o conselheiro, por exemplo. Sabia de sua lealdade e de seu amor por seu pai. De certa forma, o preciosismo de Omandyas em municiar seu pupilo com todas as informações possíveis sobre o povo da cidade alta, combinado com a forte noção de honra e orgulho criada pela imagem do pai torturado, era uma combinação perigosa e que poderia vir a ser uma faca de dois gumes, pondo a perder todo o planejamento, caso a natureza mais íntima de Acau-hã viesse a prevalecer um dia.

— Como pode ser tal coisa? — perguntou o outro, ainda pasmo com a semelhança física do rapaz com o querido príncipe e amigo. Havia convivido a vida toda com Jatay e teria sabido de certo de tão importante acontecimento.

"Um filho! Por Tupã! Por que Jatay não havia me contado?", pensava Shandar, atônito, enquanto esquadrinhava o rapaz parado à sua frente.

— Não acreditas? Pois chama teu sumo sacerdote e pede a ele que pergunte aos deuses se minto — desafiou.

Parecendo não ouvir, posto que já estava absolutamente convencido da veracidade dos fatos, uma vez que a semelhança entre ambos era inconteste, parecia meio que atordoado pelo acontecimento. Seus sentimentos se misturavam em um turbilhão; havia mágoa por não ter gozado da confiança do príncipe, a quem servira e orientara como pai, mas também uma profunda comoção, imaginando seu sofrimento ao viver tantas emoções de forma solitária.

Em uma voz sumida, ainda teve forças para perguntar, embora lhe parecesse irrelevante:

— E posso saber quem é tua mãe?

— Podes. Isso não se fará mais segredo em breve. Minha honrada mãe é Bartyra, aquela que foi a grande rainha de toda a nação Nhengatu.

Shandar pareceu cambalear novamente. Lembrou-se novamente dos primeiros tempos da subida do povo, da morte do rei, dando-se conta, em um repente, da solidão na qual Jatay estivera colocado, soterrado em responsabilidades, pois ninguém de Araxá foi convocado ou se ofereceu para auxiliá-lo na empreitada. Ficaram todos tão embevecidos e orgulhosos com o fato de terem seu príncipe alçado à condição de regente de todo o império que, egoisticamente, se esqueceram de ampará-lo, preocupando-se apenas com a reconstrução da própria cidade.

Não foi difícil ao inteligente conselheiro imaginar o drama que também havia sido vivido pela rainha, ainda mais com os falatórios maldosos sobre as razões do sacrifício da sacerdotisa Nadja.

Limitou-se a olhar para o rapaz e, desta feita, seu olhar já denunciava piedade e afeto incondicional por aquele que era o legítimo herdeiro do trono de Araxá. Surpreso com os próprios sentimentos, sorriu levemente, tentando fazer uma reverência, o que lhe era difícil pela idade avançada e saudando:

— Salve, meu príncipe, escolhido por Tupã para dirigir os destinos deste povo. Este velho amigo de vosso pai vos recebe com alegria em nome dos habitantes de Araxá.

Acau-hã, também comovido e, sem pensar, se apressou em levantar o velho conselheiro de sua posição reverencial. Instintivamente, se abraçaram e pela primeira vez na vida Acau-hã soube o que era um abraço fraternal, deixando-se ali ficar entre confuso e feliz.

— Onde estiveste todo esse tempo, meu filho? — perguntou emocionado e com os olhos marejados.

— Com meu tutor — respondeu em voz baixa, procurando disfarçar a emoção.

— Vem, senta-te — falou Shandar, apontando os divãs de penas; chamou o servo de confiança e deu ordens para não ser interrompido em hipótese alguma. — Conta-me tudo — pediu.

Uma química da mais pura confiança se estabeleceu imediatamente e Acau-hã, durante horas a fio, lhe contou em detalhes tudo o que sabia sobre sua vida e que, genuinamente, pensava ser verdade.

Falou-lhe sobre o amor entre seus pais nascido justamente da solidão e do sofrimento, sobre a conspiração para matar a rainha grávida, o que livraria o reino daquela criança indesejada, e que foi acobertada pelos homens importantes da corte, à revelia de seu pai. Falou sobre sua morte, fruto da tristeza pela perda da mulher amada e do filho recém-nascido. Lembrou-lhe da história inventada sobre os salteadores que supostamente haviam invadido os aposentos da rainha e de tudo o que se seguiu e foi transformado em verdade.

Contou-lhe ainda como foi salvo pelo curador que cuidava de sua mãe e levado para as montanhas onde não pudesse ser achado. Apenas omitiu o nome de Omandyas, como lhe havia sido orientado, pois o mesmo não queria se tornar uma figura pública, o que também foi explicado ao conselheiro.

— Mas como? Esse homem precisa ser enaltecido! — protestou.

— É exatamente o que ele, com seu nobre coração, não quer. Fez o que fez por mim, e ainda faz, e, por conseqüência, por todo o povo de Araxá, apenas pelo dever de ajudar, desinteressadamente. Trata-se de um poderoso, mas quase desconhecido sacerdote vindo da Terra Mãe que prefere continuar no anonimato.

— Oh! Naturalmente! — foi a breve resposta, comovida com

tanto desprendimento.

— Na verdade, várias pessoas ajudaram na minha salvação e posterior criação.

— Inacreditável! — o conselheiro continuava estupefato com tudo aquilo. — Apenas não compreendo como o supremo sacerdote de Áries, o grande Tabajara, do qual decerto ouviste falar, assim como o bondoso príncipe Tupanguera, puderam concordar com isso.

Já preparado para essa pergunta, respondeu sem pestanejar, pois também havia questionado seu mestre sobre o mesmo assunto:

— Eles simplesmente também não sabiam da conspiração e acreditaram na história dos bandoleiros, pois muitos vagavam pelas terras altas naqueles tempos difíceis. Meu pai lhes contou sobre mim, que me procuraram sem cessar por muitas e muitas luas, até desistirem, pensando que eu havia sido morto. Não contaram à nação preconceituosa para não manchar a honra de minha mãe e de meu pai, que não estavam mais lá para proclamar seu amor em sua defesa.

— Ah! Sim. Isso sim! Só isto poderia mesmo se esperar deles. Pouparam então a memória de ambos.

— Isso mesmo. E lhes sou grato por isso, mas em breve precisarão saber que estou vivo.

— Mas então quem tramou seu desaparecimento?

— Turyassu, o grande conselheiro do reino.

Shandar o olhou sem compreender, de forma interrogativa.

Acau-hã levantou-se e se dirigiu à pequena varanda que dava para as montanhas, com suas encostas cobertas de flores silvestres naquela época e por onde entrava a brisa fresca. Deteve-se por um momento a olhar a bela paisagem, realmente admirado com a beleza do local, passando-lhe pela mente, como uma rápida fagulha, tudo o que havia perdido. Recompôs-se rapidamente e se voltou para o conselheiro.

— Turyassu tinha medo por Tupayba, meu irmão, a quem amava e protegia especialmente depois da morte de Ay-Mhoré, o tuxauá. Achava que eu poderia querer um dia disputar, por assim dizer, o trono com ele, como era o desejo de minha mãe.

— Como assim?

— Minha mãe, sabiamente, achava que o mais preparado deveria governar, para o bem da nação. Amava a seus dois filhos da mesma forma. Achava que o povo deveria decidir quem deveria ser seu rei e que haver possibilidade de escolha era uma dádiva dos deuses.

— Entendo. Na verdade, faz sentido. Mas por que esperaste tanto para aparecer? Turyassu morreu há tanto tempo! E o que pretendes fazer?

Acau-hã sorriu levemente, diante da ansiedade do novo amigo.

— Alguns dos antigos conspiradores, auxiliares e até alguns nobres ainda estão vivos e poderiam ser perigosos, caso eu ainda fosse um menino ao reaparecer. E, além disso, embora eu sempre tenha me parecido com meu pai, era preciso que eu me tornasse um adulto para que isso ficasse evidente, de forma definitiva — fez uma pausa para depois continuar: — Meu mestre achou também que eu deveria me preparar adequadamente para este momento. Ensinou-me tudo o que um príncipe deve saber, desde os papiros até as armas. No entanto, quando o dia chegar, se é que vai chegar, quem vai decidir sobre seu rei é o povo, a quem o direito pertence, e não este que vês à sua frente. Aceitarei humildemente a decisão, pois será Tupã a falar por intermédio dos homens comuns. Todavia... — fez uma longa pausa —, quero que haja uma decisão justa. Meus pais foram injustiçados e eu não vou tolerar que isso aconteça novamente. Se isso acontecer meu dever será ir às armas.

Diferentemente de seu meio irmão Tupayba, Acau-hã era firme e decidido, não hesitando em pensar em medidas drásticas se fosse o caso para resolver alguma coisa que pensasse ser justa, mesmo que isso significasse causar uma guerra fratricida. Seus padrões éticos eram evidentemente distintos devido à diferença de educação que receberam. A preservação da vida ou a possibilidade da morte de inocentes tinham conotações de menos importância para o jovem criado pelo desqualificado Aleutar sob a orientação do mago negro. Os fins justificavam os meios. O entendimento rasteiro das noções de justiça e injustiça causava grandes transtornos em sua personalidade. Ninguém havia lhe ensinado que essas coisas não existiam e que cada ser simplesmente continuava seu caminho, vida após vida, quando a natureza convergia para que seu destino prosseguisse, de acordo com os acontecimentos pregressos.

Um pouco surpreso com a determinação do jovem, Shandar arregalou os olhos:

— Armas?

— Sim. E conto com tua colaboração e a de todo o povo de minha cidade. Mas confio, sinceramente, na sabedoria de escolha dos deuses, que não permitirão, minimamente, que a verdade e a honra de meus pais não sejam restauradas. Nosso povo merece isso.

O velho conselheiro estava realmente impressionado com os modos e a postura de Acau-hã, deixando escapar:

— Teu pai teria orgulho de ti, meu filho — falou com admiração e meio sem pensar, embalado pela emoção do momento, pois sabia que Jatay jamais aprovaria que um filho seu sequer cogitasse pegar em armas contra seus irmãos. — Com certeza, tudo se dará de forma a cumprir a vontade de Tupã, como bem o disseste.

Também surpreso e até certo ponto comovido com tanta receptividade, além de excitado com a descoberta de emoções desconhecidas até então, Acau-hã sorriu:

— Dá-me a honra de te chamar de amigo, meu conselheiro?
— Para agora e para sempre, meu príncipe.

Algumas entidades trevosas a serviço de Omandyas que, discretamente, observavam toda a entrevista se entreolharam satisfeitas. Como era fácil enganar um jovem inexperiente e um velho com o coração amolecido pelos anos a turvar-lhe a razão.

Entre várias discrepâncias e absurdos do relato, que não escapariam a um observador menos emotivo, especialmente se tivesse vivido à época dos acontecimentos, como era o caso do próprio Shandar, se destacava o suposto envolvimento do grande conselheiro do rei. Como podia alguém acreditar que Turyassu fosse capaz de causar qualquer sofrimento à rainha tramando o desaparecimento de seu filho? Bem ele, que sempre a amara como filha e a quem dedicara toda sua vida, como todos sabiam.

A vida continua

Poucas luas depois, Acau-hã assumia o trono de Araxá, para a alegria desmedida de seus habitantes que viram nele a continuação de seu amado príncipe Jatay, como se o próprio tivesse voltado à vida, por milagre. Pareciam todos cegos e absolutamente desinteressados do alvoroço que aquilo estava causando no império.

Durante esse tempo, fora introduzido aos meandros da governança pelo bondoso Pauetê, que, por sua vez também se encheu de comovido amor pelo jovem primo sofrido, seqüestrado e injustiçado, não hesitando em lhe passar o cargo, de forma magnânima.

Na insípida cidadezinha de Araxá, onde nada acontecia e onde nada ou quase nada se sabia sobre o que se passava no resto da nação, sem filhos ilustres em altos postos do governo central ou no clero, ter um possível futuro rei entre os seus era quase um delírio. Dessa forma, aquela gente simplória nada questionou, achando tudo aquilo simplesmente maravilhoso e aceitando Acau-hã de braços abertos, como bem previra o ardiloso Omandyas.

Nas demais cidades, no entanto, houve um incontrolável diz-que-diz, tanto entre o povo comum como entre os nobres alcoviteiros. Um verdadeiro escândalo.

A notícia, naturalmente, não tardou a chegar à Cidade Central e aos ouvidos do sumo sacerdote e do próprio rei.

Nestas alturas, Tupayba governava assolado por problemas de todos os tipos, pois ainda faltava muito para que a grande nação recuperasse parte que fosse de sua antiga magnitude. Os nobres continuavam a ser uma dor de cabeça constante e o povo, empobrecido, continuava insatisfeito com a qualidade de vida. O comércio dos grandes barcos apenas recomeçava e, com exceção dos esforços despendidos nas terras do príncipe Tupyara, toda uma geração de intelectuais, especialmente os das ciências, tinha sido praticamente perdida, pois durante muito tempo, desde o cataclismo, a nação não pôde se dar a alguns luxos.

Todo o esforço havia se voltado unicamente para a sobrevivência e reconstrução, tendo quase se esquecido, por assim dizer, das ciências, das artes e da astronomia. Apenas as técnicas de construção ganharam algum impulso, buscando novas formas e materiais, assim como a pesca, a caça e a agricultura.

Apesar da iniciativa de Vesak de abrir os templos de ensino para todos os que desejassem estudar, ainda eram poucos os jovens que compreendiam a importância do estudo para o crescimento da nação e mesmo estes apenas começavam a aprender o básico. Ainda assim, a maioria se interessava somente para o estudo de consumo imediato, como a própria arquitetura. O povo era muito ignorante, tendo sido mantido nessa condição por séculos a fio. Não sabia nem mesmo ler os papiros e toda sua cultura era apenas oral. Apesar disso, os jovens e entusiasmados clérigos dos templos, com Ravi à frente, jamais desistiram.

As novas gerações eram instadas pelos pais a ajudarem no sustento, sobrando pouco tempo para freqüentar os templos de ensino; mesmo quando o jovem se interessava, sua assiduidade era precária.

As artes, a astronomia e as ciências eram conhecimentos que iam ficando restritos aos templos das cidades maiores e, especialmente, as ciências eram cada vez menos incrementadas e estudadas, mesmo entre os sacerdotes. Estavam todos sobrecarregados.

Durante a primavera, a temperatura ainda era amena e as pessoas procuravam andar pelo meio das ruas para aproveitar o sol da manhã e a brisa fresca, deixando as calçadas com suas árvores frondosas praticamente vazias. Algumas liteiras iam e vinham sem pressa na grande avenida.

Na frente do palácio real, em seus postos de vigia, os guardas bocejavam entediados. Apesar do descontentamento geral, era relativamente raro algum acontecimento que necessitasse a intervenção da guarda, especialmente na Cidade Central. Em algumas outras cidades, todavia, os conflitos se sucediam especialmente em função da má administração de seus governantes e dos desmandos dos nobres, que causavam indignação aos habitantes comuns, apenas aumentando as agruras às quais já estavam submetidos.

Tão logo soube dos acontecimentos na distante Araxá, Tupayba tratou de solicitar a vinda de Tabajara ao palácio. Na impossibilidade de se encontrar outra pessoa para a função, o velho príncipe Arary-Bhoya ainda fazia as vezes de conselheiro real. Iandé ainda estava sendo cuidadosamente preparado por Tupanguera, Tabajara e pelo próprio príncipe para assumir o posto. Enquanto isso, Shem-han, seguindo os passos do pai, havia se tornado importante oficial do exército e crescia rapidamente na carreira militar devido à sua cultura, firmeza e tranqüilidade, trabalhando como primeiro oficial da guarda pessoal de Tupayba e do palácio real. Em apenas uma dezena de luas grandes, como homem de confiança do tuxauá, se tornaria o comandante de todos os exércitos, substituindo o velho general Itapegy, que cuidava pessoalmente da orientação do jovem, a pedido de Tabajara.

Thu-ran e Apoena continuavam na Casa das Flores e ajudavam Ararype na administração da propriedade. Vinham com menos freqüência à Cidade Central e só saíam mesmo de Parama Sukha a pedido de Tupayba, que gostava de reunir os amigos.

Ambos gostavam da vida ao ar livre e, assim que puderam, escaparam das vistas de Tabajara e dos estudos formais, embora Nayade não lhes desse vida fácil em relação a isso, mesmo depois de crescidos. De quando em quando, apesar dos protestos, ainda os distribuía entre os dois novos papiros, que deviam ser lidos e compreendidos. Ela não se conformava com a perda de tempo dos rapazes, especialmente Apoena, que tinha grande facilidade para o estudo, pois prefeririam passar o tempo livre atrás dos coelhos ou em longas caminhadas pelas montanhas, a desbravar cada trilha, ou simplesmente tirando grandes sonecas à beira dos riachos enquanto as varas de pesca jaziam solitárias para a festa dos peixes, que se fartavam com as iscas e desapareciam.

Apesar de alegres e descontraídos, eram grandes trabalhadores das lides do dia-a-dia, motivo pelo qual Ararype, que já beirava os 50 anos, fazia vistas grossas às escapadas dos dois amigos, tentando consolar a esposa zelosa, que os queria mais por perto.

— São jovens, Nayade — costumava dizer-lhe rindo. — Têm energia de sobra e teus papiros não são suficientes para gastá-la toda.

— Pois eu lhes arranjo uma pilha de papiros — suspirava a jovem senhora, meio que também brincando e meio que a sério. — São tão inteligentes, não deveriam perder tanto tempo com brincadeiras.

Um dia Ararype resolveu lembrá-la da conversa que ambos haviam tido com o sumo sacerdote quando os rapazes eram ainda crianças.

— Lembra-te? — perguntou em uma das vezes que a dupla estava como sempre desaparecida nas montanhas. — Thu-ran haveria de ser forte e determinado, não só para cuidar da Casa das Flores um dia, mas também para ajudar Tupayba quando o tempo chegasse. Era preciso que aprendesse a viver ao ar livre, conhecesse todas as trilhas e passagens das montanhas, fosse forte e soubesse caçar e lutar, como de fato aconteceu. Tu conheces Tupayba e sabes bem como ele é.

Nayade se perdeu por um instante em suas memórias. Viu o rei ainda menino e sorriu ao lembrar-se de sua doçura e bom senso. Havia acompanhado toda sua vida e seu crescimento. Não havia mesmo como negar que, se um dia precisasse ir às armas ou tomar decisões dramáticas, precisaria mesmo ter a seu lado alguém como Thu-ran, tão destemido e empreendedor.

Olhou com ternura e compreensão para o amado companheiro.

— Tens razão. Se uma catástrofe acontecesse e tu não estivesses aqui para me amparar e socorrer, de certo quem eu haveria de querer por perto seria nosso Thu-ran. Tem um grande coração e jamais alguém sofre a seu lado, embora vá derrubando tudo por onde passe, de tão estabanado.

Riram-se os dois, se abraçando com ternura.

— Sabes quem ele me lembra? — perguntou Ararype, ainda rindo.

— Quem? — foi a resposta curiosa de Nayade, já dando tratos à cachola para lembrar-se.

— Quem conheceste que era forte, bondoso, desajeitado e extremamente determinado se preciso fosse? Alguém que quando por perto não se fazia bobagens e não se molestava um amigo? — insistiu.

Os olhos dela se iluminaram num repente, abrindo um largo sorriso:

— Anhanguera, é claro. Foi um pai para mim — crescera nas terras de caça do príncipe junto ao irmão Azalym.

— Não o conheci muito bem, mas me lembro das vezes que acompanhei meu pai às suas terras de caça. Eu era ainda muito menino, mas já detestava florestas, caçadas e tudo o mais, como bem deves imaginar.

Nayade balançou a cabeça confirmando, com olhar de chacota.

— Nunca entendi como tu te tornaste um homem do campo — atalhou rindo. — Eras um boa vida da Cidade Central e jamais porias suas mãos em um animal sujo ou coisa parecida. Arar a terra, então...

— Muito engraçado — respondeu Ararype, fingindo ralhar com ela. — Mas, de qualquer forma, eu ia sem ser obrigado, pois aquele príncipe gigante me fascinava. Sua força, seu olhar destemido... — parou no meio da frase, lembrando-se — ...sentia-me completamente protegido a seu lado, como se mal algum pudesse jamais me atingir, mesmo naquela floresta perigosa.

— Bem, nesse caso só falta nosso Thu-ran crescer um bom tanto para ficar mais parecido ainda — falou alegremente.

Caminharam de mãos dadas para a frente da casa, onde se sentaram em um dos grandes bancos de pedra à sombra das árvores frondosas e perto dos muitos canteiros de flores de todos os tipos, que enfeitavam todo o lugar naquela primavera que começava. Ficaram admirando o sol que se punha no horizonte, muito além do penhasco à sua frente, entre outras elevações, perdidos em seus pensamentos.

O tempo passava rápido e não havia como esquecer das predições de Tabajara para as dificuldades que aquele povo ainda teria que suportar, caso sua índole continuasse a mesma. Falar de Tupayba e Thu-ran avivava antigas conversas, algumas boas e outras nem tanto, das quais gostariam de nunca ter participado.

Estavam nesse enlevo quando os rapazes chegaram correndo esbaforidos.

— Pai! Pai! — vinha gritando Thu-ran, pulando por cima dos canteiros e assustando os pássaros que comiam as sementes e as frutas que Nayade costumava espalhar pelo jardim para eles.

Ararype não se abalou, pois bem conhecia os modos do rapaz, sempre exagerado e barulhento.

E, sem esperar ser interrogado, foi logo falando, quase gritando, atropelando as palavras:

— Dizem na Cidade Central que Tupayba tem um irmão! Um irmão! Podes imaginar? Está em Araxá! Acreditas nisso, pai? Acreditas?

Ararype o olhou sem entender, atônito, no que foi acompanhado por Nayade.
— O que dizes, meu filho? — perguntou sem compreender.
— Verdade, meu tio! — asseverou Apoena, também excitado, se referindo a Ararype da forma que fora acostumado desde a infância. — Um andarilho que encontramos nas montanhas perto do paço das grandes aves nos contou.
— Foram ao paço das aves gigantes novamente? — queixou-se Nayade, sabendo dos perigos que aquilo representava, momentaneamente esquecida dos motivos daquela agitação; Nayade tinha visões terríveis com aquele lugar. — Prometeram que não mais iriam lá.
Os dois se calaram repentinamente e baixaram os olhos. Eram adultos, mas tinham enorme respeito por Nayade e Ararype.
— Desculpe, minha mãe — falou Thu-ran envergonhado. — Nos esquecemos, pois estávamos seguindo um daqueles veados vermelhos para ver se o caçávamos. Um bichão.
— Sei que não és mais criança para te ficar interpelando, meu filho, e acredito em ti, mas precisas ter mais atenção. Já te falei de meus sonhos.
— Sei disso, minha mãe. Acredito em ti também.
— Tua mãe tem razão, mas que conversa é essa sobre Tupayba ter um irmão? — interveio Ararype preocupado.
— O homem ouviu pelas ruas. Disse que só se fala disso. Todos estão falando que apareceu em Araxá um moço se dizendo filho da rainha Bartyra com o príncipe Jatay. Tu o conheceste, pai?
Ararype ficou mudo de espanto por alguns momentos.
"Jatay e a rainha? Impossível!", o pensamento correu rápido por sua cabeça. Porém, em um segundo momento, lembrou-se da estranha morte do príncipe regente, que definhou desinteressado pela vida até o último de seus dias. Teria alguma coisa a ver com isso?
Como os dois continuavam a olhá-lo de forma interrogativa, viu-se obrigado a sair de seus pensamentos.
— Sim, mas não éramos próximos. Ele fez um excelente trabalho na época da subida para as terras altas. Eu me lembro muito bem dele — fez uma pausa como se puxasse pela memória. — Era um tipo sério, tranquilo e muito trabalhador, apesar de pouco comunicativo. Fez verdadeiros milagres.
Nestas alturas, Nayade interveio:
— Mas o que mais falou o andarilho? Ninguém vai chegando em um lugar se dizendo simplesmente isso ou aquilo de forma a causar

tanto rebuliço.

— Dizem que ele não é nhengatu, minha tia, como também não o era o príncipe. — atalhou Apoena. — Dizem que é tão parecido com o príncipe Jatay que muitos se assustam, pensando ver o próprio. Alguns mais supersticiosos juram que ele voltou do túmulo.

— É verdade! — interrompeu Ararype. — Jatay tinha pele clara e cabelos encaracolados. Muito diferente da maioria das pessoas. Nenhum de vocês poderia se dizer seu filho. — falou, se referindo aos moços.

— Mas acreditas nisso, pai?

— Não sei o que te dizer. A rainha Bartyra viveu tão pouco nas terras altas e, na Terra das Araras, seu amor pelo rei era mais que evidente. Tupayba era um bebê de colo quando viemos para cá.

— Por Tupã! Precisas ir ter com Tabajara — disse Nayade aflita.

— Isso pode afetar Tupayba, não achas?

E antes que ele respondesse, Thu-ran já estava de pé.

— E nós precisamos ir ter com nosso amigo, sem dúvida.

— Vens também, Nayade?

— Não creio que minha presença seja de utilidade neste momento. Creio que viajam mais rápido sem mim.

Em poucas horas, os três estavam com tudo pronto para a pequena empreitada e logo começaram a descer a montanha em direção à Cidade Central.

Capítulo 15
Amargas lembranças

Acompanhado de Ityrapuan, que havia assumido provisoriamente o posto de sacerdote supremo do Templo de Leo no lugar de seu mestre Vezak, em função do debilitado estado de saúde causado por sua idade avançada e de Ravi, ainda jovem demais para a função, Tabajara encontrou Tupayba em seu gabinete de trabalho, no palácio. Com ele estava Iandé. A preocupação estava estampada em sua face. Quase ao mesmo tempo chegaram Arary-Bhoya e Tupanguera, todos chamados às pressas pelo tuxauá para uma reunião de emergência.

As notícias e os falatórios sobre a existência de um meio-irmão do rei tinham tomado tal proporção, que se fazia necessário uma tomada de posição oficial. Alguns nobres de segundo escalão tinham até ousado ir ao palácio real cobrar explicações, sendo devidamente convidados a se retirarem pelo chefe da guarda, não sendo sequer admitidos além do átrio de entrada, por ordem expressa de Shem-han, o primeiro oficial.

Com exceção de Tabajara, obviamente, todos pareciam extremamente surpresos. O último a entrar na ampla sala que servia de local de trabalho e reuniões para o rei foi o próprio Shem-han, retido no andar inferior a lidar pessoalmente, com toda a diplomacia que lhe era peculiar, com a indignação de alguns pseudo-nobres mais prepotentes que exigiam serem recebidos pelo menos pelo primeiro conselheiro, que havia sido visto adentrando o palácio.

Na ausência do general Itapegy, que havia se deslocado com uma tropa para resolver escaramuças envolvendo três cidades secundárias, acontecimento este cada vez mais freqüente no reino, Shem-han havia assumido a chefia geral de toda a armada.

Como o príncipe Tupanguera não residia no palácio, devido às suas obrigações em sua cidade, ele vinha ocasionalmente à Cidade Central quando a situação exigia, permanecendo o equilibrado e bem treinado Iandé na função de conselheiro em sua ausência. Sua chegada nesta oportunidade tinha sido à noite e fora quase secreta, na tentativa de não levantar ainda mais mexericos sobre a situação que envolvia o tuxauá.

Da mesma forma acontecia com o príncipe Arary-Bhoya, que vinha ter com o rei de tempos em tempos para igualmente aconselhá-lo. Tupayba tinha sido um aluno aplicado, dispensando o sacrifício do príncipe, já entrado na idade, de vir com freqüência à Cidade Central. E, como a chegada de ambos deveria acontecer em segredo, naturalmente a cidade toda já sabia...

Aliás, a cidade tinha se tornado um antro de fofoqueiros desocupados. Aquele entra-e-sai do palácio não iria mesmo passar despercebido naqueles dias tumultuados pelos quais a nação passava.

Quando Shem-han finalmente chegou, após ter conseguido livrar-se dos inoportunos cidadãos, foi saudado e abraçado por todos, efusivamente. Apesar da situação delicada, a grande amizade e o respeito entre eles não podiam dispensar as demonstrações sinceras de carinho e consideração.

Ali também já se encontravam os amigos de Parama Sukha: o príncipe Ararype e os jovens Thu-ran e Apoena, que também haviam chegado na noite anterior, movidos por um extraordinário sexto sentido.

Pouco depois, acomodados em sofás de junco dispostos em círculo, os dez amigos aguardaram pacientemente a saída dos serviçais solícitos, que depositaram chás, sucos e frutas em grandes bandejas nos aparadores laterais. Thu-ran mal se continha, absolutamente indignado com a atitude dos nobres.

De fato, havia um clima de excitação nervosa e, até mesmo pelos corredores do palácio, murmúrios de expectativa se espalhavam diante das notícias contraditórias e inusitadas.

O sumo sacerdote de repente se deu conta de como inusitada era também aquela reunião na qual o amor desinteressado e sincero reunia pessoas em torno de um único ideal, que era, sem dúvida, a estabilidade e a sobrevivência da grande nação Nhengatu e de seu soberano, sem o qual ela não mais existiria.

Tabajara sorriu levemente, passando seu olhar bondoso por todos do pequeno grupo ali reunido, um por um. Ninguém mais se espantava com suas atitudes singulares, pois tinham em mente seu contato permanente com os mestres e seu equilíbrio tranqüilo diante das mais difíceis situações. Contagiados, se limitavam a sorrir de volta, meio sem jeito. Pediu um momento de oração para aquietar os corações de todos e para que pudessem ser inspirados naquela hora de incertezas.

Embora acostumado aos pedidos de meditação e preces do sacerdote, Arary-Bhoya não era exatamente um homem dado a orações. Gigantesco, decidido e de modos não exatamente delicados, embora seu coração fosse maior que seu próprio peito, lembrando em tudo o querido príncipe Anhanguera, se sentiu meio constrangido, mas esforçou-se para colaborar, fechando os olhos com força, tentando concentrar-se. Todavia, o que vinha à sua mente era mesmo a vontade de levantar-se em um pulo, se a idade lhe permitisse, juntar seus homens e ir imediatamente para a Cidade Alta pedir explicações ao tal principezinho.

"Tudo resolvido!", pensou num muxoxo conformado.

Abriu um olho para espiar, mas, diante do profundo estado de preces do grupo, resignou-se, tratando então de pedir a Tupã uma solução rápida para o caso.

Depois de breves momentos que, ao velho príncipe da Cidade Clara, cujo nome se dera por causa do brilho dos cristais encontrados em abundância em suas terras na época em que ela existia no vale, pareceu uma eternidade, todos voltaram e abriram os olhos.

— Ah! Até que enfim! — exclamou, não se contendo e esfregando as mãos, em um gesto automático, como se a hora fosse de se pôr mãos à obra e não de orar.

Sua atitude espontânea provocou risos, o que ajudou a desanuviar ainda mais o ambiente.

Tupayba, então, tomou a palavra e explicou, detalhadamente, os assombrosos acontecimentos que se desenrolavam em Araxá.

De quando em quando, no meio da narrativa, se ouvia um murmúrio incontido:

— Impossível!
— Inacreditável!
— Por Tupã!

A pedido do rei, Shem-han havia mandado espias, homens de sua confiança, a Araxá com ordens de se misturarem ao povo nas ruas e ouvirem tudo o que pudessem. Seu relatório tinha sido deveras impressionante.

Quando a história veio a público, quase seis luas haviam se passado desde o repentino aparecimento de Acau-hã. Longínquas e insignificantes as notícias vindas da Cidade Alta demoravam a chegar, pois nem mesmo os mercadores lá iam com freqüência, obrigando o povo a fazer o caminho inverso. Suas caravanas precisavam descer ao vale e ainda fazer longos percursos para os provimentos e escambos necessários.

Desta forma, no momento em que os amigos discutiam a situação, o filho de Jatay estava mais que estabelecido em seu trono e já governava com desenvoltura, sendo auxiliado com desmedida alegria pelo amoroso primeiro conselheiro e pelo experiente primo. Tanto Shandar como Pauetê estavam absolutamente cativados pelo jovem príncipe, de personalidade ao mesmo tempo forte e atenciosa. O futuro de Araxá estava garantido e a memória de Jatay seria resgatada com a devida honra em breve.

Tudo estaria muito bem, já que a imagem lendária da rainha-mãe Bartyra, a mulher e mãe martirizada, continuava intocada, não fosse também terem os espias trazido a informação de que o novo príncipe tinha a intenção, em momento propício, de discutir seu idêntico direito ao trono principal junto ao povo de toda a nação.

O que se falava em qualquer esquina de Araxá era que esse teria sido o desejo da rainha que, como mãe extremosa, não fazia diferença entre seus filhos e desejaria que o mais bem dotado para a gigantesca tarefa viesse a dirigir os destinos da nação. E aí, novamente, duas questões vinham à tona, para o deleite daquela diminuta população, cuja distração favorita agora era especular a respeito do assunto.

A primeira: qual dos dois, de fato, seria mais aquinhoado para a função? Tupayba, com sua sabedoria e gentileza amorável, ou o decidido, forte e simpático Acau-hã? Qual deles se daria melhor em uma hora de emergência na qual os destinos do povo estivessem em jogo, como havia acontecido quando os etíopes ameaçaram invadir a Cidade Central e derrubar o tuxauá, ainda nas terras baixas?

A segunda: quem tinha sido mais leal para com a nação? Ay-Mhoré, que não acompanhou o povo em sua hora mais difícil na ocasião do grande cataclismo que inundou o vale ou Jatay, que segurou com mão firme, não só a dolorosa migração do povo, assim como a difícil reconstrução das cidades, dando sua vida em prol do reino? Neste quesito, naturalmente se esqueciam de que fora o tuxauá quem descobrira o caminho para as terras altas e salvara a todos.

Já que a rainha, na visão popular, havia amado aqueles dois homens, qual de seus filhos teria herdado o melhor sangue para dirigir os destinos da nação?

As idéias mais tresloucadas corriam de boca em boca pelos lados da Cidade Alta e começavam agora a chegar, lentamente, às outras cidades do império Nhengatu. O povo, excitado, se esquecia de que a dinastia real que já durava quatrocentos anos era a dos Ay-Mhorés e não a de Bartyra, oriunda de uma família de nobres de terceiro escalão e sem nenhum significado maior na história da nação. Pensar em dar início a uma nova dinastia real oriunda de um príncipe de uma das doze cidades era simplesmente um golpe. Ainda mais quando havia um herdeiro da dinastia original ainda apto a reinar.

Diante da indignação do grupo ali reunido, que questionava a veracidade de toda a história, nada mais restou ao sumo sacerdote do que pedir um instante de atenção e tomar a palavra.

— Caros amigos! Por favor, se acalmem. Tenho também uma história a revelar-lhes — silenciou a seguir, como a procurar palavras para o início do relato.

De súbito, um silêncio profundo se fez no ambiente, diante do tom grave com o qual a afirmação era feita. Todos se voltaram para o sacerdote, que se mantinha plácido e equilibrado. Ityrapuan e Ravi sentados a seu lado sorriram para Tabajara, como a dizer: estamos convosco!

Este lhes sorriu de volta, ternamente, tomando de novo a palavra.

— Pois muito bem, meus amigos. Devo dizer-lhes que a história do jovem Acau-hã é verdadeira, com a exceção de um ou dois detalhes de menor importância.

O grupo surpreendido com a afirmação se agitou, com todos de repente falando ao mesmo tempo. Tinham tido, até então, a esperança de que tudo não passasse de uma grande armação.

Como apenas Tupayba não tivesse se abalado a mínima com essa afirmação e tendo Thu-ran notado, pois ele permanecia em silêncio e tranqüilo, não se conteve:

— Tu sabias? — perguntou espantado.

— Sim, amigo, eu sabia — foi a resposta simples, dita em tom baixo e com a brandura que lhe era própria.

— Por Tupã, como deves ter sofrido! — falou genuinamente condoído daquele que tinha por irmão. — Por que não me contaste? — falou sem pensar. — Estaria contigo!

Neste momento, Ararype interveio, olhando bondosamente para o jovem rei:

— Com certeza tiveste tuas razões e não é necessário que nos digas se não for de tua vontade.

Ararype se dirigia a Tupayba sem o protocolo habitual, pois o tinha como filho e o amava como tal, no que era plenamente correspondido, pois ele passara parte de sua meninice e juventude em sua casa. Aliás, ali todos se tratavam dessa forma quando não estavam em público, exceção feita aos jovens que não conseguiam quebrar as formalidades em relação aos mais velhos, diante do respeito e da admiração que tinham por eles.

— Bem sei, meu tio — tratava-o também da forma amorosa com

a qual fora habituado. — Mas é chegada a hora de partilhar este nosso único segredo. Não havíamos contado antes, pois tínhamos a esperança de que a história se perdesse no tempo e no esquecimento. Não haveria necessidade de preocupar a todos sem razão — fez uma breve pausa, para concluir em seguida: — Agora as coisas mudaram.

— Como sabes que a história é verdadeira, Tabajara? — perguntou Arary-Bhoya, aflito com aquelas discussões menores e querendo ir direto ao assunto, como sempre.

— Pois é o que vou te contar, meu bom amigo — tomou dois goles da água que lhe foi oferecida por Ityrapuan antes de iniciar seu relato.

— Vocês jovens não podem se lembrar, mas nossos príncipes aqui e também Ravi e Ityrapuan devem se lembrar do sofrimento que se acrescentou à tragédia que todos já vivenciavam quando nosso antigo tuxaua, Ay-Mhoré, decidiu sucumbir com a terra que tanto amava, dando por encerrada sua missão com seu povo. Não tinha o povo daquela época, e naquele momento em especial, condição de compreender a atitude do rei. E, quem sabe, nem agora! — fez uma pequena pausa para depois continuar:

— Nós mesmos talvez nunca venhamos a compreendê-la em toda a sua extensão. As grandes lidas para a sobrevivência, que se sucederam à grande migração do vale, fizeram que o fato fosse amenizado, quase esquecido, pois não se tinha tempo para grandes lamentações. Mais tarde, com o povo já se acomodando nas novas instalações que o destino lhe impôs, começou-se a criar a lenda do tuxauá salvador, aquele que descobriu o caminho para as terras altas e que deveria pagar com a vida o pacto que fez com Anhangá, o demônio que vivia nas montanhas e que lhe ensinou o caminho em troca de seu sacrifício. — fez nova pausa, enquanto observava as expressões sentidas de todos.

— Essa é a história, como vocês sabem, que prevalece até hoje no meio do povo mais ignorante e crédulo nos mitos criados por sacerdotes, que sempre usaram desse artifício para controlar seu comportamento ou curiosidade desde os tempos ancestrais. — Após nova pausa, continuou:

— Para a rainha, no entanto, não houve nada de glorioso no sacrifício de seu marido, avaliando todo o episódio simplesmente como um abandono; ainda mais com as fofocas que andaram correndo na época sobre uma paixão secreta de Nadja, a então suprema sacerdotisa do Templo do Vento, que antecedeu nossa boa Narayama, pelo rei e cuja fama sobre sua beleza, talento e dons paranormais está viva até hoje. A verdade é que, por razões ainda não muito claras, Nadja também não veio para as terras altas, preferindo morrer ao lado de Ay-Mhoré e de Anhanguera, como todos sabem.

Tabajara se deteve um momento ao lembrar de sua amiga, enquanto o velho Arary-Bhoya enxugava discretamente uma lágrima furtiva, também se lembrando do velho Anhanguera, que não quis subir a montanha para não abandonar seu rei na hora derradeira.

Tupayba, visivelmente emocionado, acompanhava o relato de olhos perdidos a olhar pelas grandes janelas do salão, de onde se avistava o mar batendo nos rochedos ao longe. Embora o sumo sacerdote lhe tivesse relatado toda a história tempos antes de sua consagração, algumas luas grandes atrás, falar dos pais que ele não conhecera de fato, mas a quem devia honrar, sempre lhe despertava estranhos sentimentos.

Os mais jovens, emudecidos, viam a história recente de seu povo se descortinar diante si mesmos, em um relato único e emocionante.

Tabajara contou-lhes como Bartyra se entregou ao mais profundo desânimo, tendo quase desistido de viver; neste estado de absoluta solidão à qual se autocondenara, pois não mais saía de seu mirrado palácio, na época uma mera sombra dos aposentos onde vivera anteriormente, terminou por relacionar-se com o príncipe Jatay. Igualmente solitário, longe de seu povo egoísta que não vinha visitá-lo ou ajudá-lo, e também abatido com a enorme sobrecarga de trabalho a que estava submetido, apesar do auxílio dos príncipes ali presentes, o bom Jatay também sucumbira àquela paixão.

Nestas alturas, Tupanguera, com seu nobre coração, mais preocupado com a dor de Jatay do que com o incrível fato da rainha ter tido um relacionamento logo após a morte do rei, o que parecia lhe passar desapercebido, ao contrário da maioria dos alcoviteiros de plantão por todas as cidades, comentou:

— Eu bem me lembro. Lembras-te também, meu filho? — dirigindo-se a Ityrapuan. — Tínhamos que nos desdobrar entre nossa cidade em reconstrução e o governo central. Tu ainda não tinhas dedicado tua vida ao sacerdócio. — parou um instante vasculhando as lembranças guardadas — Lembro-me bem da forma como ele definhou até a morte pouco mais de uma lua grande depois de nossa chegada às terras altas. Penso que foi demais para sua frágil estrutura sair da pacata Araxá para assumir o governo de toda a nação, completamente esfacelada naqueles tempos.

— Bem me lembro, meu pai — foi a resposta comovida do jovem sacerdote.

— Lembra-te também, amigo? — Tupanguera finalmente perguntou para Arary-Bhoya, que se limitou a concordar balançando a cabeça, para emendar em seguida:

— Mas, por Anhangá, homem! Por qual razão essa criança não foi simplesmente trazida a público? E por onde ela andou todo esse tempo? Tiveram medo do que o povo pensaria? Mas por mil diabos! Que bobagem! — explodiu o gigante em sua voz de trovão.

Iandé, sempre calmo e equilibrado, opinou:

— Não creio, meu príncipe, que seria assim tão fácil. Ainda hoje vós podeis ver a reação do povo. Mexericos por todos os lados. Maledicência, má vontade, calúnias de todos os tipos. Nem sei o que poderia ter acontecido.

— Tens razão, meu filho — falou Tabajara com a testa franzida, buscando pela memória as cenas que havia presenciado no clímax daquela tragédia. — Creio que nossa amada rainha não teve forças para enfrentar. Nem mesmo o nobre conselheiro Turyassu, quase um pai para ela, ficou sabendo de sua gravidez. Ninguém de fato soube, além dela própria, de sua serva de confiança, de seu chefe da guarda e de Jatay, naturalmente.

— E o que foi feito da criança, esse tal Acau-hã? — resmungou Thu-ran, já de má vontade para com o bastardo.

Tabajara fingiu não perceber o arroubo do amigo fiel a Tupayba, respondendo simplesmente:

— A rainha morreu no parto e a criança desapareceu. Jamais foi encontrada. Jatay já estava doente quando isso aconteceu, entristecido com toda a situação, pois partilhava de tua opinião, Arary-Bhoya. Queria simplesmente anunciar o filho e levá-lo embora para Araxá, juntamente com Bartyra ou então ficar com as duas crianças e ajudá-la a reinar, o que ela achasse melhor. No entanto, ela deve ter tido medo. Confessou-me no dia da morte da amada. A história do assalto por bandoleiros foi inventada por Turyassu para poupar justamente a honra dela e de Ay-Mhoré, pois, como bem previu Iandé, o povo jamais entenderia.

Estavam todos boquiabertos com o incrível relato. Então a rainha não fora assassinada. Então esse filho realmente existia. Então o príncipe Jatay morrera de desgosto. Eram muitas informações para um só momento e Tabajara deixou os companheiros extravasarem um pouco de suas emoções. Trocou um olhar com Tupayba, como a confortá-lo e, no discreto sorriso que recebeu de volta, teve a certeza de aquilo não mais o abalar.

Sorriu também.

"Meu menino cresceu!", pensou ainda sorrindo, enquanto os outros faziam mil perguntas e conjecturas.

Shem-han, como bom militar, tomou a frente e, como a pôr ordem na reunião, falou um pouco mais alto dirigindo-se ao sacerdote:

— Mas, Excelência, onde esteve esse jovem todo esse tempo?

— Boa pergunta, meu filho. A resposta que tenho é uma outra história, ainda pior que esta.

Todos se calaram instantaneamente e se entreolharam espantados.

— Pior, Excelência? Não é possível! — exclamou Apoena, consternado.

— Eu lamento, meu filho, mas é verdade. O fato é que, embora a história da volta de Acau-hã possa vir a ser um transtorno, devemos nos alegrar com a sobrevivência daquela criança inocente, vinda ao mundo em meio a tantas desgraças e calamidades. Ele é o único que, absolutamente, não tem culpa de nada, não achas?

Ninguém, além dos iluminados Ravi e Ityrapuan, havia pensado nisso e, de imediato, todos se sentiram mais ou menos envergonhados, especialmente Thu-ran, que não cessava agora de balançar a cabeça concordando com o sacerdote, que sorria satisfeito ao confirmar uma vez mais a boa índole de todos naquele grupo.

— Tupayba se propunha até a recebê-lo de braços abertos — informou.

Todos olharam para o tuxauá, que ainda se encontrava calado e tranqüilo.

— Só tu mesmo — comentou Thu-ran admirado com a bondade do amigo. — Pois eu, apesar de tudo, daria um pé no seu traseiro, caso ele me ameaçasse.

Apesar da situação dramática, Tupayba não pôde conter uma risada, assim como quase todos, diante de tanta sinceridade.

— Bem sei, amigo. Bem sei. Que Tupã te faça meu amigo para sempre — falou divertido.

A intervenção de Thu-ran ajudou a serenar um pouco os ânimos, a ponto de encorajar Tabajara a dar o golpe final.

— E quem o levou foi um mago negro de nome Omandyas, que nos ronda de novo desde a confirmação de Tupayba, quase dez luas atrás.

Foi como se uma ducha gelada caísse sobre todos. Ninguém se atreveu a dizer uma só palavra. Shem-han instintivamente apertou o cabo de sua espada, pronto a defender o grupo do que quer que fosse. O mesmo fez Arary-Bhoya.

Tabajara concluiu tranqüilamente:

— Ele chegou da Terra Mãe algum tempo antes do maremoto, travestido de humilde sacerdote dos templos de ensino. Eu descobri quem ele era, pois não fez mesmo a menor questão de se disfarçar para mim. Tinha poderes extraordinários e se associou mais tarde a Azamor na conspiração que, sabeis, aconteceu para tentar derrubar o rei. Findo os combates e presos os principais conspiradores, uma grande confusão se instalou na ocasião da fuga necessária para as terras altas. Nesse ínterim, ele, assim como muitos asseclas de segundo escalão, desapareceu completamente e hoje não sei ao certo se está encarnado ou se habita o astral, mas sinto sua presença fortemente. Acredito, no íntimo, que não desencarnou.

— E como sabeis que foi ele que levou o menino? — perguntou Tupanguera.

— Deduzi no momento que o senti de volta pela primeira vez. Foi exatamente nos dias que antecederam a confirmação. Não podia ser coincidência. De qualquer forma, ele nunca mais veio a mim para um embate direto. Agora, a volta repentina do jovem Acau-hã reclamando a disputa do trono faz todo sentido, pois a conspiração de Azamor era justamente para fazer de seu cupincha Arary, o velho e vaidoso príncipe da Cidade Leste, o novo tuxauá, para que ele próprio pudesse ascender ao poder por trás dele, que seria apenas uma figura decorativa. Naturalmente, depois do poder conquistado, o poderoso mago negro faria com o tolo sumo sacerdote o que nosso bom Thuran gostaria de fazer com Acau-hã.

Embora o momento fosse grave, aqueles que haviam conhecido Azamor caíram na risada. Era muito prazeroso imaginar aquela raposa velha levando um pé no traseiro.

— Ah! Como eu gostaria de ter podido fazer isso pessoalmente! — falou o velho Arary-Bhoya, socando o punho na enorme mão espalmada.

O nobre Ararype, que acompanhava o pensamento do velho amigo com atenção, tentava juntar todas as peças:

— Mas Tabajara, para que um mago negro haveria de querer o governo da nação? O deplorável do Azamor vá lá! Não valia mesmo uma maçã podre, mas um mago? Nunca ouvi falar em uma coisa dessas. Aliás, nem sabia que magos desse tipo ainda existissem de verdade.

— Talvez porque esses assuntos transitem em uma outra esfera, Ararype, que diz mais respeito aos clérigos. Não se pode sair alardeando por aí que há um mago negro ali na esquina, não achas?

— Sim, mas mesmo assim não compreendo. Não têm eles já um poder extraordinário que transcende as coisas da matéria?

— Não te esqueças que, por trás de magos poderosos, existe simplesmente um ser de moral duvidosa sempre aspirando alguma coisa, sempre querendo intervir no rumo natural das coisas, não medindo conseqüências para conquistar o que quer. E se estiver transitoriamente encarnado, por que não quereria o poder de governar outros homens?

Como todos continuavam mudos a olhá-lo e aguardando o fim da história, ele simplesmente continuou:

— Muitas e muitas luas grandes atrás, antes mesmo de nossa migração, chegaram até a Terra das Araras Vermelhas notícias de lutas que vieram a destruir completamente cidades no velho continente e também ao norte da Terra das Estrelas envolvendo poderosos magos negros vindos de Mu em um dos grandes barcos voadores que, naquela época ainda existiam, pois não haviam ainda sido destruídos por completo. Infelizmente, a maior parte desses magos era originalmente formada por sacerdotes. A magia negra grassou nos templos da luz naqueles tempos.

De olhos arregalados, Thu-ran não resistiu e perguntou:

— Barcos voadores, Excelência? Por Tupã! Que maravilha haviam de ser.

— Realmente, meu filho, mas tiveram que ser banidos pelos deuses que os haviam trazido, para equilibrar as forças da natureza. Aquilo que no principio havia sido um bem estava sendo usado indevidamente para a destruição e para a guerra. Originalmente, haviam sido trazidos das estrelas para auxiliar nas grandes construções e no deslocamento dos povos. Eram chamados de vimanas.

Como se quase todos o olhassem de olhos ainda mais arregalados, Tabajara percebeu que, ao invés de consertar, estava piorando as coisas e prometeu:

— Meus queridos amigos, esta é outra longa história que não vem ao caso no momento. Prometo contar-vos em outra ocasião, pois nossos problemas no momento são outros.

— Incrível! — continuava a sussurrar Thu-ran para si mesmo,

absolutamente fascinado com a idéia de voar como um pássaro.

— Mas continua com o que dizias antes — pediu Ararype.

— Sim, sim. Por aqui, no sétimo continente, os tais magos foram aniquilados com o auxílio de um desses deuses, mas uma infinidade de pessoas já havia sido morta. Posteriormente eles voltaram e uma das magníficas cidades do norte, alcunhada de Cidade das Pedras, foi completamente destruída. Muitas desgraças aconteceram. O que quero dizer é que não é de se estranhar o desejo de poder de uma criatura dessas. Com Azamor e seus comandados fora de combate e aparentemente sem outros comparsas importantes encarnados, por que não traçar um plano a longo prazo e ter o poder chegando às suas mãos sem esforço e sem risco evidente? Afinal, magos negros também podem ser mortos. Por que arriscar?

— Compreendo. Seqüestra a criança, a cria, sabe-se lá como, e a torna um pau mandado seu. Poderoso como tu o dizes, ele pode perfeitamente, com uma magia qualquer, ter feito a cabeça do jovem Acau-hã para a tomada do trono. É maquiavélico, mas perfeito! — concluiu Ararype.

— Deveras! — exclamou Tupanguera atônito.

Iandé, sempre objetivo, levantou-se e caminhou até uma das grandes janelas, em silêncio, como se estivesse a pensar. Passou o olhar por seu mestre Tupanguera e, a seguir, comportando-se como se espera de um futuro grande conselheiro, dirigiu-se a todos:

— Apesar da gravidade da situação, não podemos ficar aqui parados apenas tentando compreender todos os detalhes, um a um, pois, enquanto isso, a notícia corre entre o povo menos preparado e sempre ávido por uma boa intriga. E também entre os nobres alcoviteiros. E se estamos falando das manobras furtivas de um mago negro por trás de toda essa história, com certeza, depois de tanto esperar, ele está se preparando para os próximos passos. Não podemos contar com a compreensão e a cumplicidade do povo com seu rei. Nem mesmo o grande Ay-Mhoré está sendo poupado. Não podemos delegar ao povo a missão de resolver o problema, pois está sendo enganado e conduzido. Temos que agir agora! — declarou com firmeza.

Tal declaração deixou todos em silêncio, pois era razoável. Como esperar que aquelas pessoas ignorantes compreendessem que estavam sendo manobradas por um mago negro? Aliás, a simples menção dessa possibilidade acarretaria, certamente, outras tantas histerias coletivas. Era preciso intervir. Mas como?

Novamente, todos começaram a falar ao mesmo tempo, quase que pensando alto. Tabajara, que ainda permanecia em silêncio, sentiu, de repente, uma profunda tristeza invadindo sua alma; em seguida, teve uma rápida visão do futuro: viu lutas ferozes, onde homens armados com lanças atiravam outros homens em águas turvas de sangue, nas quais pululavam monstros horríveis que se deliciavam destroçando as carnes dos que lá caíam; muitos ainda vivos. Ouviu seus gritos angustiados. Viu mulheres desesperadas correndo segurando crianças pequenas no colo e arrastando outras pelas mãos. Viu também cidades inteiras em chamas com o povo correndo desnorteado pelas ruas destruídas.

Segurou um grito abafado de dor ao ver o palácio em chamas e as pessoas mortas pelos corredores e nos jardins, cheios de fuligem e entulhos. Entre os mortos, no átrio de entrada, estava justamente o fiel Shem-han, já mais velho, ainda segurando a espada em uma das mãos e na cintura, preso a seu cinto e coberto de sangue, identificou o pequeno estandarte com o brasão do tuxauá que enfeitava a sala da guarda palaciana. O bravo lutara até a morte por seu rei.

Lágrimas furtivas rolaram pela face do sacerdote. Compreendeu em um átimo aquilo que pressentia e tentava esconder de si mesmo: de alguma forma, o império tinha mesmo seus dias contados. Provavelmente, ninguém poderia impedir que mais esse ciclo chegasse ao fim, pois se tratava de toda uma civilização e não apenas da vontade de alguns poucos indivíduos. Todavia, talvez algumas dessas desgraças pudessem ser, ao menos, amenizadas, visto que ainda não tinham acontecido e o futuro, como o compreendia, dependia do hoje e do instante seguinte.

Poderia, de qualquer modo, esse suposto futuro ser mudado? Parte dele talvez? Como? Seria lícito tentar?

"Oh! Quão enigmático é isso que os homens chamam de tempo!", pensou.

Meditando sobre o tempo, lembrou-se do enxame de benzedeiras e de magos fajutos que se espalhavam pelas cidades alardeando o futuro das pessoas. Quanta inocência. Somente partes divinas da grande consciência cósmica, estes seres maravilhosos como o grande morubixaba, por exemplo, poderiam ter acesso tão irrestrito a tão sublimes informações. E, mesmo assim, não as disponibilizariam a qualquer um, até porque estes não conseguiriam se conectar com eles. De qualquer forma, apenas nobres razões poderiam abrir aos homens um vislumbre do véu dos tempos e jamais interesses pessoais.

Essas sábias porções da consciência universal deixariam, talvez, como naquele momento em especial, que migalhas do porvir pudessem ser captadas sem alarde, de forma apenas lógica, seguindo apenas o desenrolar óbvio da história das humanidades? Muitos, em todas as épocas, se alardearam magos ou curadores mais em função de sua própria vaidade do que qualquer outra coisa. E acreditavam, mesmo, que se conectavam com os deuses com grande estardalhaço. Como se o óleo pudesse se misturar com a água.

Como podiam seres vaidosos de seus supostos poderes, instados ainda por seus impulsos inferiores, se conectarem com os deuses? Até quando os homens acreditariam nisso? Estariam estes desmandos de ordem espiritual também contribuindo novamente para que mais um ciclo se aproximasse do fim?

Estava ainda nesse estado quando novamente a voz do mestre se fez ouvir em sua mente, suave e quase alegre como o borbulhar das águas de um pequeno riacho:

"Filho meu, aquieta teu coração. Isso que vês é, sim, o futuro, mas também é o passado, pois o tempo, como sabes, não existe, assim como as injustiças. O grande objetivo universal é o crescimento, a evolução, na qual, no infinito destino, encontramos o início e o fim, o mínimo e o todo, a verdade do amor universal. Na dimensão presente, entendemos o tempo como um caminho em que os passos formam o presente, as pegadas, o passado, e o caminho à nossa frente, o futuro. Todos podemos lembrar do caminho já percorrido e ver a alguma distância o futuro, mas não podemos prever se algo, alguém ou nós mesmos, modificará nossa caminhada, alterando o que estávamos observando a alguns passos atrás. Se mudamos de direção, criamos um novo rumo em nossas vidas e nosso futuro se modificará por nossa decisão. Nosso futuro é de nossa escolha, mas levamos influência ao caminho de todos os seres, aumentando nossas responsabilidades. Os deuses indicarão sempre a direção. Cabe a nós segui-la. Nessa trajetória, as humanidades haverão de compreender, um dia, que somos todos responsáveis por nossas escolhas e, após muitos desvios, perceberemos que não existe alternativa ao único caminho da eternidade.

Que nossas trilhas sejam iluminadas pela luz do amor, em que a consciência será o mapa na estrada da evolução. E, assim sendo, filho meu, deixa teu povo seguir o caminho por ele escolhido ao longo das eras com as decisões pretéritas, pois a estrada sempre haverá de continuar, aqui ou em outro lugar. Tudo vai passar. Paz em teu coração e no coração de todos os seres!"

Da mesma forma suave que chegou, a voz de Payê-Suman se foi, deixando no ambiente um suave aroma de flores. Lentamente o sacerdote abriu os olhos úmidos e, confortado com as sábias palavras do mestre, sorriu, envolvendo todos os amigos no mais puro amor.

Embora tivesse tido a impressão de que se expandira por um longo tempo, percebeu que, provavelmente, foram segundos, pois à exceção dos dois jovens sacerdotes que o olhavam com brandura e pareciam também voltar de algum lugar, os demais continuavam a conversar de forma acalorada.

Depois de uns instantes, já refeito das emoções despertadas sempre que o mestre se fazia sentir, pois obviamente não conversavam por palavras, levantou as mãos, pedindo em tom baixo, quase sussurrando:

— Amigos! Amigos! Por favor... Vamos nos organizar.

Foi o bastante para todos silenciarem. De forma ordenada, cada um foi dando sua opinião sobre o que fazer, desde os extremistas Thu-ran e Arary-Bhoya, até os sensatos Ararype e Iandé, passando pelo pacato Tupayba, mas a conclusão a que se chegou foi que ninguém, nem mesmo o experiente príncipe e conselheiro Tupanguera, sabia como lidar com magos negros. A conclusão óbvia é que os sacerdotes ali presentes deveriam encontrar uma solução.

— Bem, bem. Então está bem. Do mago, cuidamos nós; Ityrapuan, Ravi e eu pensaremos em alguma coisa, mas vocês precisam traçar um plano para neutralizar as notícias que vem de Araxá — falou Tabajara, meio desconsolado com tão difícil tarefa, enquanto os jovens religiosos suspiravam resignados.

Shem-han emendou:

— Além disso, temos que achar um meio de convencer Acau-hã da bobagem que está fazendo.

— Receio que seja praticamente impossível neste momento, meu filho — atalhou o sacerdote, olhando comovido para aquele que um dia poderia vir a dar sua vida pela nação, para completar em seguida:

— Se o jovem estiver magiado, e deve estar, não vai perceber o absurdo da situação. O que quero dizer é que palavras não encontram eco no coração de pessoas nessas circunstâncias. Apenas o amor poderia abrir uma fresta nessa couraça.

Se adiantando a todos, Tupayba tentou tomar para si a empreitada:

— Então acredito ser minha esta tarefa. Acho que é meu dever ajudar este meu irmão — disse emocionado.

— Com todo o respeito, meu amigo — voltou Shem-han —, acredito que teu dever é cuidar da nação e não poderás fazê-lo caso estejas morto.

Todos o olharam surpresos.

— Vocês acreditam que Tupayba não esteja mesmo correndo perigo de vida com esta confusão? Ora, por que razão o mago ou até, quem sabe, Acau-hã o poupariam já que ele é o maior entrave aos seus planos, obviamente?

Ararype concordou de imediato:

— Creio que Shem-han está coberto de razão. Como não nos demos conta disso? Tupayba tem que ser protegido e não se expor a ir a Araxá ou outros lugares nestas alturas.

— Concordo plenamente. — atalhou Ravi serenamente, sendo seguido por Tupanguera e Apoena.

— Deixa que lutamos por ti, amigo! — falou Thu-ran, emocionado e decidido. — Minha espada é tua espada.

— Bem sabemos, Thu-ran — interveio Ararype. — A tua e a de todos nós.

Tupayba, emocionado, ainda tentou convencer os presentes daquilo que julgava um exagero. Não queria ficar preso ao palácio vendo os amigos lutando sozinhos. Em uma última investida, implorou a Tabajara que o deixasse ir até Acau-hã. Embora fosse o tuxauá e não devesse satisfações de seus atos a ninguém, jamais passaria por cima da opinião dos leais amigos e, em especial, do sumo sacerdote.

— Deixa-me tentar.

Bondosamente, o clérigo o apaziguou:

— A hora devida desse encontro ser público vai chegar, meu filho, pois parece inevitável. Por enquanto, te resguarda e espera. Talvez possamos até trazer o jovem Acau-hã para uma entrevista contigo aqui no palácio ou em Áries. Quem sabe? Mas, agora, a responsabilidade com teu povo é maior do que aquela que tens com esses teus amigos, que compreendem o momento e nunca vão te faltar. Ninguém te recriminará se ficares na proteção do palácio e, além do mais, de nada adiantará a luta de todos, se fores neste momento morto por um deslize passional teu ou de algum outro cidadão envolvido nessa confusão. Creio que devamos dar ouvidos a teu sábio primeiro oficial.

Tupayba apenas suspirou conformado. No fundo, sabia que eles todos tinham razão.

— E o que decidimos a respeito das outras questões? — perguntou Arary-Bhoya, já meio aborrecido com tanta conversa. Quanto mais velho, mais impaciente e ranzinza também se tornava, para o deleite de Tabajara, que cada vez o via mais e mais parecido com Anhanguera, que já teria pegado o infeliz Acau-hã pelo pescoço há tempos.

E, como sempre, Ararype tinha um plano. Infelizmente, sem que soubessem, era um pouco tarde para uma solução pacífica e definitiva, pois Omandyas também tinha planos.

Capítulo 16
A volta do mago

Nesse meio tempo, em algum lugar nas terras de Aratimbó, um velho mago se preparava para o golpe final, exatamente como previra Iandé, o jovem aprendiz de conselheiro que já começava a superar o mestre no ofício.

Reunidas com Sham-buya na velha casa do curador situada nos confins da cidade, as duas velhas raposas tinham liberdade total para confabularem.

Omandyas começava a demonstrar alguma impaciência com a demora de Acau-hã em mandar notícias. Várias luas já haviam passado desde que assumira o trono de Araxá e até agora nem um único mensageiro havia aparecido por aquelas bandas. Era tempo de iniciarem uma investida definitiva. Já havia esperado tempo demais. Estava ficando velho e não queria mais adiar seus planos.

— Talvez ele ainda não tenha homens de confiança a quem determinar o serviço, Excelência — arriscou Sham-buya, também já muito entrado nos anos, mas ainda sempre subserviente na frente do mago negro.

Omandyas olhou-o de má vontade enquanto andava de um lado para o outro no espaçoso aposento que servia de sala, cozinha e quarto. Vestia-se discretamente, sem a pompa de antigamente, como parte de seu disfarce.

Como muitos dos envolvidos, durante todo o tempo que havia passado desde o fim da primeira tentativa frustrada de tomada do poder liderada por Azamor, ele também desapareceu do mapa, não sem antes pilhar considerável fortuna, que carregou mais tarde para as terras altas. Para isso, pagou generosa soma a uma dúzia de interesseiros arregimentados das pequenas hordas que vagavam pelo reino em meio ao caos que se instalou no período entre a derrota dos conspiradores e o grande cataclismo; muitos auxiliares e seguidores insignificantes de terceiro escalão estavam órfãos de seus senhores, que haviam sido presos ou mortos pelas tropas fiéis ao tuxauá.

Os mesmos homens terminaram por tornar-se seus serviçais, construindo, posteriormente, sua cabana e outras dependências modestas para eles mesmos no entorno.

Após todos os arranjos para se instalar, tratou de acabar com aqueles que lhe pareciam muito ambiciosos, dominando os demais com magia e corrupção, designando o mais esperto deles, de nome Abaeté, como chefe dos demais e apenas se comunicando diretamente com este. Cercava-se, então, astutamente, de alguns seguidores fiéis, que logo acharam nele um novo amo, incapazes de raciocinar e agir por si mesmos. Suspeitavam que fosse um bruxo, no que não estavam absolutamente errados, temendo-o, mas locupletando-se dos trocados, da segurança e da mesa farta que ele lhes proporcionava em troca da manutenção e guarda do lugar. E também em troca de seu mais absoluto silêncio.

Mesmo com toda a sua magia, não teve condições de ir para um lugar melhor e completamente seguro, pois não havia mais para onde ir naquela terra selvagem. Os grandes barcos de comércio tinham desaparecido junto com o porto e, somente agora, quase três dezenas de luas grandes depois, começavam a voltar, meio que ao acaso.

Sua cultura e modos, de certo, o denunciariam onde quer que fosse e, desta forma, passou a maior parte do tempo nas longínquas terras do fraco príncipe Ubiracy. Acobertado pela ignorância do povo e por nobres de má índole, que se digladiavam por tudo, desinteressados de qualquer um em especial, logo desapareceu no meio da multidão enlouquecida e terminou se instalando em uma confortável cabana nos arredores de uma floresta próxima, localizada, convenientemente, no sopé das terras da Cidade Alta.

De lá saía apenas e de forma despercebida para visitar seu pupilo. Primeiro, no abrigo de Aleutar, nas montanhas próximas e, depois, nas terras de Aratimbó, onde Acau-hã passou a juventude sob os cuidados do falso escriba.

Embora achasse que ninguém do palácio soubesse de suas relações com o antigo sumo sacerdote, não podia se esquecer de Tabajara, que certamente viria em seu encalço, caso estivesse disponível para ser preso. Também não tinha absoluta convicção se o mago branco o buscava pelo astral. Algumas vezes, nos últimos tempos, estiveram quase por se encontrar quando o sacerdote, desdobrado, captou suas emanações. A idéia de medir forças com o desafeto não lhe era nada atraente, pois conhecia bem o seu poder.

"Enxerido! Preciso arranjar uma maneira de acabar com ele", pensava em um muxoxo, sabendo que ele seria sempre uma pedra em seu sapato. Uma pedra na qual não conseguia tocar, envolvido em uma aura inexpugnável e protegido por um batalhão de servidores espirituais. Resmungando, deixava-se cair em uma cadeira, desconsolado e prevendo a dificuldade da empreitada.

Às vezes ficava horas perdido em seus devaneios malignos, sendo observado em silêncio pelo subalterno. Gostaria de ter voltado para a Terra Mãe, mesmo sabendo que pouco devia ter sobrado dela, mas não havia meios para isso naquele lugar maldito. Grandes animais ainda habitavam as florestas e os rios. Insetos gigantescos voavam em enxames destruindo tudo o que encontrassem à sua frente. Não raro, se tinha conhecimento sobre a notícia de alguém que fora morto por algum animal. Não havia saída, senão continuar com seus planos.

Embora vivesse quase confortavelmente em seu esconderijo da floresta, mantendo as feras a distância com a ajuda de artificiais criados especialmente para a função, começava a se impacientar de vez. Fazia grandes incursões pelo astral para quebrar a monotonia e para se encontrar com outros magos de segunda ou terceira categoria, que sempre rondavam as terras altas. Conectavam-se facilmente uns com os outros, como moscas atraídas para o mesmo lugar fétido.

Todos, no entanto, enfrentavam um astral desestabilizado depois dos grandes cataclismos que assolaram a região. Pareciam não se dar conta do perigo que também corriam. Os grandes magos negros já tinham, espertamente, se retirado para lugares mais seguros, deixando para trás os demais ou então, desencarnados, haviam trocado as trevas pela luz, depois de milênios. A maioria, no entanto, continuava a pulular pelo astral de forma inconseqüente.

Voltando à casa de Sham-buya, que pacientemente esperava seu mestre se decidir a lhe dar alguma atenção, encontra-se Omandyas à beira de um ataque de nervos, muito diferente daquele mago imponente que um dia havia adentrado o Templo de Leo irradiando sua empáfia presunçosa.

— Basta! — gritou de repente, assustando o velho curador, que dormitava recostado no espaldar de uma grande cadeira e quase teve um ataque do coração. — Arrume tudo, que vamos tocar para Araxá! — ordenou sem sequer perceber que o outro o olhava com os olhos esgazeados de quem não se deu conta ainda do que está acontecendo.

E, como se Sham-buya titubeasse, foi para cima dele aos berros, o que não era de seu feitio:

— Mexa-se, homem! Quero partir ao amanhecer!

Ainda sentado e sem compreender direito, o homenzinho se encolheu, mas ainda arriscou:

— Mas, mas... Meu senhor... Não achais precipitado irdes dessa maneira ao encontro do príncipe?

— Ousas dizer que estou errado? — vociferou.

O velho tratou de se esforçar:

— Não, é claro que não! Só estava pensando que não vos é comum ficar tão... tão... — procurava palavras — ...emocionado.

Omandyas se deu conta de sua explosão e, em um passe de mágica, se recompôs, arrumando a roupa e passando a mão nos cabelos grisalhos, lisos e a meia altura dos ombros.

Voltando a seu tom de voz baixo e furtivo, falou ao auxiliar de forma quase doce:

— Não te enganes, meu caro Sham-buya. Acau-hã é jovem e impetuoso, mas, ao mesmo tempo, inexperiente. Apesar de sua fidelidade a mim, alguém pode virar sua cabeça. Tu mesmo o disseste.

Sham-buya o olhou sem entender a que se referia, ainda meio apavorado, pois poucas vezes tinha visto tais arroubos. Até para mandar matar alguém, ele o fazia com aparente frieza. De fato, não sabia mais se tinha mais medo de seus gritos ou de seu habitual silêncio impenetrável.

— Não te lembras? — insistiu o mago.

Fez um esforço supremo puxando pela memória, mas a idade já não lhe permitia lembrar das coisas no exato momento que era solicitado; ainda mais estando nervoso, como era o caso.

— Não sei exatamente do que devo me lembrar, mestre. — balbuciou.

Omandyas cobriu-se com sua capa em um gesto elegante ao se sentar numa poltrona puída, com aquele meio sorriso enigmático estampado na face, que Sham-buya tão bem conhecia, voltando a seu modo altivo, controlado e afetado.

Quase que falando para si mesmo, recordou o episódio da confirmação de Tupayba, quando o jovem Acau-hã pareceu enlevado, para não dizer fascinado, pela figura angelical do irmão.

Em um instante, o curador se lembrou e percebeu que o mago estava certo. O silêncio de Acau-hã, se bem pensado, era mesmo preocupante. Havia um quê no jovem príncipe que o confundia, especialmente nos anos que seguiram ao seu primeiro encontro com Tupayba. De forma espontânea, ora se referia ao irmão com raiva, ora com a mais genuína admiração. O olhar cândido e puro do príncipe herdeiro havia mexido com o jovem, até então decidido a lutar pelo trono.

Deixou, então, escapar, com sinceridade incomum, para o agrado vaidoso do outro:

— Vós sempre tendes razão — afirmou, sem explicar os porquês, ao que o outro respondeu satisfeito e fingindo consideração:

— Bem sei, meu caro, bem sei o quanto te tomaste de afeto por nosso Acau-hã, embora te finjas de indiferente — falou, amolecendo ainda mais o coração de Sham-buya, um pilantra em fim de carreira, que não tinha mais a força necessária para grandes falcatruas. Depois completou:

— Eu também tenho grande estima por ele — mentiu, sem nenhum pudor, enquanto pensava:

"Maldito moleque. Eu o mato se botar tudo a perder".

Omandyas sempre o colocava a comer na palma de sua mão, revitalizando sua lealdade, pois ainda precisava dele, da mesma forma que precisou de Aleutar um dia.

O velho se colocou de pé com alguma dificuldade.

— Terei tudo pronto ao cair da noite, mestre. Sua ordem será cumprida. — Ia ainda perguntar quais eram os planos para a ocasião da chegada a Araxá, mas o mago apenas assentiu satisfeito levantando-se.

Em seguida, virou-se em um rodopio vistoso e saiu, sem uma só palavra, deixando o serviçal com cara de bobo, sem saber o que aconteceria exatamente.

O sacerdote das sombras estava também ficando velho e muito impaciente com a demora na concretização de seus planos, enquanto seu já velho assistente, por sua vez, se impacientava com sua agitação. Sham-buya preferia mais ficar sentado à beira do fogão nas noites frias a saborear uma sopinha do que se imaginar correndo atrás de um trono improvável e também dispensável nestas alturas de sua vida. Mas Omandyas era obstinado e não daria nunca o braço a torcer. Usar o pupilo para chegar ao palácio real havia se tornado uma obsessão e a própria razão de sua existência. Para o fajuto curador, seu mestre estava perdendo o juízo, o que não faria nenhuma diferença, desde que sua mesa estivesse sempre provida.

A surpresa do amor

Enquanto isso, em Araxá, o jovem Acau-hã se deslumbrava com o inusitado e genuíno carinho que ora recebia de todos. Emoções desconhecidas afloravam em seu coração a cada minuto diante das demonstrações de apreço, admiração e quase endeusamento com as quais era agraciado por seu povo e pela repentina família, que o cercava de mimos.

Impossível, mesmo para alguém criado para ser frio e calculista, não se deixar levar, ainda que temporariamente, por tão envolventes manifestações de afeto com as quais fora acolhido por aquela gente simples e desinteressada.

Pauetê não tivera filhos e, já em seus 50 e poucos anos, a chegada do primo tinha sido um presente dos deuses. De saúde frágil, preocupava-se com a continuidade do trono e não via na parentela próxima alguém em condições de substituí-lo. Gente sem ambição e quase inocentes, talvez até pelo distanciamento crônico que viviam do resto da nação há gerações, os jovens da corte de Araxá eram um pouco diferentes dos outros nobres das demais cidades. Pareciam nunca ter se dado conta de que alguém teria, necessariamente, que substituir o afável Pauetê quando seu tempo chegasse.

Acau-hã, ao contrário, vinha pronto para assumir o poder, com evidente competência e, dádiva das dádivas, disposto a limpar a memória do amado príncipe Jatay. Até então, ninguém se arvorara em justiceiro, se limitando todos a se lamentar de forma indignada.

A chegada repentina de um príncipe forte e decidido, talhado à mais pura imagem de seu pai, contribuiu para que o povo da Cidade Alta continuasse em sua letargia mental, vivendo cada dia de forma despreocupada, como se o mundo não existisse do lado de fora de suas fronteiras. Palco perfeito para os planos de Omandyas que, no entanto, começavam a oscilar perigosamente, no mesmo ritmo dos novos sentimentos de Acau-hã.

Mas o mago movido por sua maligna e aguçada sensibilidade percebeu o perigo se aproximando, decidindo abrir luta franca e imediata ao sentir o sacrifício de tantos anos indo por água abaixo.

A luta tinha que começar.

Capítulo 17
O fio da navalha

O tão esperado confronto entre o bem e o mal agitava os planos sutis da Terra dos Ay-Mhorés, local destinado originalmente a colher as glórias perenes de uma grande civilização nas salvadoras terras do sul, pulsava agora de forma quase agonizante.

Hordas de entidades trevosas que nada tinham a ver com o assunto, circulavam impunes, aliciadas pela vontade dos homens, se aproveitando do momento de desequilíbrio mais acentuado dos nhengatus de forma oportunista.outras, conectadas aos magos das sombras, se organizavam de forma a intuir negativamente nos indivíduos mais fracos, hesitantes na fé ou de caráter duvidoso, que as atraíam, fechando o cerco especialmente em volta dos mais influentes.

Enquanto a farra corria solta no astral, no plano físico os acontecimentos se precipitavam.

O plano de Ararype foi colocado em ação e consistia quase da mesma estratégia dos servidores da mão esquerda: espalhar entre o povo, por meio de espias enviados a todos os cantos do reino, a mensagem oposta, isto é, incutir na cabeça das pessoas a legitimidade da sucessão do trono dos Ay-Mhorés pelo filho único do rei. Acau-hã era, decididamente, de outra linhagem, o que contrariava os preceitos históricos da nação imperial desde a sua fundação. Nunca um só tuxauá que reinara viera de outro ramo ascendente que não o dos Ay-Mhorés, como fora decidido desde o princípio por determinação de Zac, o grande rei fundador, sob a orientação de Payê-Suman, o mestre maior que já passara pelo vale das araras. Como ousavam querer contrariar o grande morubixaba? Sacrilégio, de certo.

Ararype apostava na crendice do povo, avaliando que o momento era o de usar as mesmas armas. Além do mais, o povo de Araxá se encarregara, quase ingenuamente, de derramar por toda a nação a idéia de que a disputa seria válida.

— Ora, então faremos a mesma coisa só que de forma planejada — sentenciou Ararype ao grupo reunido no palácio do governo naquele dia em que os amigos se congregaram em torno de Tupayba.
— Em cima de uma dúvida de natureza ética, colocaremos outra, mais abrangente e compreensível, de natureza religiosa, visto que a orientação veio de Payê-Suman em pessoa, se é que posso falar dessa forma — emendou, olhando rápido para Tabajara a procurar consen-

timento para a suposta ousadia.

Bem havia aprendido Ararype, por intermédio de Nadja, a doce e bela sacerdotisa da dança, ainda no antigo Templo do Vento, quando ela o havia iniciado nos assuntos da mente e do espírito, que o morubixaba havia se apresentado aos homens daquela época em corpo supra-físico e desapareça depois misteriosamente, da mesma forma como aparecera, sem deixar vestígios. Um ser mágico vindo diretamente das estrelas no auxílio da nação que se formava.

Captando os pensamentos do amigo, Tabajara se limitou a sorrir aprovando, sendo acompanhado por Ityrapuan, que notara o constrangimento passageiro do príncipe e, naturalmente, tinha amplo conhecimento das coisas do espírito e da história. Ityrapuan também sabia que o mestre ainda mantinha contato com seus amados filhos atlantes por intermédio do sumo sacerdote.

Depois de um momento e sem ter notado o pequeno incidente, Shem-han foi o primeiro a dar sua opinião.

— Brilhante! Simplesmente brilhante! — falou entusiasmado.
— Devias ser militar, amigo. Tua estratégia é desconcertante e inesperada, como deve ser todo ataque de armas.

— Concordo plenamente — arrematou Thu-ran, se voltando para Ararype. — Não sabia que eras tão ardiloso, meu pai. — falou, denotando admiração.

Neste momento, Tupanguera interveio rindo e serenando um pouco o ambiente pesado que a situação delicada impunha:

— Não sabias, meu jovem, que teu pai sempre foi nosso homem das grandes idéias? Desde os primeiros tempos da subida do povo, lá vinha ele da sua montanha a trazer grandes idéias que nos ajudavam a resolver os problemas.

— É mesmo, pai? Por que nunca me contaste! — estava realmente maravilhado.

— Para que não tornasses tu também a ter mais idéias do que já tens — respondeu Ararype, brincando.

Todos riram por uns instantes, sendo depois interrompidos por Arary-Bhoya, sempre determinado a não deixar problemas para mais tarde, querendo por mãos à obra e resolver as coisas logo, como era bem o seu estilo:

— Muito bem. Muito bem. Quantos homens de confiança tens que possam trabalhar como espias, Tupanguera? E tu, Shem-han? Vamos precisar de muita gente. Tenho muitos, mas não creio que daremos conta de cobrir todo o reino. Precisaremos pedir a ajuda dos outros príncipes leais — disse preocupado.

Começaram todos a fazer contas, com Iandé anotando em um papiro os números que os amigos iam fornecendo. Estavam empenhados nisso quando o servo pessoal do tuxauá entreabriu a grande porta e se postou discretamente à entrada, esperando ser notado pelo rei, o que não tardou a acontecer. Tendo Tupayba acenado para que o serviçal se aproximasse, ele entrou apressado e cochichou qualquer coisa ao ouvido do rei, que abriu grande sorriso.

— Mas manda-a entrar. Rápido! — ordenou alegre.

Diante do indisfarçável olhar de curiosidade de todos, foi logo falando:

— É Narayama, meus amigos. Nossa sacerdotisa e amiga.

Todos sorriram assentindo, especialmente Tabajara, que tinha grande apreço por sua inteligência e bom senso.

Breves abraços, desculpas pelo atraso e trocas de gentilezas se encerraram rapidamente diante da urgência da situação. Apoena se apressou em ceder sua poltrona para que ela se acomodasse, saindo ao alcanço de um tamborete, no qual voltou a se sentar, meio sem jeito com a presença da dama. Logo, ela foi posta a par de toda a situação e dos planos para evitar uma revolução em torno da ridícula disputa do trono.

Narayama, no entanto, já conhecia de longa data e em profundidade, o problema do mago negro, além da agitação do astral naquele momento.

"Posso sentir em minha alma e no meu corpo as oscilações quase palpáveis de toda essa movimentação, amigo", havia confidenciado a Tabajara, com quem se entrevistara no dia anterior.

O supremo sacerdote havia reunido em seu gabinete seus subalternos e auxiliares de confiança, totalizando dez religiosos, entre os quais Narayama, Ravi e Ityrapuan, além de Sadynara e Narayade, aos quais informara formalmente sobre os magos negros, pois todos eram paranormais e também já haviam percebido o singular abalo espiritual ora em curso.

Aos sacerdotes caberia investigar, sigilosamente, a infiltração nos templos de pessoas possivelmente ligadas às sombras, lembrando que grandes revoluções populares sempre começaram com grandes traições.

Todos sabiam do trágico fim de algumas cidades no extremo norte da Terra das Estrelas, causado por sacerdotes que haviam se bandeado para o lado das sombras. Isso para não falar do próprio

Azamor, tão perto deles e que alguns até mesmo haviam conhecido. A história constatou que um título religioso nunca representara a certeza do amor fraterno e da piedade desinteressada.

Voltando aos amigos ali reunidos em torno de Tupayba, a sacerdotisa apressou-se em explicar que artistas eram bons confidentes, tinham a simpatia e a consideração de todos e, desta maneira, não lhes seria difícil infiltrar-se no meio das pessoas para saber das notícias e dos boatos, além de deixar uma opinião importante e contraditória à voz corrente, e que, certamente, logo se espalharia também, fazendo um contraponto à outra.

Tupayba queria evitar, a todo custo, um derramamento de sangue fratricida na nação, cujos destinos, agora em suas mãos, herdara de seu pai.

"Prefiro dar a minha vida a ver meu povo morrer por mim", havia deixado bem claro mais cedo naquele mesmo dia, com seu coração suave e transbordante de amor pela gente daquela terra.

— Como são ingratos! — comentara Thu-ran indignado, sendo bondosamente corrigido por Tabajara:

— Não, meu filho. Penso que são apenas ignorantes, no sentido de ignorar a verdadeira história de sua terra e do amor de seu rei por eles — falou, trazendo lágrimas aos olhos do jovem tuxauá, para concluir a seguir:

— É nossa obrigação perdoá-los, do mesmo jeito que perdoamos uma criança arteira que não sabe o que faz; se uma criança decide brincar com uma faca, precisamos tomá-la de suas mãos para que não se machuque, mesmo que ela não entenda e proteste. Lembra-te de quantas vezes tua mãe fez isso contigo, meu filho? — perguntou com sua brandura habitual, sendo imediatamente compreendido por todos. Até mesmo por Arary-Bhoya, que baixou a cabeça e resmungou qualquer coisa concordando.

Finalizadas as contas de Iandé, chegou-se ao expressivo número de três centenas de pessoas, entre artistas e outros homens e mulheres de confiança absoluta dos príncipes e do exército, que confrontariam as inverdades da boataria. Isso sem contar os sacerdotes arregimentados no dia anterior e que distribuiriam seus subalternos mais próximos para investigarem discreta e rapidamente os principais templos das cidades com uma desculpa qualquer.

De qualquer maneira, apenas as principais cidades poderiam ser cobertas, mas era melhor do que nada. Até porque era delas que saíam sempre os principais problemas.

A cargo do quarteto religioso presente ficaria a árdua tarefa de encontrar e imobilizar os passos de Omandyas. A pedido de Tabajara, os jovens Apoena e Thu-ran ficariam no palácio, caso precisasse deles nessa missão, para grande satisfação dos dois, que não viam a hora de entrar em ação de fato. Shem-han e seus homens também estariam de prontidão todo o tempo, redobrando a guarda em torno de Tupayba.

Os príncipes comandariam as ações em suas terras, além de arregimentarem os demais príncipes fiéis de imediato, o que aumentaria o número de espias consideravelmente. Os príncipes amigos seriam avisados e poderiam contribuir também. Mensageiros seriam mandados a toda velocidade para as terras de Iraty, Tupyara, Urubatam e Araguary.

Somente outros nobres da mais absoluta confiança seriam avisados, ficando a cargo de Arary-Bhoya e Tupanguera, com seu largo conhecimento dos meandros da nobreza, decidir quem saberia o quê.

E assim se fez, com cada amigo partindo em uma direção.

Tabajara deu um jeito discreto de pedir a Ararype que fosse ter com ele no Templo de Áries antes de retornar à Casa das Flores para buscar seus homens.

— Amanhã, antes de minha reunião com Narayama, Ravi e Ityrapuan, te espero para conversarmos a sós. Vem ao nascer do sol — pediu, recebendo a aquiescência preocupada do outro.

— Podes me adiantar do que se trata? — ainda tentou.

— Preocupação exagerada de gente velha, amigo. Apenas isso. Cuida esta noite de acalmar teu menino para que ele me atenda, caso precise dele, e que não dê um só passo sem falar comigo — tranqüilizou, sem muito sucesso.

A Cidade Alta

Na calada da noite, a pequena troupe de Omandyas chegou a Araxá. Carregadores, guardas e, naturalmente, Sham-buya. Acomodaram-se em uma pequena hospedaria nos limites da cidade para não chamar muita atenção. A liteira que trouxe o mago e seu serviçal foi deixada na floresta adjacente, bem escondida entre troncos caídos em meio à densa vegetação. Um visitante chegar de liteira faria a notícia correr como o vento pela pequena cidade, onde todo mundo conhecia todo mundo e, além do mais, por não ser um lugar muito visitado, qualquer forasteiro se tornava alvo imediato da curiosidade popular.

O mago veio usando discreta túnica, passando-se por mercador, pois estes eram os únicos que se davam ao trabalho de ir a Araxá de quando em quando, passando, então, despercebido.

Dois dias depois, estando já descansado, enviou três homens à cidade, liderados por Abaeté, para descobrirem como estavam as coisas por lá, inclusive o que as pessoas achavam do príncipe.

E, para a surpresa das surpresas, alguns dias depois Abaeté volta esbaforido, dizendo trazer grandes notícias, sendo logo admitido ao pequeno e abafado quarto que servia de aposento para o mago.

Sem grandes delongas, explicou ao sacerdote o que ele e seus homens haviam descoberto:

— É uma cidadezinha bem arranjada e pacata onde, estranhamente, as poucas pessoas que são vistas nas ruas só fazem andar para lá e para cá, meu senhor. Parece que ninguém tem muito o que fazer. Fomos tratados como se fôssemos nobres. Parece que qualquer estranho é bem tratado, pois sua presença serve para quebrar a monotonia do lugar. Isso dito por eles mesmos.

Omandyas sorriu de leve, satisfeito:

— Hum! Interessante. O que mais percebeste? — perguntou querendo saber logo de Acau-hã.

— E como são idiotas, meu senhor — despejou Abaeté, também satisfeito e sentindo-se muito esperto. — Qualquer isca que tu atirares eles pegarão de imediato e falarão tudo o que quiseres saber. E como falam. É só o que fazem: falam, falam.

"Que maravilha!", pensou o mago enquanto o servo continuava:

— Parece que todo mundo fica escondido dentro de casa. Pouco comércio aparente, poucas ruas maiores, poucos templos e um palácio modesto. Algumas liteiras com nobres, provavelmente também desocupados, que pareciam passear pela cidade. Todas sem pressa com seus ocupantes aproveitando a brisa das montanhas e olhando para fora pelas janelas abertas. — explicou, muito orgulhoso de suas observações.

Tanto o mago quanto Sham-buya estavam interessadíssimos no relato, pois a situação parecia muito melhor do que tinham imaginado. Tudo calmo. Nada de afobações. Muito bom.

— E quanto ao nosso príncipe, o que descobriste?

Abaeté sorriu largamente e esfregou as mãos, em um gesto de satisfação.

— Essa é a melhor parte, meu senhor. O príncipe, como sabeis, é queridíssimo pelo povo. Mas o que não imaginávamos é que o povo defende com unhas e dentes seu direito de disputar o trono com o tuxauá, achando que ele tem mais jeito para a coisa, pois é forte e determinado. Não se fala de outra coisa na cidade. Dão a queda do rei como favas contadas.

Omandyas deixou escapar uma gargalhada quase sinistra, para a surpresa de Sham-buya, que ensaiou um risinho, só para acompanhá-lo.

— Mas é mesmo muito melhor do que jamais sonhamos, meu caro Abaeté. Grande trabalho, meu caro! Grande trabalho! Farei de ti o chefe pessoal da minha guarda quando Acau-hã subir ao trono. Serás meu homem de confiança — prometeu sem pensar, para a alegria do lacaio que, empolgado, tratou de acrescentar detalhes à narrativa:

— E tem mais, meu senhor. Muito mais. Não imaginas — parou um instante para tomar fôlego, para desespero do mago, ansioso por ouvir o resto. — Conversei com vários mercadores de outras terras e o que se ouve por toda a parte do reino é a mesma coisa. Está se espalhando como poeira ao vento a idéia de que uma disputa entre os irmãos seria bastante razoável — disse excitado.

Omandyas, que não sabia ainda desse detalhe, pois ficara enfurnado nos últimos tempos entre seu esconderijo e a cabana de Sham-buya, não se continha mais de satisfação. Levantou-se sorrindo maliciosamente sem mostrar os dentes e balançando a cabeça positivamente.

— Eu te disse, Sham-buya, que meu plano era infalível, não foi? Deveríamos ter vindo antes — falou, congratulando-se consigo mesmo.

— Sois um gênio, senhor. Inacreditável que tudo esteja acontecendo exatamente como previstes — bajulou sem constrangimento, embora no fundo estivesse mesmo muito impressionado.

Mas o mago, como de costume, já não o ouvia. Perdido em seus pensamentos, andava pelo pequeno cubículo. Os dois subalternos se mantiveram em respeitoso silêncio, aguardando que o chefe se pronunciasse sobre os próximos passos.

Abaeté delirava, já se imaginando trajando vistoso uniforme na Cidade Central, distribuindo ordens para todos e gozando dos muitos benefícios que seu novo cargo lhe traria. Teria acesso a tesouros formidáveis sem que ninguém desconfiasse de nada. Sua alma de malfeitor se deliciava com a possibilidade do enriquecimento fácil e da vida farta. Já tinha entrado em sua quinquagésima lua grande de vida e não era sem tempo que tudo aquilo viria.

"Depois de tanto tempo sofrendo naquela floresta desgraçada das terras de Ubiracy esperando esse amaldiçoado principezinho crescer, mereço mesmo uma grande recompensa", concluiu, sem perceber que ria sozinho.

Omandyas, por sua vez, conjeturava, sentindo-se mesmo o gênio alardeado por Sham-buya.

"Então, nosso jovem trabalhou bem. Conseguiu convencer os maiorais da cidade de que tem o direito de disputar o trono. E os tolos habitantes se encarregaram de espalhar a notícia. Mas que apropriado desfecho. E eu pensando que o rapaz não daria conta do recado. Ora, como não daria? Eu o treinei pessoalmente", pensava mergulhado em sua vaidade.

Embevecido com sua inteligência e sagacidade, todavia, não tardaria a descuidar-se, como sempre acontece com os arrogantes. Não parou um instante para refletir sobre os sentimentos do rapaz. Nunca havia se preocupado com os sentimentos de ninguém sem segundas intenções, nem mesmo de Acau-hã. De fato, não sabia nada sobre ele.

Rapidamente, Sham-buya foi enviado ao palácio para avisar o príncipe da chegada de seu mestre, sendo recebido sem dificuldades, mas friamente.

Adentrando o portal que servia de entrada ao gabinete de trabalho, Sham-buya se admirou com a beleza singela do lugar. Enormes janelas voltadas para o vale abaixo da cidade, com beirais cobertos de pequenas flores silvestres, se abriam de par em par deixando entrar a agradável brisa da montanha.

O local estava vazio. Caminhou até uma das janelas e, quando percebeu, estava agradavelmente desfrutando o encanto do lugar. Dois guardas permaneciam imóveis à entrada a observá-lo discretamente.

Depois de alguns momentos, Acau-hã chegou, impressionando o velho escriba com sua aparência e modos. Vestia-se elegantemente com uma túnica curta na altura dos joelhos, toda bordada com evidente requinte em tons fortes, traçando desenhos geométricos nas bordas e tendo ao peito um brasão que o velho deduziu ser de seu pai ou de sua nobre família. Um de seus ombros estava descoberto.

Continuava forte e usava uma fita de couro tingido segurando os cabelos encaracolados, que haviam crescido bastante, lhe emprestando um quê de nobreza extraordinário. O conjunto era impressionante.

Depois de dispensar os guardas, virou-se para o curador denotando evidente má vontade.

— O que faz aqui, velho? — foi logo disparando secamente.

Acostumado ao tratamento que ele habitualmente lhe dispensava, não se impressionou, respondendo simplesmente:

— Venho por ordem de teu mestre.

Acau-hã resmungou qualquer coisa inaudível, enquanto se sentava em um dos sofás de penas, indicando outro para o visitante.

— Desembucha, velho. Do que se trata? — falou quase rispidamente.

Durante o tempo que estava em Araxá, desde a sua chegada, havia quase que deixado em segundo plano a história do trono da Cidade Central, tão encantado e perplexo se encontrava com tudo o que estava lhe acontecendo ali.

As tias o cobriam de beijos e mimos, o que muito o havia espantado no começo, embora agora já gostasse, enquanto as primas envergonhadas se esmeravam por agradá-lo nos mínimos detalhes, chegando a organizar passeios onde não faltavam lindas canções e comida saborosa. Os primos o levavam a conhecer as montanhas e organizavam animadas caçadas, onde se pegava gargalhando com as palhaçadas e brincadeiras, coisa que nunca havia feito antes. Não se cansavam de lhe jurar fidelidade, estreitando-o em grandes abraços.

Pauetê e o velho conselheiro se revezavam, por sua vez, a lhe passar, generosamente, informações de todos os tipos que pudessem ajudá-lo a governar.

A chegada repentina do mestre lhe incomodava, pois era obrigado a lembrar que havia alguém acima de si que devia ser obedecido e também que havia um plano terrível a ser cumprido.

Na verdade, o que lhe incomodava era a sensação que isso podia pôr a perder tudo o que já havia conquistado. Seus sentimentos estavam confusos desde que ficou sabendo que se espalhava pelo reino sua intenção de disputar o trono dos Ay-Mhorés. Não sabia mais se era aquilo que queria ou deveria fazer.

Sua vida nunca estivera tão boa!

Capítulo 18
Os confrontos

Naquela manhã bem cedo, antes mesmo do raiar do sol, Ararype já adentrava os portões laterais do Templo de Áries, como lhe fora recomendado por Tabajara.

Estava apreensivo, pois bem sabia que o velho amigo não era dado a bobagens e segredinhos. Desta forma, o assunto deveria ser sério, caso contrário não lhe teria pedido tanta discrição.

Foi logo recebido por um auxiliar que o esperava e que rapidamente o conduziu ao gabinete particular do sacerdote. Como sempre, o templo estava quase deserto naquele início de dia. Apenas os guardas faziam suas rondas pelos corredores e pérgulas, de forma distraída. No caminho, viu ainda alguns jovens sacerdotes madrugadores que já se encontravam em um dos pequenos salões secundários, acendendo círios brancos e arrumando o altar para as orações da manhã.

Ao chegar à porta da sala, o auxiliar se despediu, dispensando as formalidades de apresentá-lo ao sacerdote, até porque todos conheciam sua intimidade com Tabajara e, além do mais, ele já estivera muitas vezes naquele lugar.

Ararype empurrou devagar a frágil camada de juncos trançados com esmero que dava lugar à porta e entrou.

Tabajara fazia questão de que a simplicidade imperasse nos templos e, assim sendo, mesmo com o passar dos tempos e a vida melhorando a cada período nas terras altas, não mandava derrubar árvores para essas questões menores e também não tomava o tempo dos artesões entalhadores a lhes pedir portas de madeira para as dependências internas dos templos.

Sentado em posição de meditação em frente ao pequeno altar, o sacerdote terminava suas preces matinais sob a luz tênue de dois pequenos círios azuis, cujo brilho emprestava singular calmaria ao lugar. Um discreto perfume de flores, que Ararype não conseguiu identificar de onde vinha, impregnava suavemente a sala. Aquele cenário, o aroma no ar, a sombra do sacerdote sentado humildemente no chão na penumbra, o reflexo dos círios, tudo isso junto conferia certo ar de respeito e mistério ao ambiente.

Acomodou-se em um canto sobre tapetes de pele e se deixou ficar, aproveitando cada momento daquela singular cena. Pensava consigo mesmo como sua doce Nayade gostaria de estar ali e participar daquela meditação. Fechou os olhos e tentou orar também.

Minutos mais tarde foi meio que despertado de seu enlevo. Abriu os olhos e viu o sacerdote no outro extremo da sala acomodado à beira de sua mesa baixa sorrindo.

— Sejas bem-vindo, meu amigo. Sabia que não ias me faltar. Aceitas tomar um chá comigo? — falou de forma quase casual.

E, antes mesmo que Ararype falasse alguma coisa, já foi lhe servindo o chá quentinho e acolhedor. Antes que pudesse piscar os olhos já estava tomando chá e comendo os famosos biscoitos duros do Templo de Áries.

— Ah! Nada como um chá saboroso para animar meu dia. Ainda mais tendo a erva vindo de suas plantações na montanha. — declarou o sacerdote, limpando as migalhas da túnica enquanto preparava o terreno para falar de coisas mais sérias.

O nobre costumava presentear o sacerdote com generosas porções de seu melhor chá. O príncipe sempre reservava sacos de sua melhor safra para os amigos, os quais entregava somente se fossem visitá-lo em Parama Sukha. Uma pequena chantagem já famosa entre todos.

Ararype comeu em silêncio com um meio sorriso, a esperar que ele se decidisse a entrar no assunto que o trouxera ali. Tinha grande amor pelo velho amigo e começava a se preocupar, pois Tabajara não era de rodeios.

Notando a expectativa do outro, este decidiu tomar coragem para falar de uma vez o que perturbava seu coração:

— Desculpa se te faço sofrer em aflição, meu caro, mas o que tenho para te dizer é, de fato, um pedido.

— Tu não pedes, amigo. Tu ordenas e eu cumpro — foi a resposta sincera.

Tabajara afastou suas tigelas na mesa, como a abrir espaço para seus pensamentos, e então falou:

— Há muitas luas grandes atrás, tu foste chamado de Parama Sukha na ocasião da morte de Arary, lembra-te? Os príncipes te queriam para governar a Cidade do Leste.

— Sim, me lembro muito bem. A solução que encontramos foi encaminhar Iraty, filho de meu tio Potyguara. Iraty, aliás, tem sido um herói porque aquela gente não é fácil. Ele tem muito amor por aquela terra. Muito mais do que eu mesmo, devo confessar. Mas até onde sei, ele está se saindo bem, não achas?

— De certo. Tupanguera foi um bom professor e tu lhe deste

apoio. O que não daria mesmo é para ele mudar a índole dos nobres daquela terra. Na verdade, muitos dos nobres de nossa nação não são mesmo exemplos de virtudes — lamentou-se.

— Tens razão. Mas não me trouxestes aqui em segredo apenas para falar desses trastes, não é? — questionou curioso.

— De certa forma, sim — fez uma pequena pausa, como se estivesse dando ordem aos pensamentos e depois continuou:

— Naquela época, em função daquele episódio que te envolveu, me dei conta, de forma definitiva, do enorme peso que tais cidadãos representam no reino. Se antes desfrutavam das benesses que gerações anteriores tinham conquistado e as quais tinham herdado em troca de nada, nas terras altas não seria fácil para muitos deles se conformarem com as adversidades e a inevitável derrocada de seu padrão de vida. Comecei a pensar nessa gente como um perigo iminente. Como uma pequena fogueira na floresta prestes a se transformar em um incêndio de grandes proporções — seu olhar era de desânimo. Ficou em silêncio por alguns momentos.

— Fiquei imaginando como eles continuariam a reagir diante de seu empobrecimento. Com o tempo passando e nada melhorando em suas vidas, e precisando resgatar a fartura perdida, de certo não mediriam esforços ou atitudes. Como esforço nunca foi algo a ser considerado pela maioria deles, só lhes restava mesmo as atitudes. Ora, se existe pouco de tudo e eu quero muito para mim, preciso tirar de alguém. De quem? Do povo, é claro.

— E esse povo se revolta. Eu sei. Preocupa-te com revoluções, não é mesmo? — atalhou Ararype, mesmo sem saber que ainda não havia compreendido aonde o amigo queria chegar.

— Sim. Como sabes, tivemos um sem-número de pequenas revoltas eclodindo por toda parte desde que para cá viemos. Muitas delas tiveram início com as pessoas revoltadas pela escassez e pelas dificuldades dos primeiros tempos e, mais recentemente, com essas mesmas pessoas percebendo os privilégios absurdos das cortes por toda a nação. Raros nobres são como nossos príncipes leais ou como tu, que labutam de sol a sol junto de sua gente visando o bem comum.

— Eu bem sei o trabalho que o general Itapegy e seus guardas têm para conter as escaramuças aqui e ali. Agora mesmo precisou deixar Shem-han em seu lugar para resolver mais uma, não foi? Temos muitos heróis por aqui — asseverou Ararype.

— E é por isso que estamos sobrevivendo até então. Enquanto algumas pessoas ainda tiverem amor desinteressado para oferecer aos demais, iremos lutando. Mas não sei até quando a balança vai pender para o nosso lado.

Um sol pálido começou a entrar pelas janelas que davam para a varanda e os passarinhos imediatamente começaram sua labuta atrás dos bichinhos e sementes do jardim, emitindo seus piados característicos.

Tabajara parou por um momento e pediu, levantando o dedo indicador ao lado do rosto:

— Escuta!

Ararype silenciou por completo. O som dos passarinhos, que cantavam alegremente, se misturava aos sons que vinham da praia, com as ondas quebrando nos rochedos e as aves marinhas gritando de forma estridente ao mergulhar atrás dos peixes. Mil outros sons pareciam chegar até os ouvidos dos dois homens no dia que começava, com a vida acontecendo por toda parte. Cheiros da relva molhada e da maresia também se faziam sentir.

— A natureza segue seu curso, independente dos erros ou acertos dos homens, que também dela fazem parte, apesar de não acreditarem nisso e se colocarem em uma posição de superior dualidade em relação a ela. Ela se adapta, se expande e segue seu curso, construindo planícies floridas, lindos bosques ou elevando os mares à altura das montanhas. — fez pequena pausa para continuar em seguida:

— Não faz diferença para a grande consciência que a rege a atitude dos homens ou o rumo que as coisas vão ter. Tudo segue o seu caminho. Tudo acaba e depois recomeça nos intermináveis ciclos da vida. Os homens desavisados, de quando em quando, correm esbaforidos e perplexos para todos os lados, tentando compreender seu próprio sofrimento. Pudessem eles ter se detido um instante para ouvir os pássaros ou as ondas do mar ou ainda serem agradecidos à árvore que lhe oferta o fruto e ao animal que lhe oferta trabalho e carinho e talvez compreendessem mais e sofressem menos.

De repente, o sacerdote parou e olhou brandamente para o fiel amigo.

— Muitas luas atrás te falei que um desses ciclos terminaria para os homens da Terra das Estrelas e não seria no nosso tempo. Teu Thu-ran não tinha ainda nascido — falou com seu doce sorriso.

— Bem me lembro. Deixaste-me apavorado — riu-se Ararype.

— Hoje, depois das tantas conversas que tivemos na Casa das Flores, é como se isso não importasse muito mais. Lembro-me de um de teus pensamentos favoritos que Nayade adorava e não se cansava de repetir toda vez que eu reclamava de qualquer coisa como, por exemplo, da colheita, do tempo ou da vida. Ela dizia: a natureza é sábia e nós apenas fazemos parte dela. Então, ela também é parte de nós. Somos um. Então, se tens raiva, tua raiva a atinge e a tudo contamina; os campos, as lavouras, os homens. Pára de atrapalhar e muito já terás feito. O sumo sacerdote não pôde conter uma risada.

— E o que fazias tu então nessas horas que gostarias de resmungar e ela não queria te ouvir?

— No começo eu reclamava para Tupã de minhas fracas colheitas, mas com o tempo deduzi que, se até Nayade reprovava minha zanga, o que diria ele então — falou, caindo na risada também. — Hoje me sinto abençoado por tantas dádivas e até pelos problemas, como nos ensinaste. Minha gente vive em paz na montanha. Com simplicidade, mas em paz.

— Aprendeste bem tua lição, meu amigo. Criaste um pequeno mundo abençoado em Parama Sukha. Divides com teus auxiliares o produto da terra e tratas a todos como iguais, dando-lhes tudo de igual. Nem mais, nem menos. Quem dera todos os homens pudessem dispor de tanta ventura e ter teu entendimento. Cumpres bem tua obrigação para com teus irmãos.

Os dois amigos ficaram em silêncio por alguns momentos, cada um com seus pensamentos. Depois Tabajara levantou-se e o chamou, estendendo-lhe a mão:

— Vem, vamos nos confraternizar com a natureza, essa parte de nós tão esquecida.

Saíram os dois ao pátio que delimitava os aposentos do sacerdote, onde flores de todas as cores enfeitavam o jardim, tratado por mãos caprichosas. Sentaram-se em um banco rústico para aproveitar o sol que nascia. Uma brisa agradável vinha do mar. Uma suave canção vinha do templo, entoada pelos jovens sacerdotes em seu ritual matinal. Não havia como não sorrir. Ararype não se conteve e falou ainda sorrindo:

— Se nossos amigos nos vissem agora diriam que parecemos dois loucos aqui sentados aproveitando a manhã, a música e a natureza enquanto tantos problemas acontecem lá fora.

O sacerdote sorriu tristemente.

— De fato. Acontece que, de verdade, não há mais muito o que fazer, meu amigo. Os acontecimentos se precipitam por si só. É apenas mais uma história ancestral que vai chegando a seus momentos finais. Esse povo não soube aproveitar as oportunidades que teve para compreender sua história coletiva e, alguns homens, a de compreender suas histórias pessoais, seus destinos.

— Achas, então, que Tupayba perderá o trono? — perguntou meio assustado com a fala tão sincera do outro.

— Sim e é por isso que te chamei aqui — respondeu simplesmente, enquanto Ararype o olhava lívido. Otimista e guerreiro, custava a acreditar naquilo. Era um baque.

— Mas como? — balbuciou. — Não estamos aqui para impedir isso?

— E vamos, não te preocupes. Nós vamos. — asseverou o sacerdote calmamente.

— Mas, então... — deixou a frase pela metade. Era como se houvesse um nó em sua cabeça.

Tabajara, por sua vez, se limitou a deixar os olhos perdidos entre as grandes árvores do jardim, acompanhando o balançar dos pequenos galhos à mercê do vento que soprava suavemente. Parecia estar longe. Depois falou:

— Lembra-te de quando um dia te falei que teu Thu-ran ainda seria o braço forte do amigo? Cada um com uma tendência, porém inseparáveis e fiéis. Tupayba, dedicado aos papiros e Thu-ran, à sobrevivência do dia-a-dia — fez pequena pausa. — Ainda não será desta vez, mas tempo virá que a dinastia dos Ay-Mhorés desaparecerá para sempre desta maravilhosa Terra das Estrelas e Tupayba terá sido seu último e legítimo representante. A grande nação Nhengatu tem seus dias contados da forma como a conhecemos, meu querido amigo. — fez nova pausa para concluir em seguida:

— E quando este tempo chegar, peço-te que tu e teu filho o protejam e o levem para o exílio na montanha da felicidade suprema, pois a missão daquele meu filho ainda não estará terminada.

Ararype estava mudo e contrito, sem ousar pronunciar uma só palavra.

— Estaremos agora apenas ganhando mais algum tempo pela bondade de Tupã, que não se cansa de oferecer aos homens repetidas oportunidades. Embora eu sinta que o jovem Acau-hã hesite entre o bem e o mal, por assim dizer, no fundo de seu ser ainda prevalece o menino criado sob a tutela de Omandyas, de coração frio e mente audaciosa, não mais incapaz de receber amor, mas ainda sem saber como dele ser pródigo. No futuro se tornará novamente presa fácil das sombras. No fundo, ele é mais uma vítima do que um algoz.

Saindo de seu mutismo, Ararype perguntou, com o coração atormentado por emoções conflituosas:

— Então queres dizer que nós os deteremos? Quero dizer, convenceremos a todos que o trono pertence por direito ao Tupayba?

O sacerdote sorriu levemente e abanou a cabeça, negando e iniciando breve discurso:

— De fato, não. Por ora. Apenas por ora nós os deteremos ainda desta vez, mas não vamos convencer a todos. Muitos restarão, especialmente entre a nobreza mais jovem, esta gente desocupada e ávida por uma boa confusão e por um bom diz que diz. Com o passar das grandes luas, todavia, a situação do império se deteriorará mais e mais, novas migrações se darão com a volta dos grandes barcos, o que inchará uma população que ainda luta com todo tipo de dificuldades. Uma população cada vez menos culta, sem saber direito como debelar as pragas de insetos gigantes e outras que se abaterão sobre a agricultura, sem ter ainda conseguido resolver completamente o problema dos grandes animais ou da demanda por novas moradias. Um povo cansado de ser explorado, especialmente por esta segunda geração de nobres que, em breve, tomará o lugar de seus pais. Uma geração sem nenhum apelo ou carisma junto a seu povo, ainda mais arrogante, egoísta, ignorante e desinteressada de tudo. Uma geração que, de fato, nunca desfrutou da riqueza verdadeira, mas passou a vida inteira ouvindo as histórias da pompa e das glórias do passado, sonhando com a volta dos dias de fausto e abundância. Nobres falidos, recalcados e que não hesitarão em aproveitar qualquer tumulto ou desordem para tentar conseguir um quinhão maior do pouco que temos aqui. Poucas cidades passarão mais ou menos incólumes por tudo isso e, mesmo assim, graças apenas a seus justos e fortes governantes, como Araguary ou Arary-Bhoya, por exemplo.

Fez pequeno intervalo para ordenar os pensamentos, tentando não chocar demais o companheiro de tantas lutas.

— O povo, por sua vez, também chegará a um limite de paciência e, sem compreender os motivos divinos de suas dificuldades, poderá pegar em armas contra seus irmãos. No epicentro de tudo estará novamente Acau-hã, pela segunda vez tentando tomar o trono. Será a luta derradeira, o início do verdadeiro fim.

O amigo que o ouvia consternado e tinha o rosto banhado em lágrimas perguntou, com o coração apertado e já antevendo a resposta:

— E o que será de ti, meu amigo?

— Não te aflijas — foi a resposta suave do velho amigo, enquanto apertava seu braço carinhosamente.

— Eu estarei sempre do teu lado, disponível com meu amor e com os poucos conhecimentos que acumulei da alma humana nesta jornada. Poderás contar sempre comigo onde quer que eu esteja. A natureza segue seu curso. Nada demais vai acontecer que não seja produto de nossos carmas coletivos e individuais. Nada demais, pois tudo passa. Tudo vai passar — repetiu.

— Neste exato momento — continuou depois de um momento em que abriu seu doce sorriso —, em algum lugar do futuro, estamos os dois sentados em um lindo jardim, comentando, animados, nossas aventuras, nossos amores e dores nesta época prodigiosa e ímpar da nossa pequena civilização. Como sabes, pois bem te ensinou Nadja, nossa eterna sacerdotisa, o tempo não existe. Trata-se de nossa mais prepotente ilusão, uma vez que vivemos querendo controlá-lo, não só antes de nossa morte, o que é compreensível, pois observamos o sol e a lua se alternarem a cada noite, mas até mesmo depois de nossa partida.

— Que privilégio ter estado aqui nestes tempos, viver tão intensas paixões e conhecer pessoas tão extraordinárias, não achas? — continuou de forma quase animada, deixando o outro a olhá-lo de forma estupefata. — Há milênios daqui, uma nova e grande nação advirá um dia neste solo sagrado; uma outra civilização gerada sem pressa pela sábia mãe natureza das entranhas das lições aprendidas dos nossos erros e acertos e dos muitos povos errantes que ainda habitarão estas terras antes dela — segurou novamente o braço do amigo, cada vez mais e mais surpreso. Para Ararype, o futuro não era mais longínquo do que pensar em netos brincando em seu jardim.

— Escuta! — falou baixinho colocando o dedo indicador na boca como a pedir silêncio. — Ouve! Ouve o burburinho desse novo povo a andar pelas grandes avenidas e pelas matas. Navegam pelos rios e pelos mares. Que grande nação nascerá aqui nas terras do sul... — sua voz emocionada se perdeu enquanto a vislumbrava.

Ararype, de olhos fechados, quase podia ouvir enquanto acompanhava a fala do outro. Foi desperto pela pergunta de Tabajara:

— Vais atender o meu pedido?

Por uns instantes ficou a olhá-lo sem compreender, até cair em si e se apressar em responder. Sorriu sem entusiasmo, mas declarou com todo o amor e verdade de seu coração:

— Este que chamas de filho é meu filho também, lembra-te? Afinal, eu e Nayade o criamos metade do tempo. Morreria por ele. Minha casa será a dele para sempre. Eu te prometo.

Tabajara sorriu, fisgado pelas boas lembranças.
— Bem sei. Em nenhum momento duvidei disso. Só queria que soubesses o rumo que as coisas vão tomar, para que não sofras demasiadamente e encares tudo com naturalidade. E, principalmente, quero que saibas que esta será a última vez que lutaremos por este império. Depois o entregaremos a seu próprio destino. É preciso que Thu-ran saiba disso também, pois, se bem o conheço, vai querer lutar até o último homem quando novas conspirações vierem no futuro.

Ararype suspirou concordando.
— E Tupayba? Ele sabe?
— Não, ele não sabe — foi a resposta simples e direta.
— E tu não vais lhe contar?
— Sim, a seu tempo. Por hora, nosso menino precisa tomar suas próprias decisões e fazer jus à honra de sua família e de seu cargo. Não podemos todos viver cada dia sabendo que nossos esforços serão, aparentemente, em vão. Só quando conquistamos certa sabedoria de quem somos realmente, isto é, qual nosso verdadeiro papel na natureza, poderemos compreender melhor as vicissitudes intransponíveis e ter a tranqüilidade da resignação verdadeira, aquela que não deixa espaço para lamentações ou sofrimento. As pessoas se conformam, mas não esquecem, então, nada aconteceu de fato. Somente se enganam.

— Mas por que contaste a mim? Não sou nenhum sábio. — protestou humildemente.

Tabajara riu.
— Nem eu tampouco. Quem me dera.
— Não concordo, mas, então?
— Eu te contei porque não és mais um menino, meu amigo, e tens um grande coração. Além do mais, não tem teus ombros sobrecarregados com o fardo de fazer sobreviver toda uma nação. E também porque em tuas terras, nas quais constróis apenas amizade e solidariedade entre os teus, as lutas jamais chegarão, feito porto seguro em meio à grande tempestade. Teu destino é outro. É amparar, acolher e saber desde já da tua responsabilidade e a de Nayade e, por que não dizer, de Thu-ran e Apoena também, na preservação do que for possível dos valores e da cultura de nosso povo.

— O que me pedes? — comentou preocupado em uma voz sumida. — Não creio que posso tanto...

— O que puderes será o suficiente. — interrompeu o sumo sacerdote. — Conhecendo-te e a tua maravilhosa companheira, sei que tudo que não for bom para os homens será descartado. Estou falando simplesmente de não deixares morrer as razões da existência desta terra atlante do além-mar. Quando Zac ouviu as predições dos deuses, seu coração brando despiu-se dos bens materiais e desistiu das disputas terríveis de poder que se abatiam sobre a Terra Mãe e das quais poderia participar, pois lhe era direito legítimo por ser um rei. — parou uns instantes puxando pela memória as histórias que ouvira nos templos e também de seu mestre.

— Juntou seu pequeno povo e partiu, levando consigo apenas a obediência e a sabedoria de que o que realmente importava era o amor entre os homens, que é o que te peço agora que preserves. Esse é o grande tesouro desta nação, pois foi por ele que ela nasceu. Deveria ser seu mais precioso legado. Zac não fugiu da morte certa dos cataclismos, pois isso não era o mais importante. Que diferença faria morrer hoje ou amanhã diante da eternidade? Zac partiu ao compreender sua tarefa, que era a de abrir as portas para que uma nova civilização atlante, na qual ainda corresse o sublime sangue dos deuses, tivesse mais uma oportunidade de aprender a amar. Apenas isso. Não te peço que preserve tesouros ou papiros; peço-te que convenças teu povo, cada vez mais intensamente durante os tempos que virão, de que o mais importante entre todos os bens é o aprendizado do amor fraternal, pois ele representa o fim do egoísmo e das disputas, além de ser barreira intransponível contra as sombras — fez nova pausa para concluir finalmente:

— Peço-te que continues, de alguma sorte, a obra de Zac. Milênios passarão e por toda parte as civilizações se sucederão. Se houver sempre uma chama acesa sobre as verdades maiores da nossa existência enquanto seres humanos, terá valido a pena. Hoje pode ser tu. Amanhã poderão ser outros. Não importa o tamanho dos povos. Importa o tamanho das almas. Os homens não precisam aprender que evoluem, pois isso lhes é atávico. Precisam aprender que evoluem para cada vez poderem contribuir mais com a natureza e, por conseqüência, com todos os homens, com sua terra, com o mundo todo e com o universo.

Antes que Ararype pudesse dizer qualquer coisa, Zadeu apareceu, como surgido do nada.

— Salve, nobre Ararype. Que Tupã esteja convosco! — recitou em breve reverência com as mãos espalmadas ao peito.

— Como estás, meu caro Zadeu? Pareces cada vez mais jovem. Ou será que sou eu que estou cada vez mais velho? — falou tentando brincar com o assistente de Tabajara, que conhecia desde criança. Seu coração, no entanto, estava apertado e sofrido diante de tantas descobertas.

O assistente também sorriu. Parecia sereno, como sempre, apesar de estar a par das dificuldades do reino.

— De que se trata, meu filho? — questionou o sacerdote, que dera ordens para não ser interrompido sem razão.

— A suprema sacerdotisa do Templo do Vento se encontra no templo, Excelência.

Como sempre, Zadeu continuava a tratá-lo com toda a formalidade que o protocolo de seu cargo exigia, apesar dos reiterados protestos do sacerdote, que a estas alturas da vida já tinha desistido de convencê-lo do contrário.

"Somos todos iguais, meu bom Zadeu. Na verdade, somos apenas um para o universo", costumava antigamente ralhar com o fiel amigo de tantas e tantas luas.

— Faça-a entrar sem demora, homem. Não podemos deixar Narayama esperando — pediu Tabajara.

Zadeu saiu apressado e satisfeito.

Apesar dos muitos problemas que atingiam a nação naqueles tempos e de seu temperamento agitado, Zadeu aprendera com seu mestre a ser controlado e não ter atitudes de desespero. Compreendia com clareza do que se compunha a felicidade relativa dos homens e procurava contribuir para o bem comum da melhor forma possível. Tinha sempre uma palavra amável para todos e um braço forte para ajudar em todas as tarefas, mesmo as mais humildes. Não parava nunca e era conhecido por sua interminável boa vontade.

Logo após o assistente ter saído, Ararype levantou-se, no que foi seguido pelo sacerdote. Colocou uma mão no próprio peito e outra no peito de Tabajara. E em tom solene declarou, comovido:

— Embora eu ainda esteja longe de compreender a extensão de tudo o que me revelaste, no que espero poder fazer um dia, quero que saibas que podes contar comigo sempre. Eu te prometo lutar para não deixar morrer o sonho de Zac. Da mesma forma te prometo que estarei sempre por perto para ajudar Tupayba em tudo o que se fizer necessário até quando minhas forças e Tupã permitirem. Podes contar comigo, com Thu-ran, Nayade e todos de Parama Sukha. Sempre e por toda a eternidade.

Os dois amigos se abraçaram sem mais palavras.

Logo chegavam ao jardim Narayama, Ityrapuan e também Ravi. Ararype saiu deixando Tabajara e seus pupilos às voltas com os planos de neutralizar o mago negro.

Capítulo 19
Os passos derradeiros

No palácio de Acau-hã, o príncipe e o velho curador se defrontam.
— Teu mestre soube das notícias que correm pelo reino sobre ti — Sham-buya tratava-o sem cerimônias e nunca tinha sido contestado, desta forma se surpreendeu sendo admoestado pelo jovem:
— Trata-me por vós, imbecil. Sou um príncipe e ninguém deve saber quem és. Tua simples presença aqui no palácio já deve estar levantando comentários. Não costumo receber desconhecidos com tanta facilidade — falou denotando irritação.

Embora surpreso, Sham-buya era astuto e teve que concordar que o pensamento era razoável, mudando imediatamente seu palavreado.
— Tens razão, Alteza. Não mais cometerei tal falta — falou, pensando no plano, mas sendo compreendido como submissão.

Acau-hã pareceu desarmar-se um pouco depois desta fala.
— Não há, de fato, nenhuma razão para que um velho escriba de cidade longínqua venha me visitar, não achas? Vão desconfiar. Creio que tua vinda e também a do mestre foi um erro — queixou-se Acau-hã.

Sem absolutamente se abalar, o outro se limitou a responder calmamente:
— Vosso mestre pensa que não há motivos para preocupações desta natureza. Para todos os efeitos estou aqui para vos oferecer meus serviços junto ao palácio. A maioria dos príncipes contrata escribas para pôr em ordem os papiros oficiais das nobres casas — fez pequena pausa — e, ademais, fiquei tanto tempo amoitado, que jamais saberão nada de mim.

Depois de breve silêncio, o escriba voltou a falar:
— De mais a mais, o povo desta nação quase não se interessa por cultura, Alteza. Seus interesses estão mais para intrigas, maledicências, conquistas, maldades. Coisas desse tipo, como bem sabeis.

Acau-hã se limitava a olhá-lo aborrecido e em silêncio.
— Vossa Alteza me contrata e me traz a morar no palácio, como outro serviçal qualquer. Servirei então de interlocutor sem levantar qualquer suspeita.

O jovem levantou-se visivelmente contrariado e passou a andar pela sala.

— Preciso pensar! Preciso pensar! — repetiu quase sem querer. — Nem mesmo o mestre é infalível! — disparou para a surpresa do velho, que já esperava mesmo a hostilidade e frieza que lhe era peculiar em relação à sua pessoa, mas contava também com algum entusiasmo para a conquista final do trono do que sobrara de toda a grande nação Nhengatu.

Sham-buya, a velha raposa, percebeu num repente que o rapaz perdera a ambição e parecia ter arrefecido em seu coração o ódio, ambos combustíveis indispensáveis para a realização do projeto. Mas, estrategicamente, calou-se.

Acau-hã parecia querer impedir, de qualquer maneira, a presença do mago na cidade. Inconscientemente, sentia que ele representava um provável perigo à felicidade que desfrutava no momento. Era como se não desejasse mover um palmo que fosse da situação já estabelecida, pois algo de bom poderia se perder. Comportava-se como uma criança ávida, guardando para si seu único e precioso brinquedo, que jamais sonhara possuir um dia. Estava bastante confuso.

Apesar de tudo, Sham-buya não pôde deixar de abrir um leve e disfarçado sorriso, percebendo a fragilidade emocional do príncipe. Ao mesmo tempo, sabia que medidas imediatas precisavam ser tomadas.

"Que situação mais ridícula!", pensava consigo enquanto acompanhava discretamente com o olhar o rapaz transtornado a perambular pela sala. "A nação inteira já fala dele extasiada, torcendo por uma boa briga, e o idiota hesita. Só me faltava essa."

Depois, engoliu em seco imaginando a ira de Omandyas quando soubesse, o que, com certeza, cairia em sua cabeça. Precisava descobrir a razão daquela mudança para poder municiar o chefe de informações e, quem sabe, aplacar um pouco sua cólera. Deu tratos às idéias para saber como abordá-lo e para desvendar o mistério da mudança de atitude; estava empenhado nesta tarefa, quando a resposta caiu em seu colo sem que tivesse que mexer um músculo sequer.

A situação estava nesse pé, quando irrompeu sala adentro a espalhafatosa esposa de Pauetê, acompanhada de duas lindas jovens. A matrona não pareceu se dar conta da presença de Sham-buya e foi logo abraçando e beijando carinhosamente a face do constrangido Acau-hã, enquanto lhe entregava uma pequena bandeja trazida por uma serviçal que vinha atrás, apressada na tarefa de acompanhar o pequeno grupo.

— Veja o que tuas primas fizeram especialmente para ti, meu querido sobrinho — e foi logo lhe enfiando a bandeja debaixo do nariz, com várias qualidades de pequenos bolos e outras delícias, que inundaram o local de agradabilíssimo aroma.

— Mas... — balbuciou o pobre Acau-hã. — Minha tia... — tentou ainda, mas sem ser ouvido.

As duas mocinhas falavam e riam ao mesmo tempo, felizes com a façanha culinária.

— Gostastes tanto de nossos bolos no outro dia que nosso tio nos encorajou a tentar outras receitas para te agradar, primo! — falaram inocentes e animadas, apontando cada uma das iguarias. — Experimentas! Neste colocamos frutinhas! Percebes como ficou cheiroso?

A mulher mais velha se derretia de felicidade entre os jovens. Até mesmo a serviçal parecia extremamente contente no meio daquele pequeno caos.

Meio encolhido, o rapaz mal conseguiu apontar na direção de Sham-buya, que se controlava para não cair na gargalhada, não só pelo situação inusitada, mas também pela fantástica descoberta.

"Então nosso príncipe é mimado pelas mulheres da família? Pelo visto, o bom Pauetê também gosta muito dele", pensou, mais que satisfeito. "E, pelo jeito, ele também deve gostar disso, caso contrário, elas não se dariam a tantas intimidades com ele. Mas que interessante! Não é de se admirar que o povo esteja tão animado. Imagino as notícias que saem do palácio sobre ele."

Ao notar que fora finalmente visto, levantou-se para se curvar em longa mesura, até onde sua saúde permitia, para recitar a seguir:

— Um humilde servidor às vossas ordens, senhoras.

Todas silenciaram imediatamente.

A mais velha, traquejada no trato com serviçais e, evidentemente, acostumada a ser a grande senhora naquelas terras, não pareceu se impressionar com a gafe. Adiantou-se na direção do curador perguntando:

— Quem és?

Acau-hã se interpôs, respondendo pelo outro:

— Um escriba oferecendo seus préstimos, minha tia. Apenas isso. Concordei que viesse à minha presença, pois pretendo rever e organizar todos os papiros do palácio, e esse homem veio a calhar. Trabalhou para meu pai em tempos passados na Cidade Central.

A tia pareceu não perceber que o príncipe se explicava, o que não lhe era natural. Desinteressada imediatamente pelo homenzinho à sua frente, voltou-se para o sobrinho, que na verdade era apenas primo de segundo grau de seu marido, mas que pela diferença de idade era tratado carinhosamente desta forma:

— Desculpa-me, filho. Não sabíamos que estavas ocupado. Estás sempre fazendo algo por nossa cidade. — falou orgulhosa, abraçando-o e chamando as moças para fora da sala. — Depois provarás da arte de tuas priminhas — completou, rindo ao se retirar.

Mal as mulheres saíram, Acau-hã explodiu, percebendo a cara de chacota do outro:

— De que ris, velho?

— Não rio de vós, Alteza — mentiu, mal disfarçando a vontade de cair na risada. — Com todo o respeito, foi engraçado o embaraço das moças mais jovens, coitadinhas.

O rapaz bufou sem saber se acreditava.

O curador continuava a olhá-lo impassível.

— Tens presença de espírito. Acabaste de me abrir as portas do palácio. Dizer que trabalhei com teu pai faz de mim um homem de valor e honra incontestáveis. Pensas rápido. Estou admirado! — mentiu novamente, adulando-o para tentar acalma-lo. Evitou, de propósito, comentar a atitude das mulheres, os agrados e tudo o mais, como se não fosse importante.

Acau-hã resmungou um pouco e depois perguntou, dando-se por vencido:

— E onde ele está?

— Numa hospedaria nos arredores da cidade.

— Como pode não chamar a atenção?

— Passa-se por simples mercador com seus empregados.

— E o que ele pretende agora?

— Ajudar-te a conquistar o que é teu por direito.

— Qual vai ser o próximo passo?

— Deixar a boataria crescer ainda mais.

— E depois?

— Não sei. Trabalhaste bem, foi o que ele disse.

— E o que mais?

— Fizeste-te digno da disputa. És falado em todo o reino.

Depois do diálogo lacônico instaurou-se um silêncio de ambas as partes. Sham-buya deu por encerrada a conversa dispondo-se a se retirar.

— Se Vossa Alteza me permite, devo me preparar para a mudança. Aproveito e trago notícias novas dos planos de vosso mestre. Devo acrescentar que ele tem muito orgulho de vós.

Acau-hã não se dispôs sequer a responder. Bateu palmas uma

única vez promovendo a entrada solicita de um serviçal. Com um gesto de cabeça ordenou que acompanhasse o visitante à saída. O curador curvou-se em reverência respeitosa, o que lhe era bem difícil por causa da idade, e falou alto para que pudesse ser notado pelo servo:
— Que Tupã ilumine vossos passos, Alteza! Retorno em breve para iniciar o trabalho de acordo com vosso desejo.

Acomodado em sua liteira simples, enquanto voltava para a hospedaria, ia se congratulando consigo mesmo com as descobertas que deveriam alegrar seu patrão. Por outro lado, embora fosse um aproveitador contumaz e oportunista rasteiro, nunca teve grandes entusiasmos como os planos do chefe e a atitude de Acau-hã o preocupava. Estremecia só em pensar numa dose extra de problemas. Preguiçoso, nunca tinha feito nada durante sua vida inteira que desse tanto trabalho, sempre se contentava com as migalhas que os grandes lhe atiravam. Havia sempre andado pelas beiradas da vida.

Esses pensamentos lhe passavam céleres pela cabeça. Deu de ombros.

"Quero mais é boa cama e mesa farta. O resto, que dividam entre eles. Não quero mais encrencas. Eles que se danem."

O feitiço contra o feiticeiro

Enquanto isso, os príncipes fiéis já tinham sido avisados e um verdadeiro exército de pessoas leais a eles e ao tuxauá se espalhava pela nação, pondo em prática o plano de Ararype.

Por toda a parte, desde as regiões costeiras com suas grandes cidades até as mais longínquas cidadelas no interior, incluindo aquelas ao sopé das montanhas ou à margem das florestas, iniciou-se a enorme tarefa de sobrepor na cabeça das pessoas a verdadeira história dos Ay-Mhorés, assim como a ordem ancestral do grande morubixaba, que havia encarregado Zac de escolher seu sucessor nas terras do sul.

Além disso, não tinha a lendária rainha Bartyra a marca dos deuses em seu sangue; não podia por isso tornar tuxauá um filho seu com outro homem que não fosse Ay-Mhoré, por mais nobre e digno que fosse. Não era uma questão de quem era o melhor ou o pior, mas de quem tinha em si a chancela da ancestralidade divina.

E como previra Ararype, a notícia se espalhou como o vento, trazendo enorme confusão e causando grandes estragos aos planos de Omandyas. O povo, crente e ignorante, temia a ira de Tupã, caso duvidassem da palavra do grande Payê-Suman, possibilidade habilmente levantada pelos homens leais a Tupayba, que não se cansavam de refrescar a memória das pessoas sobre o grande maremoto causado pelos deuses para punir os homens que duvidaram da sanidade de seu rei Ay-Mhoré; muitos acreditavam nisso, de acordo com as dezenas de lendas e histórias que haviam surgido depois do grande cataclismo. Historicamente, nem mesmo os nobres corruptos ousavam se insurgir publicamente contra o morubixaba.

O falatório tomou novamente conta de todo o reino, agora em proporções inimagináveis. O povo podia até ter medo, mas não se livraria nunca do hábito de especular a vida alheia, mesmo que fosse a do tuxauá. Se já havia muitos prós e contras na cabeça das pessoas, como num passe de mágica, uma porção de outros prós e contras surgiram. As pessoas chegavam a se estapear na defesa de suas opiniões, mas ninguém conseguia se impor.

Deuses ou homens? Ordens ou contra-ordens? Equilíbrio ou força? O que era melhor ou mais certo? Na dualidade instaurada, ninguém tinha razão, facilitando, assim, que nada acontecesse de fato, pois nenhum grupo se solidificava para fazer frente ou eco à proposta original de disputa. A única coisa certa era que insurgir-se contra os deuses seria um mau negócio.

Em meio à desordem hospedada na mente do povo Tabajara, esperou com paciência o momento exato da grande ebulição para vir a público e valer-se de sua credibilidade e de seu direito como legítimo representante de Tupã na terra, dando a última palavra e condenando a tentativa de usurpação do trono real, taxando-a como uma afronta aos deuses e aos homens e em especial a Payê-Suman.

Um grande espetáculo, semelhante ao da confirmação de Tupayba, do qual milhares de pessoas participaram, foi meticulosamente preparado para o grande ato do sumo sacerdote, que resolveu arriscar tudo e dar um fim àquilo que poderia se transformar em uma luta fratricida, como temia Tupayba. Não fosse a idéia genial de Ararype e o trabalho insano das centenas de colaboradores por várias luas sem descanso, não teria sido possível colocar a dúvida na cabeça das pessoas que brincavam com suas próprias vidas e com o destino da nação de forma irresponsável, como se tudo não passasse exatamente de uma grande brincadeira para matar o tempo.

O contra-ataque

Nesse ínterim, enquanto os acontecimentos da Cidade Central se definiam rapidamente, serenando os ânimos do povo, em Araxá o velho mago contra-atacava e, exatamente como Tabajara, que havia decidido pôr um ponto final naquilo tudo, decidia dar um basta na hesitação de Acau-hã e partir para um grandioso ataque final.

O velho conselheiro Shandar e o bom príncipe Pauetê apareceram misteriosamente mortos por conta de uma emboscada quando faziam visitas de rotina aos aldeões mais distantes, nos arredores da cidade. Depois de abdicar do trono em favor do primo, Pauetê aceitou, por amor à sua terra, se tornar o conselheiro oficial, sucedendo Shandar, que já estava muito velho. Ambos trabalhavam juntos e em grande harmonia, como tinham feito durante tanto tempo depois da ida de Jatay para o cargo de regente na Cidade Central.

Muito queridos por sua gente, nunca haviam se preocupado em sair com escolta armada. Os oito carregadores de suas liteiras foram igualmente executados não restando, então, testemunhas do ataque brutal, que foi atribuído a forasteiros salteadores, pois as bolsas desapareceram, assim como os grãos e outros provimentos que levavam para os aldeões, como utensílios e roupas. Ambos costumavam percorrer, de tempos em tempos, toda a cidade para não deixar um só habitante desamparado, especialmente depois da mudança para as terras altas, onde todos perderam praticamente tudo.

Pela distância da cidadezinha, tida como pobre, das cidades maiores, nem mesmo os bandoleiros se incomodavam de ir pilhar por aquelas bandas e, desta forma, o povo não se preocupava com essas coisas.

Uma grande consternação se bateu sobre toda a gente. Acau-hã imediatamente viu a mão de Omandyas naquela tragédia, se dignando finalmente a recebê-lo, o que vinha protelando até então com mil desculpas sobre o perigo de sua presença no palácio, usando apenas Sham-buya como leva e trás. Pela primeira vez, Acau-hã chorava por alguém, o que o deixou muito confuso. Tinha admiração por seu mestre, mas descobrira o verdadeiro amor com Pauetê e sua família. Não sabia agora o que fazer.

Sete luas se passaram depois da tragédia e, findas as cerimônias fúnebres, o povo ainda chorando pelas esquinas, o velho mago travestido de mercador, finalmente teve acesso ao palácio real, sendo recebido mais que friamente.

Mal as portas se fecharam por trás dele, sentou-se sem esperar por um convite, acomodando-se num dos sofás.

— Vejo que estás bem instalado, como mereces — foi logo falando, sem cerimônias, mas também sem grandes sorrisos.

Conhecia muito bem seu pupilo e sua inteligência, sabendo então que precisava travar com ele um embate intelectual, e não emocional. Não poderia fingir-se de entristecido já que Acau-hã jamais acreditaria e sabia que vida ou morte lhe eram indiferentes, pois já haviam conversado sobre esse assunto muitas vezes.

O príncipe se limitava a olhá-lo com aparente indiferença, esperando o próximo passo. Percebendo a atitude hostil e desconfiada, tratou de colocar as coisas em seus devidos lugares.

— Sei o que estás pensando, pois de mim nada escapa, como sabes. Porém, te julgo, neste momento, ingrato, e estou aqui para te dizer o que descobri sobre a morte de teu primo Pauetê.

Acau-hã titubeou por um instante, pois realmente não esperava por essa.

— Quer dizer então que não foste tu? — balbuciou curioso e arrependido por ter pensado mal de seu mestre.

— Por qual razão eu, que me preocupei a vida toda contigo, pois esta me foi a tarefa passada pelos deuses, te causaria sofrimento? Nem mesmo agora que me evitas, eu seria capaz de te prejudicar. Alguma vez me viste matando alguém? E por que Pauetê, que nunca nos causou nenhum embaraço? — desafiou.

Não havendo argumentação possível contra as afirmações do interlocutor, Acau-hã baixou os olhos e Omandyas aproveitou:

— Bem sei o estado que estás; como te falei tantas vezes, o envolvimento afetivo muitas vezes fragiliza o homem. Mas não te aflijas, pois eu compreendo. Achava mesmo que o contato com os teus iria confundir-te um pouco. Mas és tu quem deve decidir sobre tua vida. Mandei Sham-buya a teu encontro porque estava verdadeiramente orgulhoso de ti. Conquistaste o respeito de toda a nação sem esforço. Um dia serás um grande tuxauá — elogiou.

— Se tu sabes de tudo, deves saber que não sei mais se quero partir para a Cidade Central. Estou bem aqui.

— Eu sei. Mas é meu dever agora te alertar que os teus correm perigo. Ser um líder é inato em ti. Não fizeste nada de especial além de ser tu mesmo, e todos falaram de ti e te esperaram para um embate com o rei. Essa notícia naturalmente chegou aos ouvidos de teu irmão, pois até o sumo sacerdote veio a público para defendê-lo. Ele mesmo não faz nada por si só — desdenhou.

— O que queres dizer com isso? O que tem a morte de meu tio a ver com uma possível disputa pelo trono central? — já denotava mais interesse pela conversa.

— Mandei espias à Cidade Central. Aqueles que tu conheces — disse em tom confidente, se referindo às entidades que supostamente o acompanhavam e que, embora Acau-hã não as visse, acreditava piamente estarem lá, pois inúmeras vezes teve provas de sua existência no decorrer da vida. Quantas e quantas vezes, desde sua meninice, o mestre chegava sabendo tudo o que tinha acontecido com ele. Na verdade, o mago alargava sua consciência e se conectava com a do pupilo.

Omandyas sorriu internamente, vendo-o já totalmente subjugado às suas palavras.

— Teu irmão enviou homens para matar Pauetê com a intenção de te enfraquecer. Se sofreres, vais vacilar, e se vacilares, ele vai te vencer. Tupayba é um fraco, e por trás daquela face bondosa está um homem ardiloso e cruel. Não tem coragem de te enfrentar. É o que todos dizem pelas cidades. Se não acreditas, manda teus próprios homens espionarem — fez uma pequena pausa consternada para dar um ar de dramaticidade ao relato. — Temo que outro ataque aconteça e que os teus possam estar em perigo. Tens de mostrar que não te abalaste para que ele desista dessa tática. Se não fizeres nada, ele vai matar um por um.

Acau-hã viu-se tomado de súbito ódio. Mandou para longe pequenos objetos de cima da mesa e chutou vasos e almofadas que estavam por ali, sob o olhar impassível do obstinado Omandyas.

Depois de alguns momentos, ainda arfante, virou-se para o mestre e desabafou, quase gritando:

— Vou matá-lo! Vou mostrar a esse desgraçado que não deveria ter se metido comigo!

Satisfeito, o mago ainda acrescentou:

— Infelizmente, acho que não há outra saída. Ele é mais que uma surpresa. É perigoso. Nós queríamos apenas uma disputa leal, mas se não for possível... — deixou no ar, para acrescentar em seguida. — Estou do teu lado para tudo o que decidires. Só te peço que não te exponhas. O melhor é lutares com as mesmas armas.

Acau-hã sentou-se exausto num dos sofás, bem em frente ao mago. Falou num fio de voz, do qual se extraía inusitado fel e amargura; se antigamente tinha arroubos juvenis de auto-afirmação, quando provocado por Sham-buya, agora genuína raiva comandava seus pensamentos:

— Pede-me que haja de forma covarde? Nunca! Vou matá-lo pessoalmente — sibilou como uma serpente ferida.

— E de que te servirá isso? Serás morto num piscar de olhos. Achas, por acaso, que o tuxauá não é cercado de guardas? — admoestou o outro.

— Não me importo — vociferou.

— E teu povo? Será que também não se importa? Com Pauetê e tu mortos, quem vai governar Araxá? Teus primos desmiolados? O que será de tua gente? — ponderou o mago.

O jovem deixou-se afundar em meio às almofadas. No fundo, sabia que seu mestre tinha razão. Como sempre.

Àquela altura, Sham-buya, que estivera sentado em um sofá próximo, mais que aborrecido, mas mudo feito um peixe, resolveu arriscar, pensando em cair nas graças do futuro tuxauá e terminar logo com aquilo:

— Se quiseres, cuido desse traidor mesquinho com minhas próprias mãos. Não te esqueças que fui eu quem salvou tua vida quando nascestes, e depois de tudo vem esse aí querendo matar-te — afirmou fingindo indignação e tratando de acrescentar rápido: — Tudo por ordem de teu mestre, é claro! — sorriu amarelo.

Até mesmo Omandyas se surpreendeu com a iniciativa.

"Mas isto está me saindo melhor que a encomenda", pensou o mago. "Primeiro Acau-hã prefere um desfecho rápido e depois este palerma se oferece para arriscar o próprio pescoço e ser o herói do dia", sorriu também. "Melhor impossível!"

Apressou-se a encaminhar a conversa para um final:

— Admiro tua coragem e lealdade, meu caro Sham-buya. De certo serás recompensado com o repouso merecido depois de tantos e tantos anos de lealdade — falou mentindo e incentivando o velho curador a agir, sabendo de suas intenções de encostar o corpo na sombra. Primeiro olhou para o velho e depois para Acau-hã, como a cobrar-lhe uma decisão.

Mesmo surpreendido por tanta boa-vontade, da qual desconfiaria de pronto se não estivesse tão transtornado, o jovem rendeu-se:

— Que seja — limitou-se a dizer, sem sair de suas almofadas.

O mago levantou-se de imediato, para não dar tempo a Acau-hã de mudar de idéia. Ajeitou as roupas amassadas da melhor forma possível, como era seu hábito, e sentenciou:

— Que seja, então. — disse, virando-se em seguida para sair,

mas foi impedido pela pergunta do príncipe, quase que em tom indiferente:
— E como vai ser isto?
— Não te preocupes com nada. Cuida dos teus e de ti. Manda redobrar a guarda discretamente. Não fala para ninguém do que sabes sobre o que aconteceu com teu primo Pauetê, para que teu nome nunca seja associado ao lamentável acidente que haverá com o rei. Aparecerás depois, num segundo momento, como o salvador de toda a nação.
— Acidente?
— Sim, faremos parecer desta forma. Nunca desconfiarão de nada, como aconteceu com tua pobre mãe, quando inventaram a história dos bandoleiros para matá-la.

"Era o desfecho perfeito para um dia perfeito", pensou Omandyas, ao se retirar. "A lembrança da morte da rainha tinha sido simplesmente brilhante", voltou a pensar, congratulando consigo mesmo.

A decisão do Conselho

Numa manhã fria de inverno, em que o vento zunia forte e as nuvens carregadas davam um tom sombrio e solene ao momento, o povo se apertava para ouvir as palavras dos deuses, tentando se proteger da chuvinha fina que caía de forma quase imperceptível. No imenso altar armado no topo da grande escadaria do Templo de Áries, o sumo sacerdote se apresentou ao público, tendo do seu lado direito os membros do Grande Conselho dos Príncipes e, do lado oposto, os doze supremos sacerdotes dos templos principais representando o poder espiritual da nação.

Com exceção de Acau-hã, que fora excluído por unanimidade do conselho, todos os príncipes estavam presentes. Até mesmo Ubirajara, herdeiro de Aratimbó, que morrera nesse meio-tempo, Ubiracy e Juruá, que não tinham mais voz ativa dentro do conselho em função de suas traições do passado, estavam presentes. Javaré, outro antigo traidor, que havia renunciado há muito tempo por sua idade avançada, não mais tomava assento no conselho, tendo sido substituído pelo filho Iderê. Sendo assim, o Grande Conselho agora era formado por: Tupanguera, Arary-Bhoya, Araguary, Tupyara, Urubatam, Iraty, Jaranan, Ubiracy, Juruá, Ubirajara e Iderê.

Horas antes da grande cerimônia pública, os príncipes se reuniram formalmente em sessão, também pública, no Templo de Leo e deliberaram pela exclusão do príncipe da Cidade Alta, acusado de conspiração pelo chefe do conselho, o velho Tupanguera. Entre os antigos traidores e seus herdeiros, ninguém ousou a abrir a boca para contestar a nova tentativa de golpe, tendo a petição saído vitoriosa com o voto dos demais.

O conselho considerou que Acau-hã se valeu da boa-vontade e ignorância do povo isolado de sua cidade — trono ao qual fazia jus por direito incontestável, como herdeiro legítimo de Jatay — para lançar campanha, visando o trono da Grande Cidade.

Não bastasse isso, os três homens escolhidos por Sham-buya para matar o rei e fazer parecer obra de algum tresloucado assaltante desconhecido, foram pegos; pelo plano de Omandyas, o aposento real deveria ser revirado e objetos preciosos deveriam ser levados, dando a entender que fora mesmo um assalto pretensioso e bem executado.

Para o incauto e inexperiente Acau-hã, seria a vingança da morte de Bartyra, Pauetê e Shandar. Para o povo órfão de seu tuxuá, ele apareceria como uma benção dos deuses e ocuparia o trono vazio, em meio à comoção geral.

Porém, tudo deu errado e os homens mandados por Sham-buya foram surpreendidos por Shem-han, que os esperava com várias guarnições, armadas até os dentes. Dois foram mortos na pequena luta que se travou, e o terceiro, justamente Abaeté, foi preso sob ameaça de morte, entregando todo o serviço e seus mandantes.

Como só poderia acontecer naquelas terras, a notícia novamente correu entre o povo como um raio. Em pouquíssimo tempo, todos já sabiam do ocorrido. Embora alguns lamentassem o fim da disputa pelo trono, pois seria o fim das fofocas habituais sobre o rei e o príncipe postulante, a maioria se mostrou indignada com o atentado, ou pelo menos fingiu estar. Também correu rapidamente a história de que quem descobrira todo o plano para executar o rei fora o sumo sacerdote com seus dons psíquicos, o que era verdade e acabava dando força à idéia de que Tupayba deveria mesmo ser o escolhido dos deuses para ser o tuxuá, caso contrário, Tabajara, que gozava de enorme prestígio no reino, não teria tido condições de salvá-lo e tampouco daria seu aval para que continuasse no trono.

Se o respeito que todos tinham pelo religioso já era enorme, agora o tinham quase como um deus, para seu desgosto conformado.

Para evitar pânico e outras tantas loucuras, Tabajara orientou que o mago negro não fosse citado, nem sua existência e tampouco sua autoria por trás das ações rasteiras creditadas ao jovem príncipe da Cidade Alta.

Ao povo de Araxá foi dado o direito de escolher outro príncipe para o Conselho o que, todavia, nunca veio a acontecer. Sua população, cega e ofendida, desacreditando dos fatos incontestes, preferiu se retirar da nação Nhengatu e permanecer como um povo isolado e rancoroso, como se algo lhes tivesse sido tirado, para a indignação dos príncipes leais, que não aceitavam a divisão do império.

Mais uma vez, de Araxá vinha o modelo de como o desejo dos homens se impunha à razão, ao bom senso e ao amor fraterno. Era o primeiro ensaio do que viria a acontecer no futuro, quando todo o reino se esfacelaria em muitos pedaços, como previra Tabajara.

Por ordem expressa do rei, no entanto a vontade daquele pequeno povo foi respeitada, tendo impedido que alguns chefes militares tentassem demover os habitantes de sua decisão pela força das armas para acabar de vez com aquela insanidade.

Achavam os amigos próximos do tuxauá que Acau-hã deveria ser preso, pois se ele não fora o mandante principal, tinha sido no mínimo conivente. Mas uma vez mais Tupayba, movido pela brandura de seu coração, o havia perdoado, determinando apenas que fosse ele desterrado em sua cidade e impossibilitado de se locomover pelo reino para sempre.

Apesar dos apelos de Tabajara, de Shem-han e dos demais que participaram dos embates principais e que sabiam da existência do mago negro, essa decisão perigosa foi mantida. Tupayba se limitou a pedir perdão ao sumo sacerdote por não poder fazer o que ele pedia que era manter Acau-hã contido e vigiado. Além do mais, Acau-hã não se importaria se o irmão morresse.

Embora tudo o que o sumo sacerdote lhe ensinara sobre as pessoas e também do que aprendera em sua longa convivência na Casa das Flores ao lado do astuto Thu-ran, que não hesitaria em manter o conspirador preso, Tupayba insistiu que a medida do exílio era suficiente punição.

Seu coração bondoso por vezes o deixava indefeso, apesar de o mundo em sua volta tentar alertá-lo para os riscos que corria, preferia sempre perdoar e confiar que tudo e todos mudariam como tempo. Não deixava de ser algo extremamente bom, mas sua visão de tempo era deturpada, pois colocava a curto prazo coisas que a maioria das almas levava milênios para conseguir.

Desta forma, Acau-hã reinou ainda por muito tempo nos braços de sua gente até que novos e urgentes acontecimentos eclodissem novamente, no caminho inexorável do fim.

    O que o grupo de amigos havia conseguido fora evitar uma tragédia maior naquele momento, dando mais uma oportunidade aos homens incautos de refletirem sobre seus atos.

Capítulo 20

A grande luta

Durante todo o tempo em que a conspiração estava em gestação e os amigos do rei contra-atacavam, fatos surpreendentes ajudaram Tabajara, Ityrapuan, Ravi e Narayama a encontrar o mago.

Enquanto os espias dos príncipes e dos templos saíam a campo para impedir que a bem armada trama se concretizasse como uma verdade absoluta, os três sacerdotes e mais a grande sacerdotisa do Templo do Vento se concentravam em procurar os artificiais que geralmente acompanhavam o mago. Tabajara acreditava que tais entidades seriam mais fáceis de ser encontradas e poderiam conduzi-las ao sacerdote das sombras.

De fato, não foi difícil aos hábeis religiosos encontrar alguns desses desajustados vagando pelo astral inferior. Tabajara lembrava-se muito bem deles desde seu primeiro encontro, quando Tupayba nem nascido era. Eram como escravos dos auxiliares diretos do mago. Andrajosos e assustados, quando capturados não compreendiam sequer que poderiam simplesmente desvanecer-se no ar. Seres inferiores criados pela mente poderosa do mago estavam a seu serviço sempre que necessário, de forma quase inconsciente.

Tendo Ityrapuan e Ravi dado sustentação no plano físico juntamente com outros sacerdotes à pequena expedição, Narayama e Tabajara expandiram suas consciências para o astral facilmente, imobilizando meia dúzia dessas entidades, que não fizeram questão nenhuma de falar tudo que sabiam incentivados pela ameaça velada de serem exterminados ou "incriados", como diziam, bobagem na qual acreditavam piamente e que as aterrorizava. Todavia elas se reportaram apenas a dois ou três subalternos e nada conheciam de Omandyas de fato; tudo o que sabiam é que sua base de operações na crosta era nas terras do príncipe Ubiracy, mas não tinham a menor idéia do lugar.

Os pobres diabos eram apenas usados para incursões tipo enxame, onde dezenas eram enviados a determinado lugar com objetivo específico de, por exemplo, ajudar a conectar as consciências das pessoas umas às outras. Nem eles mesmos sabiam bem do que se tratava. Agiam maquinalmente sem pensar, em troca de proteção ou de pequenas porções de um conforto qualquer.

Ficaram olhando apavorados para os dois sacerdotes achando

que seriam mortos, como se isso fosse possível. Um pouco desapontados, Tabajara e Narayama os entregaram aos auxiliares que os acompanhavam sem, no entanto, desistir do intento de achar o mago. Outras entidades que estavam por ali de forma indolente e que acompanhavam a cena de longe trataram de fugir apressadas quando perceberam o desfecho da situação. Todavia, os dois amigos não lhes deram qualquer atenção, voltando imediatamente suas mentes para o Templo de Áries.

Ityrapuan e outros sacerdotes os esperavam.

— Creio que não demos muita sorte — comentou a sacerdotisa.

— Eram peixes pequenos.

— Como não? — ponderou Tabajara, que não desconfiara ainda que a ousadia do mago tinha chegado a limites inimagináveis, pois já estava amoitado perto de Araxá. — Sabemos pelo menos de onde ele opera preferencialmente.

— Sim, Excelência — interveio Ravi, que, junto com os outros, acompanhara toda a trajetória dali mesmo e não perdia a cerimônia no trato com o sumo sacerdote. — Mas havemos de convir que as terras de Ubiracy são muito extensas e não podemos mandar homens vasculhar todas. Não creio que tenhamos todo esse tempo, apesar de fazer todo o sentido do mundo alguém escolher aquele local para estabelecer um esconderijo, não só porque é longe de tudo, mas também pela desordem que reina naquelas bandas.

— Tens razão, meu filho — tornou o sacerdote com carinho e um brilho maroto nos olhos. — Nós não poderíamos arcar com essa tarefa, mas podemos achar quem pode.

Todos os sete clérigos presentes se voltaram para ele com curiosidade e esperaram para saber o que ele maquinava. Ityrapuan chegou a sorrir, seguido por outros, para comentar a seguir:

— Se não me engano, a cidade de Ubiracy faz divisa com a Cidade Interna, governada por nosso bom Araguary. São terras perigosas e de muitas florestas, mas têm mesmo suas vantagens, pois além das distâncias e da bagunça geral, como lembrou Ravi, também fazem divisa com Araxá, ao sopé da montanha.

— Oh, sim! Mas é mesmo verdade. Que bem engendrado estabelecer-se ali por perto! — exclamou Narayama, dando-se conta da situação. E sem esperar resposta: — Achas que os guarda-caças de Araguary poderiam nos ajudar? — perguntou, dirigindo-se a Tabajara.

— Sim, é claro, mas como bem falou Ravi, a menos que eles já tenham visto Omandyas por aqueles lados, o que podemos mandar checar, também não teriam tempo de procurá-lo, pois as fronteiras entre as terras são extensas.

— Então no que estás a pensar? — tornou a sacerdotisa curiosa.

Tabajara se levantou da poltrona forrada de peles onde estivera sentado, num dos pequenos salões de estudo onde o grupo estava reunido e caminhou até a ampla janela que dava para os jardins; estes se estendiam até os muros que separavam o templo da grande avenida. Pensou um pouco antes de expor sua idéia:

— Penso que nenhum de vós, pois que todos são bem mais jovens que eu, com a exceção de tu, Iraê, conheceu a velha Azy-Mhalá.

— falou se voltando para o sacerdote mais velho do grupo, um de seus auxiliares desde os tempos do Templo de Leo e que emparelhava com a sua idade.

Este sorriu:

— De fato, eu a conheci muito bem. Ela era a curandeira que fazia poções nas terras de Anhanguera. Na verdade era Jacyara, a mulher de Juranan, também conhecido como Dezan, o bruxo. Uma longa história.

Narayama também sorriu:

— Não há como não conhecer a história do antigo sumo sacerdote — falou com simplicidade.

Tabajara também não pôde esconder um breve sorriso ao comentar:

— Parece que meus predecessores deixaram um rastro de sangue, não acham? — fez uma pequena pausa. — Lembrem-se que Juranan foi o sumo sacerdote antes do fatídico Azamor, do qual muitos nestas terras ainda se lembram com tanta amargura.

— Mas no que a lembrança da velha feiticeira da floresta de caça de Anhanguera poderia nos ajudar nesta hora? — questionou Iraê. — Ela já se foi há muitas e muitas luas grandes.

— Quando o povo subiu para as terras altas, Azy-Mhalá, apesar de já muito velha e quase sem forças, continuou fiel ao falecido príncipe Anhanguera, prometendo ao bom Araguary que continuaria a fazer poções de cura para todos que precisassem na Cidade Interna, o que de fato aconteceu — fez pequena pausa para depois complementar: — Nos primeiros tempos após o grande maremoto estive com ela algumas vezes, trocando alguns segredos entre bruxos — falou brincando. — Todos precisavam de tudo e as dores eram muitas. Estive com ela e com outros curadores também. Muito tempo depois, ela continuava viva e instalada numa cabana na floresta, exatamente como vivia nas terras baixas. Nunca gostou de viver longe das matas e, assim que pôde, voltou para seu habitat natural. Na última vez que fui visitá-la, pois ela não mais caminhava, sua pupila Alah-or já tinha mais de trinta luas grandes de idade. E isso foi há cerca de vinte luas grandes.

— Alah-or! — repetiu Narayama. — Então ela ensinou alguém! Mas que bom! — concluiu com sua bondade habitual.

— Sim. Alah-or foi uma das moças perseguidas pelo antigo sacerdote do som, Siamor, e se refugiou na Cidade Interna. Anhanguera acolhia a todos. Tinha absoluto desprezo pelo sacerdote cantor que precedeu nosso amigo Kalykaz. Quando seus dons magísticos se tornaram evidentes, foi encaminhada para ser iniciada nas artes de cura pela bondosa e competente curandeira. A casa das duas ficava às margens do riacho que servia de fronteira entre as duas terras: de Araguary e de Ubiracy. Penso que, convenientemente para nós, ainda fica.

— Entendo onde quereis chegar, Excelência — interveio Ityrapuan. — Acreditais que ela possa saber de algo?

— Sim. Se alguém pode nos ajudar, é ela, pois conhece os segredos daquela floresta como a palma de sua mão. Muito mais que qualquer guarda-caça, pois, além do mais, sabe como comunicar-se como ninguém com as entidades que habitam as matas.

— Fantástico! — foi só o que conseguiu falar Iraê.

— Sabes onde fica sua cabana? — quis saber a sacerdotisa.

— Creio que sim. Mas se minha cansada memória falhar todos de lá sabem também. — falou sorrindo. — De certo, Alah-or ainda prepara suas poções de remédios para toda a gente daquelas bandas. Creio que não será difícil para que nossa gente a encontre. Com certeza ela vai querer colaborar, pois é uma pessoa muito boa. Penso que devemos pedir a Shem-han que nos ajude nessa empreitada com seus homens, pois meia dúzia de sacerdotes não costuma se dar muito bem no meio de uma mata sozinhos. — falou quase em tom de brincadeira.

Todos riram, menos Ravi que se remexeu em sua cadeira, mostrando inquietação.

— O que tens filho? O que pensas? — perguntou Tabajara ao percebê-lo inquieto.

O moço titubeou uns instantes e depois falou:

— Penso que deveis ir pessoalmente, Excelência. Não para achar a curandeira, é claro, pois podemos fazê-lo, como afirmais, mas para quando acharmos o mago. Creio eu que precisaremos de vós. Não acredito que os guardas de Shem-han sejam suficientes para capturar um mago negro, nem tampouco nossa pouca experiência com eles. — falou com modéstia genuína. — Lembro-me bem das histórias que me contastes sobre os ataques dessas criaturas e os grandes combates entre a luz e as sombras nas cidades ao norte da Terra das Estrelas... As muitas mortes e as cidades destruídas quando a disputa envolveu magia negra.

Tabajara suspirou. Ravi tinha razão. Mas havia mais de sessenta luas grandes sobre a terra e a viagem não seria fácil. A tropa levaria no mínimo três dias e três noites caso fosse junto. Mas se decidiram e, apesar de alguns preparativos ainda terem que ser feitos, pois necessitariam viajar anônimos pelas estradas, logo todos estavam a caminho, com exceção de Iraê que ficaria, apesar de seus protestos, para a proteção espiritual do rei e para cuidar dos templos.

Narayama também ficaria, pois, apesar de sua coragem e disposição, a mata densa não era o lugar mais conveniente para uma delicada bailarina. Cuidaria junto com Iraê que tudo seguisse em ordem na ausência dos companheiros.

Shem-han escolheu trinta de seus melhores soldados, todos bem armados, para escoltar Tabajara e os demais sacerdotes que participariam da empreitada, mandando logo cinco à frente para localizar rapidamente a cabana de Alah-or.

Divididos em pequenos grupos para não chamar a atenção, com as armas escondidas nas liteiras dos sacerdotes e os soldados disfarçados de gente do povo, se dirigiram a passos vagarosos por estradinhas secundárias para as terras de caça de Araguary. As liteiras eram discretas e, assim como os carregadores, não traziam nenhuma identificação que os ligasse aos templos.

Quando chegaram à floresta de caça de Araguary, foram logo recebidos por uma grande guarnição comandada pelo príncipe em pessoa, podendo todos descansar num acampamento armado previamente para esperá-los. O príncipe se mostrava muito satisfeito em poder ajudar, apesar de indignado com a presença de um mago negro na Terra dos Ay-Mhorés.

Batedores cuidadosamente escolhidos tinham sido enviados previamente a seu palácio, com a chancela de Tupayba, para pedir sua ajuda aos homens de Shem-han e ao sumo sacerdote.

No dia seguinte, todos se dirigiram à cabana de Alah-or, que os esperava. Esperta, ela já tinha mobilizado forças da natureza — especialmente os elementais mesmo contra a vontade deles, que não gostavam de relacionar-se com humanos, limitando-se apenas à troca de pequenos favores quando solicitados, desde que seu espaço não fosse invadido — em busca da fortaleza do mago e de seus homens. Quando Tabajara chegou com o pequeno exército de algumas dezenas de homens, ela já havia localizado o esconderijo.

— Meu bom amigo! — foi o cumprimento emocionado da curandeira enquanto abraçava o sacerdote e era apresentada a todos.

— Como estás, Alah-or? — foi logo perguntando o solícito Araguary, que tantas vezes tinha se valido de seus enormes conhecimentos sobre ervas e poções para curar a gente da Cidade Interna. Durante os últimos anos, ela se ocupava também em ensinar alguns jovens trazidos pelo príncipe, que haviam sido identificados pelos sacerdotes como potencialmente capazes de aprender o ofício.

— Surpresa, meu príncipe — foi a resposta direta, pois que não tinha meias palavras. — Como pudemos não perceber o que tínhamos aqui ao lado? Graças a Tupã nossos amigos estão aqui.

— De fato — falou Araguary, voltando-se para Shem-han e Tabajara perguntando:

— E agora, meus amigos? Quais os planos? Fui informado que nossos mateiros já sabem exatamente a localização da casa do mago.

— Penso que devemos descobrir se o mago está lá. Se não estiver, não seria necessária a presença dos sacerdotes, não achais, Excelência? — adiantou-se Shem-han, sempre preocupado com a segurança de todos.

— Obrigado, meu filho! — respondeu Tabajara. — Creio, no entanto, que ele está por perto, pois sinto sua presença muito próxima.

Shem-han suspirou conformado, pois pretendia poupar o sumo sacerdote do sacrifício de embrenhar-se ainda mais na mata. Todavia, como experiente comandante, queria saber de tudo para poder planejar seu ataque.

— O que teus amigos da natureza descobriram, Alah-or? — quis saber o príncipe.

Os sacerdotes e os chefes militares, além de Araguary e seu filho, o jovem Kanauã, que o acompanhava, se acomodaram em tamboretes em volta da pequena fogueira acesa no terreiro em frente à cabana tosca de um só aposento.

Apesar de Alah-or não ser uma pessoa de modos ou aparência delicada, tudo ali era cuidado com capricho. A mulher já era chegada na casa dos cinqüenta. Alta, forte, tez morena, com longos cabelos já indo para o grisalho, presos numa única grande trança jogada às costas.

Qualquer um diria que manejaria bem um machado e que derrubaria uma árvore sem dificuldades. Mas, apesar disso e das mãos calejadas pelas tarefas do dia-a-dia, a cabana era excepcionalmente bem cuidada, exibindo lindas cortinas de penas muito bem feitas. Todo o ambiente era bem arejado e asseado, pequenos tapetes de jaguatirica se espalhavam pelo chão, presenteados pelos mateiros de Araguary, que também moravam nas redondezas. Estes tinham por ela grande estima, já que cuidava de suas famílias com seus remédios e poções.

Para aquecer o ambiente, havia um fogão de lenha meticulosamente limpo e ostentando brasas sempre acesas. Em cima dele, se postava um considerável caldeirão onde ervas eram cozidas para os mais variados fins. Outro caldeirão menor era usado para fazer a sopa. No grande terreiro, flores silvestres de diferentes cores rodeavam a clareira em arranjos bem cuidados. Até mesmo o chão de terra era limpo e bem varrido. Grandes vasos de bordas baixas e rasas, feitos de barro tirado do riacho e colocados ao rés do chão, cultivavam ervas de todos os tipos. Alah-or as trouxera da floresta para as eventualidades mais urgentes.

A não ser pelas duas mansas jaguatiricas domesticadas desde filhotes pelo guarda-caça a ponto de ronronar e que se deixam ficar por ali de forma preguiçosa, ninguém diria que ali morava uma curandeira ou bruxa. Alah-or gostava de dizer que os bichanos eram seus protetores contra eventuais forasteiros mal intencionados e, de fato, já tinham colocado dois ou três para correr. Pareciam perceber com clareza quem chegava como amigo ou não, para a satisfação da dona.

Os soldados se espalharam sentando-se embaixo das árvores em volta, sem alarde, pois não deveriam denunciar a presença do grupo.

— Hoje em dia até as árvores podem ter ouvidos — dissera Araguary, se referindo à situação que o reino atravessava.

Alguns guardas foram enviados para cobrir a região em volta da clareira como sentinelas.

A todos foi servida, pelos auxiliares do príncipe, uma bebida quente, revigorante, forte e saborosa, preparada especialmente por Alah-or num grande caldeirão fumegante pendurado ali mesmo sobre a fogueira.

Mal tomou o primeiro gole, sentiu o gosto extravagante e a quentura que percorreu seu peito. Ityrapuan não se conteve:

— Por Tupã! O que tem aqui? — exclamou.

— Bebe sem susto. Cada vez que tomo as beberagens de Alah-or rejuvenesço dez luas grandes — foi a resposta divertida de Tabajara.

— Pretendo tomar o caldeirão inteiro e sair daqui um moço, como tu. Se ela tivesse me dado a receita há muito tempo atrás, eu seria um bebê de colo a estas alturas.

Todos riram e saudaram a feiticeira, que se mostrou bem satisfeita com a pequena homenagem. Mas Shem-han estava aflito e pediu que o mateiro chefe contasse o que vira.

Uanú, o mateiro, não se fez de rogado e contou em detalhes o que descobrira. Basicamente era um pequeno amontoado de cabanas rústicas cercado por pequenas facilidades mal cuidadas à beira do mesmo riacho que passava ao largo da cabana de Alah-or. O dono do lugar não era decididamente alguém caprichoso. Provavelmente, duas dezenas de homens poderiam viver lá, mas nos últimos dias apenas alguns perambulavam por ali, todos parecendo desocupados.

O esconderijo, embora não fosse tão longe, ficava a quase um dia de viagem, pois não havia como seguir direto beirando o riacho. Era preciso se embrenhar na mata para alcançá-lo. Dar a volta por um lugar mais acessível e depois tornar ao riacho. Por conta dessas dificuldades, os mateiros nunca souberam de sua presença nos arredores, e tinham estado todo o tempo incrivelmente perto. Eles provavelmente também não sabiam da existência de suas cabanas ou da de Alah-or tão próximas de seu refúgio. De qualquer forma, não viram por lá nem sombra de alguém com as características que lhe foram passadas sobre o mago.

Esta informação fez com que todos se virassem para o sumo sacerdote, como que perguntando: onde ele estaria então?

Calmamente, ele respondeu, sentenciando:

— Ele está chegando, não se aflijam. Como lhes falei ele está muito próximo. Ontem à noite fiz uma barreira no astral para que ele não percebesse a minha presença, pois da mesma forma que posso senti-lo ele pode me sentir. Pensando agora, creio que ele pode ter estado em Araxá tendo com Acau-hã. Para onde mais poderia ter ido, não é mesmo? — falou mais para si mesmo, continuando: — É notável sua paciência para o desfecho de seus planos, pois que espera desde antes do grande cataclismo. Admirável — falou balançando a cabeça afirmativamente, enquanto passava a mão pelos longos cabelos quase que totalmente brancos. Como se todos permanecessem mudos a olhá-lo respeitosamente, concluiu em sua voz mansa e seu olhar imperturbável: — Há grande agitação nesta região do astral, pois está entrando novamente em grande desequilíbrio e se tornando instável para os que o habitam como sempre acontece de tempos em tempos. Seres que por lá transitam com intenções escusas começam a perceber que algo não vai bem. Os mais espertos ou inteligentes começam a se retirar para outras regiões, abandonando seus asseclas para trás, que ficam atordoados e confusos sem seus amos. A confusão de tantos e tantos seres gera ainda mais instabilidade no já fragilizado ambiente.

— O que isso significa para nós? — quis saber Araguary, muito interessado.

— Significa que os asseclas do mago encontram-se perturbados e ele pode estar muito desprotegido. Na medida em que não é a amizade desinteressada que une tais criaturas, se as coisas piorarem no astral ele será abandonado. Se é que já não foi. — sentenciou, para o espanto de todos, para depois acrescentar: — Muitos fugirão. Como sabeis, mesmo para um mago de alta categoria, acostumado a lidar com a magia do pensamento, é difícil manter uma posição firme sem a assistência de outros, encarnados ou desencarnados. Ainda mais para Omandyas, pois no meio da conspiração que ele está armando, os nervos devem estar à flor da pele, dificultando a concentração. E como toda a magia é mental, seu poder deve estar bem reduzido.

No meio do silêncio Ravi se fez ouvir:

— Isto quer dizer, Excelência, que se não o pegarmos agora, ele poderá tentar fugir também?

— Isso mesmo, meu filho — foi a resposta simples.

— Desculpe, Excelência, mas não entendi — declarou Shem-han humildemente, sendo seguido da mesma forma pelo próprio Araguary:

— Nem eu, tampouco.

Com sua bondade habitual, Tabajara explicou a todos o que Ravi já tinha percebido:

— Lembrem-se de que estamos falando de alguém muito inteligente e perspicaz. Seria muita ingenuidade nossa achar que ele vai ficar esperando seu castelo ruir para depois tomar uma atitude. Não creio ser possível ele já não ter percebido o abalo no astral e o afastamento sem precedentes de seus escravos e serviçais do plano espiritual. Seria extraordinário se assim fosse.

— Talvez isso pudesse acontecer em função de um sonho desvairado de poder que o cegasse ao ponto de arriscar a própria sobrevivência — ponderou Ityrapuan para depois continuar: — Ou quem sabe ele saiba de tudo, mas ache que não precisaria mais do auxílio deles com Acau-hã no trono da Cidade Central.

— Tudo é possível. Creio mais nessa segunda hipótese e como

ela está em vias de não se concretizar, tendo em vista o bem armado plano de Ararype, mais cedo ou mais tarde ele vai querer abandonar o barco. Temos que pega-lo agora, enquanto ainda é possível localiza-lo e enquanto está enfraquecido. Tem que ser preso, pois morto poderá virar mais tarde outra dor de cabeça.

Novamente olhares de assombro foram dirigidos ao sacerdote, desta vez apenas pelos príncipes e militares, posto que os demais sacerdotes e a curandeira sabiam muito bem do que ele estava falando. E foi ela mesma que se adiantou em responder:

— Um mago negro solto no astral é tanto ou mais perigoso que outro encarnado no planeta. Tudo depende das circunstâncias. Torna-se uma consciência disponível, com todo seu conhecimento do mal, para ser usada por muitos.

Todos silenciaram frente à natureza óbvia da afirmação. Embora não estivessem acostumados a lidar com essas coisas de forma tão casual, como se apresentava no momento, eram verdades incontestes as quais, pelo visto, deviam se habituar naqueles novos tempos. Os clérigos sorriram de leve, pois já tinham se conformado com aquilo há tempos.

Nessas alturas, Shem-han levantou-se decidido.

— Então está certo. Não há tempo a perder. Já sabemos o que temos que fazer. Peço que me acompanhes para decidirmos como vamos agir com nossos soldados, Alteza — falou, dirigindo-se a Araguary.

Kanauã se levantou no lugar do pai e esclareceu determinado:

— Eu vou contigo, pois minha função é como a tua nestas bandas.

— Muito bem. Então, vamos.

Kanauã era alto, forte, corajoso e, apesar de muito jovem, já era o comandante dos exércitos da Cidade Interna, gozando do respeito total de seus homens, para orgulho de seu pai. Os dois, seguidos pelos demais militares, se dirigiram aos soldados deixando os demais ainda a conversar no terreiro.

Traçados todos os planos e guiados por Uanú e pelos outros mateiros, a tropa se dirigiu para o reduto do mago ao amanhecer, devagar e silenciosamente. Na retaguarda seguiam os sacerdotes, auxiliados por guardas pré-determinados para essa tarefa. Todo o grupo fazia, de forma organizada, pausas freqüentes para repouso e alimentação ligeira, visando chegarem bem descansados ao local previsto para o suposto embate e para não extenuarem o sumo sacerdote, que também seguia a pé. Não havia como levar uma liteira para dentro daquela mata.

Tanto Tabajara quanto Ityrapuan estavam certos. Omandyas

estava mesmo no local. Recém chegado de Araxá com o restante de seus homens, voltara apenas para recolher papiros e alguns outros objetos importantes acumulados ao longo das muitas luas grandes nas quais vivera ali e também para destruir o local com tudo que sobrasse, para não deixar vestígios. Vislumbrava o desfecho favorável de seus planos e já planejava a mudança. Sairia finalmente daquele buraco indigno a seus olhos, no qual havia vivido tanto tempo.

Nesse ínterim, Abaeté já fora despachado para a Cidade Central com a missão de matar o tuxauá. Mesmo percebendo o grande alvoroço no astral e a debandada das entidades, o mago desdenhava, com sua soberba, o perigo que se avizinhava. Apenas se preparava para sua entrada triunfal no Templo de Áries, o que não tardaria a acontecer depois que seu pupilo subisse ao trono principal. Sentindo o poder fluindo por suas mãos, decidiu de forma prepotente que algum lamentável acidente também precisaria ocorrer com Tabajara. O que, aliás, não seria difícil de se fazer.

Ria sozinho. Na verdade, o mago estava ficando velho e descuidado. No meio de seus desvarios, havia se esquecido de vigiar os passos do sumo sacerdote, como fizera quase a vida toda, e esse deslize acabou por se tornar fatal, pois não se deu conta de sua presença tão próxima. Sem condições, naquelas alturas, de identificar sozinho a presença do sacerdote e sem ninguém do astral inferior para alertá-lo, Tabajara e os homens leais a Tupayba passaram despercebidos em sua marcha.

Ao amanhecer do dia seguinte, a pequena vila foi cercada rapidamente, mas para a surpresa geral, quando os soldados se preparavam para o ataque final notaram que todas as cabanas no interior da clareira cercada pelas tropas estavam em chamas.

— Chegamos tarde demais? — perguntou gritando Shem-han, de espada em punho, ao ver Tabajara, que havia se aproximado da confusão para o desespero dos auxiliares que cuidavam de sua segurança.

— Não! — gritou de volta o sacerdote em meio da correria dos soldados atrás dos homens de Omandyas, que tentavam fugir pela floresta protegidos pela fumaça que prejudicava a visão. Bem treinados e sob as ordens de Kanauã, os guardas rapidamente se organizaram disparando uma chuva de flechas sobre os fugitivos, matando a maioria deles. Outros, ao se verem acuados, mas armados de lanças e espadas, preferiram lutar, travando um combate inglório contra os homens do príncipe.

Enquanto isso, Shem-han gritava ordens para que as cabanas em chamas fossem revistadas atrás de possíveis outros serviçais do mago.

— Ele ainda está aqui! — falou alto Tabajara, apontando para um pequeno grupo de imensos e monstruosos artificiais saídos do meio da fumaça e que se antepunham sobre os soldados levantando-os no ar e atirando-os à distância. Outros, para o espanto geral, faziam girar no ar pequenos punhais voadores que zuniam em todas as direções, derrubando alguns outros soldados.

Em segundos, seguido pelos outros sacerdotes, Tabajara, que já ouvira contar histórias semelhantes e sabendo serem produtos de magia, se colocou no centro da clareira. Numa ação rápida, levantou ambos os braços gritando palavras mágicas, interpondo com seu pensamento uma contra-magia aos punhais assassinos, que caíram ao chão, quase todos ao mesmo tempo, em meio a um barulho ensurdecedor. Com sua vontade e com a dos outros clérigos, destruíram a maioria dos artificiais, que davam urros horrendos ao se desvanecerem no ar.

Enquanto os sacerdotes continuavam a luta mental contra os artificiais restantes, Tabajara chamou Ityrapuan. Protegidos por Shem-han — que com um grupo de soldados fizeram uma couraça de escudos em volta deles, como uma casamata —, ambos se concentraram e localizaram mentalmente o mago, que se escondia numa das cabanas maiores.

Mesmo instado a entregar-se, posto que não havia mais salvação possível, Omandyas ainda resistia. Tinha sido pego de surpresa e parecia já não ter mais forças para mobilizar outras entidades contra o grupo do sumo sacerdote. Ainda assim não se rendia.

Tabajara e Ityrapuan ainda tentavam falar diretamente na mente do mago negro, mas seus pensamentos eram rechaçados com força. Enquanto isso, alguns soldados tentavam, sem sucesso, apagar o fogo da cabana onde ele estava, usando água do riacho.

Não havia mais como Shem-han entrar na construção em chamas para retirar o mago negro sem arriscar a própria vida ou a de seus homens.

A situação estava nesse pé quando o teto da cabana desmoronou com grande ruído e espalhando altas labaredas em direção aos homens, que tiveram que se afastar.

Omandyas estava morto.

Tabajara, Ityrapuan, Ravi e os outros religiosos perceberam de imediato a grande conturbação que se formou no astral próximo, com um grande número de artificiais acorrendo ao local, curiosos e desavisados do risco que corriam. Outros apenas espiavam a confusão de longe, sem coragem de se aproximar de imediato.

Explosões ocorriam no astral afastando os menos esclarecidos, que fugiam assustados. As labaredas do incêndio agora tomavam conta da paisagem astralina formada pela mente de muitos, queimando tudo que encontrava pela frente, inclusive os menos espertos que não corriam a tempo. Num espetáculo horripilante, algumas entidades artificiais mais atrasadas, que não compreendiam que aquilo fazia parte apenas de suas mentes perturbadas, se debatiam em meio às chamas para a chacota e divertimento de outras.

Enquanto isso, os homens de Shem-han prosseguiam no trabalho frenético de apagar as últimas chamas para tentar tirar o mago dos escombros, embora todos imaginassem que não poderia ter sobrevivido. Tabajara fez um sinal discreto para que alguns sacerdotes se afastassem, enquanto a maioria já se empenhava em cuidar dos feridos. Reuniram-se na sombra calma e reconfortante de uma frondosa árvore voltada para o riacho e para a floresta mais além, de onde parecia que o mundo não se dava conta dos acontecimentos trágicos ali acontecidos.

Todos se sentaram compenetrados, respirando profunda e lentamente como haviam sido treinados, tentando relaxar e se concentrar após o esforço despendido, imaginando o que o sacerdote falaria.

Após uns instantes, enquanto esperava todos se acalmarem o sumo sacerdote falou, em voz baixa:

— Meus amigos, temos agora um mago negro no astral, cuja mente não tardará a ser encontrada e acessada por seus pares ainda encarnados, apesar de ser possível que eventuais vítimas sobreviventes também o façam. Logo um enxame de consciências tentará se conectar com ele, apesar da instabilidade que existe nestes tempos difíceis. Quem sabe até outros magos mais experientes venham a saber do ocorrido e se interessem igualmente. Não podemos nem mesmo desprezar a possibilidade de algum antigo mestre dos tempos de Mú, já desencarnado, mas poderoso e consciente de seu estado também fazê-lo. — sem querer, Tabajara se referia ao terrível Thevetat.

Fez pequena pausa enquanto pensava, sendo respeitosamente aguardado para continuar.

— Penso que até mesmo prováveis "amigos" irão se comprazer com sua morte, pois ele é muito arrogante, até mesmo para um sacerdote das sombras.

— E depois, Excelência? — perguntou Kahn-shir, um dos sacer-

dotes que trabalhava com Ityrapuan no Templo de Leo e se oferecera para a missão.
— Depois? — Tabajara suspirou. — Depois não sabemos ao certo, meu filho. De certeza só temos o conhecimento do tipo de pessoa que ele era e das escolhas que havia feito para sua vida, tendo se bandeado desde cedo para o lado obscuro da espiritualidade. Desta forma, sua mente poderá ser facilmente usada por outros encarnados na mesma faixa de sentimentos que, como bem sabemos, é a única forma real de comunicação possível entre os planos, como um gatilho que nos abre as portas das informações armazenadas em cada ser, que assim continuam a viver através daqueles que os procuram com emoções idênticas às que eles próprios cultivavam quando encarnados.
— E nós? O que faremos agora? — perguntou o próprio Ravi, preocupado com a morte de Omandyas, pois sabia que sua morte não era o mais desejável. Solto no astral, era muito mais perigoso, pois sua maldade estava disponível para muitos.
Lendo seus pensamentos, Tabajara tratou de apaziguá-lo, assim como os demais que pensavam a mesma coisa, pois não tinham vindo de tão longe para matar o mago negro e sim para deter seus passos de alguma forma. Havia até uma ponta de culpa nos corações bondosos de Ravi e de outros.
— Sua morte não foi por nossa culpa, meus filhos, pois ele construiu e trilhou seu próprio caminho. Não fomos nós que incendiamos a aldeia e tampouco fomos nós que o impedimos de não ser teimoso ao ponto de se imolar daquela forma. Apenas tentamos cerca-lo e prende-lo, mas não conseguimos. Não temos como interferir no livre arbítrio de ninguém, não é mesmo?
Todos o ouviam de cabeça baixa e, embora soubessem que era verdade, havia certa frustração no ar, que, sabiamente, o sumo sacerdote tentou contemporizar:
— Temos sempre que ter o máximo cuidado em nossas vidas para não criarmos expectativas muito rígidas, especialmente quando nossos planos incluem a vontade de outras pessoas. Quando somos contrariados temos que parar e pensar nas razões pelas quais essas vicissitudes ou contratempos ainda estão acontecendo conosco. Por que as coisas não saem exatamente como queremos ou gostaríamos que fossem? O que ainda necessitamos aprender na vida para que Tupã nos ofereça tão repetidas vezes estas grandes oportunidades, através daquilo que chamamos de problemas ou fracassos? — fez longa pausa, dando tempo para todos refletirem, e depois continuou:

— E o que estamos todos precisando aprender neste momento tão difícil de nossas vidas quando achamos que as dificuldades nos assolam, meus filhos? Termos mais paciência? Termos humildade para nos resignar quando não temos competência nem autoridade suficiente para interferir nos destinos dos outros, mesmo que seja para o bem de todos, talvez? Parar de pensar que somos deuses e que podemos mudar para sempre o rumo da história? Ah! Como seria bom! — sorriu brandamente. — Sorriam meus, queridos amigos. Fizemos nosso melhor. Não nos furtamos de nossas responsabilidades. Não ficamos apáticos vendo as coisas acontecerem. Não podemos agora sofrer por querermos, inadvertidamente, atropelar os desígnios de Tupã. Ele nos guiará, como sempre, aos nossos destinos, sejam eles quais forem e pelos quais não devemos sofrer com antecedência, pois que tudo é apenas um momento na eternidade. Mesmo porque não sabemos o que é melhor para cada indivíduo ou para cada povo, de fato. Apenas intuímos e seguimos nossos instintos, procurando errar pouco e não nos omitirmos de forma negligente. Muitos acomodados preferem entregar sua vida nas mãos dos deuses para que estes façam as escolhas por si, achando que isso é ter fé e ser bom. Quanto engano — balançou a cabeça ainda sorrindo discretamente.

Todos se olharam e sorriram também, bebendo da sabedoria do velho sacerdote. Haviam mesmo feito o melhor naquele momento, ajudando a impedir que a conspiração tivesse êxito. De mais a mais perceberam suas habilidades para lutar contra as forças das sombras na situação mais adversa possível, como aquelas que haviam enfrentado momentos antes, e se sentiam mais seguros para prosseguir em seu sacerdócio.

Enquanto isso, Shem-han já havia localizado o corpo de Omandyas e esperava, em distância respeitosa, que a pequena reunião terminasse.

Tão logo Tabajara se deu conta de sua presença, levantou-se e foi ao seu encontro. O pequeno grupo permaneceu em meditação a pedido do chefe, criando uma proteção mental para os soldados e para todos os demais envolvidos naquela operação, enquanto a agitação continuasse no astral.

Shem-han foi logo notificando sua descoberta, da qual, todavia Tabajara já tinha ciência.

— Que faço com os corpos deles todos?

— Enterra-os aqui mesmo na floresta, meu bom Shem-han. Não há necessidade de teres mais trabalho com eles. Tupã cuidará de todos.

— Estou enviando alguns homens para a Cidade Central para avisar o tuxauá e também ao general Itapegy, que já deve ter voltado e deve saber do que aconteceu aqui, para que apressem outras medidas que acharem necessárias.

— Está bem, meu filho. Tu e teus homens, assim como os do jovem Kanauã, vos houveram muito bem. Eu vos agradeço do fundo do coração.

— Mas se não fosse vossa magia com os punhais voadores não sei o que teria acontecido, Excelência. O que foi aquilo? — perguntou ainda surpreso e espantado com o que vira.

— Cada um na sua função, não achas? Também fizemos apenas nossa obrigação. Para isso estávamos aqui. Contávamos que o mago se valeria de magia negra para atacar os soldados — sorriu e abraçou o valente e fiel companheiro, falando-lhe em confidência. — Sobre os tais punhais, te conto outro dia, depois que tudo terminar. Já estás, desde já, convidado para tomar um chá comigo em meu pequeno jardim no templo.

Shem-han também aquiesceu, despedindo-se para cuidar de seus afazeres, alguns tristes, como enterrar os corpos de alguns de seus valentes soldados que haviam morrido no combate. Como sempre, lendo os pensamentos dos amigos em suas horas de aflição, Tabajara tornou:

— Não te preocupes com teus bravos. Suas almas valorosas estão em paz e repousam tranquilamente no astral. Não sofrem e breve chegará o dia, nesta esteira dos tempos, que se felicitarão pelo sacrifício ora acontecido. Estão todos muito bem. Diz isso às famílias.

Shem-han aquiesceu agradecido.

Um breve culto em intenção daqueles que haviam dado suas vidas, e que seriam agora cremados ritualisticamente num grande altar montado no meio da vila, foi celebrado pelo sumo sacerdote e pelos demais religiosos, sendo acompanhado por um silêncio triste e respeitoso de todos os demais. Suas armas seriam levadas e entregues às suas famílias ou depositadas na sala de armas do palácio, no lugar destinado aos bravos, como homenagem permanente.

Em breve, todos voltariam para casa e aqueles terríveis episódios passariam para o esquecimento ou para as lendas do povo, como já havia acontecido outras vezes.

"Que bom se fosse apenas isso", pensou o sacerdote bem mais tarde, enquanto se dirigiam todos de volta para a cabana de Alah-or, onde se despediram dela, de Araguary e de seu filho, agradecidos, tomando o longo caminho de volta à Cidade Central.

E no caminho de volta, instalado dentro da liteira singela, refletia distraído sobre os últimos e trágicos acontecimentos que culminaram na morte daquelas pessoas, inclusive a do próprio Omandyas. Embora com outra conotação, passou-lhe pela cabeça a mesma dúvida de Ravi: teria sido melhor se o mago tivesse sobrevivido? Se tivesse acontecido dessa forma teria a missão se completado de maneira mais satisfatória?

"Nunca saberemos. Só nos resta mesmo nos resignarmos e aceitarmos os desígnios dos deuses. Penso que fizemos o melhor para o momento", pensava resmungando consigo mesmo, quando surgiu em sua mente a voz suave do mestre Payê-Suman:

— Tudo acontece na hora prevista, filho meu. Nosso irmão seguirá por outros lugares antes de tentar voltar, talvez revigorado em sua determinação ou em seu ódio ou, quem sabe, renovado. Essa decisão não nos pertence. Há muitas luas grandes, te falei que tua missão estava por chegar na salvaguarda de teu povo, pois era preciso que deixasses a natureza e os homens seguirem seus destinos. Não percebes que estás fazendo tua parte continuamente? Agora mesmo tu e os teus não fizeram isso? Quantos colaboraram dando suas próprias vidas de forma desinteressada dos louros que poderiam vir?

Nossa única missão é conosco mesmo. Parece pretensioso, mas é a natureza do ser. Não estamos aqui para mudar o Universo. Estamos aqui para contribuir universalmente com as experiências do nosso eu, da nossa individualidade, para o bem de todos. Se não conseguimos nos desprender das nossas vontades e interesses pessoais, dos nossos desejos, como poderemos verdadeiramente conseguir ajudar o próximo?

Não falemos mais em missão, nossa ou de alguém, pois assim não ficaremos presos em nossa vaidade ou em nosso eu. Falemos apenas nos meios do nosso crescimento, da nossa libertação, de forma humilde e verdadeira.

Não temos missões, temos oportunidades de libertações. Enquanto pensarmos nas oportunidades como missões ainda estaremos regredidos e, por muitas vezes, desperdiçando-as. Tivestes uma aqui e a usastes bem, assim como os teus. Todos voltam para casa crescidos espiritualmente com o aprendizado obtido e revigorados com o dever cumprido. Esta é a idéia. A ajuda ao próximo foi apenas uma conseqüência maravilhosa de nosso crescimento.

A missão leva ao orgulho. A oportunidade leva à cooperação e à humildade de saber ser a nós mesmos. Vamos ajudar. Vamos usar de todos os nossos esforços. Vamos levar a paz e o conforto da palavra e da ação produtiva a todos que pudermos, mas na certeza que fazemos isso como meio de nossa elevação e felizes por termos a oportunidade de fazê-lo através do conseqüente benefício alheio.

Não podemos emanar o amor libertador se realmente não formos humildes e verdadeiros. Faz a tua parte e deixa aos homens a tarefa de fazerem as deles. Não podemos ter nunca a pretensão de fazer por eles. Isso é apenas desejo e orgulho. Dessa forma, filho meu, continua teu trabalho e tua luta, mas sabendo que os destinos da nação não te pertencem, pois que eles são uma somatória da evolução e do crescimento de todos os homens enfeixados neste momento e neste lugar. Paz em teu coração!

Capítulo 21
Quinze luas grandes depois

O tempo passou depressa e logo nos encontramos de volta ao início desta narrativa. O tuxauá já tem mais de quarenta luas grandes de vida na terra e procura o velho amigo de todas as horas no Templo de Áries. O velho sacerdote, já beirando os oitenta anos, continuava firme em seus afazeres, auxiliado pelo sempre fiel Ityrapuan, que se preparava cuidadosamente para ser seu substituto, não apenas em função do excelente trabalho que havia feito à frente do Templo de Leo enquanto lá esteve, mas também pelo fato de tê-lo acompanhado praticamente durante toda a vida.

Embora consternado pela morte recente de seu pai, o notável príncipe Tupanguera, Ityrapuan se tranqüilizava ao ver sua irmã Elide tomando a frente de sua grande cidade juntamente com o seu amável mas firme esposo, Itapoá. O povo da Cidade Aberta muito se orgulhava de ver seu príncipe como o herdeiro espiritual do grande sacerdote e, assim sendo, não houve dificuldade alguma para que sua irmã, também muito querida por todos em sua cidade que era, depois da Cidade Central, a maior, mais desenvolvida e pacífica de toda a nação, assumisse o trono.

Outros grandes amigos também partiram nesse tempo desde a primeira conspiração nas terras altas. Ararype havia perdido sua companheira Nayade para uma doença incurável, para a tristeza de todos em Parama Sukha. Além de Tupanguera e Nayade também o leal príncipe Urubatam havia morrido, sendo substituído pelo filho Cauré. Entre os primeiros traidores partiram Ubiracy e Juruá, substituídos por Jacyguá e Jassanan, respectivamente, depois de muitas lutas pela sucessão em ambas as cidades.

Quarenta anos depois da subida para a Terra dos Ay-Mhorés, dentre os príncipes que fizeram parte do último Grande Conselho dos Príncipes da Terra das Araras Vermelhas, haviam sobrado apenas o velho Arary-Bhoya, com mais de noventa anos, o suave Tupyara e o indeciso Jaranan, ambos já beirando a casa dos oitenta.

Dessa forma, nas últimas quarenta luas grandes, o Grande Conselho havia se modificado da seguinte forma:

Terra das Araras Vermelhas	Terra dos Ay-Mhorés
Tupanguera	Elide
Arary-Bhoya	Arary-Bhoya
Anhanguera	Araguary
Tupyara	Tupyara
Urubatam	Cauré
Arary	Iraty
Jaranan	Jaranan
Ubiracy	Jacyguá
Juruá	Jassanan
Aratimbó	Ubirajara
Javaré	Iderê

Das doze grandes cidades originais do império, apenas Araxá, a Cidade Alta e seu príncipe estavam alijados de assento no Conselho. Acau-hã havia substituído Pauetê que, por sua vez, sucedera Jatay.

Nestes novos tempos muitas pequenas cidades e vilas haviam surgido nos arredores das demais, se espalhando por toda a costa a beira mar e também pelo interior até o sopé das montanhas, desafiando as agruras das florestas com seus animais selvagens monstruosos que agora costumavam viver um pouco mais afastados. Todavia, ainda era necessária guarda permanente pelos caminhos e rios próximos das matas para que nenhum incauto se tornasse vítima das feras, que ainda infestavam todos os lugares onde os homens ainda não haviam chegado.

As terras altas continuavam a ser um lugar de vida difícil e, como tinha dito um dia Tupanguera, aquele lugar estava longe de ser um paraíso sobre a Terra.

Os príncipes, tanto os mais importantes membros do conselho dos doze como especialmente os outros, que governavam terras pequenas, continuavam suas pequenas disputas, tanto entre as cidades, por um pedaço melhor de terra para o plantio ou uma zona melhor de um rio para a pesca ou irrigação, como também internamente, com sua própria gente. Os cidadãos comuns se mantinham permanentemente irritados com o descaso de muitos deles com as dificuldades do povo e, principalmente, com os nobres em geral, que pululavam por todas as partes, se digladiando pelas benesses das cortes e sem mexer um só dedo para fazer coisa alguma de bom. Só o que sabiam fazer era reproduzir-se, criando uma verdadeira calamidade pública na maioria das cidades, sem espaço para tantos desocupados e suas proles numerosas, a exigir tudo do bom e do melhor, vivendo todos eles, literalmente, à custa do povo comum.

Alguns nobres chegaram ao ponto de construir pequenos vilarejos que, com o tempo, se tornaram pequeninas cidades independentes. A partir daí passaram a reivindicar para si não só o título de príncipes, como também assentos no Grande Conselho, para o escárnio das famílias tradicionais, gerando uma grande confusão e muita briga entre os mais exaltados. O povo, cansado de tanta bobagem, a tudo observava com olhar furioso, enquanto dezenas de novos autointitulados príncipes pipocavam por todos os lados.

E isso tudo acontecendo em tempos muito diferentes da grande fartura das terras baixas. Cada pedaço de chão tinha que ser duramente trabalhado para se tornar produtivo e para tudo as dificuldades eram imensas.

Embora houvesse abundância de frutos nas florestas, chegar até eles em segurança era outra história. E, apesar das bem armadas caravanas que se aventuravam a colhê-los para serem vendidos — sim porque muitos príncipes não se incomodavam em prover este trabalho para seus súditos — muitos homens ainda morriam nessas empreitadas. Muitos pomares e hortas haviam sido plantados nas cidades mais organizadas, mas na média a população da nação ainda se ressentia da falta de muita coisa.

A base da alimentação da maioria das pessoas vinha basicamente da pesca, que era farta e acessível a todos. Nos lugares mais afastados do mar, as necessidades eram maiores, pois a caça e a pesca nos rios eram sempre perigosas. Além disso, as áreas para plantios eram mais escassas por causa das densas florestas.

A vida boa, no entanto, em muitas cidades, continuava a premiar apenas a nobreza falida e exigente, fazendo aparecer uma insatisfação crescente na população, o que já trazia grande preocupação ao tuxauá e seus conselheiros.

Num desses dias, Tupayba, também já enjoado da empáfia e futilidade da nobreza, que não se cansava de solicitar audiências com o rei para se queixar de tudo e pedir outras tantas coisas absurdas, colocou para fora do palácio meia dúzia deles, para a surpresa dos serviçais, que se deliciaram com a cena, tratando naturalmente de espalhar o raro acontecimento para fora dos muros da residência real.

O tuxauá, geralmente contido e delicado no trato com todos, proporcionou notícia para dias e dias de mexericos por toda parte. Estes versavam desde um súbito ataque de nervos causado por alguma suposta briga doméstica em seu recente casamento até mesmo sobre um desejo secreto de tomar dos nobres todos os seus bens e títulos para que parassem de se estapear feito crianças mimadas e também de prejudicar o desenvolvimento da nação.

Seria um reino sem nobres, delirava o povo em êxtase.

Obviamente as fofocas corriam como o vento naquelas bandas e, em pouco tempo, por toda a nação, o povo ria e enxovalhava os nobres pelas ruas por causa da atitude do rei. Enquanto isso os protagonistas do vexame, especialmente os de escalão inferior, se indignavam muitíssimo.

O próprio rei, todavia, achava que tinha coisas mais sérias para se preocupar, o que não deixava de ser verdade, porém deixava de perceber claramente que o comportamento da nobreza se tornaria o estopim de uma revolução frente à insatisfação crescente.

Iandé era agora o Conselheiro Real e, por várias vezes, havia alertado ao tuxauá sobre essa situação. Embora sempre desse crédito ao fiel amigo, nos últimos tempos Tupayba achava que o perigo maior vinha unicamente de Araxá, de onde Acau-hã parecia começar a tramar novamente alguma coisa. Notícias capciosas e desencontradas começavam a correr pelo reino sobre a incompetência do rei em prover uma vida melhor para todos os seus súditos, o que já provocava constrangimento entre os nobres, que começavam a se sentir ameaçados, pois se sabiam também culpados pela situação.

De certa forma, no entanto, os dois problemas se entrelaçavam, pois em ambos os casos, no âmago da questão, estava sempre a nobreza preguiçosa a atrapalhar o renascimento da grande nação Nhengatu, o que era percebido por todos.

Encontrar um único culpado, no caso o rei, poderia vir a ser um grande negócio para todo mundo, pois, por um lado, permitiria aos nobres saírem ilesos da confusão por eles armada e, por outro, poderia trazer uma nova esperança ao povo ignorante caso um novo tuxauá assumisse o poder.

Tupayba havia se casado com Aracy, uma das netas favoritas de Arary-Bhoya e, do enlace real, havia nascido a linda princesinha Potyra, para o encantamento do tuxauá, que passava horas e horas debruçado sobre seu berço, embevecido. Não havia nervosismo nenhum no rei que envolvesse seu feliz casamento, apesar das maledicências do povo, que julgavam a jovem rainha desajeitada para o posto que ocupava. Alta, forte e decidida como o avô, ela em nada lembrava a doçura utópica desejada pelos súditos em seu súbito e confuso idílio com a nova habitante do palácio.

Havia nela algo de simplicidade e força, comum ao povo governado por Arary-Bhoya, especialmente depois da subida para as terras altas. Foram, por longo tempo, comandados e inspirados por seu forte e destemido governante, que costumava trabalhar ombro a ombro com os homens do povo na reconstrução de sua cidade; não havia preguiça, protocolos ou preconceitos que separassem as pessoas por castas. Todos trabalhavam juntos e recebiam os justos benefícios de sua luta comum.

Poucas cidades nas terras altas gozavam desse privilégio e nelas quase não havia descontentamentos como na maioria dos outros lugares.

Outras cidades como as dirigidas por Araguary, Tupyara e Elide e até mesmo as de Iraty e Jaranan, embora tivessem características pouco diferentes, até por sua localização e tamanho, também viviam em relativa paz, em função também da personalidade de seus príncipes. Doces ou firmes, bondosos ou enérgicos, um tanto alienados ou trabalhadores, todos eram amados por seus povos por tentarem ser justos ou, ao menos, não permitirem tantas insanidades dos nobres. Não havia a sonhada união entre a nobreza e os homens comuns, como na cidade natal de Aracy, única no império, mas também não havia a usurpação de bens e trabalho, que causava, a cada dia, mais e mais tensão na nação.

O jovem Cauré, embora bem intencionado, era tímido e despreparado para a função e não conseguia por muita ordem em sua cidade, como havia feito com sabedoria seu tio e antecessor, o príncipe Urubatam. Nas demais, a confusão, a corrupção e desmandos de todos os tipos corriam soltos, especialmente nas governadas por Jacyguá e Ubirajara, que pareciam trazer uma tradição de baderna e pouco caso pela ordem pública, continuando como sempre a ser lar ou refúgio da bandidagem do reino.

Profecias

Enquanto o palácio real continuava em permanente festa pelo nascimento de Potyra, seu pai se dirigia preocupado para um encontro de surpresa com o sumo sacerdote no Templo de Áries.

De dentro de sua liteira, discretamente paramentada com os brasões reais e cercada por dezesseis guardas armados, como era de praxe, o tuxauá observava a cidade, com suas ruas e avenidas começando a ganhar vida novamente depois de uma tarde abafada e úmida. Muitas pessoas, ao reconhecer a liteira, se curvavam em reverência respeitosa. Alguns chegavam a acenar e outros ainda simplesmente não se importavam, acostumados com a rotina de viver ao lado do palácio real e de seu rei.

Naquele dia de verão, todavia, Tupayba se limitava a cumprimentar as pessoas com leve e distraído menear de cabeça, o que não era de seu feitio amável, sempre preocupado com seus súditos, a quem amava genuinamente.

Aos poucos ele havia se transformado em um bom administrador, gozando do respeito das pessoas da Cidade Central. Para os cidadãos que viviam em outras cidades, no entanto, sua figura era apagada, pois quem se sobressaía era sempre o príncipe local. Tupayba era encantador para os que o conheciam de perto, mas não tinha o carisma de seu pai, tão necessário para manter uma imagem forte frente a todos os seus súditos.

Seus pensamentos estavam longe. Pensava em como Tabajara, além de outros amigos como Ararype e Shem-han, haviam discordado frontalmente do fato de Acau-hã ter sido liberado praticamente sem nenhuma punição após participar da tentativa de golpe contra o trono dos Ay-Mhorés, quinze luas grandes atrás, enquanto muitos outros haviam sido presos ou desterrados. Muitos haviam, inclusive, sido mortos nas lutas que se travaram na época. Até mesmo Narayama, com sua bondade e delicadeza, havia se posicionado contra o perdão real.

A eles não interessava o quanto de responsabilidade, ou da falta dela, era atribuída a ele. O fato era que havia sido o pivô de toda a trama. Instado ou não por Omandyas, sem sua concordância, independente dos motivos, os quais não eram desconhecidos da maioria, nada teria acontecido.

Lamentava-se agora de sua decisão errada e de sua teimosia. Passados tantos anos, até se espantava com seu comportamento ingênuo no momento que se encaminhava para o templo.

"Como pude ser tão teimoso?", pensava enquanto se surpreendia consigo mesmo ao lembrar de como havia confrontado o velho e sábio amigo, que, humildemente, se calou frente à sua vontade soberana.

"Como pude ser tão idiota?", continuava em sua auto-repreensão quando sua liteira cruzou célere o portão principal do grande Templo de Áries, estacionando ao pé da escadaria que levava ao átrio principal. Nem havia notado o tempo passar durante o curto percurso, que não passava da extensão da Grande Avenida, posto que o palácio real e o templo se colocavam em posições diametralmente opostas.

Alguns guardas rapidamente se postaram perfilados para a passagem do rei enquanto outros adentravam o edifício e se colocavam em posições estratégicas de proteção, auxiliados pelos guardas do próprio templo. Tudo muito bem planejado e treinado.

Avisado da chegada do tuxauá, o assistente Zadeu apressou-se em vir recebê-lo acompanhado pelo chefe da guarda do templo, capitão Pery, fazendo longa mesura e recitando alegremente de forma protocolar:

— Salve, ó grande tuxauá de todas as terras altas, o escolhido de Tupã! Vossa presença ilumina este humilde templo.

— Salve, meu bom Zadeu — foi a resposta espontânea do rei. E, voltando a ser o doce Tupayba de sempre, acrescentou humildemente:

— Preciso que me anuncies com urgência para teu sumo sacerdote.

Enquanto o capitão Pery ficava a trocar idéias com o chefe da patrulha que trouxera Tupayba, capitão Aimberê, especialmente designado pelo general Shem-han para ser a sombra do rei em suas saídas do palácio, Zadeu acompanhou o mesmo para os aposentos do sacerdote, sendo ambos seguidos por meia dúzia de soldados da escolta.

Apesar do calor e do fim do dia, muitos sacerdotes e serviçais ainda trabalhavam, havendo um quase agitado ir e vir pelos corredores.

À vista do tuxaua, todos se curvavam em discretas e rápidas reverências, quase sem parar, passando apressados em seus afazeres, não só porque estavam acostumados com sua presença no templo, como também era tradição o poder espiritual não se inclinar demais ao poder dos homens da nação.

O rei se espantou com a labuta até tão tarde dos trabalhadores de Áries, deixando o comentário escapar em voz alta:

— Como se trabalha por aqui!

Zadeu apenas sorriu, enquanto se adiantava alguns passos para anunciar a presença do rei ao sumo sacerdote.

Instantes depois, no entanto, sem esperar a volta do auxiliar, o rei adentrou o pátio onde se encontrava o sacerdote, sendo recebido afetuosamente.

Conversaram sobre amenidades e tomaram os sucos trazidos por Zadeu confortavelmente instalados na varanda que dava para os jardins internos do templo, lugar favorito do clérigo. Depois de um tempo, Tupayba confidenciou sua culpa ao velho amigo, que o olhava com ternura e compreensão paternais.

— Há muito te esperava para esta conversa, meu filho. — falou ao homem entristecido à sua frente. Tupayba já não era um menino, mas sua expressão continuava quase juvenil, assim como seu modo de se expressar, especialmente quando junto de seus amigos mais íntimos, como Tabajara.

Calou-se por uns momentos e depois continuou docemente, quase num sussurro:

— Não há tempo para arrependimentos, meu filho. Devemos nos preparar para novos embates. Sempre te falei dos destinos traçados por Tupã para nossa gente e que só seria mudado pela vontade de muitos. Se isso não acontecesse, como de fato não aconteceu, o tempo de novas lágrimas chegaria a este povo de qualquer forma. Estava escrito. Os nhengatus vêm construindo seu futuro de incertezas há muito tempo, como de resto acontece a todos os povos. As civilizações crescem e se renovam. Nada termina de fato.

Tupayba o ouvia cabisbaixo, para depois perguntar entre lágrimas silenciosas e algo inconformado, num fio de voz:

— Mas tão cedo meu mestre e amigo? Não teria Tupã um pouco mais de piedade desta gente?

Tabajara sorriu um sorriso curto e compreensivo.

— Penso que Tupã e os deuses até que cuidaram demais de todos nós. Quantas oportunidades tivemos durante a longa dinastia dos Ay-Mhorés? Creio até que as aproveitamos bem, pois que nada se perde na escola da vida. Infelizmente, creio eu, tu foste o escolhido entre todos os reis que por aqui passaram para ver o início do crepúsculo de teu povo. Não podemos nos esquecer que a raça nhengatu não se iniciou exatamente com a chegada de Zac, uma vez que na longínqua Terra Mãe ela já existia. A nós foi apenas dada a oportunidade de outras experiências. Na verdade, nós, em nós mesmos, somos as experiências do universo na busca da iluminação. Somos afortunados — concluiu serenamente.

Embora Tupayba soubesse de tudo o estava previsto para acontecer na terra dos Ay-Mhorés, no fundo de seu coração nunca havia perdido as esperanças que algo viesse a acontecer e mudasse os presságios do sumo sacerdote.

Vendo-o agora tão sereno a falar de assunto tão grave, que a outros seria desesperador, de súbito suas emoções se aquietaram. Ficou, por um momento, a fitar os olhos brandos do sacerdote, emoldurados naquele rosto de tez morena e de pele enrugada pelo tempo, coroado pelos longos cabelos brancos que lhe desciam a altura dos ombros. Procurou, inconscientemente, beber daquela sabedoria apaziguadora, pois apenas ela seria o bálsamo para seu coração.

Vieram-lhe à mente lembranças vívidas de conversas anteriores, quando o amigo e mentor de todas as horas o advertiu para as possibilidades de acontecimentos difíceis que se avizinhavam no horizonte da grande nação. Magos negros, príncipes rebeldes, nobres indolentes, o povo mexeriqueiro e descontente, todos seriam intermediários do destino, a por à prova os ensinamentos absorvidos em séculos de oportunidades.

Embora a luta devesse sempre ser intensa, pois não se poderia fazer eco passivo à loucura das pessoas, para que o fim se distanciasse um pouco mais, seria preciso que a mentalidade de todo um povo mudasse e passassem todos os homens, como num passe de mágica, a acreditar que estavam todos ali encarnados temporariamente para servir ao próximo e à natureza com amor fraterno e espetacular desprendimento.

O fato de tal façanha ser de difícil realização e, obviamente, ainda não ter sido conseguida, não significava, todavia que o esforço de tantos homens e mulheres, muitos imbuídos de notável heroísmo, tinha se perdido nos tempos da história. Todo o melodrama daquele povo continuava a existir e continuaria para sempre a acontecer, pois que o tempo não existia e o que aconteceu ontem continuava ainda hoje acontecendo em alguma instância do universo.

Tabajara costumava observar:

"Como é que nós, sacerdotes, podemos nos lembrar muitas vezes do passado de outras vidas, se nosso cérebro físico não esteve lá? Simplesmente não nos lembramos. Viajamos no tempo e observamos apenas os acontecimentos que continuam a se desenrolar repetidas vezes, inexoravelmente, sempre e para sempre, naquele instante congelado da história. Tantas vezes lá voltarmos, tantas vezes eles estarão acontecendo naquele exato momento. Da mesma forma acontecem com as predições do futuro".

"Desta forma", dizia para si, "o império de Zac também existirá para sempre, não devendo os homens chorar por ele".

"Mas os homens chorarão por suas vidas!", diriam muitos.

"Mas por quê?", diria o velho amigo. "A vida como a conhecemos no planeta não é muito mais do que um momento perdido na eternidade. Cada ser voltará, na medida de sua necessidade, miscigenado em sua experiência com a de outros seres, para novas oportunidades de contribuir para o bem comum."

Tupayba como que despertou de suas lembranças e percebeu que o sacerdote o observava placidamente.

— Estás a me imitar — brincou o velho. — Sou eu que costumo voar para dentro da alma desta maneira.

Ambos sorriram de leve. As lágrimas não rolavam mais pela face do tuxauá. Era quase como se não precisassem continuar a conversa. Como sempre, Tabajara lera os pensamentos do rei, como fazia às vezes com os amigos nas horas mais difíceis e era, então, como se não houvesse mais palavras a serem ditas.

Depois de alguns momentos, no entanto, Tupayba perguntou:

— Achas que Acau-hã voltará a ser o centro dos acontecimentos?

— Sim e não — foi a resposta, quase indiferente, que fez com que o rei esperasse pacientemente pela explicação final, acostumado aos enigmas do amigo.

— Sim, porque as mentiras e boatos sobre tua suposta inaptidão começaram novamente em Araxá, provavelmente com seguidores do príncipe, ainda incomodados com a situação a que foi relegado no império, e já se espalham rapidamente. Não sabemos qual a participação do palácio da Cidade Alta no caso. E não, porque os nobres desta vez se tornarão agentes importantes de discórdia e alvos de muita insatisfação, como, aliás, já vem acontecendo. Além disso, não podemos esquecer de Omandyas, cuja consciência está disponível para todos que dela desejarem se valer. Como podes perceber, muitos fatores convergem ao mesmo tempo para um clímax desfavorável.

Tupayba apenas suspirou.

— Por que Tupã terá escolhido a mim para estes tempos?

— Tupã não escolheu a ti ou a mim para nada, meu filho, mesmo que as pessoas gostem de recitar o contrário. Digamos que o universo conspira de forma nunca aleatória nos acontecimentos particulares de cada ser, mesmo sendo ele apenas célula, quase insignificante, do todo em movimento constante. O problema maior do homem é se achar muito importante em relação ao resto da natureza, sendo que muitas vezes também me incluo nisso. Como se a árvore ou o pássaro tivessem menos importância do que ele, o único ser pensante. Como se pensar fosse o mais notável acontecimento da criação. Acho que bem acima do pensar encontra-se o sentir, a linguagem dos sentimentos, das emoções, única forma possível do homem se agregar ao todo e entrar em verdadeiro contato com as demais consciências, especialmente as desencarnadas, que não possuem ouvidos físicos para ouvirem nossos pensamentos — o velho religioso fez pequena pausa, provavelmente para tomar fôlego, para continuar em seguida naquele assunto que sempre o estimulava:

— Como podemos achar, por exemplo, que somos capazes de falar com os seres do astral através de palavras repetidas exaustivamente em orações? Da mesma forma como podem os homens, os religiosos em especial, achar que trarão as almas ao seu contato ou até mesmo que elas falarão através deles? Como elas poderiam se expressar na linguagem dos homens se não tem mais cérebro físico para tal? Entrariam no corpo dos homens? Uniriam sua mente às deles? De que forma realizariam tal prodígio que vai contra todas as leis da natureza? A maioria dos religiosos é traída pelo seu próprio eu, pela sua própria vaidade subjacente que lhe credita dons que não tem ou, no mínimo, pela sua própria vontade de que esses fatos extraordinários ocorram. Só podemos contatar tais consciências através de nossos sentimentos, o que fazemos a toda hora, sem perceber. O difícil é aprender a sentir sem interferir com o pensamento nessa emoção e também a nos conectarmos a partir da nossa vontade. Em função disso tudo, freqüentemente não compreendemos por que não temos atendidas nossas preces e petitórios — terminou com um suspiro desanimado.

— E como explicar, então, a formidável luta travada nas terras de Ubiracy? Como explicar a forma como tu achaste o mago através de outras entidades inferiores no astral? — questionou Tupayba por questionar, pois que bem sabia a resposta, depois de toda uma vida na companhia do velho mago.

A resposta, todavia, não tardou:

— Bem, como tu sabes a magia tem o extraordinário poder de interferir na natureza, mas apenas os grandes magos ainda encarnados podem fazê-lo, pois para isso precisam de seus cérebros físicos. E não precisam ser exemplos de candura. Não há como criar artificiais fora de um contexto material, como também não há como produzir efeitos físicos, como os punhais voadores, por exemplo, fora desse mesmo cenário. Inutilizá-los segue o mesmo raciocínio. Agora sobre nossas incursões pelo astral inferior e sobre as entidades naturais desencarnadas que o habitariam, na verdade, estamos apenas decodificando como podemos, de acordo até com nossas limitações culturais as informações que elas guardam e também com nossos cérebros físicos, repletos de informações de nossas vidas atuais de como as coisas deveriam ser ou como achamos que elas funcionam. De fato, em sua grande maioria, elas são passivas e não falam conosco. Para que uma entidade pudesse ter consciência de seu estado desencarnado ou espiritual precisaria ser muito adiantada, como o grande morubixaba, que consegue exercitar sua vontade — fez uma pausa para respirar e continuou:

— Nós apenas nos conectamos com elas, que nos disponibilizam tudo o que são ou sabem. Não vamos realmente ao encontro delas. Os magos negros fazem a mesma coisa, pois o homem não iluminado mais facilmente ainda se conecta com as partes negativas da grande consciência cósmica, ou com os seres inferiores, como se queira dizer, e com muita facilidade. E é assim que criamos nossos próprios monstros, perseguidores e quem sabe seguidores também, como o próprio Omandyas fazia tão bem. Quando falamos que nos encontramos ou conversamos com desencarnados falamos a linguagem dos homens para melhor nos fazer entender, meu filho, mas o que se passa, de fato, é outra coisa. É apenas uma conexão de consciência para consciência, ou se quisemos ser mais precisos, uma conexão entre uma parte a outra parte da grande e única consciência universal, pois somos apenas um.

Pensou por uns momentos para depois concluir:

— Quando falamos que Omandyas é mais perigoso morto é porque seu conhecimento se torna acessível a qualquer um que souber achar o caminho até ele, da mesma forma que ele comungava com outros desencarnados anteriormente a seu próprio desencarne. Ele pode até ter lampejos de consciência, mas por si só não poderia voltar a nos incomodar. Somos sempre nós que vamos a eles, mas preferimos dizer que eles vêm a nós, pois tal fato nos isentaria da responsabilidade de nossos atos, nos fazendo passar por vítimas. Resumindo, não conseguiremos jamais evocar as almas para que venham ao nosso encontro e nos tragam conselhos e soluções que resolvam nossos problemas. Nem mesmo nossos mais complexos rituais seriam capazes de tal fenômeno. Não enquanto formos homens comuns tentando acessar almas também comuns, até porque os deuses são poucos — sorriu ao perceber sua anedota.

Tupayba, que já ouvira aquilo muitas vezes, continuava calado, considerando cada palavra. Depois sentenciou, mais para si mesmo:

— Nos preocupamos tanto com a magia e com o mal que muitas vezes nos esquecemos dos homens, de seus desejos e de nossas próprias fraquezas. E foi esse meu pecado. Apesar de tudo o que já havíeis me dito, considerei Acau-hã quase uma vítima — calou-se um instante após a confissão para depois arriscar .— Não faz então diferença o porquê de ser eu o escolhido para estar aqui agora, não é mesmo?

— Sim e não! — gracejou o velho amigo apenas para provocar o outro e aliviar o ambiente. Tupayba abriu um sorriso ao perceber a brincadeira.

— Sim, porque, como falamos, nada é aleatório e podemos refletir então qual a contribuição que viemos para dar e não, porque o universo caminha por si só, independente dos homens. Imagina um formigueiro aos teus pés. Ora, as formigas não se dão conta de nossa existência, formidáveis e gigantescos seres com o poder de exterminá-las a um só golpe e continuam a carregar suas folhinhas, como se aquilo fosse a coisa mais importante do mundo inteiro. E tal labuta nos parece insignificante. Da mesma forma somos menos que formigas para o universo. Mas, como as formigas, nos achamos muito importantes, o centro único e toda a razão da existência do mundo, dos deuses, da natureza inteira. Tudo gira em torno de nós.

— E o que faço então? Não posso apenas ficar vendo os acontecimentos sem fazer nada.

— Naturalmente, meu filho. Olha cada ocasião a seu tempo e toma a atitude necessária refletindo sobre a tua contribuição ao universo, visto através dos olhos minúsculos dos homens ao teu redor. Cuida deles tão bem quanto possas e até quando possas, mas de forma humilde, sem querer determinar um destino para cada um deles, pois que ninguém se ilumina com a luz alheia. Cumpre a obrigação de um pai que é cuidar de seus filhos, sem que isso seja visto como virtude, pois que não é. Cuida e protege teus filhos até o limite da vontade de cada um. Não vais errar.

E, após estas palavras, Tabajara se levantou apoiado em sua bengala, sendo seguido pelo tuxauá. Num gesto amplo apontou o horizonte mar adentro, por detrás dos muros do templo e sorriu.

— Vem, meu filho. Ajuda este teu velho para um passeio à beira mar.

E, isto dito, desceram os dois de braços dados, no caminhar já algo lento do sacerdote, em direção à praia próxima ao templo, deserta àquela hora, sendo seguidos pelos soldados que acompanhavam tudo de longe.

    Caminharam por muito tempo observando os pequenos caranguejos que zanzavam pela areia; molharam os pés muitas vezes e falaram sobre o mar, sobre as muitas aves que passavam em bando barulhentos, sobre as histórias do passado e se lembraram rindo quantas vezes haviam andado de mãos dadas nesses passeios de fim de tarde durante a infância o rei, catando as conchas na areia e falando sobre as mesmas coisas.

    De fato, nada acaba. Tudo, absolutamente tudo, dura para sempre. Cada momento é único e eterno.

Capítulo 22
O assalto final

O clima na nação permaneceu morno por várias luas grandes, após o reinício dos falatórios sobre o tuxauá, com o povo terminando por se cansar da mesma boataria, por assim dizer. Talvez se lembrassem do ataque covarde armado contra Tupayba pelo príncipe da Cidade Alta ou talvez estivessem apenas querendo variar um pouco o menu de fofocas. O fato é que a excitação com as novidades vindas do oeste ia e vinha, como se estivesse ao sabor dos ventos, de forma totalmente irresponsável. Da mesma maneira, muitas vezes o rei parecia se esquecer da realidade que o cercava, tendo que constantemente ser lembrado por seu primeiro conselheiro, o sempre preocupado e atento Iandé, que não cessava de buscar informações mais recentes sobre os passos de Acau-hã junto a Shem-han.

Juntos os dois amigos muitas vezes também recorriam aos príncipes leais para saber das notícias e mexericos em suas cidades. Espias eram regularmente despachados por Shem-han para as cidades de povo mais rebelde, para saber de seu descontentamento com o comportamento dos nobres da região e a temperatura de sua irritação. Ambos tinham sempre longas conversas com Tabajara ou Ityrapuan, tendo sido este último alçado à condição de segundo sacerdote do Templo de Áries, cargo este inventado pelo sumo sacerdote e aprovado pelo Conselho dos Príncipes, o que o tornava a segunda autoridade do poder religioso de todo o reino, acima inclusive dos sacerdotes supremos dos demais templos.

Tabajara que nestas alturas da vida já era um ancião com seus quase oitenta e cinco anos, embora ainda tivesse saúde e disposição, já não tinha o vigor de antigamente; caminhava com mais dificuldade e agora com o auxílio de um cajado, no qual mais facilmente se apoiava, tendo aposentado a famosa bengala lustrada. Começou a pensar em voz alta em passar o cargo para Ityrapuan, possibilidade sempre rechaçada por este, que levava o assunto na brincadeira, desconversando.

— Nada mais tenho para te ensinar, meu filho — repetia o velho sacerdote sempre que o assunto vinha à baila.

Embora já fosse um sexagenário, Ityrapuan ainda era um dos "meninos" queridos de Tabajara, assim como Zadeu e Ravi. O rei e seus amigos eram de uma segunda geração de "meninos", divertia-se.

A bem da verdade, quem estava de fato à frente do templo, cuidando de praticamente tudo era mesmo Ityrapuan, no afã de poupar o velho mestre dos afazeres cotidianos ou mais trabalhosos. Sua única função agora, como gostava de dizer alegremente aos amigos, era conversar com Ityrapuan, Ravi e os outros sacerdotes do templo, o que, no entanto, estava longe de ser verdade. Continuava firme em suas observações do astral, não só buscando por seus desequilíbrios, como também se mantinha sempre vigilante para perceber alguma conexão do antigo mago. Da mesma forma, conduzia ainda o pequeno grupo de meditação, discussão e orações formado desde o princípio de seu mandato por aqueles que considerava ser uma espécie de elite espiritual da Cidade Central e que, agora, passados tantos anos, mais de quarenta, todos os seus integrantes haviam assumido postos de relevância na hierarquia dos templos. Durante esse tempo alguns haviam morrido e outros se integrado.

Além de Narayama, já bem idosa também, e do próprio Ityrapuan, outros religiosos contemporâneos ou um pouco mais novos do que este último, como Ravi, Vidya, Candal e Itaperuna, haviam se tornado supremos sacerdotes e faziam parte do seleto grupo há muito tempo. Ravi, por exemplo, havia substituído Ityrapuan no Templo de Leo e a dulcíssima Vidya assumira o posto que fora de Kalykaz no Templo do Som Sagrado. Outros como Sadynara, Indira e Paraty preferiram continuar como humildes trabalhadores a serviço do sumo sacerdote, de quem eram discípulos há décadas, declinando sempre dos convites que haviam sido feitos para que assumissem outros templos.

Indira e Paraty tinham como tarefa levar para os templos, especialmente os de ensino, os últimos pensamentos e reflexões saídos de Áries, como se fossem uma espécie de porta vozes, mantendo íntimo contato com Ravi, o mestre e agora supremo sacerdote do Templo de Leo. O destino, todavia, reservava outras responsabilidades a Paraty.

Sadynara, por sua vez, dotada de grande facilidade para expandir sua consciência, era a sombra de Tabajara nos trabalhos magísticos e litúrgicos.

"Há tantas vidas me auxilias, minha filha. Não te cansas deste velho rabugento?", costumava lhe dizer carinhosamente.

Sadynara sabia de sua história e se alegrava. Havia muito o que aprender ainda.

Zadeu era uma espécie de primeiro auxiliar administrativo e Sadynara desempenhava o mesmo papel na área religiosa. Cuidava para que tudo estivesse sempre em ordem para as grandes cerimônias religiosas e, no dia a dia, trabalhava como se fosse um escudeiro espiritual do sacerdote, sempre alerta para eventuais movimentações das sombras, indo com ele em todas as suas incursões pelo o astral. Dirigia um grupo especial de sacerdotes que auxiliava no mesmo trabalho. Discreta, ela era quase invisível no templo, não se fazendo quase notar, tanto que o velho sacerdote a apelidou mesmo de "Sombra".

"Apareces e somes sem que eu tenha te notado, minha filha. Quando vejo aquilo que eu pensava em te pedir já está na minha frente", comentava entre divertido e agradecido. A sacerdotisa apenas sorria discretamente em resposta. Era magrinha e baixinha, até destoando um pouco dos padrões da época, onde a maioria era alta e exuberante, o que facilitava, no entanto, que pouco se fizesse notar, como gostava mesmo de trabalhar.

Ao todo, cerca de doze pessoas faziam atualmente parte do grupo que se reunia sistematicamente ao pôr-do-sol a cada dez dias em orações e meditações, disponibilizando saúde, sabedoria, paz e força para todos aqueles que disso pudessem se valer, indistintamente de sua espécie na natureza e sem alarde.

Outros grupos menores, por orientação do sumo sacerdote, foram criados e eram dirigidos por outros sacerdotes em seus templos de origem. Todos esses grupos menores cuidavam também de disponibilizar o que fosse necessário e possível para as pessoas, sem que ninguém soubesse.

Após algumas horas de trabalho, relaxavam em conversas animadas regadas a chás, sucos, frutas e biscoitos, das quais saíam sempre grandes idéias para a manutenção e melhoria dos trabalhos nos templos e na assistência das pessoas comuns; este último item era sempre prioridade para o sumo sacerdote, que conseguira incutir na cabeça de seus pupilos a necessidade da atenção permanente a todos que precisassem de apoio espiritual e também material nas diversas cidades.

Haviam organizado uma rede de informações entre os templos com emissários de confiança circulando entre eles e o poder central, visando uniformizar o atendimento e atualização das dificuldades e dos problemas religiosos e humanos de cada região do reino. O que escapasse à esfera dos clérigos era levado ao primeiro conselheiro ou até mesmo diretamente ao sempre disponível tuxauá.

Secretamente, todavia, os membros desse grupo de religiosos também usavam o sistema para ficarem atentos à infiltração de magos negros nos templos ou nas cidades, pois bem sabiam dos trágicos acontecimentos que devastaram populações inteiras ao norte, assim como também se lembravam dos fatos que precederam o atentado contra o rei. Eles foram os únicos dentro da área de influência do sumo sacerdote e dos templos a saber da existência do mago negro. E, depois deles, apenas seus auxiliares de confiança.

Como uma teia fiel e bem engendrada, eles monitoravam, há quase duas décadas, tempo que se passou após a morte de Omandyas, a possibilidade das mesmas coisas ressurgirem na Terra dos Ay-Mhorés.

Durante todo esse tempo, Tabajara instigara seus "meninos", agora já sessentões, para que cuidassem de fazer seus sucessores. Em todos os templos, jovens promissores e escolhidos a dedo pelos sacerdotes eram cuidadosamente educados e treinados para dar prosseguimento às enormes demandas que ainda deveriam estar pela frente nos tempos. Além disso, outros já não tão jovens, na faixa dos quarenta anos, já trabalhavam ativamente como auxiliares diretos.

Insurgentes

Enquanto isso, em Araxá o clima não era assim tão morno. Vivendo de forma independente do resto da nação por escolha própria, a cidade enfrentava enormes dificuldades para se manter, pois o que no inicio significou autonomia e orgulho agora significava isolamento.

Isolamento este que provocou um retrocesso no desenvolvimento das técnicas agrícolas, causando agora escassez de gêneros alimentícios, pois a população da cidade aumentava e os recursos diminuíam. Embora fossem bons caçadores e a caça fosse ainda farta, apesar de continuar perigosa, não podiam viver exclusivamente disso; para não falar na quase ausência de intercâmbio e comércio com outras cidades e na decadência das artes e das ciências, que apenas começavam a ser restauradas quando houve a cisão. Os bens produzidos na cidade, como as famosas peles curtidas dos mais variados tipos, se acumulavam por toda a parte.

Embora os mais velhos soubessem que a decisão havia partido deles próprios em defesa de seu príncipe, as novas gerações, que não haviam participado de nada, pois eram crianças quando tudo aconteceu, se mostravam bastantes insatisfeitas com a situação de agruras a qual estavam todos submetidos.

Acau-hã, por sua vez, fazia o melhor que podia, mas sem escambo com os vizinhos ficava praticamente impossível a sobrevivência da cidade. Percebia que a paixão de seus súditos por sua pessoa esvaecia a cada dia, pois começavam a responsabilizar seu súbito aparecimento como a causa maior dos problemas atuais. Estavam já melancólicos por não mais fazer parte da grande nação, apesar de tudo, e ter um príncipe postulante ao trono central já não tinha tanto glamour. As novidades envelhecidas ficam sem graça e sem sentido.

O príncipe continuava a enviar seus espias para saber notícias da Cidade Central e do meio irmão, mas sem grande entusiasmo. Sabia que se algo dúbio acontecesse ao tuxauá sua cidade seria invadida pelas tropas reais e ele provavelmente seria preso ou morto. Assim sendo, mesmo humilhado, havia praticamente desistido de lutar pelo trono, apesar dos apelos dos mais reacionários ou fanáticos.

A principal função dos espias, na verdade, era fazer negócios e trazer para Araxá, às escondidas, um pouco do que o povo precisava, embora sempre em quantidades insuficientes. Coisas como sal, fios para tecelagem, sementes, metais, penas, grãos, mel, papiros etc. Também faltavam especialistas em várias atividades, pois os descuidados cidadãos não se preocuparam com a sucessão dos antigos artesãos, arquitetos, professores, curadores, artistas e até mesmo religiosos, que vieram das terras baixas com o povo, agora mais ignorante do que nunca. A maioria deles estava velha demais para transmitir seu conhecimento e poucos jovens se interessavam em seguir seus passos, pois pensavam apenas no difícil quinhão do dia a dia. Apenas um exército bem armado havia evoluído, mais pelo medo de uma invasão do que por outra coisa.

Nobres falidos e povo necessitado, ambos descontentes, era uma combinação perigosa e Acau-hã sabia muito bem disso, pois não tinha nem mesmo o suporte de um poder religioso que pudesse acalmar as pessoas em nome de Tupã, já que nem os novos sacerdotes foram enviados à cidade pelo governo central.

Com Pauetê e Shandar mortos, não tinha mais com quem se aconselhar. Além disso, os parentes arruinados estavam ressentidos e, ainda sem o apoio da população, sua situação começava a ficar insustentável. Nem mesmo com Sham-buya, desaparecido misteriosamente no meio do fracassado golpe que Omandyas havia armado, podia mais contar, pois mal ou bem ele sempre tinha uma idéia razoável nas horas difíceis. Podia ser um canalha, mas não era, de forma alguma, burro. Tanto que havia fugido e se safado de uma punição certa. De mais a mais, era tão velho que de certo já estaria morto àquelas alturas.

E quanto a seu mestre, não sentiu qualquer pena por sua morte, inexplicavelmente. No fundo, parecia sentir-se liberto de seu jugo para fazer de sua vida o que bem entendesse, pois ele era o único que poderia interferir em seu destino. Sentiu-se até aliviado, completamente esquecido que devia a ele sua vida e o fato de estar no trono da Cidade Alta. Sabia da morte de Omandyas porque chegou rápido até Araxá a notícia sobre a destruição de estranha vila ao sopé de suas terras, nas fronteiras com as terras vizinhas de Ubiracy e Araguary, creditada à luta do grupo contra mateiros de Kanauã, que não toleravam forasteiros rondando a Cidade Interna.

Apesar da estranha coincidência, pois o fracasso do atentado contra Tupayba acontecera quase na mesma época, não se deu ao trabalho de investigar o assunto mais profundamente, até porque estava farto daquilo tudo e também porque não queria, de forma alguma, mostrar interesse sobre nada que o relacionasse a Omandyas, embora ninguém soubesse que havia um mago entre os mortos da escaramuça.

No fundo, desconfiava que seu mestre mexesse com magia negra. De qualquer forma, Acau-hã estava, à primeira vista, irremediavelmente sozinho.

Pressionado pelos acontecimentos em sua cidade, especialmente pela insatisfação generalizada e pelo risco que sua posição corria, precisou pensar numa solução rápida. Sua primeira providência foi enviar, a título de repouso, a mulher, os filhos, tias e tios, além de toda uma parentela mais velha e que ainda o amava para o pequeno palácio de verão que mandara construir nas montanhas, muito tempo atrás. Seguiram com eles alguns religiosos e muitos servos leais. Todos bem guardados por uma tropa grande comandada por oficiais de sua confiança e bem felizes por se afastar na confusão que pairava no ar em Araxá.

O príncipe havia se casado com uma das primas e, ao contrário de Tupayba, que demorara a se casar, tinha três filhos quase adolescentes.

O palácio, bastante modesto até mesmo para os padrões da Terra dos Ay-Mhorés, como, aliás, tudo de resto em Araxá, ficava numa posição privilegiada, de difícil acesso e, portanto, de fácil defesa, caso atacado. Assim como a Casa das Flores de Ararype e Nayade em Parama Sukha, havia um só acesso ao mesmo, sendo a propriedade também protegida aos fundos por paredão inexpugnável e aos lados por despenhadeiros.

Sem precisar se preocupar com a carga familiar poderia pensar melhor na solução que daria a seu enorme problema. Decidiu chamar à sua presença seu comandante em chefia de armas, general Cairú, para sondar a posição do exército frente aos problemas da cidade. O general era um homem velho e experiente e fora indicado ao cargo por Pauetê. Nunca se preocupou em substituí-lo por alguém de sua confiança absoluta porque a Cidade Alta nunca precisou se envolver em nenhum conflito, tão isolada estava. Era como se o exército apenas servisse para sua guarda pessoal e para resolver pequenas contendas entre o povo aqui e ali, ou ainda para prender um ladrão ou coisa parecida. Apesar disso, a tropa era forte, grande e bem armada, sempre pronta a defender as fronteiras da cidadezinha isolada.

Para sua surpresa, o comandante tinha desconhecido apreço por sua pessoa, especialmente por sua história de vida e coragem, não só de vir para Araxá reclamar o que era seu, como também ter querido um dia disputar lealmente o trono com o tuxauá. Em Araxá, havia sido peremptoriamente negado o envolvimento do príncipe com a tentativa de atentado do qual o rei havia sido vítima, sendo Acau-hã colocado, assim como todo o povo, na condição de injustiçado, exatamente como havia acontecido com o bom Jatay. Era como uma sina, diziam todos inconformados.

Sem que Acau-hã soubesse, o bravo general teria confidenciado a outros oficiais em outra época seu desejo de bater-se em armas contra o exército real para restaurar a dignidade de seus príncipes, pai e filho, sendo demovido da idéia heróica por não ter qualquer chance de vitória.

Acau-hã estava de boca aberta ao ouvir o relato do velho militar empertigado à sua frente.

— O que me dizes meu caro? Querias lutar por teus príncipes? — perguntou quase emocionado.

Não se pode esquecer que o príncipe sempre confiou ser legítimo seu direito à disputa do trono com o irmão e nunca acreditou verdadeiramente no recado que Tabajara havia mandado chegar a seus ouvidos sobre os planos escusos e as mentiras de seu mestre. Era como que cego ao que se passara à sua volta durante quase toda a sua vida.

— Sim, Alteza! — foi a resposta simples e direta. — Vosso pai me tinha em alta conta já que fiz parte de sua guarda pessoal enquanto ele aqui viveu por muitas e muitas luas grandes. Eu era apenas um simples capitão e vosso nobre pai, nosso amado príncipe Jatay, sempre me tratou com todo respeito e até mesmo agradecimento pelos bons serviços — falou sem modéstia. — O mínimo que eu poderia fazer em retribuição seria defender os direitos de seu filho, na medida em que queríeis apenas uma disputa justa. Penso que o tuxauá se acovardou frente a sua determinação e força, Alteza.

Acau-hã se levantou e, pegando o velho Cairú por um dos braços, o fez sentar-se num dos sofás da grande sala de audiências.

— O que me dizes? — tornou a repetir Acau-hã. — Não sabia desta tua admirável e silenciosa lealdade. Estou muito impressionado e agradecido também — disse com sinceridade.

Apesar de estar investigando o pensamento de seu general, nunca conseguia ser maquiavélico como Omandyas, sentindo repentino e verdadeiro afeto por aquele homem. De repente, não estava mais sozinho. Sorriu espontaneamente, no que foi acompanhado pelo general, mesmo sem entender direito o motivo.

No fundo, apesar de seu temperamento altivo e algo arrogante ou, talvez até por isso mesmo, Acau-hã ainda era apenas um menino perdido e usado pelas sombras para fins pouco louváveis.

Em um minuto ele e Cairú se tornaram confidentes, contando-lhe, então, suas preocupações e pedindo, sem dar muito a perceber, para não quebrar o encantamento da aura de força e determinação criada a seu redor, seu conselho:

— O que, com tua vasta experiência, farias em meu lugar, meu bom amigo?

O general, por sua vez, estava inebriado com a súbita intimidade da qual desfrutava. Haviam estado em entrevista dezenas de vezes, mas nunca em situação como aquela, onde o problema era grande, assim como a camaradagem. Estava encantado, pois em tudo ele lhe fazia lembrar-se de seu herói de toda uma vida, o desafortunado Jatay, pelo qual nada pôde fazer. Agora era a hora de mostrar seu valor e fazer valer sua competência na defesa de seu príncipe.

— Se me permite, Alteza, penso que nossa cidade precisa abrir-se e voltar ao trato comum com nossos vizinhos. Queira ou não, no governo central — estranhamente ainda se referiam à Terra dos Ay-Mhorés como se ainda dela fizessem parte, sendo que nem mesmo chamavam a si mesmos de nação e, sim, de cidade — não fomos alijados pela força da lei e sim por vontade própria e nunca nos foi dito claramente que não poderíamos comerciar, por exemplo. Afastamo-nos num primeiro momento e num segundo todos se afastaram de nós, como se fôssemos portadores de alguma doença contagiosa, talvez com medo, talvez com raiva — fez pequena pausa para depois concluir:

— Estávamos tão ofendidos e indignados que o distanciamento nos pareceu salutar. Vamos nos afastar desses idiotas, dissemos todos. Julgávamos que sobreviveríamos sozinhos, o que não está mais se mostrando verdadeiro. E depois, com o tempo, fazer comércio conosco tomou forma de algo errado. Se poucos vinham até estas bandas antes, pois que sempre recebemos poucas visitas, depois, então, todos sumiram de vez — fez nova pausa. — Não precisavam de nós.

Acau-hã estava mudo e boquiaberto com sua sabedoria e tudo o que conseguiu foi fazer um breve gesto com a mão pedindo que continuasse.

— O maior problema é que passamos realmente a nos comportar como bandidos, fazendo comércio às escondidas e andando pelos becos mais escuros para não sermos notados. Ora! Apenas exercemos o direito de escolha que nos foi dado. O único que recebeu o peso do Grande Conselho foi Vossa Alteza. Injustamente, aliás! — fez questão de frisar.

— E daí? O que queres dizer com isso? — perguntou ansioso o outro, vislumbrando uma saída.

— Com todo o respeito, meu príncipe, penso que devemos voltar a nos comportar como homens livres e andar por toda a nação. Comerciar. Vender. Trocar. Fazer tudo o que quisermos e for necessário. Duvido que alguém venha nos contestar.

Mesmo surpreso, Acau-hã não pôde deixar de comentar:

— Tens toda razão. Precisamos sair desta casca na qual nos enfiamos — depois pensou por uns instantes e saiu-se com esta:

— E se vierem nos contestar?

— Mostramos nossas armas. Não somos mais um exército qualquer. Somos grandes e preparados para chegar ainda mais longe. A bem da verdade, somos o maior e mais bem preparado exército da nação — falou com um brilho malicioso no olhar, que foi percebido de imediato pelo príncipe.

— O que queres dizer? — sondou Acau-hã, mas já sabendo onde ele queira chegar.

— O trono da Cidade Central ainda está lá, Alteza, e com o mesmo incompetente sentado nele. Se nos mostrarmos fortes e destemidos sob vosso comando, o povo de toda a nação voltará novamente seu olhar sobre vós.

A mensagem não podia ser mais clara.

Em menos de uma lua, Acau-hã havia tomado sua decisão. Caravanas e caravanas saíam com freqüência de Araxá em direção às outras cidades, para o espanto do povo de toda a nação, que não tardou a saber da novidade, e para o orgulho renovado de seus súditos com sua coragem. No fundo estavam ávidos por vingança. Timidamente, caravanas de fora começaram também a chegar à cidade rebelde.

Se por um lado esta inesperada abertura surpreendeu Iandé e os demais conselheiros do rei, por outro permitiu que espias fossem enviados em maior número e freqüência para lá. A maior surpresa, todavia, ainda estava por vir. Em pouco tempo, o intenso treinamento do exército foi percebido, causando grande apreensão em todos. O que estaria pretendendo o príncipe insurgente? Seria mesmo possível que os falatórios, que se arrastavam há tanto tempo, estivessem começando a se concretizar? Estaria Acau-hã pretendendo lançar um ataque à Cidade Central em busca novamente do grande trono?

Loucura das loucuras! Embora a magnitude de seus exércitos tivesse sido observada pelos experientes espias de Shem-han, eles não eram, de forma alguma, páreo para os exércitos reais, caso as cidades estivessem unidas. Este pequeno detalhe, porém, exasperava o general.

Não tardou para que todos também soubessem da movimentação inusitada de tropas no território distante, causando grande desconforto nas pessoas, desacostumadas com embates militares.

Se antes o diz que diz era apenas parte de um exercício de imaginação, agora as coisas começavam a tomar novo rumo e o que parecia divertido e excitante se tornava assustador, especialmente nas cidades fronteiriças ou mais próximas à Araxá, como a Cidade Interna de Araguary e a cidade governada por Jacyguá. De repente, todos estavam com medo. Mil e uma novas idéias passavam pelas cabeças das pessoas, das mais objetivas e prováveis às mais delirantes. Não se falava em outra coisa.

Num movimento de proteção inimaginável, muitas cidades começaram a se armar de forma frenética, embora na maioria delas o exército fosse quase precário, pois sua função agora era mais de guarda. Depois da derrota das forças etíopes comandadas pelo gigante de ébano Zanatar, ainda nas terras baixas, alguns príncipes nhengatus rapidamente se descuidaram em manter suas tropas, se esquecendo por completo do acontecido, especialmente do fato de que se o plano de Azamor não tivesse sido descoberto e desbaratado a tempo pelos valorosos homens fiéis à Ay-Mhoré, toda a nação estaria em mãos dos guerreiros do príncipe negro.

É bem verdade que com o grande cataclismo, outras necessidades mais urgentes emergiram, tendo estado a nação praticamente isolada do resto do mundo por décadas. Ilusoriamente, era como se ela não tivesse inimigos. Eles se esqueciam, todavia, dos inimigos inseridos em seu próprio seio, como larvas mal cheirosas e sub-reptícias corroendo suas entranhas.

Também pareciam não perceber que Acau-hã não estava interessado em nenhuma outra cidade que não fosse a de Tupayba. Toda a agitação era quase por nada, pois o valente e inteligente príncipe não pretendia lutar contra todos. Sua idéia, aliás, era exatamente o oposto: bem orientado por seu oficial maior, pensava em aliciar comparsas também descontentes e juntar outras cidades e príncipes na empreitada.

Porém, uma confusão sem precedentes estava se armando e o feitiço terminaria por se virar contra o feiticeiro, não sem antes, desta vez, causar danos irreparáveis ao grande reino de Zac.

Poucas luas bastaram para as mais estapafúrdias histórias correrem por todo o reino. Para alguns, Tupayba estava ameaçando invadir Araxá para afastar definitivamente o meio-irmão e este apenas se preparava para se defender. Para outros, era a própria rainha que, do além, instigava o filho mais moço a lutar por seus direitos. Até mesmo a volta do defunto Zanatar foi cogitada pelos mais ignorantes, que apenas tinham ouvido contar as histórias da primeira conspiração e desconheciam os acontecimentos que haviam culminado com sua morte. De qualquer maneira não refletiam que o príncipe etíope, ainda que estivesse vivo, estaria muito velho para tentar um ataque nesta altura da vida. Isso para não lembrar que os etíopes haviam sido aniquilados com o maremoto. E por aí a coisa andava.

De todas as formas, no entanto, a idéia era de que tudo e todos que estivessem no caminho dos combatentes poderiam ser destruídos. O pânico lentamente se espalhava por toda parte. E a insatisfação crescia par e passo.

Os príncipes mais lúcidos tentavam colocar as coisas em seus devidos lugares, sem muito sucesso e, com a exceção de algumas poucas cidades, começaram a acontecer brigas entre os nobres e o povo comum, pois estavam perdendo seus serviçais ou para os exércitos que ofereciam boas recompensas ou para o medo, pois muitos abandonavam com suas famílias as cidades supostamente mais ameaçadas para se refugiarem em outras mais distantes.

Essa onda de migração interna desequilibrou ainda mais a ordem pública, pois, não raro, os auto exilados não tinham nem onde ficar nem o que comer, causando problemas sérios nas cidades aonde chegavam. Os roubos e furtos aumentaram, assim como os crimes, raros até então. Plantações eram invadidas na busca de comida e os distúrbios decorrentes, não só disso, mas também de saques ao comércio, que exigiam a intervenção dos guardas, começaram a se tornar freqüentes. Logo eles pareciam ser insuficientes para controlar tantas desavenças.

Até mesmo os príncipes eram ameaçados, mais ou menos veladamente, por não serem capazes de conter os problemas que se avolumavam, tendo que aumentar suas guardas pessoais.

Em Araxá a cúpula do governo local observava estupefata os acontecimentos. Em menos de seis luas a nação estava se transformando num lugar caótico. Nem mesmo no melhor de seus sonhos, Acau-hã poderia prever aquilo.

— Tupã conspira a vosso favor, meu príncipe — declarou satisfeito Cairú ao final de uma reunião para avaliação dos últimos acontecimentos.

Por incrível que pareça, a Cidade Alta era a mais tranqüila de toda Terra dos Ay-Mhorés, pelo menos em relação à criminalidade, pois ninguém sequer sonhava em mudar-se para lá, onde se daria, provavelmente, o terrível desfecho da situação. Todavia, a inesperada dimensão que os eventos tomavam preocupava o príncipe, pois o comércio fracassava novamente, posto que, naturalmente, não havia mais clima para boas transações comerciais com o resto da nação.

— Não vos preocupeis, Alteza — asseverava o velho general, excitado com a possibilidade de sua primeira grande guerra. — Logo que tomarmos conta da Cidade Central, o povo vai se acalmar. Esta confusão só servirá para o povo se colocar ainda mais de vosso lado.

Embora Acau-hã estivesse já meio desconfiado da bobagem que aquilo tudo representava e sua raiva já fosse algo perdido no tempo, não havia mais volta e o desfecho se aproximava. Em breve, convocaria os príncipes não leais ao tuxauá para uma ação conjunta e que prescindisse do uso de armas para a derrubada de Tupayba, contando, inclusive, com o apoio do povo.

Este era seu pensamento. Ignorava, todavia que seu destemido e obviamente desequilibrado general tinha outros planos, um pouco mais belicosos. Este pretendia entrar triunfante na sede do governo central passando por cima dos corpos de todos seus supostos inimigos, para a glória de seu povo e em honra da memória de seu querido príncipe Jatay.

Ignorava também que os príncipes notoriamente não afinados com o palácio real, todos de caráter duvidoso, hesitariam, por serem covardes, em participar de uma conspiração, mesmo que pacífica, apesar de muito conveniente, tampouco se submeteriam a exercer um papel secundário na revolução, até porque eram prepotentes e suas cidades eram maiores do que Araxá. E, com os demais, obviamente, não poderia contar.

Na verdade, o que Acau-hã ingenuamente tramava punha seu próprio pescoço em risco. Fora criado num pedestal tão alto por Omandyas, que desejara despertar nele o gosto pelo poder, que não imaginava que alguém de fora do círculo dos amigos do tuxauá pudesse pensar diferente dele, ou que não reconhecesse seus direitos, como havia feito todo o povo da Cidade Alta, sem qualquer dificuldade.

Contratempos

Apesar de todas as providências tomadas pelos fiéis amigos do rei e contando com sua chancela pessoal nos últimos vinte e cinco anos para manter a ordem e saber de antemão o que se passava pelas cidades e também pelo astral inferior, os estragos causados pela tentativa de golpe tinham sido grandes. O rei tinha ficado mais ou menos desacreditado e, mesmo seus súditos mais fiéis, torciam o nariz em sua direção quando qualquer tipo de contratempo surgia. Mentiras terminavam quase sempre por se tornar meias verdades com o correr do tempo.

Além de incentivar o estudo das ciências e das artes e especialmente o desenvolvimento de uma cultura agrícola que propiciasse ao povo uma melhor qualidade de vida, o incremento disso tudo se dava a passos de tartaruga. Obviamente os grandes responsáveis por essa lentidão eram os nobres, mas as notícias e fofocas geradas da Cidade Alta também contribuíram sobremaneira para que as pessoas passassem a reclamar mais ainda de tudo. Às vezes, até sem razão.

Tupayba trabalhava e se preocupava. Dedicava cada minuto de sua vida a seu povo, mas o reconhecimento era pequeno. Fazia constantes viagens às demais cidades, mesmo as mais distantes, e mesmo às de seus antigos inimigos, indistintamente, sempre interessado em conhecer e acompanhar de perto as dificuldades e os progressos, além de debater pessoalmente com cada príncipe os problemas e as possíveis soluções. Incentivou o comércio dos grandes barcos, que lentamente continuavam voltando ao porto da Cidade Central, único a conseguir atracá-los com segurança.

Mas nada era suficiente e nem mesmo o Grande Conselho dos Príncipes conseguia arrumar uma estratégia unida para deter a onda crescente de descontentamento que varria a nação. Nem mesmo os exemplos edificantes de trabalho e amor de alguns dos príncipes, que propiciaram às suas cidades estarem mais apaziguadas, conseguiam envolver a todos eles no mesmo pensamento. Até mesmo dentro do Conselho as desavenças começaram a acontecer.

— Se nem mesmo os grandes príncipes conseguem se unir para lutar contra tudo isso, como poderia o povo fazer isso? Se nem mesmo todos eles entendem que é tudo uma armação bem feita de Araxá e alimentada por suas próprias incompetências de comando junto aos seus povos, como esperar que as outras pessoas entendam e não se desesperem? — Iandé fez pequena pausa enquanto olhava desolado para o amigo e comandante dos exércitos do rei sentado à sua frente na varanda do palácio. Depois continuou desanimado:

— Tu mesmo disseste que é evidente que as forças do general Cairú jamais seriam suficientes para dominar toda a nação e que não vão nunca tentar invadir outras cidades que não a Cidade Central. E ainda por cima precisam de aliados para isso, não de inimigos. Não é sequer razoável esse medo descontrolado! — lamentava-se o grande conselheiro do rei em confidência com o amigo de toda uma vida, Shem-han.

— Tens razão — respondeu o outro. — Se alguém deveria ter medo seria o povo aqui da cidade. Mas estes parecem não se dar conta do risco que correm. Parecem achar que somos inexpugnáveis, o que não é absolutamente verdade, especialmente se conseguirem juntar vários exércitos em uma só bandeira.

— Acreditas mesmo nisso? — perguntou algo espantado.

— Sim. Acredito. Alguns príncipes são completamente desequilibrados como tu bem o sabes. Penso que não hesitariam em se mancomunar com Acau-hã para salvar as próprias peles ou em troca de algo muito grande. Tudo é possível. Nossa sorte é que são estúpidos e, por enquanto, acham que serão atacados, estando prontos para se defenderem contra as tropas de Cairú.

— Disseste-me que atualmente nenhum exército sozinho é páreo para os homens do velho general da Cidade Alta.

— Atualmente e há muito tempo, meu amigo. Nossos espias acompanham o crescimento dessas forças há muitas e muitas luas grandes. Provavelmente, depois daquela confusão que culminou com o desterro do príncipe, pensaram que poderiam ser atacados a qualquer momento por tropas leais ao tuxauá. Só mesmo Tupã para saber o que passou pela cabeça daquela gente — fez pequena pausa enquanto procurava palavras para não chocar o velho amigo.

— Penso que devemos nos reunir com Tupayba novamente. Já lhe pedi que parasse de sair da cidade. Ele corre sério risco de ser morto — desabafou.

— Tão cedo? — a voz de Iandé era quase um sussurro. Bem sabia que a situação se aproximava de um desfecho.

— Tenho avaliado a cada dia a movimentação das tropas de Cairú. As notícias me chegavam sempre com três dias de atraso e então coloquei rápidos mensageiros dispostos discretamente em todo o percurso daqui até Araxá. Agora, em menos de um dia, sei de tudo. O estranho é que as tropas se movimentam o tempo todo, mas apenas dentro de seu território. Não cruzaram um pé para fora de suas fronteiras. Isso não me cheira bem porque não tem sentido e, além do mais, Cairú não é bobo. Pode ser louco, mas jamais tolo.

— O que queres dizer? — interpelou o conselheiro.

— Quero dizer que podem estar armando alguma coisa. Lógico que sabem que devo ter enviado espias para lá. O general é um excelente teórico. Cheguei a ter aulas com ele nos templos de ensino quando me preparava para a carreira militar. E Acau-hã não é ignorante como outros nobres. Não devemos subestimá-los.

— Mas o que, então? — insistiu Iandé.

— Podem estar querendo nos chamar a atenção para um lado e estar planejando outra coisa de outro.

Iandé levantou-se de sobressalto, compreendendo num segundo o que o outro queria dizer.

— Devemos avisar Tupayba imediatamente!

A conversa estava nesse pé quando o tuxauá em pessoa chegou à pequena varanda do gabinete do conselheiro.

— Avisar-me de que, amigo? — perguntou em sua voz sempre branda. Desta vez, todavia não havia um sorriso largo em sua face. Há muito que o rei pouco sorria. Com ele vinham Ityrapuan e Ravi.

À chegada do tuxaua, Shem-han também se colocou de pé, ameaçando os dois a iniciarem pequena reverência, sendo imediatamente impedidos por Tupayba, que ralhou com eles em tom de brincadeira, como sempre, pois ambos não perdiam o cacoete de reverenciá-lo.

— Por Tupã, meus amigos! Praticamente nascemos juntos. Parem com isso — pediu pela milésima vez.

Os dois sorriram e todos se abraçaram, embora sem o habitual entusiasmo, pois a ocasião não era mesmo para grandes confraternizações.

O sempre alegre e afável mestre de ensino, Ravi, foi o primeiro a tentar desanuviar o ambiente:

— O que meus irmãozinhos estão tramando? — perguntou de forma simpática fazendo alusão ao modo que Tabajara gostava e se referir aos seus "meninos", os filhos mais velhos e os mais jovens. Iandé, Shem-han, Apoena, Thu-ran e Tupayba eram os mais novos. Ravi, Ityrapuan, Sadynara e Paraty, os mais velhos. Já Zadeu era um "caso de amor à parte", costumava brincar o sacerdote, por ter sido o primeiro.

Shem-han sorriu tristemente e contou aos recém chegados o que sabia e o que o preocupava. Todos ouviram em silêncio.

Por fim, Tupayba, que estivera sentado num dos sofás recobertos de penas de araras espalhados pela varanda, se levantou e atravessou o jardim e o pátio adjacente em passos lentos indo até uma pequena murada lateral ao palácio, que fazia fronteira com a praia, onde tornou a se sentar, de onde ficou a observar o mar com suas ondas quebrando ruidosamente. Chovera muito nos dia anteriores e o mar estava estranhamente agitado naquela manhã. Grandes vagalhões explodiam nos rochedos ao longe, na pequena curva que a praia fazia ao encontrar as primeiras montanhas. Na baía formada do outro lado estava o porto.

Todos o seguiram e se acomodaram nos bancos feitos de restos de troncos de árvores entalhados pelos artesãos do palácio real.

— Se nosso amigo Tabajara estivesse aqui, o que ele diria, Ravi? — quis saber o tuxauá.

— Que devemos ficar atentos, pois o desfecho se aproxima — suspirou fundo para depois continuar. — Diria também que pouco ou quase nada mais podemos fazer para impedir que os desígnios de Tupã se façam.

Shem-han olhou para o amigo um tanto desconcertado.

— Ele já sabe de tudo o que acontece em Araxá e imediações, não é? Ele contou para vocês, não foi? — e depois olhando para Tupayba: — Já sabíeis também!

Tupayba abanou a cabeça afirmativamente, enquanto o sacerdote respondia com simplicidade:

— Sim. Na verdade, nosso velho mestre parece saber quase tudo o que acontece em quase toda parte. Muito mais do que ele nos fala, provavelmente. Viemos para contar o que pelo visto também já é do conhecimento de vocês.

— Não pareces muito preocupado.— atalhou Iandé. — O que mais ele te disse?

— O de sempre Iandé. Não há de fato nada que nenhum de nós não tenha ouvido dele pelo menos uma dezena de vezes depois do que aconteceu com Omandyas. Os tempos de dificuldades maiores se aproximam. Não devemos nos omitir da luta até onde for necessário, mas não podemos nos insurgir contra o destino deste povo desatento. Se não tememos a morte, por que razão haveríamos de nos preocupar? O que pode ser mais preocupante para os seres vivos do que o estigma da morte, não achas? — completou Ravi.

— Vamos todos morrer, então? — perguntou preocupado Shem-han, como bom militar cujo ofício é lutar para salvar a vida de todos, para imediatamente quase morder a língua notando o absurdo que havia dito.

— Ah! Isso nós vamos! Um dia! Com certeza! — respondeu rindo Ityrapuan, fazendo todos caírem na risada, até mesmo Tupayba.

Ravi, que estava a seu lado, abraçou Shem-han, que também ria e falou:

— Meu bravo general. Sempre preocupado com todos. Tenho orgulho de ser teu amigo. Creio que, entre todos nós, tu és o que menos teme a morte, mas, por favor, não te arrisques em demasia, pois vamos precisar de ti ainda por muito tempo.

Ravi olhou significativamente para ele, pois lia seus pensamentos; o que Shem-han desejaria mesmo seria juntar suas bem treinadas tropas e tomar de assalto os exércitos de Cairú. Era, no entanto, uma missão quase impossível, como ele bem sabia, não só pelas distâncias, mas também porque teriam que cruzar inúmeras outras cidades, cuja população histérica poderia mais atrapalhar do que ajudar. Desta forma, conflitos desnecessários poderiam acontecer.

Até mesmo confrontos com os pequenos exércitos dessas cidades não seriam impossíveis, em batalhas fratricidas e inúteis.

E mesmo que chegassem a Araxá, o que fariam? Bater-se-iam em armas? Vencido, talvez, o exército inimigo o que aconteceria a seguir? Será que o povo inocente e há muito melindrado não iria também para as ruas para um confronto final por seu príncipe e por seu orgulho? E aí? Matariam todos aqueles ignorantes inocentes? Quanto sangue se derramaria apenas para a sobrevivência de um império que se esvaia por si só?

O aguerrido comandante estava de mãos atadas, assim como

todos os demais. Nada havia para se fazer além de esperar o próximo passo dos outros.

Reunido anteriormente com Tabajara, o tuxauá havia, inclusive, pensado, num gesto de grandeza impensável e que vinha de seu incomensurável amor por aquela terra, em entregar simplesmente o trono para Acau-hã. Tudo estaria resolvido sem que uma só gota do sangue de seu povo fosse derramada.

O sumo sacerdote tomou de seu tempo a explicar para o magnânimo e bondoso rei, que muitas vezes se deixava levar pelo coração e muito pouco pela razão, da inutilidade daquela medida.

O que faria o povo leal a ele? Ficaria de braços cruzados assistindo tal absurdo? E os príncipes amigos? Eles nunca concordariam. Mesmo que concordassem, o que era pouco provável, como conteriam a revolta de seus povos?

Entregar o poder para o príncipe de Araxá impediria, por acaso, que a revolta em andamento contra os nobres acabasse? A mudança no poder central não mudaria em nada quem eles eram e o que faziam. Ao contrário. Seria a vitória do ódio sobre o amor. O povo não tinha sequer condição de compreender que uma coisa não existia sem a outra.

Tabajara questionava os frutos de uma decisão desse tipo para o futuro daqueles espíritos ignorantes. Como encarnado precisava pensar numa linha de tempo. O que ficaria gravado em seus melodramas pessoais? No que estaria contribuindo esse tipo de sacrifício para cada uma daquelas consciências para quando no futuro voltassem para novas oportunidades num corpo? O que teriam aprendido com aquilo? Provavelmente que o mal vence o bem e que a melhor solução para os problemas é a falcatrua, a ameaça, a vingança, o egoísmo, a ganância e a maldade.

O que Tupayba queria para seu povo? Uma solução passageira que não impediria, todavia, que o destino necessário se cumprisse ou uma atitude que ficasse perene no tempo individual daquelas almas?

Além disso, sacrifícios nunca eram bem compreendidos. Poucos entenderam, por exemplo, a atitude de Ay-Mhoré, que se sacrificou por seu povo deixando-se ficar nas terras baixas.

Não se tratava, no entanto, de lutar até o último homem pela defesa de uma dinastia, pois aos olhos dos deuses o que importava mesmo era o progresso de toda a natureza, estando os homens incluídos nela como um todo e não os nomes desses homens particularmente. Mas também não se tratava de olhar de forma negligente o suceder dos acontecimentos e de se curvar estoicamente aos desmandos egoístas e despóticos de alguns poucos. Nos caminhos da evolução o importante era a realização dos seres no sentido da compreensão plena das sutilezas da vida e da natureza nas quais estão inseridos, sua interação com os deuses e o quanto podem verdadeiramente contribuir com essa natureza. Abrir mão de um bem passageiro num contexto tão complexo não seria uma grande contribuição. De fato, era até mesmo dúbia sua utilidade.

Tupayba repetiu aos amigos reunidos no pátio palavra por palavra de seu encontro com Tabajara. Ityrapuan e Ravi já conheciam o pensamento do sumo sacerdote e a tudo ouviram de cabeça baixa, meditando novamente sobre a sabedoria contida naquelas palavras.

Shem-han e Iandé, cabisbaixos e tristes, ainda teriam que digerir tudo aquilo com mais calma. Embora também tivessem sido educados pelo sacerdote, em função de suas tendências práticas, tinham mais dificuldade em adentrar os mistérios e meandros de determinados pensamentos mais abstratos no trato do ser humano.

Dessa forma, o general Shem-han tratou de organizar suas tropas, que passaram a ficar permanentemente de prontidão, embora soubesse de antemão que não seriam páreo caso um ataque maciço acontecesse de alguma forma, com a união dos exércitos de várias cidades. Sem saber, profetizava.

Capítulo 23
Ação e reação

Poucas luas depois desses acontecimentos, Acau-hã decidiu chamar para uma reunião em suas terras os príncipes Jacyguá e Ubirajara. Jacyguá porque, além de ser seu vizinho, nunca havia demonstrado qualquer simpatia pelos negócios da Cidade Central e Ubirajara porque governava a cidade mais francamente contra o tuxauá em todo o reino. Ambos dirigiam comunidades conhecidas pelo abrigo à bandidagem, pela desorganização e pela pouca atenção de todos às flexíveis leis locais, fatos aparentemente ignorados por Acau-hã, ou quem sabe simplesmente desqualificados de sua importância.

Nos dois territórios imperava uma espécie de vale tudo entre a população. Como seria o dirigente por trás de tanta confusão, teria perguntado, a priori, qualquer outro. Seria uma pessoa confiável quem era tão indulgente com a criminalidade e não fazia questão de se fazer respeitar nem por seu próprio povo? Muito pouco provável.

Cheios de pompa, os dois príncipes chegaram a Araxá no dia combinado cercados de enorme esquema de segurança. Muitos soldados faziam parte de suas comitivas, chamando a atenção por onde passavam, escoltados pelos guardas da Cidade Alta a partir de sua fronteira. Tanto aparato deixava no ar um sinal claro de que algo estava errado, pois, apesar das raras visitas, nem mesmo o tuxauá jamais viajara à Araxá com tanto mistério e tanta gente armada a seu redor.

Sem que Acau-hã soubesse, depois de muito pensar e tramar, ambos vinham mancomunados a passar a perna no futuro comparsa. Omandyas havia se esquecido de ensinar essa parte para seu pupilo, que se conduzia pela honra, mesmo que dentro de seus equivocados padrões morais e pela força, mas não pela malandragem, matéria na qual os outros dois eram especialistas.

Depois de muita conversa, embora já tivesse ficado mais ou menos acertada a empreitada entre os grandes conselheiros de cada príncipe, ainda restavam algumas arestas a serem aparadas. Se Araxá tinha o maior e mais treinado exército e podia facilmente se impor às outras duas cidades, não conseguiria tomar o trono sem a sua ajuda, até porque suas tropas necessariamente precisariam cruzar as terras de Jacyguá. Seu outro vizinho, o príncipe Araguary, estava armado até os dentes em sua fronteira e jamais permitiria que adentrasse seu território em direção a onde quer que fosse.

Iniciar uma luta contra a Cidade Interna seria estupidez, pois as possibilidades de vitória eram duvidosas, poderia perder muitos homens e muito tempo, num desgaste enorme em função, principalmente, da habilidade dos homens de Araguary de se locomoverem dentro de suas matas fechadas, o que seria impossível para outros exércitos. Poderiam cair em perigosas armadilhas, descosiderando-se ainda os animais selvagens daquela região. De todo, uma enorme confusão. Além do mais outros príncipes leais poderiam se insurgir contra o ataque e enviar tropas em auxílio de Araguary, limitando os combates às barras de sua própria cidade, o que seria perigoso para seu povo.

Acau-hã continuava também firme na quase inocente proposta de não causar grande derramamento de sangue. De preferência nenhum além do próprio tuxauá. Havia, inclusive, considerado a hipótese de mandar matá-lo, mas em sua lembrança ainda estavam vivas as lembranças do golpe frustrado impetrado por Omandyas e que culminara com seu exílio forçado. Se houvesse outro insucesso, sua vida não seria poupada de forma alguma. E mesmo que conseguisse, todos os olhos se voltariam para sua pessoa. O ataque franco era mesmo a única solução, já que seu meio irmão não estava mesmo disposto a uma luta pessoal consigo.

Contava que, com uma boa estratégia de Cairú, se deslocariam com tal rapidez que não haveria tempo para a organização e envio de tropas dos príncipes leais, mesmo com os espias de Shem-han estando um ou dois dias à frente de seus exércitos. Quando dessem por si, estaria à entrada da grande cidade.

Conhecendo a índole de Tupayba, apostava que, quando chegasse com um exército imbatível aos limites da Cidade Central, o tuxauá se renderia para evitar uma luta fratricida. Além disso, avaliava que o povo o receberia de braços abertos em direção ao palácio real. Mataria o rei e passaria apenas a notícia de sua fuga.

A exigência final da nobre dupla de canalhas a quem se associava foi a da destituição temporária do Grande Conselho tão logo tudo tivesse terminado. Outro conselho seria criado incluindo alguns cupinchas auto-entronizados nas cidades menores mantendo um convite amável para que os atuais príncipes dele participassem também. Quem não aceitasse que se retirasse da nação. A idéia bem engendrada até pareceu simpática a Acau-hã, que a aceitou de imediato. Mal sabia que o verdadeiro plano armado por eles era matá-lo mais tarde e tomar o poder, pois suas tropas já estariam bem posicionadas em toda a nação, com a ajuda dos pequenos príncipes e, muito provavelmente, até mesmo de Jassanan e Iderê.

Com tudo acertado eles precisariam de duas ou três luas para a organização final de seus homens, mal armados e mal treinados, para a exasperação de Acau-hã, que não tinha, entretanto, alternativa senão esperar. Homens da confiança do general Cairú foram enviados discretamente às cidades de Jacyguá e Ubirajara para ajudar no treinamento dos soldados e na confecção de melhores armas. Atacariam de dois flancos diferentes: pelo oeste e pelo sul. Ao norte, estava a invencível Parama Sukha e, a leste, o mar.

Os conspiradores trataram ainda de enviar rapidamente homens às terras de Jassanan e Iderê com a mesma e indecente proposta, imediatamente aceita por ambos, que sempre carregaram um resto de omissão e de neutralidade covarde deixado por seus antecessores, sendo ostensivamente mal vistos dentro do Conselho dos Príncipes. Também rapidamente foram aliciados por Jacyguá e Ubirajara contra o quase inocente Acau-hã.

"Ganhar mais poder? Ora, por que não?", pensou provavelmente a dupla que, como ficava óbvio, não morria de amores por Tupayba e seus amigos.

Dirigindo cidades sem acesso direto aos prováveis lugares onde a ação se daria e com poucos homens em seus exércitos, pouco poderiam fazer em termos de ataques à grande cidade, mas serviriam como escudos a eventuais movimentação de tropas dos príncipes leais ao tuxauá nas imediações de sua fronteiras, que não teriam como passar com facilidade para um eventual auxílio as forças reais sitiadas na Cidade Central.

Outros tantos especialistas de Cairú também se dirigiram a essas outras duas cidades para treinar os exércitos decadentes. Aos olhos de Acau-hã, se formava uma formidável e fiel equipe de cinco cidades para fazer justiça em sua vida e dentro da nação.

Quanta inocência. Estavam armando o inimigo! E com o que tinham de melhor. A prepotência costuma mesmo cegar os homens, que, do alto de seus andores, não imaginam nunca que possa haver alguém mais esperto ou mais inteligente que eles próprios.

Que grande trama! Provavelmente do astral até mesmo o velho mago negro, vivendo através daquelas consciências com ele conectadas, estaria se rejubilando com as tragédias que se avizinhavam.

E, por falar em mago, o sumo sacerdote sentia cada vez mais próxima as presenças malignas de magos mais poderosos e conscientes, avivados pelos inúmeros pensamentos que lhe eram endereçados, o que o fazia pensar que os movimentos de Acau-hã se aproximavam lentamente de um desfecho. Por qual outra razão seria ele invocado com tal magnitude? Foram todos avisados, inclusive Ararype em Parama Sukha. De Araxá havia também chegado a notícia da visita dos príncipes à Acauhã e da ida de seus melhores oficiais para as respectivas cidades.

Discreta e na calada da noite, para evitar eventuais espias, uma reunião foi marcada. Tabajara e Tupayba ponderaram que era chegada a hora de todos aqueles que haviam lutado pela nação receberem informações oficiais dos últimos acontecimentos e da expectativa dos sacerdotes em relação à eles. Até mesmo por uma questão de respeito e agradecimento pelo muito que sempre fizeram pela nação Nhengatu e pela dinastia dos Ay-Mhorés, todos deveriam ter ciência da gravidade real da situação.

O protocolo dizia que o Conselho dos Príncipes deveria ser convocado, mas o bom senso alertava que eram mesmo os amigos leais que deveriam ser chamados.

Vários antigos amigos de Ay-Mhoré, de Tabajara e de outros príncipes leais compareceram naquele que se tornaria, como a maioria pressentia, no último encontro de todos juntos, conferindo-lhe um tom solene e amargo.

Vários amigos das primeiras horas como Zyliar, Azalym e outros foram convidados, além dos sacerdotes mais chegados, como Narayama, por exemplo. Outros ainda como a curandeira Alah-or e os príncipes amigos também vieram.

Lá estavam o jovem Icaray, neto do velho e sempre equilibrado Tupyara, que não mais podia viajar, assim como Elide e o marido. Também compareceram Iraty e Cauré, além de Araguary, Ararype e seus filhos, naturalmente. Arary-Bhoya, também já impossibilitado de se locomover, enviou a sobrinha e herdeira Jandaya.

Eles foram chegando sem alarde nas noites anteriores e se instalando silenciosamente no Templo de Leo, onde Ravi, o supremo sacerdote de ensino, já havia providenciado acomodações para todos.

Na noite marcada, para lá se dirigiram o sumo sacerdote e o tuxauá, também encobertos pela penumbra, conduzidos por servidores fiéis e a pé. Em outro grupo, também disfarçados, estavam Iandé, Shem-han e Ityrapuan.

No salão de orações nos fundos do enorme templo, o maior de toda a terra dos Ay-Mhorés, fracamente iluminado com os poucos círios habituais para não chamar atenção, se deu a triste reunião. Neste local, quase todas as noites, se reuniam grupos de estudantes residentes e aspirantes ao sacerdócio para orar, o que propiciou ser o local adequado para a atividade noturna, pois que era rotineira.

Todos se acomodaram em grande círculo, sentados em grandes almofadas de penas dispostas sobre os tapetes de pele, que aqueciam um pouco o ambiente naquela época de frio. Círios brancos acesos no altar e nos pequenos nichos ao redor do salão criavam uma atmosfera convidativa à meditação e oração com suas luzes suaves.

O tuxauá, seu grande conselheiro e o comandante do exército se postaram ao lado do sumo sacerdote e dos demais sacerdotes da casa. Respeitosamente, os presentes esperaram que ou Tupayba ou Tabajara tomassem a palavra, o que foi feito pelo velho sacerdote, ao pedir um momento de orações.

— Paz em seus corações, meus filhos — falou comovido. — Oremos a Tupã para que nos ilumine e ampare nesta hora de grandes transições para nosso povo e para toda a Terra de Zac.

E seguida, se recolheu, contrito por uns momentos, acompanhado pelos que sabiam fazê-lo, sendo solenemente guardado o silêncio pelos demais.

Depois de um tempo, que lhe pareceu uma eternidade, embora poucos minutos tivesse se passado, abriu os olhos lentamente. Sorria como se estivesse voltando de algum lugar maravilhoso. E estava mesmo. Nos breves momentos de oração, entrou em comunhão com a consciência querida de Payê-Suman, habitante sereno de outra dimensão, que sorrira para sua alma cansada com amor desmedido. E o mestre lhe falara em seu tom melodioso e com a brandura habitual:

"Filho meu! Que grande alegria termos chegado até aqui com tanta ventura nos caminhos deste povo. Quanto ele aprendeu coletivamente e quanto ainda vai aprender, pois que os caminhos apenas começam nos tempos da eternidade. Saíram das trevas e começam a vislumbrar pequena claridade distante, embora estejam ainda imersos entre todos os tons de cinza. Mas o cinza auspicioso já não é mais a escuridão impenetrável na qual essas almas se embrenharam por luas incontáveis.

Milhares de outras luas passarão antes que a luz comece verdadeiramente a jorrar sobre seus espíritos exaustos. A arrogância do ser humano em se achar o centro do universo e de todas as coisas, em detrimento de tudo o mais, o fragiliza, fazendo-o perder tempo e gastar até a última gota de suas energias para garantir essa falsa condição, até mesmo entre seus pares. Quantas lutas inúteis e quantas batalhas perdidas correndo atrás de quimeras.

Muitas idas e vindas ainda se farão necessárias antes que os homens possam entrever os raios de sol em toda a sua beleza e esplendor. O sol que aquecerá seus corações no mais puro amor fraternal pela grande mãe natureza e por todos os seres nela existentes, independente de sua condição particular. Tudo se dará na devida contagem de tempo dos homens.

Tu e teus bravos companheiros que estão aqui nesta divina reunião destes passos à frente e agora vos tornais responsáveis por conduzir os demais adiante, nas últimas luas desta grande nação, deixando neles as marcas indeléveis e vencedoras do amor, da resignação e do perdão, mas também da razão; marcas das quais um dia se lembrarão quando seus olhos se abrirem para outros valores. Que as marcas do ódio, do egoísmo e da desesperanças não tenham forças suficientes para sobrepujar as demais.

Sabemos que nem todos vão conseguir caminhar no mesmo ritmo, mas os deuses providenciaram que cada qual descubra os atalhos mais convenientes para que o sofrimento cesse na história das humanidades que estão por vir. Faz tua parte, filho meu, e convida os teus para não se omitirem na hora que é chegada. Contribuí e não vos preocupeis com a sobrevivência imediata, pois ela é um fato por si só. A biografia deste povo e de cada um de seus filhos estará sempre perene e disponível para que com ela aprendamos a cada instante da eternidade.

Estivestes aqui e ali nas humanidades pretéritas, nos povos que vos antecederam por toda parte. Embora seja irrelevante, ainda é importante para vossas almas saberem que uma parte de cada um vós estará presente nas civilizações vindouras e para todo o sempre. Estivemos, estamos e estaremos sempre velando por ti e por todo o teu povo. Paz em teu coração e no de todos os seres!"

Os olhos úmidos de emoção do velho sacerdote se cruzaram com os olhos bondosos de Ityrapuan e Ravi, que a tudo compreendiam e também sorriam. Depois se virou para Tupayba a seu lado e pediu:

— Fala o que vieste para falar, meu filho.

O tuxauá tomou então para si a palavra e contou longamente aos presentes de forma detalhada sobre os acontecimentos recentes, desde os óbvios planos de Acau-hã até a movimentação de tropas a oeste e a possibilidade de um confronto.

A pedido de Tupayba o general Shem-han minuciou os aspectos militares entre as partes envolvidas deixando claro que a Cidade Central cairia caso um ataque em grande escala fosse lançado, o que só poderia ser possível com a união de vários exércitos, o que seus espias já tinham noticiado estar provavelmente acontecendo, pois a ida dos especialistas do comandante Cairú para outras cidades não podia ter outro objetivo que não fosse treinar as tropas de seus aliados.

Embora todos já soubessem de partes da trama e inclusive estivessem os príncipes, por via das dúvidas, se preparando para defender suas cidades, o relato deixou a todos muito preocupados. Nunca imaginaram que a grande cidade não fosse inexpugnável. Também nunca imaginaram que várias cidades poderiam se insurgir para derrubar o rei.

A experiência fracassada de Arary e companhia, seguida depois pela malograda tentativa de assassinato do rei, haviam deixado uma áurea de piada sobre o assunto e criado um mito de eternidade. Esqueciam-se que os tempos eram outros e que nos últimos vinte anos Acau-hã se dedicara, entre outras coisas, a aumentar e fortalecer seu exército, E o que todos viam como inocente receio de ser atacado, na verdade se transformara numa ameaça para todo o reino. Ninguém mais precisava da ajuda de etíopes para dar consistência a uma conspiração.

O fato era que ninguém poderia acreditar ou supor que Acau-hã pensasse em fazer nova tentativa pelo trono e, desta vez, pela força das armas. Os príncipes leais já tinham tantos problemas a resolver que uma questão como essa era impensável. Tinham que lidar com as confusões dos muitos nobres desocupados, por exemplo; estavam tão saturados deles que no fundo adorariam poder simplesmente mandar atirá-los nos grandes rios, caso o sumo sacerdote autorizasse tal procedimento um dia. Havia também as disputas por terras e os problemas intermináveis com alimentação e moradia, entre outras coisas.

As mais de quatro décadas que haviam se passado desde o grande cataclismo não tinham sido suficientes para reconstruir tudo o que havia sido perdido. Passando pelos bens materiais e chegando aos bens morais. A grande adversidade havia reconduzido muitos homens ao estado de quase barbárie.

Num instante estavam todos falando ao mesmo tempo, sob o olhar complacente dos sacerdotes, do rei e dos homens do palácio real.

Depois de um tempo, Tabajara bateu palmas de leve e levantou ambos os braços num gesto amplo pedindo atenção para sua pessoa.

— Meus amigos! Meus irmãos! — clamou em tom baixo, em sua voz firme, mansa e já um pouco rouca pela idade. — Um pouco de ordem. Sei que, para muitos de vós, alguns pormenores são notavelmente perturbadores, para não dizer assustadores. Mas peço vossa paciência porque tenho outras coisas a vos revelar e que farão que compreendam melhor os fatos.

Como num passe de mágica todos se calaram.

De forma suave e medindo as palavras, contou a história de Omandyas, o mago negro, deixando todos que a desconheciam de boca aberta.

— Desta forma, meus queridos amigos, lidamos não apenas com a ignorância que vem dos homens comuns, mas também com aquela que vem das sombras. Como vos contei, o mago foi vencido em notável campanha que começou com a astúcia de nossa amiga Alah-or e terminou com a bravura dos homens do general Shem-han e do príncipe Araguary, mas sua consciência continua disponível a atormentar ou instruir os que dela se aproximam. E posso vos garantir que ele está realmente muito ativo nos últimos tempos, assim como grande movimentação se dá nos astral inferior.

Como todos continuassem mudos de espanto com tão inusitados acontecimentos, Tabajara contou-lhes a seguir sobre Payê-Suman, o mítico mestre que misteriosamente apareceu e desapareceu do Vale das Araras Vermelhas em tempos ancestrais e ficou conhecido como o Grande Morubixaba que guiou os passos do povo de Zac. O mesmo que muitas gerações depois, nos arredores do bosque de Pan, alertou Ay-Mhoré sobre as águas que cobririam o vale, num inesperado momento acontecido nas proximidades do antigo Templo de Áries.

O mesmo mestre voltava agora, com amor paternal, a guiar os passos de seus amados protegidos. Sabiamente, o sumo sacerdote contou primeiro sobre o lado da sombra, deixando o da luz para o final. Não tinham ainda aqueles homens condição de compreender que aquela dualidade de fato não existia. Eram situações que simplesmente se completavam, não podendo uma existir sem a outra.

Num relato comovido, contou-lhes sobre as palavras mais recentes do mestre, até aquelas que tinham se dado ali mesmo naquela reunião, procurando decodificar com bondade as palavras e situações que seriam incompreensíveis para os menos treinados, pedindo, para isso, o auxílio de Ravi, Ityrapuan e Narayama na tarefa. Os sacerdotes se alternaram a explicar cada nuance dos conselhos do grande mestre e a responder às muitas perguntas.

Percebia-se que todos assimilavam suas palavras de forma emocionada. Alguns choravam. Muitos olhavam entre assombrados e admirados para o sumo sacerdote, também por ter sido ele a receber as mensagens do morubixaba, para logo deixar escapar frases nesse sentido. Mas o velho pastor tratou logo de aplacar o endeusamento que se iniciava:

— Não glorifiqueis os homens, meus filhos. Somos apenas agentes da vontade universal e cada qual está no local e momento exato para cumprir sua tarefa e contribuir para o bem comum, se conseguir perceber a oportunidade. Nada há de meritório naquilo que é apenas nossa obrigação, assim como o pai que dá sustento e educação ao filho querido.

Um silêncio pungente tomou conta do ambiente quando todos provavelmente avaliavam dolorosamente os dramas que se avizinhavam. A maioria deles não havia vivido a migração para as terras altas em sua plenitude de entendimento ou nem eram mesmo nascidos, de forma que, agora, o mundo parecia desabar a seus pés, apesar das palavras tranqüilizantes de Payê-Suman.

Tabajara olhava para aqueles valorosos homens e mulheres com o coração piedoso tentando a todos abraçar em sua alma de pai e refletindo como mesmo o homem de fé hesita e sofre no momento da adversidade.

E foi Ararype, que não esperava chegar quase aos setenta anos tendo que lidar com mais esta calamidade, que quebrou o silêncio daquelas almas sofridas. Havia preferido esquecer nos porões de sua alma os alertas e o pedido do sacerdote feito décadas atrás.

— E o que cabe a cada um como tarefa agora, meu bom amigo? — perguntou em nome de todos em tom grave.

Tabajara não se fez esperar, respondendo com a brandura e firmeza que lhe era peculiar:

— A cada um, sua tarefa em particular, meu irmão querido. Aos príncipes mais ameaçados cabe fechar suas fronteiras aos inimigos comuns e tentar fazer uma nação dentro de outra; a todos cabe a guarda implacável de suas cidades, apesar das grandes distensões internas que já estão em curso com tantas insatisfações entre os habitantes, distraídos dos problemas maiores. Além de proteger uma cidade muitas vezes, é preciso governar com mão de ferro sobre alguns para que não haja o sofrimento de muitos — disse dirigindo-se aos governantes, que compreenderam perfeitamente o significado de suas palavras. E após uma pequena pausa, continuou:

— Aos príncipes que governam as cidades mais estabilizadas — falou se referindo especialmente a Elide, Araguary e Icaray, cujas cidades viviam em relativa paz —, cabem, se possível for, tentativas de auxílio aos vizinhos mais próximos, sem descuidar da segurança própria — fez nova pausa como a procurar palavras.

— Em breve, as estradas e caminhos estarão cheias de desterrados e bandoleiros que passarão a vagar pelo reino como já aconteceu uma vez na desordem inicial que se instalou após a subida das terras baixas. Aldeões de áreas mais afastadas deverão ser orientados a procurar abrigo nas cidades. Como tu, por exemplo, Alah-or – falou dirigindo-se à curandeira que ainda vivia na floresta de caça da Cidade Interna, apesar de muito idosa, trocando com ela um breve sorriso e um olhar acumpliciado dos que entendem não ser a fuga uma medida necessária para os que não temem o fim passageiro.

— Além disso — continuou —, cidadãos de bem passarão a cometer atos de desatino quando e se a situação chegar a níveis desesperadores, pois existe a possibilidade de que, com o fechamento das fronteiras, cada cidade precise se auto-sustentar sem contar com o comércio externo, o que certamente trará agruras adicionais que não serão compreendidas ou suportadas por todos — o velho mago baixou os olhos ao chão, como a se lamentar antes de prosseguir. — Temo que muitos nobres terminem sendo mortos se não for possível controlá-los com a mão de ferro da qual lhes falei. Esta hierarquia gratuita de favores por força unicamente de descendência parece fadada ao desaparecimento se o comportamento dos homens não mudar.

E, após pequena pausa, concluiu:

— Ao contrário do que se pensa é o comportamento dos homens que traça seu futuro. Costumamos, de forma equivocada, creditar ao destino nossa trajetória.

— E o que será da Cidade Central e do tuxauá? — preocupou-se o sempre ativo Thu-ran que acompanhava o pai na reunião, de punhos cerrados e muito aflito. Tomado pela emoção, parecia pronto para pular em cima de quem se aproximasse de seu amigo e irmão.

Tabajara limitou-se a sorrir, sendo o próprio Tupayba a tomar a palavra novamente para explicar calmamente e com segurança:

— Lutaremos se preciso for, meu amigo. Nossos exércitos estão aí para isso. O bom senso nos dirá, todavia, até quando, caso venha a acontecer. Isso deverá ser feito para não colocar em risco a destruição de toda a cidade e, principalmente, de seus habitantes. Nosso competente Shem-han saberá avaliar a situação conosco a cada momento. Se a situação se tornar insustentável evacuaremos o palácio e os templos necessários.

Não só Thu-ran, mas todos os presentes olharam com admiração e orgulho para seu amado e bondoso rei, que pretendia abrir mão de seu reino para evitar seu aniquilamento total, se fosse preciso. Começavam a perceber, no entanto, que tal fato caminhava para o inevitável.

Todos os olhos estavam cheios de lágrimas, enquanto as palavras do sacerdote ecoavam nas mentes e eram cada vez mais compreendidas em toda sua profundidade: "Fazer uma nação dentro de outra".

— Mas para onde irás? — perguntou ainda Thu-ran, num fio de voz.

— Irei para onde os deuses me guiarem, meu irmão — foi a resposta corajosa de Tupayba.

Enquanto isso, sem que ninguém notasse, Ararype olhou para o sumo sacerdote, que lhe devolveu um outro olhar complacente e significativo. Lembrou-se da conversa que haviam tido tanto tempo atrás. Era como uma profecia que agora se realizava. Compreendeu de imediato que a si caberia acolher e dar proteção ao rei, sacerdotes e outros habitantes da Cidade Central, cujas vidas pudessem estar em especial perigo caso ela viesse a sucumbir. Parama Sukha era, de fato, o único lugar inexpugnável de toda a nação naquele momento.

Ironicamente, sem que ninguém pudesse sonhar com isso, o palácio de verão de Acau-hã era o outro lugar inatingível naquele momento. Seriam os dois irmãos, em torno dos quais os acontecimentos se precipitavam, por força de alguma estranha coincidência ou do desejo dos deuses, levados a exílios semelhantes caso sobrevivessem?

O velho sacerdote se levantou com alguma dificuldade, amparado por Ravi, que se apressou em ajudá-lo. Seu gesto foi seguido por todos. Abriu novamente os braços e falou emocionado:

— Vão, meus filhos, queridos. Vão cumprir vossos destinos com a resignação que não deixa espaço para o sofrimento e com amor fraternal pelos teus.

Depois, sorrindo, repetiu a frase de Payê-Suman numa tentativa de tranqüilizar a todos:

— Escutem a voz do mestre. Que grande alegria termos chegado até aqui com tanta ventura nos caminhos deste povo. Quanto ele aprendeu coletivamente e o quanto ainda vai aprender, pois que os caminhos apenas começam nos tempos da eternidade! — um silêncio sepulcral se fazia ouvir com cada um sentindo apenas as batidas aceleradas do próprio coração. Lágrimas pungentes escorriam por todos os rostos.

Tabajara, cujas lágrimas também não poupavam sua face enrugada pelo tempo, olhou um a um aos membros daquele grupo extraordinário de pessoas ali reunido, como querendo guardar na lembrança suas feições, para depois completar, com seu doce sorriso emoldurado no rosto sereno:

— E, nesses mesmos caminhos, meus filhos, em breve nos reencontraremos com os corações transbordantes de júbilo pelas muitas lições aprendidas, pelo dever cumprido e pelas contribuições anônimas dadas ao universo. Que nossas lágrimas, tão importantes neste momento e em todos os momentos do porvir, reflitam apenas uma verdadeira e quase salutar saudade antecipada e nunca a revolta ou a indignação. Transformemos sempre cada lágrima derramada em oportunidade divina de aprendizado para que um dia não precisemos mais passar pelos mesmos templos de ensino, na escola generosa da vida — fez pequena pausa para depois completar:

— Vão, meus filhos. Serenidade e sabedoria. Tupã acompanhará os passos de cada um de vós. Em nome dos deuses e de toda a grande nação Nhengatu eu vos agradeço por tudo que fizestes e que ainda fareis por esta pequena humanidade. Não tenham medo!

Em seguida, o velho mago juntou as mãos ao peito e, humildemente, reverenciou a todo o grupo.

Muitos se ajoelharam em pranto sentido, incapazes de reagir. Os sacerdotes e os mais fortes trataram de dar atenção especial aos mais comovidos, amparando e consolando com palavras de esperança, um tanto desconcertantes naquela altura dos acontecimentos. Vários precisariam de ajuda para melhor aceitar e entender que o tempo não existia da forma como o compreendiam, sendo a sensação de finitude ainda muito presente em suas almas sofridas.

Por conta disso e até porque não poderiam sair todos juntos ao mesmo tempo de volta à suas cidades, o sumo sacerdote recomendou que usassem de todo o tempo necessário enquanto hospedados ali no templo para acalmar seus corações e suas mentes e que só partissem depois que isso tivesse acontecido.

E assim se fez. Por vários dias, muitos permaneceram no templo conversando, trocando idéias, fazendo planos de ajuda mútua, se informando sobre todos os detalhes possíveis dos acontecimentos vindouros e recebendo ajuda espiritual dos sacerdotes, que não arredaram pé dali, incluindo Tabajara e os supremos sacerdotes de cada templo. Fizeram acordos de cooperação e traçaram planos, orientados pelo modelo implantado por Shem-han e por aquele que acontecia entre os templos, de tentar manter uma rede de informações entre as cidades.

Com o passar dos dias, um a um, os heróicos amigos foram deixando a Cidade Central, tão discretamente como haviam chegado, agora com a dura sensação de que, pela última vez, viam suas grandes avenidas, seus grandes templos, assim como seu tuxauá e os companheiros queridos. Ao mesmo tempo, seus corações, apesar de feridos, partiam já apaziguados e confiantes que, qualquer que fosse o destino para eles traçados pelos deuses, o enfrentariam com serenidade, sabedoria e sem medo, marcando em suas mentes as sábias palavras daquele que pressentiam ser o último grande sumo sacerdote da Terra de Zac:

"Uma nação dentro de outra!"Não tenham medo!"

As palavras finais de Tabajara jamais seriam esquecidas por eles e, tampouco, pelos que os sucederiam na história de seus povos.

Capítulo 24
O sangue nhengatu

Como se previra, em poucas luas, as tropas lideradas por Acau-hã avançaram em direção à Cidade Central por lados diferentes fechando um cerco esperado. Iam deixando em sua trajetória um rastro de escaramuças nas fronteiras das cidades leais ao tuxauá por onde passavam, pois estas se armaram fortemente para proteger seus territórios, como ficara combinado na derradeira reunião no Templo de Leo.

Como o objetivo de Acau-hã, todavia, não era invadir as cidades fronteiriças a Araxá ou a Cidade Central, nenhum ataque mais frontal foi feito às outras cidades, tentando desviar seu caminho pelas terras de Jacyguá, o máximo possível. As pequenas lutas aconteciam quando precisavam adentrar, mesmo que pelas bordas, nos territórios de príncipes leais.

Ostensivamente, vinham pelos caminhos principais, sem se preocuparem em não serem notados. Sabiam que Shem-han os esperava.

Camponeses das pequeninas cidades pelo caminho assistiam pasmos a toda aquela movimentação de soldados, sem nada entenderem, de fato. Alguns dos recém auto-coroados principezinhos acumpliciados com Jacyguá ou Ubirajara davam guarida às tropas em suas terras, desdobrando esforços para isso, lambendo os pés dos grandes e novos amigos, na esperança de alçar vôos mais altos em direção ao grande conselho.

Uma lua antes, na grande cidade, o povo ainda custava a se dar conta do que estava por vir, apesar dos esforços do primeiro conselheiro Iandé em enviar mensageiros aos quatro cantos avisando do ataque iminente. Todos receberam ordens de não resistir, deixando ao exército a função de defender a cidade. Os invasores não desejavam ferir os habitantes da cidade e, sim, derrubar o tuxauá, avisavam os emissários do conselheiro.

Deveriam ficar em suas casas a partir do momento em que os alarmes fossem dados. Muitos homens, repentinamente indignados, queriam se juntaram às tropas, sendo impedidos pelos soldados de fazê-lo por ordem de seu comandante, pois além de não saberem manejar armas adequadamente, o que poria suas vidas em risco, sua função era cuidar de suas famílias, esposas e filhos, dentro de suas casas. E, mesmo se a cidade caísse, não deveriam optar por atos impensados de heroísmo. A prioridade era a vida.

Ainda assim uma enorme multidão de corajosos cidadãos enraivecidos se aglomerou as portas do palácio real, sendo necessária a presença do rei em pessoa a lhes falar, do alto das escadarias.

Tupayba usava seu manto de penas de araras e portava o cetro, símbolos de sua condição real. Estava ladeado por Shem-han, Iandé, alguns sacerdotes de alta estirpe e uma dúzia de outros ajudantes. Cumprimentou seus súditos unindo as mãos ao peito e levando-as depois na direção das pessoas, num gesto bem característico seu. Grande emoção tomou conta de todos que participaram daquele último encontro de um grande rei com seu povo, ambos heróicos e devastados pela dor. Aplausos frenéticos e gritos se fizeram ouvir, como se pudessem, dessa forma, manifestar seu repúdio à provável invasão e seu amor pelo bondoso tuxauá.

Logo, Iandé abriu os braços pedindo silêncio para que se ouvisse a palavra do rei, que não tardou:

— Meus amigos! Ouvi este vosso rei que vos fala com o coração — falou em voz alta, grave e surpreendentemente firme.

Novos aplausos. Muita comoção.

O rei esperou pacientemente que todos se acalmassem novamente e reiniciou:

— Meus amigos! Como sabeis, meu meio irmão, o príncipe Acauhã, de Araxá, deseja o trono a qualquer preço, mesmo que seja o da aniquilação deste povo, o que, como seu guardião pela vontade dos deuses, não posso permitir.

A multidão agora se mantinha em respeitoso silêncio, sofrida e antevendo o desfecho dramático da situação. No fundo, todos sabiam o que Tupayba iria dizer, pois conheciam sua índole mansa e seu amor por seu povo.

— Não apenas este vosso rei não pode permitir que tal tragédia aconteça, como também cada um de vós não podeis deixar que essa insanidade se abata sobre nossa amada terra. — parou uns instantes e depois arrematou, erguendo os braços — Lutaremos!

O barulho se fez ensurdecedor. Os homens brandiam suas toscas armas caseiras: arpões de pesca, foices, facões, arcos e flechas de caçar coelhos. Um pequeno e precário exército que mal se suportava sobre as próprias pernas, pronto para ser aniquilado na primeira batalha.

O tuxauá continuou:

— Lutem amigos, mas não com vossas armas, que sabeis ser insuficientes para combater inimigo tão poderoso — as "armas" se abaixaram; num instante imaginaram como seria se digladiarem com soldados bem treinados e armados. Tupayba tentava salvar suas vidas.

Ao lado do rei, a figura imponente do general Shem-han portando seu magnífico peitoral de guerra feito de couro endurecido a guisa de armadura se fazia notar. Além disso, as duas ou três dezenas de soldados postados ao longo da escadaria com suas reluzentes e enormes lanças, além de outras armas letais, como espadas e grandes arcos de onde partiam flechas certeiras, davam bem a amostra do que teriam que enfrentar. O inimigo com certeza não estaria menos apetrechado para a contenda.

O rei tinha razão.

— Lutem não permitindo que tal luta aconteça nas vossas vidas — tornou Tupayba. — Impedindo que essa insanidade banhada a egoísmo, vingança, maldade, ambição e desprezo pela vida humana chegue ao lar de cada um de vocês. Não enfrentem os soldados, pois esta é função exclusiva de nossos homens de armas e não vossa. Não vos deixeis morrer inutilmente e esta será vossa maior vitória — fez uma pequena pausa, buscando forças para passar esperança e determinação àquela gente.

— Pretendeis lutar contra vossos irmãos? São apenas soldados obedecendo a ordens de homens poderosos e desvairados. São vossos irmãos nhengatus! Pretendeis matá-los? Ou pior, pretendeis deixar que eles vos matem? Não creio que seria este o desfecho desejado por Zac para esta grande nação — falava com a mais pura sinceridade de sua alma.

Olhares atônitos e impotentes caíram sobre o rei, quase em súplica. Homens barbados deixavam cair suas armas e seu orgulho chorando como crianças, dando-se conta da magnitude do drama que estavam por enfrentar.

— Nossa cidade, nossa nação deve sobreviver para encontrar seu futuro em paz, qualquer que ele seja. Não é apenas a vida de um homem que deve contar para a sobrevivência de um povo. Outros virão depois dele! — falou se referindo obviamente a si mesmo, tentando contar sem dizer o que esperava a dinastia dos Ay-Mhorés, que ia se encerrando lentamente. Buscava forças para passar esperança e determinação à sua gente.

Por fim, concluiu em voz alta e firme:

— Vosso tuxauá lutará por vós ao lado do general Shem-han e seus bravos homens se for possível e sensato. Nem mesmo nossos soldados serão enviados à morte inútil apenas por uma questão de capricho ou tola valentia deste vosso rei. Quanto a vós, tomai-vos também da bravura da inteligência e ide cuidar de vossas famílias. Guardem suas mulheres e filhos — parou por uns instantes e passou os olhos úmidos pelos homens que se aglomeravam ao pé da escadaria do palácio.

— Abriguem aqueles que não tiverem para onde ir — e depois concluiu de forma emocionada: — Mostrai toda vossa força de resistência pacífica e sensata à agressão insana. Sobrevivam por esta terra abençoada pelos deuses e aguardem o futuro em paz. Se a derrota acontecer, aceitem-na com sabedoria e se adaptem aos novos tempos, sem curvar, todavia vossos espíritos às falsas verdades. Mantenham seus corações apaziguados, pois que eles nunca poderão ser invadidos. Transmitam aos vossos filhos as verdadeiras histórias desta grande nação e os ensinem a amar as tradições. Que cada um faça a sua parte e mostre seu orgulho nhengatu! — o tuxauá tentava deixar naquelas almas o valor do amor, da bondade, da família, de uma raça e da luta pelas qualidades morais já conquistadas, muito mais do que os bens materiais ou os títulos provisórios, naquelas que seriam suas últimas palavras dirigidas a seu povo.

Um grande murmúrio tomou conta da multidão, que sofria com seu tuxauá em seus últimos dias. De repente, uma voz se fez ouvir, num grito emocionado:

— Viva o rei!

Ao brado se juntaram mil outras vozes na mesma sintonia. Era uma despedida digna de um grande rei.

Aquele povo desatento percebia, de súbito, que poderiam perder aquilo que nunca tinham valorizado: um rei bondoso e amoroso, o qual tinham inclusive pensado em trocar por outro, de forma leviana e irresponsável. Quando a possibilidade se aproximava agora da realidade, o pânico e o pesar tomavam conta de todos os corações. Como que despertados de um sono letárgico, se agitavam como crianças desprotegidas e surpresas frente à adversidade.

Quantas lições foram aprendidas naquele momento. Lições que se propagariam com o tempo para outras plagas e se tornariam lendas de sabedoria e de amor que seriam contadas às crianças sobre um grande e bondoso rei, o último dos nobres tuxauás da grande nação Nhengatu.

Tupayba, também visivelmente emocionado, lutava contra as lágrimas que teimavam em brotar de seus olhos. O alarido era ensurdecedor. Lágrimas escorriam pelos rostos até mesmo dos valentes e imóveis soldados enfileirados em suas posições de guarda.

Virou-se para trás cruzando um olhar suplicante com o de Tabajara, que, discretamente, se postava num canto do portal do átrio principal do palácio. Estava no limite de suas forças.

O sacerdote imediatamente veio em seu auxílio, abrindo caminho a passos lentos entre os guardas, conselheiros, sacerdotes e comandantes militares, todos ali reunidos. Postou-se ao lado do rei, para quem sorriu e abanou a cabeça afirmativamente. De seus lábios saiu uma pequena frase inaudível, mas perfeitamente compreensível:

— Muito bem, meu filho.

A seguir se virou para a multidão e abriu os braços, como a pedir silêncio, no que foi imediatamente atendido.

— Que Tupã esteja com todos neste momento de aflição, meus filhos! — sua voz doce se fez ouvir ao longe, pois um silêncio mortal havia caído sobre a grande praça.

— Os tempos das grandes mudanças estão chegados. Não podemos e não devemos lutar contra os desígnios destinados pelos deuses a cada um de nós. Guardai em vossas mentes e em vossos corações a sabedoria de seu tuxauá e fazei uso dela quando for necessário — o sumo sacerdote falava da forma que o povo ignorante pudesse compreender, pois bem sabia o quanto os próprios homens haviam contribuído para o desfecho que se anunciava.

— Querem os deuses que os contornos desta nação se modifiquem. Não precisaria ser desta forma, mas os homens imprudentes atropelam o destino, pensando que também são deuses. Imprudentes! Um dia tudo voltará ao curso normal da natureza — o sacerdote, já idoso e falando alto para se fazer ouvir, tomou fôlego, para depois continuar com brandura:

— Por isso não vos desespereis, meus filhos. Tupã não tardará, no curso da vida, mais cedo ou mais tarde, em fazer todas as coisas tornarem à sua trilha natural, pois que nada dura para sempre. Ide! Cumpri vossa obrigação. Voltai em paz para vossos lares. Estaremos sempre juntos e com a certeza que o grande morubixaba que um dia passou por esta terra vela por todos e não nos abandonará um só momento. Que nenhum flagelo seja capaz de acabar com nossa fé. Um dia a razão, o bom senso e o amor reinarão sobre todos os homens.

Depois, num gesto amplo, abençoou a todos.

O tuxauá reverenciou novamente seu povo, que lhe devolveu o cumprimento prostrando-se de joelhos em sinal de respeito a seu rei bem amado, enquanto ele se retirava para dentro do palácio seguido pelos outros que o acompanhavam. Estavam mudos, estáticos, sem reação. Aos poucos foram se levantando e deixando a praça, caminhando em passos lentos pela grande avenida.

Em pouco tempo a cidade ficou deserta. Os soldados da guarda pessoal do tuxauá eram os únicos que continuavam em seus postos.

Só o que se ouvia era o barulho do vento naquela tarde cinzenta de inverno, zunindo e levantando as folhas caídas. Grandes nuvens de poeira se espalhavam pelos ares enquanto as ondas arrebentavam com força nos rochedos distantes. Grandes aves marinhas recolhiam alimento na praia próxima, em meio a formidáveis vôos rasantes e uma algazarra infernal.

A natureza, como sempre, seguia seu curso, desinteressada dos pequenos problemas dos homens.

O amor desinteressado

Nos dias que se seguiram, Shem-han postou espias em toda a extensão dos caminhos que chegavam à Cidade Central. Por eles chegavam, de quando em quando, as notícias sobre a movimentação das diversas tropas comandadas por Cairú. Tão logo a marcha começou, outra reunião de emergência se iniciou no palácio, para os preparativos finais.

A esposa e a filha de Tupayba, assim como os servos da casa real, já haviam sido evacuados discretamente para a Casa das Flores, escoltados por patrulhas bem armadas e lideradas por homens da mais alta confiança do general. Vários professores, alguns sacerdotes, homens e mulheres de ciência e das artes, mesmo alguns amigos do tuxauá, tanto da nobreza como do povo, vários daqueles que eram sabidamente muito chegados ao palácio real e, por isso mesmo, não teriam chance alguma de sobrevivência, já haviam também sido encaminhados em segredo para as terras de Ararype. Por várias luas, uma rota de migração bastante ativa agia na calada da noite entre a Cidade Central e as montanhas.

Da mesma maneira que se deu quando do grande cataclismo, objetos e papiros importantes, símbolos da dinastia, entre outras coisas, também saíram furtivamente em direção a Parama Sukha para serem guardados em um lugar mais seguro. Os trabalhadores tentavam evitar que caíssem nas mãos de usurpadores ignorantes e fossem destruídos, por não lhes dar nenhum valor. Oito gerações de uma dinastia estavam representadas e muitas relíquias precisavam ser preservadas. Tudo organizado de forma eficiente e rápida pelo Grande Conselheiro Iandé.

Também dos principais templos saíram objetos sagrados e papiros. Embora todos no palácio acreditassem que o objetivo de Acau-hã não fosse destruir a cidade, ao contrário, quereria preservá-la para nela reinar, também não desconheciam a índole de seus parceiros de aventura: Jacyguá e Ubirajara. Com certeza tinham outros planos engatilhados em suas mentes ambiciosas e não hesitariam em lutar entre si pelo poder. Ninguém sabia o que poderia acontecer se os exércitos invasores começassem, de repente, a lutar entre si.

Era impressionante a ingenuidade do príncipe de Araxá. Ou quem sabe sua prepotência, pois, geralmente, quem se acha melhor que os outros costuma se descuidar no julgamento das ações alheias, como se todas as pessoas fossem incompetentes, ou pior, como se todos pensassem pela sua cabeça.

Sem saber, ele já havia assinado sua sentença de morte com o pacto firmado com os dois espertalhões.

Na Cidade Central a decisão havia sido evacuar apenas as pessoas cujas vidas pudessem estar em perigo caso a invasão se concretizasse, isto é, figuras significativas na cidade, cuja lealdade ao tuxauá pudesse, de alguma forma, ser vista como uma ameaça aos propósitos de alguém. O povo estaria mais seguro. A todos eles, todavia, contatados com discrição durante as últimas luas, foi dada a opção de partir ou ficar. Vários, todavia de forma magnânima, especialmente sacerdotes professores preferiram ficar para ajudar no que fosse possível e não abandonar seus alunos e seu rebanho.

Outros, atendendo ao pedido pessoal do sumo sacerdote, decidiram subir a montanha da felicidade suprema para ajudar aos que partiam e também para garantir uma mínima preservação da cultura nhengatu, caso os acontecimentos eclipsassem com o tempo para algum tipo de desfecho trágico.

Mas a maioria não tinha nenhuma opção, pois certamente seriam mortos, especialmente os assessores diretos do tuxauá e seus auxiliares, além de alguns nobres influentes e vários prelados em posições-chaves nos templos, conhecidos por sua intimidade com o palácio. Entre esses, estavam Iandé, Ityrapuan, Ravi, Narayama e os demais membros do grupo dirigido por Tabajara.

Mas não houve, todavia, quem convencesse Vidya, a suprema sacerdotisa do Templo do Som Sagrado, que seu templo estaria ameaçado, no que Tabajara foi obrigado a concordar, dando-lhe, a contragosto, permissão para ficar, assim como a vários outros. Alguns ainda, como Paraty, Indira e Sadynara, auxiliares diretos do sumo sacerdote, somente se decidiriam mais tarde, depois da própria decisão de seu chefe. Não arredariam pé do Templo de Áries se não fosse por ordem expressa dele e com ele.

No fundo estavam todos divididos. Ao mesmo tempo em que queriam ficar pelo povo, não queriam abandonar o tuxauá, além de saberem de suas responsabilidades com a salvaguarda da tradição e cultura daquela raça. Vários tiveram que ser chamados à razão pessoalmente pelo sumo sacerdote, a lhes fazer ver que colocar suas vidas em perigo de nada valeria para o grande povo nhengatu. Seria um sacrifício inútil.

De uma forma geral, os homens e mulheres fiéis a Tupayba e que exerciam importantes cargos na condução da nação se mostravam num momento de heroísmo ímpar, dispostos a qualquer sacrifício; até mesmo partir para uma aparente preservação de suas integridades físicas, o que, no fundo, era o que menos lhes importava e significaria um sofrimento indescritível, pois estariam deixando para trás tudo pelo que sempre trabalharam, acreditaram e lutaram.

No palácio real, quase que totalmente deserto e desarrumado pela busca frenética de documentos e objetos importantes que havia sido promovida por Iandé, um eco se fazia ouvir nos grandes salões ao ruído dos pés das patrulhas que faziam a guarda.

Um Tupayba cabisbaixo, acompanhado de homens de sua guarda pessoal, percebia com tristeza que o estado de descaso em que o palácio estava mergulhado demonstrava claramente o fim de um ciclo. Atravessou o salão de audiências e se dirigiu aos aposentos de trabalho de seu conselheiro, local que havia se tornado o quartel general das decisões e ordens de última hora. Contrastando com o vazio do resto do palácio, o local estava atulhado de gente, trabalhando nas derradeiras providências antes que o ataque final acontecesse. A chegada discreta do rei mal foi notada, no meio do corre-corre geral.

Ao perceber, de subido, sua presença, um dos auxiliares se curvou em reverência, falando em voz alta para ser ouvido por todos:

— Salve o grande tuxauá de todas as terras da grande nação Nhengatu, o escolhido pelos deuses!

Imediatamente, todos pararam o que faziam para reverenciá-lo, como mandava o protocolo. Com custo, o rei conseguiu impedi-los:

— Não, não, meus amigos! Não é hora para essas coisas. Sou

apenas mais um trabalhador aqui convosco.

Apesar da tragédia que se avizinhava, todos sorriram sem perceber ao se depararem com a habitual, e por vezes esquecida, bondade do tuxauá. Todos voltaram a seus afazeres enquanto Iandé atravessava rapidamente a sala para encontrá-lo.

— Como estás? — perguntou preocupado.

Tupayba apenas sorriu enquanto colocava um dos braços em torno de seu ombro, caminhando com ele para a saleta contígua onde funcionava o gabinete de trabalho particular do conselheiro.

Sobre a mesa, uma montanha de papiros estavam abertos e jogados por todos os lados. Iandé fuçou por entre eles até encontrar um menor que entregou ao amigo.

— O que é isto? — perguntou Tupayba, curioso.

— Fiz uma lista daqueles que ainda vão partir para as montanhas. Achei que gostarias de saber quem vai e quem fica, além daqueles que já foram.

Tupayba pegou a lista desanimado e foi se sentar num dos quatro pequenos sofás dispostos em círculo num dos cantos. Depois de alguns momentos, chamou o amigo em voz alta, subitamente saído de seu abatimento:

— Não vejo aqui os nomes de Ityrapuan, de Ravi e tampouco o de Narayama. Estão loucos? Serão os primeiros a ser mortos. Por que isso? Por acaso sabes o que se passa na cabeça deles? Ah! Tabajara não vai deixar que esses malucos façam isso. E onde estão Sadynara e Paraty? O que está acontecendo? — aflito e preocupado com os leais e valorosos amigos, não percebia que falava sem parar. Citou ainda o nome de vários outros amigos que também não constavam nas listas.

Depois de alguns momentos, vendo a expressão desanimada de um Iandé mudo, afundou-se no sofá, para levantar-se a seguir num pulo.

— Pois não vou permitir jamais que tal bobagem aconteça — falou determinado dando meia volta, preparando-se para sair e ir ao encontro do sacerdote pedir explicações.

Nesse exato momento, no entanto, Tabajara adentrava o recinto em seus passinhos curtos e cuidadosos. Com seu brando sorriso abriu os braços querendo abraçar os dois ao mesmo tempo. Apesar de surpresos, não se fizerem de rogados para aquele emocionado abraço triplo.

— Então, meus filhos? Tudo arranjado? — perguntou com naturalidade, como se estivessem preparando um piquenique, para a estupefação de ambos, que não conseguiram conter um sorriso.

— Só tu mesmo para me fazer sorrir deste jeito — atalhou Tupayba. — Tudo é tão natural para ti. Espanta-me até essa tua tranqüilidade.

Também sorrindo, o velho sacerdote apoiou-se no cajado já gasto para poder sentar-se.

— O que um velho cansado precisa fazer para conseguir um chá quentinho nestes tempos? — perguntou divertido dirigindo-se a Iandé, que logo bateu palmas chamando um auxiliar para providenciar o pedido.

Tabajara de repente se deu conta que talvez a cozinha não mais funcionasse, sendo tranqüilizado pelo conselheiro em tom de brincadeira:

— Ah! Sim. Alguns setores básicos do palácio ainda mantêm condições mínimas de funcionamento. Como iríamos fechar a cozinha se ias chegar para tomar teu chá da tarde, não é mesmo?

Sorriram os três tristemente. Obviamente, o sacerdote tentava passar a seus eternos pupilos a paz advinda da sabedoria sobre as coisas da natureza e dos deuses que morava perene em seu coração.

Os dois amigos se sentaram à sua volta comovidos. Quantas e quantas vezes haviam estado ali mesmo e em outros lugares reunidos para o mesmo chá. Quantas risadas, quantas preocupações, quantos sonhos. Em silêncio todos se lembravam.

Tupayba se interpôs às próprias lembranças para não terminar em lágrimas:

— Vi a lista preparada por Iandé sobre quem segue para Parama Sukha e não vi os nomes de Ravi e Ityrapuan, além de outros. Estás sabendo?

— Sim, meu filho. Estou sabendo — foi a breve e simples resposta, que deixou o rei sem palavras, limitando-se a olhar para o velho amigo com um ar de interrogação estampado na face.

Antes que qualquer outra coisa fosse dita, um jovem serviçal entrou alegremente trazendo uma bandeja com o chá e os biscoitos duros que o sacerdote tanto apreciava. A alegria do rapaz era tão inexplicavelmente sincera que fez com que Tupayba perguntasse para si mesmo se não estariam todos começando a padecer do juízo.

Ao mesmo tempo em que se servia, o velho clérigo lia seus pensamentos e sorria, para depois intervir:

— Não, não estamos enlouquecendo.

Como sempre, desde sua meninice, o tuxauá se via pego pelo antigo tutor e também, como sempre lhe ocorria, pensou em como fazer para... pensar mais baixo. Não pôde deixar de sorrir novamente.

Depois de deliciar-se com alguns pequeninos goles do chá fumegante, Tabajara se dispôs, por fim, a desvendar os mistérios.

— Muitos de nós, como nosso jovem camareiro, não compreendem em toda a sua magnitude o que está acontecendo e, em sua ignorância ingênua, sofrem menos ou até mesmo não sofrem quase nada. Suas pequenas preocupações na vida são de outra ordem. — fez pequena pausa antes de continuar para saborear um pedaço de biscoito, que havia mergulhado cuidadosamente no chá para amolecer.

— Este garoto em particular me procurou num destes dias para aconselhar-se sobre seu amor por uma mocinha, filha de um daqueles artesões de couro que trabalham na periferia da cidade. Vejam como o ser humano é extraordinário: nossa nação corre o risco de desaparecer para sempre e, todavia seu pensamento está completamente focado na jovem donzela que quer desposar e cujo pai ainda achava ser nova demais para o compromisso. Sua alegria desmedida vem da sua aceitação recente pelo futuro sogro como pretendente oficial à mão da filha — sorriu enquanto abraçava sua tigela com as mãos para aquecer-se. Depois continuou:

— Cada ser vive seu momento em particular e é por esta razão que meu voto foi para não tentarmos evacuar toda a cidade. É bem verdade que muitos sofrem indignados, como vimos a poucos dias nas escadarias do palácio, mas, ainda assim, como tirá-los de suas vidas cotidianas e lançá-los com suas famílias numa louca aventura pelas montanhas atrás de uma vida certamente difícil e completamente desconhecida? Eles têm tantas outras coisas mais importantes para pensar, que não seja salvar uma nação inteira, suas tradições ou suas memórias, não acham? — falou sem sarcasmo e com a simplicidade dos sábios, enquanto voltava interessado para seu chá e para seus biscoitos, sob os olhares admirados dos dois calados amigos.

Novamente o sacerdote lhes mostrava a verdade do ser humano médio; mais ou menos fechado em seu pequeno mundo e sempre colocando num segundo plano os acontecimentos que não lhe dizem respeito diretamente. Ou, mais corretamente, os acontecimentos que ele acha que não lhe dizem respeito. Como ousar querer que este ser humano compreenda a natureza e sua posição quase inexpressiva dentro dela? E mais, como ousar querer interferir em sua existência, ou salvá-lo, com nossa bondade arrogante? Salvá-lo de quê, se tudo não passa de um instante. Qual é a pedra onde está gravada a inscrição de que o que é bom para nós é também bom para todos os outros? E, finalmente, como se atrever desejar que ele perceba que ele não é de fato tão importante assim, se na sua mente o mundo gira a seu redor?

Tantas vezes haviam conversado sobre esses assuntos, mas a cada dia, algumas coisas ficavam mais e mais claras em suas mentes. Que prepotência achar que somos melhores que os outros e sabermos o que é melhor para eles apenas porque pensamos que enxergamos mais além. Quem sabe não temos apenas aprendizados e contribuições diferentes a serem feitos. A contribuição do pobre mascate pode ser tão ou mais importante que a do sábio no templo. O que não dizer dos outros seres sobre a Terra! Ah! Pobre homem perdido em seus devaneios de importância como se fosse o primeiro entre os primeiros.

— Por que és tão sábio, amigo? — perguntou Iandé brincando. Tinha já com o velho sacerdote a intimidade dos pares.

— Porque já sou tão velho, meu filho, mas tão velho que já não me importo mais que os outros pensem que sou maluco. — respondeu com um sorriso maroto e com naturalidade quase infantil, completamente dedicado à "árdua" tarefa de amolecer seus biscoitos.

Ao terminar, limpou as migalhas da túnica, colocando-as cuidadosamente sobre o aparador ao lado, como se o chão do palácio, prestes a ser abandonado, devesse ser mantido em ordem. Como se nada estivesse acontecendo.

Depois de um tempo voltou, quase a meditar:

— Às vezes somos tão orgulhosos que esquecemos de ser verdadeiros, coerentes ou até mesmo de pensar. Nos escondemos atrás de falsos medos, especialmente o de sermos vistos como diferentes, e passamos de forma negligente a fazer fila com o preguiçoso senso comum, aquele que costuma excluir a felicidade dos outros seres de nossas preocupações mais imediatas. O tal senso comum que permite, por um emaranhado de razões bem engendradas, que nem mesmo as incontáveis dores humanas que se avolumam a um palmo de nosso nariz sejam suficientes para nos fazer despertar e compreender a pequenez de nossas vidinhas frente ao resto do universo, insuficientes para nos afastar um milímetro de nossos sonhos, para agora ou para depois da morte — suspirou.

— Poucos aprendem a contribuir sem esperar a retribuição dos céus ou nos céus. São sempre os nossos sonhos, as nossas expectativas, as nossas vidas, os nossos desejos disto ou daquilo. — falava em tom baixo, quase como se fosse para si mesmo. — Enquanto estivermos tomados pelos desejos não vamos compreender a verdadeira divindade. Pobre homem perdido em seus inocentes desvarios. O que mais precisará acontecer nesta roda da vida para que ele um dia, enfim, desperte?

Silenciou por uns momentos para depois continuar:

— Passamos o tempo todo pensando em nós mesmos e na individualidade que julgamos necessária e eterna e, por causa disso, muitas vezes preferimos acreditar no que é prático ou, preferencialmente, no que é consolador — silenciou por alguns momentos e depois perguntou — E como criticar os homens por isso? Não temos esse direito. Não temos o direito de tirar esperanças consoladoras e a despreocupação quase juvenil da maioria das pessoas em relação às suas vidas, seu futuro e em especial o futuro de toda a humanidade. — completou, meio que despertando de um devaneio. Sorriu com brandura e olhou para os amigos queridos, que o observavam com os olhos úmidos.

— Podes me servir mais uma porção de chá, meu filho? — perguntou calmamente estendendo sua tigela para Tupayba que o olhava, tomado de amor e respeito pelo velho mestre que nunca havia lhe faltado.

Logo depois, ele indagou novamente sobre a lista de Iandé. Compreendendo sua preocupação, desta vez Tabajara foi direto ao assunto que estava tentando deixar para a última hora.

— Teus amigos todos queriam ficar para cuidar dos templos e dar continuidade aos projetos em andamento. Cuidar do povo, de sua educação e não deixar morrer o respeito pelos deuses e pela cultura nhengatu. Mas já conversamos e eles seguem, a contragosto, é verdade, para as montanhas. Outros sacerdotes de sua confiança assumirão seus postos com alegria de servir. Serão mais úteis ajudando na formação deste novo povo que Tupã haverá de fazer nascer depois. Até porque, se ficarem, poderão ser mortos inutilmente. Ityrapuan e Ravi seguem então para as terras de Ararype e os demais ficam, pois suas vidas, de fato, não correm perigo. — falava procurando as palavras para acalmar aquele coração já tão sofrido.

— Queres dizer que Narayama, Sadynara... Paraty... Os outros... Eles ficam? — perguntou consternado.

Iandé, apanhado de surpresa, pois achava que Tabajara ordenaria a todos que partissem, olhava espantado para o sacerdote, que pousou seu olhar sobre ambos amorosamente.

— Sim, meus filhos. Vejamos: Narayama, por exemplo, já está bem idosa e não quer mais sair para lugar nenhum além das escadarias de seu templo. Além do mais, as bailarinas do vento não representam qualquer ameaça a quem quer que seja, pois a maioria das pessoas não compreendem realmente qual é seu trabalho magístico. Foi sua decisão, assim como a dos demais que ficam. Sadynara e Paraty, por sua vez, conheceis muito bem: trabalham em silêncio, humildemente e de forma incessante em suas importantes tarefas. Não vão se importar ou temer as feras que podem vir a rondar o templo. Não serão perturbados, até porque não são conhecidos — respirou por uns instantes para depois concluir, em tom baixo: —Eles ficarão, assim como este que vos fala.

Tupayba e Iandé quase pularam de seus sofás, exclamando ao mesmo tempo:

— O que? O que dizes?

Tabajara, que já esperava essa reação, não se abalou. Olhou novamente para os dois, eram tão parecidos. Com certeza conseguiriam reerguer uma nova terra se trabalhassem juntos, pensou enquanto procurava uma maneira de confortá-los.

— Não vos aflijais, meus queridos. Nem mesmo a dupla de tratantes com a qual Acau-hã está associado teria coragem de fazer qualquer coisa contra mim. Seria o mesmo que colocar todo o povo, e eu quero dizer todo o povo mesmo, contra eles. Não haveria uma só cidade desta nação onde uma revolta não se iniciasse caso isso acontecesse. Feliz ou infelizmente este velho caduco se tornou, respeitado entre as pessoas no decorrer das últimas décadas, especialmente depois dos acontecimentos da primeira tentativa contra o trono dos Ay-Mhorés aqui nas terras altas. Começaram a achar que eu era íntimo dos deuses, lembram-se? Quanta bobagem... — balançou a cabeça discordando divertido. — Mas matariam qualquer um de vocês dois sem pestanejar — falou apontando para ambos. — Fiquei mais famoso — brincou.

— Sim, é verdade. Mas podias ir conosco. Precisamos tanto de ti — interpelou Tupayba, automaticamente. No fundo, ainda se culpava por não ter conseguido unir o povo em torno de si.

Iandé, embora triste, entendia perfeitamente e Tupayba lutava contra a idéia de separação daquele que tinha como amigo e pai.

— Não acreditas que um povo inteiro vai precisar mais de mim do que o pequeno grupo que se reunirá nas montanhas contigo, meu filho? — falou dirigindo-se a Tupayba em particular.

— Quantos já partiram ou partirão? Não mais que duas centenas. Três, no máximo — desafiou o velho sacerdote com o coração apertado, sabendo que seu menino não merecia palavras tão duras, embora necessárias. — Se eu ficar, não terão coragem de destruir os templos ou matar os sacerdotesPoderei, eventualmente, ser uma voz de moderação nos desatinos.

Tupayba abaixou os olhos enquanto lágrimas pungentes escorriam pelas suas faces, numa mistura de tristeza e vergonha.

Tabajara se levantou com alguma dificuldade e sentou-se a seu lado, abraçando-o.

— Não te envergonhes de teu amor, meu filho. Ninguém oferece o pai sem sofrer. Que não passe nunca pela tua mente que és um egoísta, pois que não haveria inverdade mais injusta. Lutas por teu povo e ao mesmo tempo tu o liberta para que continue seu caminho. Peço-te mais este sacrifício: que libertes a mim também, para que eu possa terminar de cumprir o meu destino.

Os três se abraçaram.

Capítulo 25

Insensatez

Na montanha de Ararype o clima era de consternação absoluta, apesar da grande agitação para acomodar todos que iam chegando. Muitas cabanas rústicas iam sendo erguidas às pressas nas pequenas clareiras abertas ao largo da grande plantação de chá que se fazia em patamares, como uma gigantesca escada descendo a montanha. A maioria dos trabalhadores largou seus afazeres habituais para ajudar na tarefa de auxiliar os recém chegados. Todos vinham exaustos, tanto física quanto emocionalmente depois da longa viagem. Deixavam para trás suas casas, seus amigos, alguns familiares, seu trabalho, seus ideais e suas próprias vidas.

Homens e mulheres dedicados, que de um dia para o outro viram seu pequeno mundo desaparecer sob seus pés, estavam atônitos e impotentes. Não houve tempo hábil para os sacerdotes prepararem aqueles espíritos para a nova jornada de suas existências. Poucas palavras, alguns conselhos e um pedido de decisão rápida foi tudo de que puderam dispor entre o ficar e o partir.

Thu-ran e Apoena, embora abatidos e desconcertados com o rumo que as coisas haviam tomado, além de muito preocupados com a segurança de Tupayba e dos demais amigos que ainda não haviam chegado, trabalhavam de sol a sol liderando todos os arranjos necessários para acolher a todos com o mínimo necessário. Todos precisavam de tudo, desde comida até um simples lugar para repousar. Alguns chegavam doentes, desacostumados da difícil empreitada pelas montanhas, e precisavam ser atendidos pelos curadores. Uma cabana especial foi montada para atender aos enfermos e aos feridos.

As poucas liteiras disponíveis, pois não se podia chamar atenção com uma procissão incomum de liteiras transitando pela cidade ou pelas vilas ao redor, conduziam apenas os mais velhos e as crianças mais frágeis, os demais tiveram que subir andando. Foram quatro ou cinco dias de árdua caminhada para cada grupo, mesmo assistidos durante o trajeto pelos bem treinados montanheses da Casa das Flores e protegidos por patrulhas de Shem-han.

Irani, a dedicada esposa de Thu-ran, se desdobrava organizando a alimentação para seus protegidos na ampla cozinha montada sob a sombra de frondosas árvores nas proximidades da plantação de legumes e hortaliças, mantida zelosamente por ela e por suas auxiliares.

Depois da morte de Nayade, a jovem Irani assumira seu papel com desenvoltura e boa vontade naquele pequeno agrupamento.

Grandes tachos fumegantes pendiam sobre fogueiras cuidadosamente construídas com pedras. Homens extras foram mandados às matas e aos rios que desciam pelas montanhas para incrementar a caça e a pesca. Era preciso alimentar mais pessoas. Em Parama Sukha não viviam mais que duzentas pessoas, de forma que a chegada de outras tantas representava um aumento considerável de necessidades.

Mas nada disso parecia incomodar os bondosos moradores do lugar, que abriam suas casas e seus corações para abrigar a todos com alegria e sem egoísmo, mesmo sabendo que a tranqüilidade e a paz habitual daquelas terras estaria perdida por um longo tempo, talvez para sempre.

Mulheres com crianças de colo ou pequeninas foram convidadas a partilhar dos lares das famílias, que generosamente desocuparam cômodos de suas próprias casas para acomodá-los, modificando suas rotinas e espaços.

Ararype se ocupava da segurança e dos planos finais para proteger suas terras contra eventuais ataques. Reunido com os três oficiais do exército que haviam chegado acompanhando a rainha Aracy e sua filha Potyra, que foram hospedadas na Casa das Flores, tratava de pensar numa forma de impedir o acesso às trilhas mais conhecidas de Parama Sukha.

— Penso que a solução seria provocar uma avalanche que cobrisse a estrada principal e, por conseqüência, todas as trilhas secundárias — falou aos militares, que o olharam espantados.

— Mas, meu senhor... — interpelou, respeitosamente, um delesafinal, Ararype era um príncipe da mais nobre linhagem, parente direto dos Ay-Mhorés. Não sabia o dedicado militar que ali em Parama Sukha não se dava mais importância para essas coisas há décadas. — Se bloquearmos a passagem, nunca mais poderemos descer.

Ararype o olhou diretamente nos olhos, falando em tom compreensivo pela sua dor, mas com firmeza:

— Sim. Isso mesmo, meu bom capitão Juína. Teremos que achar, no futuro, outros caminhos para descer ao mar, por um outro lado da montanha. Não poderemos descer, mas eles também não poderão subir. Meu filho e seus auxiliares, todos bons mateiros, procuraram muitas e muitas vezes sem sucesso outras passagens que viessem da Terra dos Ay-Mhorés. Elas simplesmente não existem e isto nos dará possibilidade de planejarmos nosso futuro em paz — parou por um instante para observar as expressões sérias e desapontadas dos três homens à sua frente. Sentiu uma pontada de tristeza por aqueles corajosos homens de armas acostumados à agitada vida na grande cidade, às lutas, aos muitos subordinados, às honrarias diárias e aos esplêndidos uniformes e, de repente, se deu conta de que estariam, muito em breve, aprisionados no alto de uma montanha insípida, trabalhosa e sem graça para eles.

— Os outros caminhos para descer a montanha, aos quais me referi, ainda são completamente desconhecidos e precisam ser desbravados com o tempo. Por enquanto, são apenas densas e praticamente inexpugnáveis florestas. Talvez nem desçam direto ao mar e nos lancem antes sobre um planalto. — concluiu.

Os três se entreolharam desanimados, meio conformados. Não tinham de fato uma idéia clara do futuro, mas, inteligentes, não lhes era difícil vislumbrá-lo.

Como permaneciam em silêncio, Ararype tentou ser solidário:

— Os senhores deixaram familiares lá embaixo? Poderemos trazê-los, assim como as dos demais soldados que queiram ficar. Tupã nos guiará para que tenhamos o suficiente para todos, com certeza.

O capitão Juína sorriu tristemente.

— Agradeço-vos, meu senhor, mas isso já foi providenciado. Nós três em particular não temos parentes, mas vários soldados já tiveram suas famílias transferidas para cá. Nosso general Shem-han pensou em tudo — respondeu, orgulhoso de seu comandante.

— Ah, sim! Ótimo! — respondeu meio sem graça. De fato, não sabia o que dizer para consolá-los, percebendo que teria de consolar muita gente e não sabia muito bem como fazer isso. Além das dificuldades naturais, se deu conta de que as pessoas, por mais resignadas e heróicas que fossem, trariam as dores de suas almas e o vazio das perdas irreparáveis.

Imediatamente, pensou na hábil e sempre bondosa Irani para essa tarefa, além de Tabajara, naturalmente. Não pensou que jamais veria o bom amigo novamente. Havia até mesmo mandado ampliar às pressas, com paredes de bambu, o velho, apertado e rústico templo de pedras, construído há tantas luas grandes especialmente para Tabajara oficiar seus primeiros rituais. O mais velho dos quatro sacerdotes residentes, que fazia o papel de professor, estava esfuziante de alegria com a breve e impensada chegada do sumo sacerdote e, não fosse pela saúde já precária e pelo drama pelo qual todos passavam, pularia e cantaria.

Vários jovens que estudavam nos templos de ensino na Cidade Central, inclusive dois que estudavam para serem religiosos, já haviam sido discretamente despachados de volta para casa. Mercadores em viagem e outros trabalhadores que costumavam sair dos domínios de Parama Sukha já haviam sido localizados e trazidos de volta nas luas que antecederam o grande desfecho que se aproximava.

Assim como Shem-han, Ararype pensava em tudo. Procurou inclusive se abastecer de grandes quantidades de ferramentas, armas, teares, tecidos, sementes e tudo que poderia precisar a partir do momento em que as rotas de comércio com o mundo exterior fossem fechadas. Sabiamente, muitos jovens, durantes as quase quarenta luas grandes em que construiu sua pequena vila nas montanhas, foram enviados aos templos e às oficinas dos artesãos para aprender um pouco de tudo e, desta forma, eram quase auto-suficientes em mão-de-obra, tanto nas artes como nas ciências necessárias para o dia-a-dia.

A pequena comunidade trabalhava em ritmo frenético, sendo auxiliada pelos estrangeiros tão logo se recuperavam da longa viagem. Havia muito a fazer e todos queriam ajudar, sentindo-se acolhidos e amparados numa proporção de generosidade jamais vista por eles.

Naquela manhã, especialmente fria, após ter traçado os planos com os oficiais para bloquear a entrada para as trilhas tão logo Tupayba chegasse com os últimos remanescentes de seu grupo, Ararype voltou para casa sonhando ser recebido à porta por sua Nayade, a quem abraçaria comovido. Mas sua querida esposa havia partido algumas luas grandes antes. Caminhou até o jardim das grandes árvores onde um vai-e-vem de pessoas carregando todo tipo de coisas denotava a azáfama geral na qual se viram de repente envolvidos, virando suas pacatas vidas de cabeça para baixo.

Apesar de se mostrar ativo em todos os sentidos, tomando providências e igualmente disposto a receber a todos sem restrição não só pela bondade de seu coração, mas especialmente porque se lembrava das predições de Tabajara, o antigo nobre sentia-se um pouco contrafeito e confuso com aquela perturbação repentina de sua paz, pela qual tanto lutara.

A velha companheira, que tinha por hábito adivinhar seus pensamentos num instante, o lembraria das tantas graças que haviam recebido dos deuses, sem as quais seu pequeno paraíso não teria conseguido sobreviver tão bem. Se defenderia brincando:

— Não ouviste uma só palavra de reclamação.

Continuou a caminhar em direção às cabanas que ficavam prontas, algumas já cheias de vida, com famílias ou grupos inteiros partilhando delas. As pessoas iam se arranjando espontaneamente e de forma respeitosa: famílias em determinadas cabanas, soldados em outras, sacerdotes em outras e assim por diante.

Na cozinha improvisada, que ocupava uma área central da maior clareira, mulheres se alternavam no preparo das refeições para todos. E como ali o que menos faltava era chá, de hora em hora grandes vasilhas dos mais variados chás saíam fumegantes para animar os homens a superar o frio enquanto se ocupavam das construções nos ventos cortantes da montanha. Orientados pelo incansável Apoena, rapidamente alguns jovens construíram uma espécie de parede feita com as enormes folhas de palmeiras em volta da cozinha para impedir que os ventos apagassem o fogo a toda hora.

Thu-ran organizava o corte de árvores necessárias para as cabanas e demais dependências definitivas, que deveriam substituir as improvisadas. Cada morador colaborava com suas habilidades peculiares assim como os recém chegados, como um pequeno e bem organizado exército. E por falar em exército, muitos soldados que haviam subido para proteger os retirantes, mas também decididos a ficar, agora se espalhavam pela montanha acompanhados por jovens que conheciam as trilhas como a palma de suas mãos, em guarda permanente contra qualquer movimentação estranha.

Ararype parou numa elevação para observar a movimentação, tentando pensar no que tudo aquilo o lembrava. Pegou-se de repente pensando na parceira de toda uma vida. Seu coração ora se apertava com saudade, ora se alegrava por ela não estar mais ali para ver aquilo tudo e, em especial, o sofrimento de Tupayba, a quem ela sempre amara como se fosse seu filho.

"Isso me lembra os tempos que viemos para cá pela primeira vez. Foi ainda pior naquela época. Tivemos que começar do chão limpo. Lutamos contra os animais perigosos, construímos cada banco onde pudéssemos sentar e cada teto que pudesse nos abrigar. Ninguém para nos servir sequer um chá quentinho como agora", riu sozinho, enquanto pensava: "Não tínhamos quase nada para oferecer às famílias de nossos colaboradores, a quem demos tantas esperanças de escapar da loucura habitual dos homens das cidades", balançou a cabeça, desanimado. "E eis que ela nos alcança novamente. Inacreditável!"

E ela, que certamente ouviria seu coração entristecido, lhe responderia:

"E assim será para sempre, meu querido Ararype. Nosso bom

Tabajara nos falou tanto sobre isso. Lembra-te? Achávamos que eram apenas devaneios de um sábio sobre um futuro distante. Ele te falou que o fim desta raça não seria no nosso tempo, mas também te pediu para acolheres Tupayba. De certa forma, ele te avisava que algo grande iria acontecer. Os que não partilham da insensatez, se afastam, mas logo são alcançados pelo ritmo das civilizações, de uma forma ou de outra. E com elas vêm tudo de bom, como nossos queridos amigos que em breve chegarão para partilhar nossas vidas, assim como as coisas tão úteis que nossos jovens aprenderam na grande cidade, além, é claro, de nossos amados sacerdotes. Mas também tudo de ruim, como a insanidade permanente dos homens em suas lutas pelo poder, da qual tentamos novamente escapar, as batalhas, as misérias. Tudo cada vez mais perto."

— Até quando? — perguntou em voz alta, sem esperar a resposta que, no fundo, já sabia.

Bravos amigos

Enquanto isso, as forças de ocupação comandadas pelo general Cairú avançavam rapidamente em direção à Cidade Central. Espias chegavam esbaforidos com as notícias.

Shem-han entrou apressado no palácio real acompanhado por seus auxiliares mais próximos. Com grande ruído, provocado pelos pés que batiam fortes no chão e pelas armas pesadas que os militares carregavam, passaram pelos salões vazios dirigindo-se aos aposentos de Iandé em busca do rei, que havia chamado para as despedidas os amigos que ficariam. Um clima de grande comoção reinava no ambiente quando os oficiais entraram afobados sem serem anunciados, fazendo com que todos os presentes adivinhassem que o tempo estava terminando.

Cruzando a sala num átimo, Shem-han se postou a frente do tuxauá e, deixando de lado o protocolo, foi logo falando:

— Tens de deixar a cidade neste momento, senão será tarde demais — seus olhares se cruzaram e Tupayba compreendeu perfeitamente que a hora era chegada. Não havia mais nada a ser dito ou feito.

Um último abraço entre os amigos que partiam e os que ficavam marcava o fim de uma era. Narayama, no entanto, a velha e sábia sacerdotisa, destoando da tristeza coberta de lágrimas que tomou conta da maioria, tomou para si a palavra:

— Alegrem-se, meus amigos, porque, como sempre diz nosso

sumo sacerdote de todas as terras altas, nosso querido Tabajara, todas as dores passarão tão logo os homens compreendam que o tempo não existe. A Terra dos Ay-Mhorés termina como a conhecemos e um novo ciclo começa. Muito cedo estaremos todos novamente partilhando da mesma mesa, da mesma alegria, da mesma vida, pois que nossos corações estão entrelaçados para todo o sempre, assim como nossas almas e cada partícula de nosso ser. Somos um com a natureza e com Tupã. Então este não é um adeus. É só um até breve.

— Que assim seja! — falou Ravi acompanhado por alguns outros sacerdotes presentes.

E como que surgido por encanto, pois não se encontrava no local, a voz suave e firme do velho sacerdote se fez ouvir, enquanto adentrava o salão em seus passos miúdos:

— Porque assim será, meus filhos queridos!

Em pouco tempo o salão estava quase vazio. Alguns poucos trabalhadores faziam uma última verificação, sendo logo despachados pelos soldados que iniciavam a primeira ronda noturna. A noite caía e a hora da partida se avizinhava.

Tabajara havia voltado para o Templo de Áries acompanhado de seus fiéis auxiliares Sadynara, Indira e Paraty. Narayama retornara para o Templo das Bailarinas do Vento, Vidya para o Templo do Som Sagrado e assim por diante. Uma paz absoluta reinava na cidade, como se nada estivesse acontecendo. O sinal combinado com os habitantes já havia soado, anunciando a próxima invasão, mandando todos para suas casas com a ordem de não resistir.

No palácio, Shem-han dava as últimas ordens aos soldados da pequena tropa que acompanharia o tuxauá e sua comitiva, todos voluntários, pois sabiam que não haveria volta. Era preciso que a escuridão da noite se fizesse por completa para que o êxodo derradeiro do grande império nhengatu começasse.

Os dois amigos se abraçaram numa última despedida.

— Deves vir comigo, Shem-han. És muito conhecido por todos. Vão te matar, amigo — ponderou Tupayba.

— Já falamos tanto sobre isso — retrucou o outro. — Tabajara e eu decidimos que não haverá luta, pois eles são muitos. Preciso ficar para negociar uma rendição honrosa e sem prisões e evitar que banquem os heróis e sejam mortos em massa. Sem minha presença na frente das tropas não sei o que poderá acontecer. Os soldados têm raiva e sentem-se humilhados. Sabes disso tão bem quanto eu.

— Mas... — ainda tentou o rei, sendo interrompido pelo amigo de toda uma vida.

— Não te aflijas. Saberemos como fazer. Tabajara colocará os termos necessários para que ninguém seja sacrificado inutilmente. Nem mesmo eu. Eles não são idiotas. Terão que se curvar aos desejos do sumo sacerdote. Não vão querer colocar o povo contra si.

— E depois? O que será de ti? Obviamente, não te darão um posto nos novos exércitos, mesmo que teus soldados sejam assimilados.

— Eu bem sei. Depois eu pretendo permanecer em Áries e ajudar nosso bom Tabajara no que ele precisar, até como humilde serviçal, se for o caso. Não faz diferença. Ele fez muito por mim, por nós. Se eu estiver a seu lado, ele terá um pouco de ti e dos outros e ficará mais feliz. Vamos rir e relembrar os bons tempos de nossa meninice e o trabalho que sempre lhe demos. Quero estar perto dele até o fim de seus dias e protegê-lo como puder. — parou por uns instantes, surpreso com o que acabara de falar. Entreabriu um sorriso triste. — Que ousadia, não? Como se ele precisasse de minha pequena proteção já que tem os deuses a seu lado. — falou em tom de brincadeira.

— Sempre cuidaste de todos — afirmou Tupayba, comovido com a coragem e dedicação do amigo. Não podia mesmo esperar outra coisa daquele bravo guerreiro. Apesar de tudo, ainda insistiu uma última vez:

— Mas e depois? O tempo de Tabajara também não deve demorar a passar. Aí estarás novamente em perigo. Um novo sumo sacerdote, de certo, virá de Araxá para comandar ações por aqui.

— Será? — deu de ombros. — Concordo com Tabajara quando diz que Acau-hã não vai sobreviver para reinar. Seus parceiros são cobras criadas. Talvez nem haja um próximo sumo sacerdote para todas as terras altas. Mas se, um dia. pensarem em me matar, tentarei chegar às cidades à oeste das quais Tabajara tanto fala. Como sabes, existem outras colônias atlantes naquelas bandas. Sempre sonhei em conhecê-las — falou tentando dar um ar de aventura às suas palavras, mesmo sabendo das dificuldades de tal empreitada. — Então, muito antes de alguém perceber minha ausência, estarei longe e feliz por saber que cumpri minha parte. Mas não te preocupes, pois creio que nada disso será necessário.

Tupayba olhava com incredulidade e orgulho para o companheiro, que arriscava a própria vida e felicidade pela responsabilidade assumida junto àqueles que confiavam em si e pelo mais puro amor a um povo e a um mestre.

Nunca mais se veriam.

O adeus do rei

Quando a última ave se recolheu ao ninho naquela noite fria, pairou sobre a cidade um silêncio estranho, embora fosse óbvio que ninguém dormia. Em suas casas, as pessoas esperavam nervosamente a invasão, que poderia ocorrer nos próximos dias ou a qualquer momento. Do palácio, um cortejo discreto saiu em direção às longínquas montanhas de Parama Sukha.

O fim anunciado da grande dinastia dos Ay-Mhorés cumpria seu destino. Acomodado numa liteira simples e diminuta, um bondoso rei banhado em lágrimas mergulhava seus pensamentos em preces pelo povo que ficava e pela terra que abandonava. Teria querido partir sem voltar atrás, mas foi impossível não lançar um último olhar para sua cidade, para as avenidas e para os templos onde tremulavam luzinhas bruxuleantes, denotando que os sacerdotes permaneciam também em vigília amparando a todos com suas orações e cânticos cerimoniais.

"Quanto trabalho teriam os deuses naquela noite e nas que se seguiriam!", pensava em sua aflição impotente.

Escolhera partir na esperança de salvaguardar o mínimo da cultura e das legítimas heranças dos nhengatus e de sua dinastia. Apesar de abatido, havia entregado sua vida e seu coração cansado a Tupã, confiando uma vez mais nos conselhos do sumo sacerdote.

Nova e pungente torrente de lágrimas escorreu pela sua face à lembrança do velho amigo, seu conselheiro e pai de todas as horas. No entanto, a imagem do sacerdote era sempre a de um doce velhinho sorridente, o que o fazia sorrir entre lágrimas. Num esforço supremo, tratou de lembrar-se de suas recomendações em algumas das vezes em que o grupo dos cinco amigos estivera com ele reunido na juventude, especialmente quando grandes problemas se abatiam sobre a nação.

"Precisamos aprender com os mestres, meus filhos. Não podemos ficar parados esperando que os deuses façam tudo por nós. Pensamos que oramos, mas na verdade apenas imploramos as graças divinas. Todas as nossas preces, mesmo as mais sinceras, estão recheadas de súplicas. Pedidos para que a colheita seja farta, para que o ente querido recobre sua saúde, para que os homens tenham bom senso, para que Tupã nos dê forças e coragem frente às vicissitudes... Ora, nada disso vai cair do céu na nossa cabeça. Pobre Tupã! Com tantos filhos a cuidar, deve ser uma trabalheira danada! Haja deuses para atender tantas graças", costumava dizer em tom de anedota, para depois continuar: "Penso que os deuses e a natureza nos dão os meios de conseguir o que precisamos verdadeiramente. Ah, sim! Diríeis vós, rapazes, podemos compreender perfeitamente a necessidade de sair dessa posição passiva e arar bem a terra para que a colheita seja farta, regar adequadamente e cuidar para que as ervas daninhas não se espalhem. Correremos atrás dos curadores para tratar da saúde de nossos amados e daremos conselhos para que não abusem da saúde. Mas ainda assim, muitas vezes, as colheitas são fracas e os doentes morrem, aparentemente antes da hora!"

Nessas alturas, ele costumava sorrir divertido. Eram incontáveis as vezes nas quais tinha tentado, pacientemente, enfiar um pouco de sabedoria na cabeça daqueles cinco jovens.

"As pessoas morrem e as colheitas fracassam, o que nos parece uma negligente surdez aos nossos apelos, porque nunca sabemos o que precisamos de verdade. Mas achamos sempre que sabemos o que é melhor para nós e também para o outros, o que é ainda pior. Estamos sempre associando felicidade ao nosso modelo de necessidades e expectativas, o que nunca resolveu nossas dores. Achamos que a saúde e a abundância, por exemplo, sempre serão imprescindíveis para nossa felicidade. Será que isto é mesmo uma verdade? Afinal, o que estamos fazendo aqui? O que viemos para aprender? Sim, porque viemos para aprender, ou será que acreditais que estamos em feliz e permanente tempo de recreação nesta vida e tudo então teria que vir pronto para atender às nossas expectativas? Penso que muitos de nós viemos para aprender a lidar com as perdas, outros com as carências, outros com a impotência frente aos fatos que não podem ser mudados e assim por diante. Oh! Quanto ainda temos para aprender!", costumava falar emocionado. "Deuses bons não são aqueles que fazem o que queremos ou pedimos, embora costumemos pensar, em segredo, é claro, que esses são deuses fracos ou talvez injustos".

Tupayba se lembrou como, nessas horas, infalivelmente, um deles atormentava o religioso com outros confrontos:

"Tudo muito bem! Podemos compreender tudo isso, mas não poderiam os deuses pelo menos nos ajudar dando força, paciência ou bom senso, já que nos esforçamos tanto e tentamos fazer a nossa parte? Nem todo mundo reclama de tudo e nem por isso a vida lhes é mais fácil", tal questão era sempre recebida com um largo e paciente sorriso, daqueles que compreendem a impetuosidade e o sentido de urgência dos jovens.

"Ah! Isso eles bem que poderiam nos dar, meu filho", dizia Tabajara, criando um lampejo de vitória nos olhares dos meninos para, logo a seguir, acrescentar e acabar de vez com a festa: "Todavia, se eles assim procedessem, não estaríamos aprendendo nada e, além do mais, ficaríamos eternamente dependentes de haver sempre um deus de plantão para fazer por nós, para nos prover frente às nossas dores, nossos medos e nossos sofrimentos. Esse modelo é muito bom e consolador, meus filhos, mas apenas enquanto não formos capazes de compreender nada melhor, pois nem mesmo a paciência e o bom senso cairão do céu sobre as nossas cabeças."

Nessas alturas, cinco pares de olhos o olhavam curiosos e invariavelmente esquecidos das lições anteriores.

"E se, em vez de implorarmos sabedoria, nos dispuséssemos a aprender com o exemplo dos mestres e da natureza? Aí estaríamos habilitados a disponibilizar a tal paciência, a força, a resignação e o amor entre todos os homens necessitados e dispostos a receber. Não estaríamos contribuindo mais para com a humanidade se fôssemos menos passivos e pidões?", propunha mansamente e com um leve tom de piada, para melhor ser compreendido por aquelas mentes juvenis.

"Mas como fazer isso?", era sempre a frase não pronunciada.

"Já que não conhecemos os deuses muito de perto, podemos ao menos nos lembrar e nos conectar com uma pessoa bondosa que conhecemos ou então alguém cuja figura esteja de alguma forma muito forte em nossas lembranças, mesmo que seja através das histórias que nos contaram. Pessoas, entidades ou deuses que possam representar o que necessitamos aprender: a força, o bom senso, o amor, a bondade e a resignação ou, quem sabe, a paciência e a sabedoria. Não importa. Pode ser um parente, um amigo ou um ser de luz, cuja história seja quase atávica em nossas mentes, como Payê-Suman, por exemplo. Envolvamos-nos em sua luz e aprendamos a sentir esse amor e essa sabedoria com nossos corações e não mais com nossos cérebros, pois que estes já sabem que isso é necessário há muito tempo e nada aconteceu até agora. A partir daí, de forma anônima e silenciosa, doaremos para quem tiver disposição e humildade sinceras para receber. Então, em vez de ficarmos gastando nossos joelhos a implorar as bênçãos dos céus, simplesmente agimos e fazemos nossa parte."

E depois costumava encerrar de forma grave:

"Também somos deuses, meus filhos queridos! Mas antes, precisamos aprender com eles a única linguagem que pode atingir a todos, que é a linguagem das emoções. A única que realmente pode atingir a todas as consciências, inclusive às dos deuses, que poderão assim disponibilizar para nós toda a sua sabedoria e amor. A multiplicidade de palavras em nossas súplicas não supera a eficiência de nossa ação."

Quando o tuxauá deu por si, a cidade já ia longe e os vultos dos edifícios eram quase imperceptíveis na penumbra.

Tomando então como modelo de amor e sabedoria o velho sacerdote, inundou-se do mesmo amor, para disponibilizá-lo sob a forma de coragem e resignação para todo o seu amado povo frente aos difíceis momentos que estavam por vir. Sobre o céu límpido e estrelado de inverno, não só da Cidade Central, como de todas as cidades e rincões de sua amada Terra dos Ay-Mhorés, a natureza foi tocada pela ajuda inominada daquele deus-rei que partia.

Capítulo 26
O sonho perdido de Zac

Nos dias que se seguiram, as tropas de Cairú entraram na grande cidade surpreendidas pela ausência absoluta de resistência. Meio sem graça, o general e seu estado maior esperaram pela chegada dos três príncipes revoltosos que vinham sem muita bravura na retaguarda.

Depois, todos se dirigiram com grande pompa ao palácio real, através das ruas e avenidas desertas, onde esperavam pela oportunidade de dar voz de prisão ao tuxauá, que a esta altura estaria acovardado em algum aposento, pronto para se render. Jacyguá, Ubirajara e o velho general riam nervosamente, apesar de tudo estar saindo muito melhor que a encomenda.

Estaria Tupayba aprontando alguma cilada? Haveria algum assalto surpresa contra eles dentro do palácio? Estariam as tropas escondidas e prontas para contra-atacar? Deliravam baseados em seus próprios padrões. Jamais compreenderiam o heroísmo que estava por trás do nobre gesto do rei em abandonar seu povo para evitar uma tragédia de proporções inimagináveis.

Acau-hã, por sua vez, se mantinha calado e distante do grupo. Na profundidade oculta de seu ser, conhecia o irmão e, mesmo apesar de seu ódio, sabia de sua grandeza, o que o impedia de participar daquela galhofa.

Ao adentrarem na grande avenida, viram na outra extremidade que os soldados da guarda palaciana se postavam em várias colunas de homens, imóveis nas escadarias, exibindo orgulhosamente suas lanças e seus elmos brilhantes. No alto, o general Shem-han e o sumo sacerdote, na companhia de outros oficiais, sacerdotes e conselheiros, esperavam impassíveis. Nada havia de belicoso em suas atitudes.

A tranqüila e inusitada cena perturbou os covardes líderes invasores, que esperavam terror, correria e confusão. Os soldados de Cairú, armados até os dentes, tomaram posições de combate na grande, o que provocou um sorriso irônico em Shem-han.

Os príncipes desceram de suas brilhantes e espalhafatosas liteiras de forma hesitante. Ficaram incomodados sobremaneira com a figura do velho sacerdote parado no alto da escadaria apoiado em seu cajado e com as vestes e os longos cabelos brancos esvoaçantes. Era frágil e ao mesmo tempo cercado por uma aura divina.

Tabajara era velho conhecido deles e nunca havia facilitado suas tentativas de pequenas tramóias ou favores descabidos aos deuses. De certa forma, o temiam mais que a qualquer outra pessoa, especialmente pelos seus decantados poderes magísticos, conhecidos por toda nação há décadas. Ignorantes, achavam ser ele o escolhido dos deuses, como recitava o protocolo, temendo assim ofende-lo e acabar levantando a ira dos tais deuses.

Acau-hã tomou a frente diante do titubear dos parceiros que ficaram se entreolhando e tentando entender o que estava acontecendo para poderem decidir o que fazer, assim como o velho general, que não tinha o menor traquejo para confrontos verbais e se limitava, naquele momento, a gritar ordens sem sentido para seus oficiais, como se estivesse em meio a uma batalha encarniçada. Para o espanto dos outros, subiu sozinho as escadarias rápida e destemidamente, como era de seu feitio. Mão no punho da espada, altivo, passou a passos largos pelos soldados "inimigos", que continuavam estranhamente imóveis. Num instante estava frente a frente com os locais, quase caindo das nuvens ao ouvir do grande sacerdote:

— Como estás, filho? Eu te saúdo em nome de Tupã! — palavras suaves, pronunciadas com sinceridade e num tom brando. Tabajara não só compreendia as fraquezas dos homens como prenunciava em seu íntimo seu doloroso destino e se apiedava de seu sofrimento e do tempo por eles perdido.

Fisgado até a mais sutil fibra de seu ser, Acau-hã quase desmoronou escadaria abaixo, pois esperava um mínimo confronto. Era a mesma emoção que sentira em seu primeiro encontro com Shandar, aquele que tinha sido o supremo sacerdote de Araxá quando de sua chegada à Cidade Alta. Percebeu o mesmo amor fraterno e desinteressado do velho e saudoso amigo na voz e no olhar doce do sacerdote; aquela mesma sensação que o deixara tão confuso e espantado quando, pela primeira vez, percebera que existia na vida algo mais que a força, o ódio, a trama e a vingança.

Olhando profundamente em seus olhos, descobriu imediatamente que aquele homem jamais partilharia de planos de assassinato maquiavélicos contra seus entes queridos ou contra quem quer que fosse. Lembrou-se num átimo do doce olhar de Tupayba quando de sua confirmação no Templo de Leo, o que tanto o havia desconcertado. Tampouco ele faria tal coisa. Percebeu instantaneamente que fora enganado pelas pessoas e por seus próprios instintos. Cambaleou e esteve a um instante de precisar ser amparado pelo surpreso Shem-han, que também mantinha o punho na espada, o que representava uma total vergonha.

Refez-se num momento, mas não antes dos mais próximos perceberem espantados a confusão que se passava em sua mente. Antes que pudesse dizer qualquer coisa, Tabajara tornou bondosamente, a auxiliá-lo naquele momento difícil, como a dar-lhe tempo:

— Nós te esperávamos, filho. Talvez não precisasse ser desta forma a tua chegada, mas o que está feito está feito. Nem tua mãe, a grande rainha da Terra das Araras Vermelhas, nem teu honrado pai e meu amigo Jatay, jamais concordariam com uma luta entre irmãos como te foi passado. Foste enganado por Omandyas.

Tais palavras caíram como uma marreta na já entorpecida cabeça de Acau-hã. Ninguém, absolutamente ninguém que conhecia sabia de suas relações com Omandyas. Que poderoso mago era esse que tudo sabia e que o recebia com tanto desprendimento?

— Mas, como te disse, o que está feito não tem volta — continuou Tabajara calmamente, tratando-o por tu, ignorando sua nobreza e fingindo não perceber o que acontecia.

Estrategicamente, massacrava-o com sua autoridade moral, fazendo os pensamentos ferverem na cabeça do príncipe arrasado à sua frente. Um mal menor necessário, ponderava o sacerdote. Cada palavra colocada de forma a impactar correta e justamente; nem mais, nem menos.

— Confio que um filho da grande Bartyra e do nobre príncipe regente jamais colocará a vida do povo nhengatu, que ambos tanto amaram, em risco desnecessário. E este é meu único apelo para ti. Não permita que os desvairados cometam desatinos contra os inocentes — falou e apontou discretamente para os dois outros príncipes ao pé da escadaria. — Cuida desta gente que agora é tão tua quanto o povo de Araxá, pois em breve eles hão de querer te eliminar também.

Juntando suas últimas forças, balbuciou quase ao ouvido do sacerdote:

— Como sabeis disso tudo, ó sumo sacerdote? — perguntou atônito e vencido.

— São os mistérios dos deuses, meu filho — simplificou, querendo manter um ar de misticismo, pois a situação assim o pedia. — Mas deixa que te fale tudo antes que teus parceiros se acheguem — pediu, prevendo que o tempo se esgotava.

Acau-hã aquiesceu com a cabeça, sentindo-se inexplicavelmente amparado pelos "derrotados".

— Este é o general Shem-han, de quem de certo ouviste falar. Comandante em chefe de todos os exércitos do tuxaua. — falou apontando o amigo a seu lado, gostosamente incrédulo com a habilidade do sacerdote em lidar com a situação e também com a fragilidade emocional de seu interlocutor.

Haviam combinado toda a tática a ser usada: a estratégia da verdade simples e pura até o limite possível de detalhes, esperando que aquele coração se comovesse, pois, afinal, ele não seria tão amado em Araxá se não tivesse dentro de si algo de bom. Se não fosse possível, apelariam para o prestígio do sacerdote junto a toda a nação, o que estava parecendo, naquele momento, não ser necessário.

Shem-han lembrou-se de sua conversa com Tabajara, em que argumentou fortemente contra a precariedade da primeira parte do plano: "Acau-hã sensibilizado? Nunca!", E teve de ouvir de volta do manso e imperturbável religioso: "Onde guardaste tudo que te ensinei sobre os homens, meu filho? Não deixe tua fé fugir de ti."

Deu ordens para que os soldados, com exceção dos guardas palacianos, permanecessem todos aquartelados para evitar confrontos fora de controle, pois era difícil conter os ânimos daqueles homens ignorantes que não compreendiam a roda dos acontecimentos da natureza e as delicadas nuances da história recente daquele povo. Todos foram devidamente instruídos por seus comandantes apenas dos desejos de paz do tuxauá, a quem eram fiéis e por quem queriam lutar. Todos se sentiam, de repente, honrados em servir e morrer por aquele que havia sacrificado seu trono por todos. Aprenderam também qual deveria ser a atitude frente os novos rumos que as coisas tomariam em nome da paz e da sobrevivência da cidade e do povo. Os que quiseram foram autorizados a deixar os exércitos, e os demais deveriam obedecer apenas a seus comandantes diretos, sem nunca atender ordens diretas de oficiais estranhos, alegando ordens anteriores.

Ainda boquiaberto com o comportamento de Acau-hã, Shemhan perguntava para si mesmo onde estaria o belicoso príncipe de quem tanto ouvira falar? Esperava um líder forte e inquebrantável, mas parecia ter à sua frente um ser combalido, quase assustado, parecendo mais um menino carente que um ladrão de tronos.

Embora verdadeiramente surpreso, seus longos anos de militar o avisavam para não baixar a guarda. Acau-hã podia estar confuso, mas não era nem de longe um coitadinho qualquer.

Tabajara continuou:

— Sabemos que nosso comandante jamais será aceito pelos outros príncipes e, desta forma, passará para o Templo de Áries como um de meus auxiliares diretos e deverá ser esquecido por teus soldados. Intermediará a passagem do poder militar para um de seus subordinados, o também general Itaperuna que intermediará cotigo o diálogo com os comandantes de tuas tropas — indicou com o braço o outro militar postado ao lado de Shem-han, também pasmo com o rumo da conversa. — Peço-te que estes soldados não sejam vistos como inimigos, mas como irmãos. Assim, estão instruídos também — fez uma pequena pausa para concluir a seguir: — Como vês, é pouco o que te peço. Não vai além da integridade física de todos. Não somos teus inimigos e não te vemos como tal. Tudo é fruto do andar dos homens sobre a Terra e apenas isso — falou de forma enigmática sem ser contestado. — Peço tua palavra de honra.

— Tendes a minha palavra, Excelência — afirmou quase sem pensar e de forma respeitosa. Depois, mais recobrado perguntou: — Mas por qual razão me recebeis desta forma e ainda por cima me alertais do perigo que corro? Podeis em vossa grandeza não me ver como inimigo, mas vim para tomar aquilo que pertencia a alguém que vos é tão caro.

— Os tronos da matéria são bens passageiros, filho. Até nossas vidas o são. Não há nada que possas nos tomar de fato e por isso te recebemos. O que vais fazer com o trono e com o palácio real pouco nos importa. Uma nova dinastia? Quem sabe? Não acreditamos na perenidade de nada que se impõe pela força. E qual a importância disso tudo, não é mesmo? Qual a importância dos nomes e das individualidades? Só o que importa é o quanto de contribuição cada um pretende dar. Pretendes contribuir com teu povo, filho, com a dignidade que se espera de um tuxaua, ou viestes apenas para usurpá-lo e provar que és o melhor e tens poder para te vingar? É de teu coração a responsabilidade por essa resposta.

Acau-hã estava mudo. Dentro de si a arrogância e o ódio haviam dado lugar à vergonha e à surpresa. Depois dessa breve conversa tinha leve idéia de sua precipitação de julgamento e dos tormentos que o aguardavam com seus parceiros de aventura. Seria traído e provavelmente morto!

"Oh, homens insanos! Altos preços se pagam pelos grandes enganos", pensava condoído Tabajara, lendo seus pensamentos ao captar suas emoções.

— Coloco-me a tua disposição para o que precisar. Deixo-te o palácio e tua guarda real, filho... Ah! Se teus parceiros quiserem podem vir a ter comigo para mais explicações. Posso ainda, se desejares, auxiliar nas intermediações junto ao povo ou a outras autoridades. Conhecerás a todos no devido tempo. Estarei no Templo de Áries e não será difícil me achar. O que preferirem, embora nosso caro Itaperuna seja competente para fazer tudo sem o auxílio deste pobre velho. Creio que de nossa parte ele apenas pedirá aos homens de Cairú que não interpelem diretamente nem aos homens do povo e nem aos soldados, sabendo que todos serão leais ao novo tuxauá, em nome da grande nação Nhengatu. Altos funcionários do palácio também te serão apresentados por ele, para as formalidades que julgares necessário.

Já se virava juntamente com Shem-han e os demais sacerdotes para deixar o lugar quando Acau-hã o chamou:

— Excelência! Preciso saber... — titubeava para fazer a pergunta que o incomodava.

Adiantando-se a seus pensamentos, novamente apenas para mostrar certo "poder" místico, que de fato abominava ter que usar desta forma, falou mansa e simplesmente:

— Teu irmão partiu para não mais voltar. Nunca mais será visto pelos nhengatus e nunca voltará a reclamar seu trono. Sacrificou-se pela terra e pelo povo que tanto amava. Para que não houvesse uma só gota de sangue derramado. Se ele aqui ficasse, todos os homens tomariam armas para defendê-lo, não se conseguiria impedi-los — fez uma pequena pausa sorrindo levemente enquanto se lembrava do filho querido e dos que partiram com ele. — Mas não te preocupes. Ele deve ficar bem. Tudo ficará bem. Espero-te no templo a qualquer momento, se precisares ter com quem conversar. Fica em paz.

— Que assim seja! — recitaram os sacerdotes presentes.

— Porque assim será! — completou o ancião dando o braço a Shem-han e se retirando no seu caminhar lento para a outra saída do palácio, onde o esperava sua liteira com os brasões de seu posto bem identificados e as dos demais sacerdotes e funcionários que o acompanhavam. Ficaram apenas os oficiais responsáveis pelas negociações.

Acau-hã estava mudo, acabado, humilhado pela própria estupidez. Uma raiva surda corroia suas entranhas e não se importaria se a terra se abrisse naquele momento para tragá-lo para a morte. Virou-se para Itaperuna, que o interpelava com o olhar sobre os próximos passos.

O general era um homem já entrado nos anos, como denunciavam seus cabelos grisalhos. Era alto, forte, inteligente, destemido e orgulhoso de seu exército. Dolorosamente havia se despedido de seu rei e aceitara o novo posto quase como uma missão, compreendendo perfeitamente que seu comandante, a quem tanto admirava, não poderia continuar no cargo. Sabia dos riscos que corria, mas aceitava-os heroicamente e sem pestanejar em nome da grande nação Nhengatu, pela qual daria a própria vida. Como seu antecessor, votou num primeiro momento por lutar contra os invasores despóticos, mas compreendeu depois que cada ação demanda uma reação diferente, por mais humilhante que possa parecer à primeira vista. Respeitadíssimo por todos, era o sucessor natural de Shem-han e não teria dificuldade em transitar entre as casernas, os templos e os palácios. Além do mais, Shem-han, de quem era amigo pessoal de longa data, estaria sempre por perto para conversarem.

— Estou à vossa inteira disposição, Alteza. Estarei aqui para introduzir-vos ao palácio e apresentar-vos os principais funcionários, quando quiserdes. E também para iniciar qualquer conversação.

— Hã? Oh, sim! Claro, general!

Acau-hã desceu os degraus lentamente arrastando as pernas, em nada lembrando o arrogante conquistador que os subira momentos antes.

Ao chegar embaixo, estava pálido. Foi imediatamente cercado pelos três conjuras aflitos, querendo saber o que tinha acontecido. Lançou um olhar gélido sobre os dois parceiros, o que não foi nem de longe percebido tal o grau de agitação de ambos. Rapidamente, no entanto, tratou de recompor-se, pois sua vida estava em risco. De forma astuta não revelou o que Tabajara havia lhe dito sobre os planos da dupla de tratantes sobre sua pessoa. Contou dos porquês da cidade estar vazia, da fuga de Tupayba, da colaboração ilimitada que teriam para tomar posse do palácio e de tudo o mais, inclusive da imobilidade das tropas do tuxauá, pois o sacerdote havia determinado que nem uma só gota de sangue fratricida corresse em solo nhengatu. E essa era a única condição para que não houvesse confronto entre os exércitos, e foi aceita por ele porque era uma medida inteligente, além do mais, não se poderia negar ou negligenciar a influência do famoso sumo sacerdote junto ao povo de toda a nação e também junto aos deuses.

Percebendo que eles o ouviam com interesse, acrescentou logo algumas mentiras:

— Além disso, podemos fazer algumas concessões bobas, que na verdade serão de grande utilidade. Os sacerdotes que rezem em seus templos pela paz, os soldados que obedeçam a seus antigos comandantes e nos protejam com suas lanças e o povo que viva bem e muito para trabalhar para nossa riqueza, até porque não viemos mesmo aqui para matá-los, não é mesmo? — falou, forçando uma gargalhada que influenciou os, enquanto se davam tapas nas costas.

— Tens toda razão. Incrível como tudo foi fácil! — desabafou um Jacyguá excitado, sentindo-se espertíssimo.

— É verdade! Muito melhor do que se poderia esperar. Que covardes! — emendou Ubirajara com desprezo.

Acau-hã pensou em torcer-lhe o pescoço, mas controlou-se e usou a frase estúpida do outro para ir alinhavando seu novo plano. Ia se tornando evidente que sua sobrevivência dependeria do próprio Tabajara, a quem deveria se aliar, mesmo sabendo que ele não faria pactos com quem fez o que ele próprio havia feito. Pensava confusamente, mas tinha que tomar providências para evitar mais bobagens vindas dos dois e de Cairú, que parecia em êxtase, por sua "brilhante" campanha militar.

Tratou de dar uma ou duas palavras de reconhecimento ao general que, fingindo modéstia, agradeceu, se comprometendo a ceder às bobas exigências do sacerdote sobre os soldados, que não seriam importunados. Depois, se voltou para o herdeiro de Aratimbó:

— Na verdade, meu caro Ubirajara, não são exatamente covardes e não devemos nunca provocá-los com este tipo de afirmação — ponderou. — Eles todos têm uma estranha crença sobre a raça nhengatu. Como se não importasse muito quem governa a nação, desde que ela sobreviva. Claro que não estão felizes com as mudanças, mas mostram-se dispostos a colaborar porque a saída de Tupayba deve ter sido a vontade dos deuses.

Novas gargalhadas.

— Vontade dos deuses? Mas que bobagem! Nem Tupã acreditaria nisso! — falou Jacyguá rindo.

Desta vez, no entanto, não houve eco, pois colocar Tupã no meio da conversa de forma tão desrespeitosa, até mesmo para aqueles homens gananciosos era algo pecaminoso.

Constrangido, ao perceber a reação dos outros, ainda tentou consertar, sendo interrompido por Acau-hã:

— Percebeste? É isso que precisamos evitar. Devemos estar atentos para o que falamos e fazemos. São todos muito melindrosos com essas coisas da raça, do poder espiritual e tudo o mais. Conquistamos mais do que pretendíamos: temos o palácio, o Grande Conselho dos Príncipes a nossos pés, as tropas e o próprio povo. E sem lançar uma só flecha. Inacreditável!

— Sim, sim — foi a resposta em uníssono dos três, que continuavam a se abraçar e a gracejar como crianças felizes.

Cairú, notando a impaciência das tropas que permaneciam em posição de combate, interveio dirigindo-se a seu príncipe:

— Penso que posso desmobilizar as tropas, meu senhor. Estão todos exaustos. — Na verdade, já não era um menino e estava cansadíssimo pelos longos dias de empreitada.

— De fato, meu general. Vês aquele general no alto da escadaria? — falou apontando para Itaperuna em seu vistoso uniforme esperando pacientemente pelo próximo passo dos invasores, conversando com os oficiais de seu estado maior. — É o comandante em chefe de todos os exércitos do rei e, como tal, permanecerá, pois não podemos causar constrangimentos aos soldados. Trata-o com a deferência que dedicas aos teus pares, pois ele também só quer colaborar e a ele tudo será reportado. Tu ficarás como meu principal assessor militar, longe do dia-a-dia dos soldados, que bem mereces, amigo.

Tal fala provocou um largo sorriso no velho militar, que anteviu, como por encanto, as benesses de uma vida mais tranqüila no palácio ao lado do novo tuxauá, sem ter que se preocupar com as tropas e mais nada. Daria conselhos. Que maravilha!

Acau-hã destituiu a autoridade de Cairú e manteve Itaperuna na chefia geral dos exércitos de toda a nação, incluindo os exércitos dos parceiros. Era verdadeiramente brilhante, em especial quando o ódio não cegava por completo seu raciocínio. Em pouco tempo, previa que os soldados estariam todos se confraternizando.

Nem mesmo os outros príncipes perceberam a jogada e continuaram rindo e aprovando alegremente os procedimentos.

— Mas, e Shem-han? O que será dele? — lembrou-se de repente o general. — Ele é um perigo. Um grande militar. Não se renderia tão facilmente. Creio que o vi ao lado do sacerdote — falava nervosamente, fazendo Acau-hã se preocupar por um instante.

— Retirou-se para o Templo de Áries por isso mesmo. Não se conformaria em partilhar armas com invasores. Mas não te preocupes, pois confessa das mesmas crenças dos demais sobre a vontade dos deuses, essas coisas. — disse fingindo desdém. — Se afastou justamente para não causar problemas. Não deve ser incomodado, até mesmo porque está sob a proteção pessoal de Tabajara e, como tu bem o sabes, ele é um mago muito poderoso, estando vivo ou morto. — falou dando ênfase ao "vivo ou morto" para que os outros dois entendessem que não adiantava ter idéias sobre assassinar qualquer um dos dois. — Partilha da mesa dos deuses e não há um só homem nesta terra que seja páreo para ele. Eu mesmo conheci outro poderoso mago que deve ter sido simplesmente eliminado por ele num confronto.

Ao se lembrar de Omandyas, havia tanta gravidade e verdade em sua voz que todos se entreolharam atemorizados.

— Embora quem vá tratar de tudo seja Itaperuna, Tabajara se colocou à nossa disposição para outras explicações ou como intermediário entre nós e o povo, os militares ou entre nós e os sacerdotes. Quem de nós vai ser aquele que irá ter sempre com ele? Pediu que escolhêssemos apenas um. — aproveitou o momento para arriscar tudo.

E a resposta covarde veio rápida e em coro:

— Tu, é claro! — obviamente ninguém tinha coragem de se defrontar com o sacerdote, como ele mesmo previra de forma bem humorada. Completou então, após um suspiro de alívio imperceptível:

— Não somos muito populares por aqui, especialmente eu, que já fui até banido quando ouvi conselhos errados e, por isso, não devemos provocar mal querências em relação às nossas pessoas, se desejamos nos tornar populares e queridos — piscou significativamente para os "amigos", que riram aquiescendo.

Depois de mais algumas conversas e decisões o quarteto se separou. Cairú chamou seus oficiais e foi ter com Itaperuna, enquanto Jacyguá e Ubirajara subiam garbosamente as escadarias do palácio, passando pelos soldados perfilados, sendo recebidos por outros auxiliares e logo se instalando nos grandes aposentos que lhes foram oferecidos. A contragosto viram os aposentos reais serem reservados para Acau-hã, o filho da rainha e detentor legítimo do trono.

Este, por sua vez, tomou o rumo do Templo de Áries acompanhado de sua guarda pessoal. Gostaria de falar mais com Tabajara, caso fosse recebido. Não tinha idéia do que falaria a ele, mas seus pés se moviam automaticamente ligeiros. Até a liteira foi deixada para trás, para a surpresa dos carregadores. Não sabia se gritava de raiva por ter se metido naquela situação, se pedia perdão e apunhalava o próprio coração ou se dava meia-volta e tornava ao Araxá. Sentia-se um perfeito idiota. Sabia não haver conserto para a tragédia que causara e por aquela que ainda estava por vir.

Faria muitas e muitas vezes o trajeto até o grande templo. E em todas as vezes seria recebido piedosamente.

A prevalência da loucura

Algumas luas depois, apesar de toda intermediação pacífica feita por Itaperuna e Tabajara, os dois príncipes se cansaram de seus novos brinquedos no palácio e começaram a tramar o próximo passo, que seria eliminar Acau-hã, que ainda não havia sido consagrado como tuxauá pelo sumo sacerdote. Uma longa preparação ritualística precedia esse acontecimento, que Tabajara tratou de estender o máximo possível.

Nesse ínterim, muitas coisas haviam mudado na Cidade Central, para onde afluíram nobres das cidades "vitoriosas", inclusive as governadas pelos cúmplices menores, como Jassanan e Iderê, deslumbrados com a nova situação, como se o palácio real também lhes pertencesse. Da mesma forma, vieram vários outros nobrezinhos de terceiro escalão das pequenas cidades apoiadoras da invasão, onde pululavam bajuladores dos conquistadores, encantados com a possibilidade de se fazerem representar no Grande Conselho dos Príncipes. Aproveitadores baratos anteviam a possibilidade de, da noite para o dia, ganharem um quinhão inesperado de ascensão social e, naturalmente, mais poder nas decisões de governo. A centenária tradição do Conselho dos Doze era literalmente atirada de vez ao lixo.

No meio da confusão causada pela inevitável mudança no ritmo de vida da cidade, com o vai-e-vem de tropas estrangeiras, a chegada de mais um bando de arrogantes e desocupados nobres causou grande transtorno e irritação na nobreza local, pois, além de ignorantes e agressivos, não tinham o tato acordado entre os locais e os conquistadores. Zombavam de tudo e de todos, como se estivessem numa grande e alegre festa. Sem lugar para morar, exigiam de seus príncipes hospedagem nos palácios, nos templos e nas casas dos demais nobres. Um tumulto que pressagiava o início de uma luta fratricida, contra a qual tantos haviam se sacrificado.

De Áries, Tabajara observava consternado, ao lado de Shem-han, Paraty, Sadynara e dos demais auxiliares e sacerdotes, a prepotência, a ganância e a loucura dos homens, se fazendo valer sobre o bom senso. Desta vez, sabia que não havia mais nada que pudesse ser feito. Enquanto isso, Ubirajara e Jacyguá, indiferentes aos reclamos de todos e à agitação que se instalava na cidade, maquinavam um plano para matar Acau-hã. Ao mesmo tempo, começavam a desconfiar um do outro, pois, naturalmente, ambos queriam se tornar o novo tuxauá.

Interesseiros ao extremo, não percebiam nada que escapasse do campo de visão dos próprios umbigos, estando alheios às notícias que chegavam a toda a hora. Davam conta sobre a anarquia que começava a grassar em suas próprias cidades, deixadas praticamente sem comando. Egoístas, apenas olhavam para a frente, preocupados com o próprio futuro, ignorando completamente os avisos de perigo que vinham de todos os lados. Seus conselheiros, que faziam o papel de regentes em suas cidades uma vez que seus filhos não tinham idade para governar, não tinham pulso para conter a balburdia dos nobres, que simplesmente se apoderavam do que precisavam, nem a insatisfação do povo, que se ressentia das muitas dificuldades.

O comércio em toda parte estava quase arruinado com o fechamento das fronteiras de várias cidades. As lavouras estavam mais ou menos abandonadas pelos trabalhadores, pois os nobres e quase falidos proprietários ou partiam para a corte ou tomavam para si porções cada vez maiores dos lucros, nada sobrando para as famílias daqueles que realmente cultivavam as terras. Muitas plantações começavam a ser invadidas pelo povo faminto, arrasando as colheitas. Artesãos e soldados abandonavam as cidades com medo de uma revolução maior, partindo em pequenos grupos para tentar sobreviver com suas famílias em rincões remotos e isolados.

O desatino chegou a um ponto que até mesmo alguns nobres que não partilhavam da loucura de seus pares, começaram a fugir com suas famílias e agregados, inclusive sacerdotes. Pequenos agrupamentos iam se formando em torno deles durante a desorientada debandada.

Entre os que não podiam partir, o sentimento de revolta e impotência aumentava a ponto de histórias terríveis sobre assassinatos começarem a ser contadas na Grande Cidade, por todo o reino. Nobres e seus assessores eram mortos por pessoas do povo. Famílias inteiras eram simplesmente degoladas ou atiradas aos monstruosos animais que ainda existiam nos rios que corriam nas matas mais fechadas. Casas eram incendiadas e pilhadas. A barbárie tomava conta daqueles homens sofridos e sem regras que os guiassem.

Na Cidade Central um clima de desconfiança e ressentimento rapidamente se espalhou entre as diferentes classes sociais, deixando o povo apreensivo e a nobreza apavorada, a exigir proteção do governo.

A fome, o assombro e o desespero se espalhavam rapidamente em algumas regiões desde o começo da conspiração que culminara na queda do rei, algumas luas atrás. Os soldados, igualmente atarantados, pouco se esforçavam para conter as revoltas, pois também eram vítimas da fome, da insensatez e da alienação dos governantes. Não raro faziam uso de suas lanças não para reprimir, mas para auxiliar os revoltosos.

A grande nação Nhengatu começava a se esfacelar de vez. Não demorou muito para que a confusão se avizinhasse cada vez mais do palácio real, onde a alienada dupla de invasores estava gostosamente instalada.

Nessas alturas, um abatido Acau-hã relutava em assumir suas responsabilidades com todo o povo nhengatu, o que seria o mínimo desejável a ser feito nestas alturas, ao menos para tentar reparar o que havia causado mas, deprimido, tudo o que fazia era se corroer em culpa.

Um dia, depois de luas de indecisão, percebeu que não conseguiria fazer mais nada para consertar as besteiras anteriores, resolvendo voltar para a Cidade Alta. Achou que poderia, ao menos, tentar ajudar o povo de Araxá, não hesitando em deixar a sede do reino na mão dos enlouquecidos parceiros.

Se por um lado tentava desesperadamente voltar sobre seus passos para corrigir algumas das bobagens deixadas pelo caminho, por outro não deixava de ter uma atitude egoísta, pois abandonava os habitantes e aqueles que o haviam acolhido e, de certa forma, o haviam protegido, mesmo tendo ele feito o que fez. Na verdade, sua vida havia se transformado num beco sem saída. Duas vezes havia sido recebido por dois povos diferentes e agora conseguia decepcionar a ambos. Abandonava um à própria sorte e não conseguiria salvar o outro, uma vez que muito tempo havia se passado. Não o que teria acontecido nesse meio-tempo e se conseguiria chegar até lá. Nenhuma notícia chegava de Araxá há várias luas.

Mesmo alertado sobre os perigos da empreitada por Tabajara e Shem-han, pois certamente seus passos eram seguidos dia e noite por espias de seus antigos parceiros, resolveu ignorar os conselhos e partir. Exatamente seis luas haviam se passado desde sua chegada. A cidade tinha vivido em relativa paz até a onda de migração, mas nunca se havia tentado apaziguar as demais, apesar dos apelos do sumo sacerdote e do general Itaperuna. Este se dispunha a intervir com tropas, onde fosse possível, para tentar colocar um pouco de ordem nas cidades que restavam ao império.

Se antes Tabajara tentou adiar a confirmação do novo tuxauá para dar ao povo a possibilidade de ir se acostumando sem embates à nova idéia, agora a situação era diferente, pois mil dificuldades foram aparecendo ou sendo estrategicamente colocadas pela dupla de tratantes para adiar a cerimônia de entronização de Acau-hã, apesar dos esforços que partiam de Áries.

Apesar de Itaperuna estar fazendo discretamente, e sob o conselho dos amigos, as vezes de regente do trono vazio, sua posição não era clara para todos, deixando espaço para que muitos palpitassem. Além disso, nem mesmo o poderoso sumo sacerdote poderia forçar uma data sem prever se haveria resistência dos dois outros príncipes e seus aliados e talvez até derramamento de sangue. Havia tentado duas vezes sem sucesso.

Tabajara sabia muito bem que eles não desistiriam nunca de seus planos e sonhos de poder. Sabia que, dos três, deveria sobrar apenas um. Estava de mãos atadas, porque Acau-hã se mostrava ser um mal menor. Sua única "virtude" era estar arrependido, e nada mais. Não conseguia atrair a simpatia do povo, que não se entusiasmava com o futuro tuxauá nas vezes em que este participou de audiências públicas ao lado de outras figuras de autoridade. Era fechado e austero, ao contrário do esperto Jacyguá que se derretia entre mimos para a população e entre graças para os homens de armas, para o desalento de Itaperuna e dos demais amigos que haviam permanecido em seus postos. E agora também Acau-hã se mostrava covarde e egoísta.

Nos grandes templos, os sacerdotes multiplicavam suas cerimônias religiosas, seus rituais e cânticos a Tupã, numa tentativa de prover a todos os homens do reino, tantos quantos pudessem se beneficiar de generosas porções de amor, de paz e de resignação frente às muitas dores. Irmanavam-se num amor universal e se recolhiam em orações, mesmo sabendo que poucos poderiam ser os favorecidos.

Oficialmente, ainda faziam parte da nação apenas seis das doze grandes cidades, além da Cidade Central e duas ou três dezenas de cidadezinhas menores. Eram seus príncipes Acau-hã, Jacyguá, Jassanan, Jaranan, Ubirajara e Iderê. Todas as demais, governadas pelos príncipes leais, seguiram as ordens do sumo sacerdote e fecharam-se em si mesmas cerrando suas fronteiras, o que impediu que a loucura generalizada batesse às suas portas.

Planos secretos dos sacerdotes

Dias depois da partida secreta de Acau-hã e de alguns de seus leais oficiais em direção a Araxá, chegou o aviso de que o príncipe e futuro rei, tendo saído com uma patrulha para verificar a situação nos arredores da cidade, fora morto junto com seus homens por um bando de salteadores revoltosos que o roubaram e sumiram.

A notícia não chegou a despertar grande constrangimento ou comoção na cidade, posto ser ele pouco mais que um completo e antipático desconhecido. Reações diferentes ocorreram em Áries e no palácio real.

Enquanto Jacyguá e Ubirajara se congratulavam quase abertamente pelo sucesso do atentado por eles tramado e em muito facilitado pelo infeliz Acau-hã em sua partida precipitada e mal planejada, uma parte das tropas vindas de Araxá se mostrou inquieta, triste e desconfiada com a súbita e estranha morte de seu príncipe, dando muito trabalho a Itaperuna e a seus oficiais para evitar um motim entre eles. Felizmente, o grande general já havia conquistado o respeito desses soldados e tendo Cairú há muito sido transferido para o posto fictício, todos se subjugaram às suas ordens e a seus apelos de ponderação enquanto o caso era investigado tomando-o agora como líder.

Itaperuna achou por bem despachar de volta para a Cidade Alta todos aqueles que assim desejassem especialmente os que tinham família por lá ou simplesmente quisessem ajudar na proteção de sua cidade. Como o general Cairú não esboçasse a menor vontade de sair de seus aposentos no palácio real, foi convencido de que ali a sua vida corria perigo ou que, no mínimo, não demoraria a ser chutado para fora e, desta forma, deveria voltar.

Mesmo retornando com seus soldados, ele concordou em entregar o comando a outro oficial de Araxá, Itagi, homem que ganhara a confiança de Itaperuna e que faria menos asneiras às tropas e ao auxílio àquela população ignorante e sonhadora. Araxá ficara sob o governo do despreparado, inconseqüente e preguiçoso primo de Acau-hã, Tinga, e precisaria muito de uma mão forte.

Apesar de não se saber como estaria a situação na distante e isolada cidade, Itagi seria o melhor para tentar convencer aquela gente dos enganos cometidos por seu príncipe e da necessidade de fecharem suas fronteiras, se ainda houvesse tempo. Cerca de metade dos homens vindos das montanhas do norte foram embora. Os demais preferiram ficar, pois na Cidade Central a segurança e a vida eram melhores naqueles tempos.

Shem-han e os demais amigos não chegaram a se lamentar por Acau-hã, pois já haviam previsto que tal coisa aconteceria mais cedo ou mais tarde, mas se lamentaram pelo povo nhengatu, que teria que se contentar em ter como tuxauá um dos dois patifes instalados no outro extremo da avenida. Não que Acau-hã fosse um exemplo de retidão de caráter ou de bondade, como Tupayba ou seus antecessores, mas havia esperança que, com o tempo, pudesse ir melhorando, pois não era burro e havia compreendido perfeitamente os desatinos que cometera. Como já foi dito, ele era o mal menor.

Sentados na varanda dos aposentos pessoais do sacerdote naquela tarde abafada de verão, Shem-han e Itaperuna conversavam preocupados sobre o episódio quando o velho sacerdote chegou, auxiliado por um jovem serviçal do templo. Nos últimos tempos, sua dificuldade de locomoção se acentuava. Seu sorriso bondoso, no entanto, não o abandonava jamais.

Com sua chegada, ambos fizeram menção de levantar-se, sendo impedidos por um leve movimento de braço do religioso, que não tardou a se esparramar em seu sofá coberto de macias almofadas. Apalpou as almofadas e brincou para alegrar o ambiente, frente aos semblantes carregados dos dois militares.

— Como podeis ver, meus filhos, a cada dia as pessoas me mimam mais. Qualquer hora vou me afogar no meio de tantas almofadas — fez uma pequena pausa enquanto se acomodava, para depois completar: — Privilégios de gente velha.

Os dois amigos não puderam deixar de sorrir enquanto olhavam embevecidos e cheios de amor para o ancião que arrumava a leve túnica já gasta e tentava, ao mesmo tempo, abanar-se com o leque de penas que trazia na outra mão. Um breve e grave silêncio pairou no ar por alguns momentos tendo cada um mergulhando em seus pensamentos, quebrados apenas pela entrada do mesmo jovem que acompanhara Tabajara carregando uma grande bandeja com o jantar para o pequeno grupo.

Olharam meio desanimados para o ensopado de peixe e alguns poucos legumes, tudo servido frio por causa do calor, como era de costume. Não tinham fome alguma.

— Vamos, vamos! — incentivou o sacerdote, apanhando sua tigela e servindo-se. — Morrer de fome não vai resolver nada. Imagino que estejais enjoados de comer peixe todos os dias, mas pouco mais que isso nos resta nestes tempos difíceis. — falou, mesmo sabendo não ser este o motivo do desânimo dos dois.

Os dois se serviram e começaram a comer a contragosto, sendo observados discretamente e com bondade pelo velho amigo, que compreendia perfeitamente o que se passava em seus corações. Acostumados à ação, a não mandar recados e a resolver as pendências com presteza, viam-se agora, aqueles valorosos militares impotentes, frente ao curso dos acontecimentos. Como conter os levantes nas cidades através da força dos exércitos sem deixar a Cidade Central desprotegida ou, o que era ainda pior, sem causar mais mortes e violência? Como impedir as desgraças que se avolumavam por toda a parte? Como aceitar que um daqueles desprezíveis príncipes seria seu tuxauá? Como esquecer o esplendor da grande nação Nhengatu? Como não se revoltar contra os deuses? Como não sentir saudades dos amigos que partiram? Como?

"Com compreensão dos ciclos da vida, meus filhos", era sempre o discurso do religioso aos seus reclamos nestes tempos. "Estamos fazendo nossa parte e cuidando para que os danos sejam os menores possíveis, mas não podemos interferir na livre vontade dos homens. Muito sangue será poupado, pelo menos aos homens comuns, e algumas lições, com certeza, serão aprendidas para se transformarem em frutos no porvir. Tudo passa. Tudo vai passar".

— E agora? O que fazemos? — indagou Itaperuna, depondo sua tigela sobre a pequena mesinha de junco à sua frente.

— Foi alertado. Acau-hã vinha morrendo um pouco a cada dia desde que foi roubado dos braços de sua mãe por Omandyas. Seu destino seria difícil de ser mudado por ele mesmo. Penso que teve até condições de fazer escolhas acertadas num determinado momento da vida, mas nunca conseguiu. Um carma deveras complicado — filosofou para si mesmo. — Infelizmente, não podemos trazê-lo de volta à vida. Temos agora que esperar para ver qual dos dois patifes vai sobreviver. Aposto em Jacyguá — disse calmamente Tabajara, para o espanto dos outros. — Sim, porque o desfecho não deve demorar muito mais agora.

E, percebendo o olhar incrédulo dos dois generais, acrescentou:

— Não vindes me dizer que acreditais num desfecho negociado ente eles? Sabíamos desde o princípio que eram duas serpentes querendo se devorar. Jacyguá é o mais esperto e vai prevalecer. Não vai demorar até que dê cabo de Ubirajara também. Por outro lado, tendo que lidar com um só, a tarefa será mais fácil para nós. É ganancioso, mas cego e interessado apenas em desfrutar das benesses do cargo. Poderemos tentar colocar um primeiro conselheiro para ajudá-lo a gerir o que restar deste reino. Ele não se oporá.

— Mas quem teria coragem de se arriscar dessa forma? E ter que conviver diuturnamente com um crápula? — perguntou Itaperuna.

E com os olhares de Shem-han e Tabajara pousados de súbito sobre si mesmo, gaguejou:

— E... e... eu? Primeiro me passais os exércitos, e agora isso? — ponderou aflito, mesmo antevendo que não teria escapatória.
— Sim. Tu! — falou Shem-han inesperadamente animado com a idéia e vendo no arranjo mais uma esperança para o povo.
— Quem melhor que tu para manejar as coisas? És perfeito para lidar com o infeliz. Sabes te fingir de morto quando necessário e és excelente estrategista. Além do mais, terás amplo apoio dos exércitos.
— E ademais, meu filho, estaremos na tua retaguarda para te aconselhar enquanto for possível. — completou o sacerdote.
— Oh! Por Tupã! O que me pedis! O conselheiro natural sois vós — falou balançando a cabeça e se dirigindo ao velho amigo. — Sou um guerreiro e não um negociador.
— Antes de tudo, és um grande comandante — voltou Tabajara.
— Tens tino e bom-senso para o comando, que é tudo o que esta terra precisa hoje. No momento da dor pungente, o poder espiritual desperta pouco interesse nos homens. Eles o temem, mas não se interessam em ouvir as verdades, porque são verdades que não compreendem, meu filho. Posso inventar doces mentiras e dizer apenas que tudo não passa da vontade dos deuses e eles se curvarão, mas não só não estarão consolados, como também cedo voltarão a se desesperar. Um general como tu, forte e determinado, tem sua voz ouvida mais atentamente nestes tempos — fez pequena interrupção para tomar fôlego.
— Precisam de um guia com a aparência possante ao qual possam ouvir sem ter que pensar muito em seus deveres com um longínquo Tupã. Na hora da aflição, precisam do alimento e da água. Precisam de uma cama e de um teto. Precisam de alguém que aponte o caminho da horta e da fonte, da árvore e do junco. E os deuses? Ora, os deuses que nos amparem. Esta é sua obrigação, pensam eles.
Enquanto Itaperuna hesitava, já que não parecia nem de longe convencido sobre a necessidade de vir a assumir tal posição, Shem-han teve um estalo, voltando-se para o sacerdote que sorria lendo seus pensamentos e exclamou em voz alta:
— És um gênio, amigo! Que arranjo brilhante está tramando!
Como Tabajara apenas balançasse a cabeça enquanto se servia tranquilamente de uma segunda porção do ensopado, Shem-han continuou deixando Itaperuna ainda mais confuso:
— E quando só sobrar o tolo Jacyguá, nosso bom amigo aqui já terá tanta ascendência sobre as tropas que não será difícil tira-lo do trono com um pontapé nos fundilhos. Até porque os outros parasitas

principezinhos — falou em tom sarcástico —, já estão sendo convencidos por Itaperuna a mandar parte de suas tropas de volta para casa para proteger o que restou de suas cidades. Só restarão mesmo nossas tropas e parte das que chegaram e se tornaram mais leais ao nosso general que aos seus senhores.

Até mesmo Itaperuna teve que concordar que a idéia era interessante. De alguma forma, a natureza e tudo a seu redor conspiravam para expelir aqueles corpos estranhos de seu seio. Seus olhos voltaram a brilhar com esperança pela salvação do que restava daquele povo.

— Por Tupã! Estamos nos tornando conspiradores também — falou surpreso com a situação, mas já refeito do susto inicial.

Enquanto os dois generais trocavam idéias bastante animados, Tabajara terminava sua segunda tigela, comentando casualmente como se nada de importante estivesse acontecendo:

— Nossos bondosos cozinheiros continuam ótimos. Fazem verdadeiros milagres com o pouco que dispomos, não acham?

Sua postura era tão inusitada que os dois caíram na risada. Depois de uns instantes, o velho clérigo tornou em tom mais sério:

— Como são as coisas, não é mesmo, meus filhos? Agora os conjuras somos nós. Mas, de fato, estamos apenas tomando as medidas possíveis neste instante específico. Não somos salvadores e não vamos nos arvorar como tal, pois que ninguém precisa ser salvo. Cada homem caminha por sua trilha aprendendo aqui e ali, não podemos ser observadores negligentes da história desta civilização. Se fazemos parte dela neste particular episódio, precisamos contribuir de alguma forma com o nosso amor, mas também com a nossa ação determinada. Não façamos como a maioria dos homens, que delegam aos deuses as tarefas que são suas. — parou para olhar os dois que bebiam de suas palavras em silêncio. Sorriu docemente para continuar: — Não é surpreendente como os homens pensam que sua única tarefa divina é ser bom, cuidar de sua família e orar aos deuses rogando proteção aos seus?

Paraty, que acabara de chegar e sentara-se ao lado do sacerdote abraçando-o ternamente pelos ombros, se intrometeu sorrindo, após saudar efusivamente os amigos, como era típico de seu temperamento alegre e extrovertido, o que não combinava em nada com a discrição quase invisível com a qual trabalhava:

— Que conversa boa! Nos templos de ensino, os sacerdotes não se cansam de tentar passar essa idéia aos jovens. — suspirou, e depois continuou dirigindo-se a seu sumo sacerdote, sempre sorrindo:

— Mas não achais que é mesmo muito confortador ter a sensação de dever cumprido apenas por orar e pedir pelos seus? — e, sem esperar resposta: — E como dizer a eles que ser bom e cuidar da família não é mais que obrigação, não é mesmo?
Tabajara assentiu satisfeito:
— É verdade. Então não dizemos, pois não temos o direito de interferir em suas crenças. A maioria dos homens ainda não tem essa consciência. Quem já a tem que faça sua parte e não sobrecarregue os deuses, que já estão por demais ocupados.
Todos riram.
— Embora estejamos quase felizes por arranjar novos meios de preservar a sobrevivência da cidade e das pessoas, não vos esqueçais que aqueles que partem ou que estão em lugares distantes, e que por isso não conseguimos amparar diretamente, ou ainda aqueles habitantes das cidades governadas por irresponsáveis também são nossos irmãos e, desta forma, nossa vitória não será tão grande. Quero dizer que nossa ajuda, embora necessária e crucial, é ínfima quando olhamos o todo.
Itaperuna o olhou admirado. Os outros dois já conheciam de longa data a linguagem cifrada e a posição humilde do sumo sacerdote frente ao universo.
— Se pudéssemos alcançar uma estrela vimana e de lá olhar aqui para baixo o que veríamos? — fez pequena pausa e suspirou longamente, como a contemplar. — Ah! Que maravilha seria! Provavelmente veríamos mares, grandes lagos, extensas terras e lindas montanhas. Veríamos homens? Duvido muito. Não somos quase nada perante o resto da natureza e por isso o auxílio que promovemos têm a mesma proporção. Por isso não devemos pensar, infelizmente, que fazemos grande coisa e, tampouco, nos orgulhar. — falou em tom de anedota, embora ninguém tenha sorrido.
— Contribuímos apenas com nossa parcela, nossa pequenina parcela. Como tu mesmo poderás fazer, meu filho, te sacrificando um pouco mais pelos demais ao conviver mais de perto com aquele infeliz — falou diretamente ao bravo general, que se mantinha atento à sua frente.
Nos últimos tempos, com o contato mais direto com os sacerdotes no templo de Áries, o militar havia aprendido muito sobre os homens e sobre os deuses, e se alegrava por isso.
E Tabajara concluiu:
— Aos poucos, as cidades irão se distanciando mais e mais umas

das outras e seus filhos se espalharão por esta grande terra. Vários outros agrupamentos surgirão com os mais diversos nomes e esta nação, a Terra dos Ay-Mhorés, será apenas uma velha lembrança acessada pelos registros psíquicos de alguns. Mas como o tempo não existe, ela sobreviverá para sempre. O ontem continua existindo mesmo que não tenhamos conta disso. Estamos em muitos lugares ao mesmo tempo. Continuamos a desfrutar da companhia dos amigos que partiram, nesta e em outras vidas. Estaremos sempre todos juntos. Ah! Quantas consciências, quantos amigos, quantos pais e quantas mães convivem conosco sem que percebamos! — fez breve silêncio, como se buscasse na memória uma história antiga. — Não deveríamos sofrer tanto pelas separações e por aquilo que chamamos vicissitudes. Meditou por uns instantes para depois completar:

— Provavelmente Zac julgaria que seu sonho foi destruído, mas eu lhe diria que foi realizado. A dinastia dos Ay-Mhorés reinará para sempre nestas bandas. A grande tarefa de nosso morubixaba Payê-Suman estará terminada por ora. Já terá sido trazido para a Terra das Estrelas o sangue atlante com sua herança nhengatu, que permanecerá pelos tempos afora. E depois tudo começará de novo e de novo. — sentenciou.

E como uma predição, tudo se daria dessa forma. Apenas as luas grandes, que se sucederam aos milhares, eram testemunhas de forma indiferente aos homens, que se julgavam reinar sobre todas as terras.

Terra dos Ay-Mhorés

Capítulo 27
Morte anunciada

Mesmo aceitando o general Itaperuna como comandante superior de todas as tropas e querendo acreditar na palavra do sumo sacerdote que dizia que o tuxauá nunca mais seria visto já que nunca voltaria para reclamar seu trono, os dois príncipes parceiros, logo após os primeiros arranjos de sua chegada, trataram de organizar secretamente patrulhas para procurar por Tupayba. Por algumas luas, todos os cantos da cidade e suas imediações foram cuidadosamente revistados. Homens foram enviados em direção às montanhas, percebida naturalmente como possível rota de fuga, visto que todos os demais caminhos dariam nas outras cidades. Como bem previra Ararype, após o desmoronamento provocado por seus homens depois da chegada do rei, ninguém mais foi capaz de encontrar uma só trilha que permitisse a subida de Parama Sukha. Sabiam que ele não estava em nenhuma das outras cidades, pois um tuxauá não chega despercebido em nenhum lugar sem que a novidade logo fervilhe.

Desconcertados, pois o queriam morto, os dois príncipes concluíram que de alguma maneira espetacular Tupayba deveria ter conseguido passar por suas tropas, o que depois lhe daria o caminho aberto para as inacessíveis terras do extremo norte, ou então, o que era menos provável, embarcado em algum dos raríssimos barcos de comércio. A primeira opção tinha grandes chances de matá-lo na jornada e a segunda poderia fazê-lo desaparecer para sempre. Menos mal.

Depois de um tempo, desistiram de procurá-lo, mandando que fosse declarado oficialmente morto para o descrédito do povo culpado, que não acreditava nisso, embora fingisse aceitar. Às vezes, a dupla desconfiava que não estivesse morto, embora, numa longa jornada para o norte, nada mais seria encontrado além da densa e perigosa floresta onde, provavelmente, animais terríveis estariam por toda parte.

As rotas marítimas também não deviam ser generosas com os aventureiros, visto que os barcos que chegavam eram poucos e os homens contavam histórias incríveis sobre os animais monstruosos que habitavam as profundezas. Tempos difíceis.

A nova nação

Muitas luas depois, enquanto os acontecimentos se precipitavam por toda parte e em especial na Cidade Central onde, certa manhã, o corpo de Ubirajara foi encontrado morto em sua cama no palácio sem um único sinal de violência, na montanha de Ararype uma pequenina nova nação era construída a duras penas. Nascia sob a tutela do rei, tendo o próprio Ararype e Iandé como conselheiros, Ityrapuan como sumo sacerdote e Ravi como supremo sacerdote de Leo.

Os demais templos, cujas construções de fato nem existiam, foram unificados sob Leo, pois não haveria sentido haver uma multiplicidade de supremos sacerdotes para tão pouca gente. Além disso, o capitão Juína assumiu definitivamente o comando dos soldados.

Os recém-chegados iam lentamente assimilando o espírito ordeiro e trabalhador daquela gente simples e acolhedora da montanha, por vezes surpresos e envergonhados pela generosidade com a qual tinham sido recebidos. Vindos todos da grande cidade e acostumados à agitação, ao diz que diz e a todas as demais características, nem sempre boas, dos grandes ajuntamentos de gente, se espantavam a cada momento com a cordialidade e a força de trabalho dos montanheses.

Nas quase cinco décadas que haviam se passado desde a construção da Casa das Flores, Ararype e Nayade haviam constituído um agrupamento único. A defesa da propriedade era feita em turnos por aqueles com espírito aventureiro e físico forte, pois se postavam em lugares quase inacessíveis, depois de longas escaladas pela montanha, de onde podiam observar todo o vale abaixo. Até mesmo um pequeno conselho foi escolhido para auxiliar Ararype nas decisões. Nele tomavam parte além de Thu-ran, Apoena e Nayade outra meia dúzia de homens e mulheres de "cabeça boa", como gostava de dizer o patriarca. Thu-ran liderava os guardiões da defesa, Apoena cuidava das plantações e Nayade da educação das crianças. Outros organizavam a caça e a pesca, e assim por diante. Ararype, por sua vez, era o grande conselheiro de todos, além de cuidar das construções e de sua manutenção.

Regras simples a serem seguidas à risca, como divisão de trabalho e de eventuais lucros, lealdade e obediência aos líderes escolhidos, faziam com que a pequenina comunidade funcionasse às mil maravilhas.

E por falar nisso, Ararype não tinha a menor intenção de deixar se desenvolver em suas terras qualquer tipo de corte, terras essas que já não eram mais tão suas com a chegada de tanta gente importante, incluindo alguns nobres e amigos pessoais de Tupayba. De fato, sincero e objetivo como sempre, não fazia a menor questão de esconder, respaldado pela autoridade de seus quase oitenta anos e de ser ele mesmo um nobre da mais alta linhagem, parente direto dos Ay-Mhorés, que não toleraria aristocratas dando palpites por ali. Cada um teria que conquistar seu espaço pelo seu valor pessoal e por seu caráter. Sangue por sangue, todos eram nhengatus.

O drama que se desenrolava por toda a nação tinha sido causado em sua maior parte por eles e, por isso, não permitiria jamais que a semente dessa erva daninha se desenvolvesse em Parama Sukha. Contava para isso com a benção de Tabajara, com quem conversara longamente nos tempos que antecedera a migração e o tuxauá. Este, por sua vez, nem rei queria ser mais, tendo dado ao velho sacerdote um bocado de trabalho para convencê-lo de que representava um símbolo e, como tal, não poderia abrir mão de algo que não lhe pertencia. Um tuxauá pertencia a seu povo e não a si próprio. E tampouco governaria sozinho. Que não houvesse nobres, mas que não viesse a se sentir falta das tradições que tão arduamente as gerações haviam preservado. Desta forma, os títulos de nobreza foram simplesmente abolidos, com a concordância plena dos poucos e diferenciados nobres que haviam subido a montanha.

Um povo com características diferentes estava lançando suas sementes, mas sem deixar para trás suas mais legítimas e preciosas tradições, sua cultura e seus deuses. Representantes de todas as áreas estavam representados na pequena comunidade, aptos a dar seguimento à história nhengatu. Professores, sacerdotes, muitos artesãos, alguns arquitetos e outros homens de ciência, militares experientes, vários músicos e outros especialistas compunham um grupo seleto e com extraordinária competência de seguir adiante.

Da mesma forma que havia se dado quando da grande migração para as terras altas, muita coisa foi levada da Cidade Central para a montanha, sorrateiramente, nos dias que antecederam a invasão, além do abastecimento que Ararype já havia providenciado. Coisas como sementes, teares, roupas, armamento, tecidos, ferramentas e engenhocas científicas de todos os tipos além, naturalmente, da enorme quantidade de papiros e objetos sagrados ou ainda aqueles que representassem a memória da nação, discretamente surrupiados do palácio real. Tudo foi levado para Parama Sukha, até mesmo porque não havia como chegar tanta gente de mãos vazias e esperar que Ararype sozinho desse conta de cuidar de todos. Além de cuidar de todos, ele deveria preservar a cultura nhengatu, sua história e suas lendas.

Obviamente, nem todos os forasteiros eram criaturas esclarecidas ou espiritualizadas. Havia no grupo serviçais e simples soldados, além de outros trabalhadores humildes com suas famílias. Mas, de certa forma, todos eram boas pessoas, pois tinham sido escolhidos para trabalhar nos templos e no palácio real justamente por sua boa índole e sua confiabilidade.

Naquele primeiro momento, as regras de Parama Sukha passaram a valer para todos, independente de sua classe social ou função. Ninguém carregara tesouros para a montanha que não coubessem em seus corações, em suas mentes e num pequeno embornal e, assim, passavam a ser todos homens comuns e juntos deveriam construir uma nova nação, cada qual contribuindo da forma que pudesse, exatamente como fizera Zac e seu grupo de duzentos seguidores, nove gerações atrás.

A história se repetia.

Na grande montanha, desde o princípio de sua primeira colonização, houve quem não aceitasse a vida simples ou que desejasse quinhões maiores de benesses para si ou, ainda, que não aceitasse a autoridade do pequeno conselho. Pessoas que se guiavam pela ganância, mesmo em tempos tão difíceis, e que desejavam algo mais do que sobreviver em paz. Vários tiveram que descer a montanha nos primeiros tempos. Agora, essa possibilidade não mais existia.

O fim da insanidade

Com a morte de Ubirajara, assassinado por Jacyguá e seus asseclas — o que confirmava a previsão de Tabajara e seus amigos —, uma nova confusão alcançou a Cidade Central. Nobres ligados ao falecido príncipe perceberam imediatamente que não conseguiriam mais nada por ali e que, além disso, suas vidas corriam perigo.

Depois da estranha morte, parte das tropas vindas com Ubirajara ameaçou, instigada por alguns capitães leais ao príncipe e aos demais pequenos príncipes que gravitavam à sua volta, se lançar contra as forças de Jacyguá, o que seria um desastre total. Uma batalha entre dois grandes exércitos dentro da grande cidade a levaria ao caos definitivo.

Habilmente, Itaperuna convenceu os líderes da insurreição sobre o absurdo da situação, mostrando-lhes que seu dever seria proteger as cidades de onde vieram e não se auto-destruírem. Não houve, no entanto, como convencê-los das más intenções e dos interesses que estavam por trás de toda aquela longa campanha militar, da invasão e de tudo o mais. Não havia como ajudá-los a compreender os fatos verdadeiros. Alguns, irredutíveis, sequer percebiam como haviam sido usados por seus ambiciosos senhores que, de fato, pouco se importavam com o povo e com seus soldados.

A muito custo, vários capitães resolveram partir com suas tropas acompanhados de sua nobreza capenga de volta às suas origens, ao invés de lutar contra os homens de Jacyguá. Itaperuna, desconsolado, sabia que ficar ou partir, para aqueles homens obcecados e ignorantes, era quase a mesma coisa. Se ficassem, terminariam se digladiando com os próprios irmãos, e se partissem, mil e uma dificuldades os esperavam em suas cidades com a revolta das populações. Muitos, que nada tinham a ver com a posição de seus chefes e até por desconfiar que aquela poderia ser uma viagem sem volta, resolveram ficar.

Desta maneira, conforme bem pressagiara Tabajara, foram ficando na cidade apenas os soldados que não questionavam o comando de Itaperuna e que não morriam de amores por seus príncipes, o que incluía quase todos os homens que haviam chegado com Jacyguá. Este, que continuava gozando a ventura de sua última vitória e já sonhando com o longo manto de penas de araras que simbolizava o poder real, sequer se dava conta de que não tinha mais qualquer domínio sob suas tropas, o que inesperadamente facilitava muito a retomada do poder por Itaperuna, sem que fosse preciso pôr em ação a parte seguinte do plano, traçado tempos atrás em Áries.

Jacyguá literalmente delirava e metia os pés pelas mãos, enquanto a nação remanescente se digladiava e se consumia em revoltas, acontecendo por toda a parte atos de barbárie.

Os nobres continuavam a ser mortos e suas casas continuavam a ser saqueadas sem que os soldados conseguissem estabelecer a ordem. Mesmo os homens do povo começaram a se matar por tudo e por nada; uma porção de comida era suficiente para iniciar uma contenda sangrenta. Quem podia continuava fugindo das cidades e a fome grassava por toda a parte.

Bandos alucinados de pessoas se espalhavam pelo reino e por suas redondezas, desesperados em busca de um novo lugar para ficar e talvez sobreviver. Todos que tentavam se antepor aos atos de selvageria eram igualmente mortos, fazendo com que muitos sacerdotes fossem sacrificados. Logo veio a ordem de Tabajara, captada através da paranormalidade de muitos religiosos, para que eles abandonassem, mesmo que a contragosto, os templos eventualmente ameaçados e seguissem com os grupos que não queriam lutar. Heróicos mensageiros clandestinos, grandes mateiros, foram enviados às escondidas para as cidades dos príncipes fiéis para pedir que recebessem os refugiados pacíficos em suas terras. Muitos destes grupos, todavia, não conseguiram seguir na direção certa, se fixando em pontos distantes. Mas muitas outras caravanas conseguiram chegar e ser acolhidas.

Não demorou muito, não mais que uma lua grande desde a invasão, para que as profecias do sumo sacerdote se concretizassem no palácio real. Acordado de repente de um sonho infantil e completamente aturdido com a gravidade dos acontecimentos, que até então teimava em desqualificar, o futuro tuxauá viu-se às voltas com a cobrança dos últimos oficiais leais que o haviam acompanhado desde sua cidade. Faziam eco com os reclamos do povo, contido com dificuldade pelos soldados frente às vicissitudes que todos enfrentavam.

A vida na grande cidade estava difícil. As zonas rurais tinham sido quase que totalmente abandonadas e somente as plantações nas imediações podiam ser preservadas, pois as pilhagens eram constantes e perigosas. Enquanto isso, as estradas e caminhos se tornavam intransitáveis, com a bandidagem grassando solta e matando os incautos que ousassem transitar fora dos limites das cidades ou do que restara delas. Desta forma, a Cidade Central, assim como as demais cidades, estava praticamente incomunicável e, nem mesmo os mensageiros, se arriscavam mais para fora de suas fronteiras.

O comércio praticamente não mais existia, fazendo com que um sistema de racionamento fosse estabelecido de acordo com as necessidades das famílias. Todos que podiam tinham que trabalhar. Ninguém recebia mais nada apenas por sua posição social, para a infelicidade dos ricos que, mesmo falidos e desprezados, teimavam a não perder a pose. Apareceram novos pescadores e caçadores, novas hortas foram plantadas onde anteriormente existiam jardins. Bandoleiros começavam a alastrar-se pelos arredores da cidade, invadindo as casas e roubando e matando sem piedade, apesar das muitas patrulhas espalhadas por toda a parte.

Mesmo ali na Cidade Central, muitos nobres começaram a aparecer mortos. Na verdade, o tempo esperado tinha sido apenas o suficiente para desbaratar a fidelidade em torno de Jacyguá e de seus protegidos. Se houvesse precipitação, uma luta sangrenta teria aniquilado a grande cidade e, por conseqüência, todas as demais sobreviventes.

Graças aos soldados comandados por oficiais leais a Itaperuna, muitas vidas foram poupadas, pois se antecipando ao povo, prenderam os homens da nobreza que, apesar da desgraça da nação, insistiam em agir como se fossem deuses. Podiam escolher: ou trabalhavam como todos ou mofariam nas prisões. Ou pior: seriam remetidos de volta para suas cidades de origem, caso não fossem oriundos dali mesmo.

Sem apelações e tendo à frente o próprio general, em determinada manhã chuvosa, um grupo de militares superiores adentrou os aposentos reais e simplesmente declarou o príncipe preso. Apesar da aparente surpresa, foi levado sem esboçar qualquer reação. Uma pequena escaramuça se deu entre os soldados de Itaperuna e outros moradores da casa real, bajuladores protegidos de Jacyguá que ainda tentaram se revoltar, sem sucesso. Todos foram igualmente presos e alguns terminaram mortos.

O palácio finalmente não tinha mais nenhum invasor maculando sua grande história, mas também não tinha mais nenhum legítimo habitante. Não havia e não haveria nunca mais um tuxauá a sentar-se naquele trono.

A grande nação Nhengatu havia se pulverizado em centenas de pequenos agrupamentos, cada qual sobrevivendo como podia, de forma independente. Alguns com problemas menos graves, outros se extinguiram por si só, incapazes de se organizar e se prover. A enorme tragédia que se abatera sobre as terras altas determinou o fim da dinastia dos Ay-Mhorés e da união de seu povo.

Capítulo 28
Serve e passa

Muitas e muitas luas grandes depois...
Com a prisão de Jacyguá, grandes mudanças ocorreram. Shem-han assumiu o governo com o apoio dos militares e dos religiosos, o que também não desgostou o povo, que apreciava a bravura do antigo comandante. Educado cuidadosamente por Tabajara desde a meninice, tinha amplas condições de se transformar num dirigente sensato, competente, justo e comprometido com o bem estar da cidade. Sim, porque a nação já não existia como outrora. Era apenas uma grande cidade. Talvez num futuro ainda improvável, as cidades dos príncipes fiéis voltassem para fazer parte da Terra dos Ay-Mhorés, cujo nome foi mantido na Cidade Central, continuando seus moradores a se dizer saudosos o povo de uma nação.

E, como as demais, precisou fechar suas fronteiras enquanto durou a desordem e o desatino pelos caminhos e pelas florestas que cobriam todo o vasto território. Muito tempo se passou antes que se pudesse transitar novamente sem grandes riscos pelas estradas, causando enorme retrocesso no desenvolvimento das populações das cidades, impossibilitadas de trocar informações, mercadorias, conhecimento. Os povos, fechados em si mesmos, acabaram andando para trás. Grandes lavouras fora das áreas protegidas foram abandonadas. Os grandes animais voltaram a rondar as trilhas, já que não havia mais quem os mantivesse afastados.

Em muitas áreas, décadas de conquistas estavam definitivamente perdidas e outros séculos foram desperdiçados, voltando muitos agrupamentos a estilos quase primitivos de vida. Sem liderança, sem artesãos, sem sacerdotes e professores ou ainda sem homens de ciências e artes, as pequenas vilas, criadas pelas pessoas em fuga desesperada, se degradaram.

Algumas aldeias praticamente sobreviviam apenas, perdendo suas heranças nos percalços e nas necessidades. Começaram a recriar suas próprias culturas insipientes, encontrando novos deuses e encantamentos que lhes provesse o amparo de suas almas e de suas vidas, agora simplificadas quase à subsistência. Sem os grandes sacerdotes, que em passado distante tinham tido as experiências da divindade neles próprios, repassando-as às pessoas comuns na forma de dogmas por serem simplesmente inexplicáveis, novos pajés e feiticeiros surgiram por toda parte reclamando para si o contato com os deuses e começando eles mesmos a traçar os novos rituais para se chegar aos mesmos: os novos caminhos da salvação. A história das religiões através dos tempos e dos ciclos das humanidades simplesmente se repetia.

Itaperuna, que preferiu não assumir o governo como havia sido inicialmente planejado, se manteve como o comandante em chefe do exército, como mandava sua vocação. Com o tempo, Tabajara passou o exercício do poder espiritual a Paraty, aquele sábio e humilde filho que trabalhava árdua e discretamente, sem nunca colocar-se no palco principal dos acontecimentos, podendo, então, recolher-se da vida excessivamente pública e permanecer como um conselheiro sempre pronto a auxiliar os dirigentes mais jovens.

Conta a história que a grande nação nunca mais voltou a se reunificar. Cada uma das cidades principais foi formando sua identidade própria e desenvolvendo características peculiares. Em poucas gerações, muitas lendas foram surgindo sobre o apogeu e o declínio dos Ay-Mhorés e do grande império.

Os príncipes herdeiros e, em especial, aqueles oriundos das cidades fiéis sobreviventes, pois a maioria das outras havia praticamente se despedaçado, logo apreciaram a liberdade de governarem isoladamente sem ter que prestar contas a um governo central que, afinal de contas, nem sangue real tinha mais. Não tinham eles mesmos sequer conhecido pessoalmente o tuxauá ou o grande sumo sacerdote, este último logo elevado à condição de morubixaba na crendice dos homens nos tempos que se seguiram. Não conseguiram os grandes príncipes remanescentes num primeiro momento nem depois os herdeiros daqueles que haviam tido assento no Grande Conselho dos Doze, como Araguary, Tupyara ou mesmo Elide, fazer seguir adiante as tradições do grande império unido em torno de um rei, até porque isso não mais existia.

Além disso, o afastamento também acontecia porque o passado glorioso da nação também estava manchado de intrigas, traições, desmandos e, principalmente, de muito sangue. E, naturalmente, não existiam mais fatos; apenas versões forradas de paixão corriam pelos vales. Os homens, em seus desvarios, haviam destruído a grande civilização e seus sobreviventes, sem perceber, se esquivavam de repetir o mesmo modelo, preferindo deixar que o tempo se encarregasse de construir novas memórias e formas de viver.

Esqueceram-se com facilidade da destruição total da qual foram poupados pelo sacrifício do último tuxauá e de seus leais amigos, que muito sofreram sem murmurar. Eles lutaram com as armas invisíveis da lealdade, abnegação, inteligência e generosidade desinteressada, para, finalmente, separados em grupos, se distanciarem para sempre uns dos outros, num sofrimento pessoal ainda maior, para que as pessoas comuns sofressem o mínimo possível e a raça nhengatu sobrevivesse de alguma forma na terra a ela doada pelos deuses, mesmo que ao preço de um sonho aparentemente perdido.

Apesar de tudo, poucos deles podiam compreender que o sonho de Zac se realizara completamente, como bem dissera o velho Tabajara durante os suspiros finais daquela esplendorosa civilização.

Em Parama Sukha, o povo viveu em relativa paz e foi o lugar onde as tradições se mantiveram por mais tempo, até mesmo pela presença do tuxauá, o qual renunciou ao poder mas foi sempre reverenciado como o escolhido pelos deuses.

Gerações

Voltando no tempo da história, num dia qualquer, o velho sacerdote está encarapitado num dos gastos sofás de penas de sua varanda no emplo de Áries, desfrutando a brisa do início da manhã e, como sempre, torcendo por este ou aquele passarinho que disputava as sementes de seu jardim. Acabara de tomar seu pequeno desjejum e agora meditava de olhos abertos enquanto observava com um sorriso a labuta das pequenas aves em busca do alimento e aguardava a companhia de Paraty, o velho pupilo a quem passara o posto de sumo sacerdote tempos atrás.

O barulho das ondas quebrando na praia próxima se confundia com o alarido dos pequeninos que davam rasantes sobre os canteiros, escolhendo as melhores sementes e frutinhos com grande habilidade, para o prazer do religioso quase centenário. Locomovia-se devagar e com dificuldade, sempre com o auxílio do cajado e, ultimamente, sob os olhares vigilantes e braços vigorosos de Barueri, seu auxiliar, que à moda de Zadeu, o carrapicho, não o largava um instante.

Barueri, antigo trabalhador do templo de Áries, tinha sido uma espécie de auxiliar de Zadeu e, desta forma, sucedeu-o normalmente, depois de sua morte natural, algumas luas grandes atrás. Tinha, nessa época, não mais de 40 anos. Um menino, como gostava de brincar o ancião, que com ele convivia desde a juventude. Também egresso dos templos de ensino, foi logo escolhido para servir a equipe próxima do sumo sacerdote, não só por sua inteligência e cultura, mas também por sua bondade e boa vontade com tudo e todos. Calmo e equilibrado, tinha sido uma espécie de faz-tudo de Zadeu durante quase duas décadas, tendo atravessado a grande conspiração sem arredar pé de suas funções, com coragem e obstinação. Assumira a assessoria direta do sacerdote com grande alegria. Cuidava de tudo: providenciava desde não deixar que fosse aborrecido a toda hora, até mesmo verificar se havia se alimentado adequadamente, passando, inclusive, pela organização litúrgica das solenidades onde estaria presente.

Apesar de Paraty ser o atual sumo sacerdote, ninguém se privava da companhia e dos conselhos do velho religioso, sendo sua presença requisitada e quase disputada diuturnamente por todos.

As dificuldades de locomoção às quais Tabajara estava submetido, no entanto, nunca foram suficientes para tirar de seu rosto o sorriso benevolente ou o brilho acolhedor de seus olhos. Costumava dizer para Barueri, com quem andava lentamente e de braços dados por toda parte, que já tinha atravessado tantas crises e tantos contratempos que as limitações de seu corpo eram quase insignificantes. Sempre bem humorado, dizia-lhe rindo que se mantivesse sempe forte, pois em breve teria que carregá-lo, pois Tupã teimava em não chamá-lo.

Quase dez luas grandes haviam se passado desde que Shem-han assumira o controle da Cidade Central após a prisão de Jacyguá. Anos de obscuridade se seguiram para o governo, onde o povo nem sabia bem como deveria chamar seu novo líder. General? Tuxauá? Governador?

Sem grandes sorrisos, em seu jeito sério de militar, mas com mão firme e eficiente, Shem-han tratou de trazer de volta para a cidade condições mínimas de subsistência e, principalmente, um pouco da paz perdida após tantas conspirações e desmandos. Não havia mais a fartura e o esplendor de outrora, mas também não havia fome nem insegurança imediata.

De alguma forma, o poder espiritual e o dos homens se uniram, deixando a Terra dos Ay-Mhorés de ser um estado genuinamente laico como anteriormente, quando um rei governava soberano. Talvez até se pudesse argumentar que nunca tivesse sido exatamente dessa maneira, pois a influência e o poder exercido por todos os sumos sacerdotes que já haviam passado e pelos deuses nas decisões dos tuxauás sempre foram significativas, embora de forma nem sempre tão explícita como agora.

O Templo de Áries se tornou, assim, a sede de um governo único, tendo o antigo palácio real, que, ironicamente, ainda era assim chamado, se transformado no quartel general dos militares. Desta forma, Shem-han e Paraty governavam praticamente juntos, tendo Tabajara como uma espécie de conselheiro e também contando com o auxílio e a visão de grande estrategista de Itaperuna, que cuidava da segurança de todos.

Tendo muitas vezes meditado como isso acontecera de forma tão espontânea, o velho sacerdote notou que, passada a grande tempestade e percebendo que a vida continuava, o povo procurou novamente pela proteção dos deuses e dos sacerdotes, supostamente seus representantes na terra. Na hora da dor extrema causada pela ameaça de outros homens, procuravam por uma espada forte que os protegesse e, na hora de encontrar um caminho e amparo para a dor cotidiana da natureza e da vida, elegiam Tupã para guiá-los.

De qualquer forma, nunca faziam nada sozinhos ou por si mesmos, sempre esperando que algo de fora do seu ser, viesse da terra ou das alturas, provesse suas necessidades.

O eficiente arranjo administrativo, pensado em função da passividade preguiçosa do povo inculto e supersticioso e tendo ainda fresco na memória dos amigos que ora labutavam no grande templo os desmandos dos nobres, contribuiu para que um decreto provisório fosse baixado no sentido de que os próximos governantes fossem escolhidos pelo governo atual e assim sucessivamente, sempre sob a concordância dos deuses. Os mais bem preparados seriam os indicados por Áries, o que, estranhamente, coincidia com a mentira inventada há seis décadas atrás por Omandyas sobre o suposto desejo de Bartyra, a rainha mãe.

Sem o apoio da casa real, os tais nobres foram se auto consumindo, nada sobrando do fausto e da vida folgada que levavam anteriormente. Alguns dos sobreviventes faziam ainda questão de ostentar, ainda que de maneira capenga, seus títulos depreciados, mesmo com suas casas e suas vidas espoliadas. Sem a riqueza perdida durante a grande conspiração, como ficou conhecido o golpe de Acau-hã, com suas propriedades saqueadas, sem serviçais e sem seus habituais bajuladores, tiveram que arranjar profissões ou meios de se sustentarem. E, ainda assim, levantando as mãos aos céus por não terem sido mortos pelo povo exausto e enfurecido.

Infelizmente, para a Cidade Central, nos primeiros tempos, muitos dos nobres mais leais, de bom caráter e compreensivos, aqueles mais chegados ao tuxauá, ou estavam quase que ilhados em suas cidades ou haviam partido com Tupayba para as terras de Ararype. Esse episódio também propiciou que, em Parama Sucka, se reproduzisse com mais facilidade o modelo dos dias gloriosos da nação Nhengatu. Milhares de luas mais tarde, de lá surgiria o berço da grande nação dos Tupys, corruptela de Tupayba, o último da fantástica disnastia de tuxauás que reinou nas terras do sul, o atlante sobre quem lendas de bondade, sacrifício e nobreza atravessariam os tempos.

Alguns nobres mais cultos e razoáveis, pois naturalmente, nem todos eram canalhas, foram convidados a lecionar nos templos de ensino remanescentes na grande cidade, também um pouco esvaziados, sabendo-se que vários sacerdotes haviam sido mortos na confusão que se seguiu à invasão por todo o reino ou tinham heroicamente se juntado aos grupos em fuga pela nação no intuito de amparar espiritualmente e ajudar no que fosse possível. Além disso, diversos religiosos-professores também haviam seguido com o rei para as montanhas.

Outros antigos membros da corte, depois de muito espernearem, trataram de "lotear" suas residências para poderem ter como viver, pois continuavam recusando-se a procurar uma atividade com a qual pudessem se sustentar. Preferiam viver mediocremente em alguns poucos cômodos do que procurar uma ocupação, qualquer que fosse. Com o tempo essa nobreza decadente foi se deteriorando mais e mais até que, por fim, desapareceu por completo nas duas gerações seguintes.

Lições mal aprendidas

Tornando ao jardinzinho particular de Tabajara, ele já se encontrava na companhia de vários outros sacerdotes em animada reunião matinal sobre as atividades dos templos. Lá estavam, naturalmente, Paraty, Indira e Sadynara, esta ainda sua discretíssima sombra, apesar de também já entrada na idade. O antigo sumo sacerdote sempre se vangloriava em tom de brincadeira que tinha "criado" dois excelentes e incansáveis trabalhadores invisíveis.

Além deles, ali também se achavam a suprema sacerdotisa do Templo do Vento, Mayara, que substituíra Narayama depois de sua morte várias luas grandes atrás, Vidya, do templo do Som Sagrado Sagrado, assim como Itaú, que substituira Ravi no Templo de Leo, além de outros colaboradores dos templos menores, mas não menos importantes.

A reunião era organizada periodicamente por Paraty para se colocar a par da vida nos templos, onde girava, praticamente, toda a atividade da cidade e também para a tomada de algumas decisões. Alguns outros administradores subordinados de Shem-han foram distribuídos pelos templos para ajudar mais de perto os artesãos, agricultores, pescadores etc. Usar os templos diminuía a necessidade de novas construções, grandes deslocamentos das pessoas e tudo o mais. Desta maneira, então, lá também estavam o próprio Shem-han e seus auxiliares diretos, Ipupiara e Raj, este último sendo cuidadosamente preparado para substitui-lo no futuro, da mesma forma que Paraty preparava seu pupilo Açuã, também presente.

Em Raj e Açuã estavam depositadas as esperanças de continuidade de um governo sério e justo, com as bençãos de Tabajara, que muito os considerava. Shem-han e Paraty já estavam na casa dos setenta e ansiavam passar suas funções para seus jovens assistentes.

Os participantes foram chegando com alegria juvenil, todos saudando, com entusiasmo, o velho sacerdote que há muito havia desistido de lutar contra seu novo título: "mestre".

"Oh! Quanto me falta para ser um verdadeiro mestre. Logo, logo estarão me chamando de morubixaba...", pensava entre divertido e desconsolado, sem saber que o tempo se encarregaria de fazer valer este vaticínio feito em tom de brincadeira, em forma de lendas e histórias passadas pelas gerações vindouras. Em algumas terras distantes, isto já acontecia.

Apenas sorria resignado enquanto as pessoas iam se acomodando como podiam na pequena varanda.Enquanto sorria, pensava exatamente na jovialidade e na alegria de seus companheiros ali presentes, representantes de diversas gerações, mas todos aparentemente esquecidos dos grandes dramas pelos quais a antiga nação Nhengatu passara.

Parecia que nunca nada tinha acontecido e tivessem estado por todo o sempre a governar e zelar por uma terra tão pequena, pois que a Terra dos Ay-Mhorés estava, de fato, reduzida a uma única cidade, apesar das antigas cidades governadas pelos príncipes leais nunca terem oficializado sua saída. Era como se a felicidade dependesse apenas de algumas poucas luas grandes de paz ou de um abraço nos amigos, quem sabe. Ou ainda da compreensão dos porquês da natureza com suas mil diferentes nuances e propósitos ou talvez apenas da contribuição desinteressada dos que que podiam fazer algo por essa mesma natureza e seus infinitos habitantes.

Tão pouco representava tanto.

Meditava como a chamada felicidade dependia mesmo do momento individual de cada alma. No princípio, logo depois da grande jornada para as terras altas, a felicidade consistia em pouco mais que abrigo e comida para aqueles sobreviventes assustados e sem futuro oriundos da Terra das Araras Vermelhas. Mas também houve tempo no qual as pessoas se alimentaram de ganância, maldades, fofocas, interesses excusos e alegrias passageiras.

Pensando no espírito humano sintonizado com seus pares em anéis concêntricos de acordo com suas necessidades e seus modos particulares de pensar ou sentir. habitantes de distintos anéis de evolução compreendem ou percebem a felicidade de formas diferentes.

Para aquele pequeno grupo ali reunido, não havia necessidade de bens materiais, poder, extensas porções de terra para serem governadas ou grande número de pessoas para ser tomado como seguidor ou para ser protegido.

Lembrou-se, num repente, de todos aqueles outros amigos que abriram mão de tudo e muitos até da própria vida, sem lamentações. Tupayba deixara para trás seu trono e Shem-han previra ter que se refugiar em terras inóspitas e distantes, o que não precisou acontecer. Ityrapuan e Ravi se foram com os corações partidos por deixar o velho tutor nas mãos de seu próprio e talvez perigoso destino: Vários príncipes amigos precisaram dizer adeus e se refugiar em suas cidades, sem volta. Por que todos se propuseram a tantos sacrifícios? De certo, não foi para salvar a própria vida. Todos o fizeram por uma proposta maior, uma nobre razão na qual sua individualidade não contava no rol das coisas a serem preservadas.

Sob as mais variadas nuances, para todos eles a felicidade consistia apenas na possibilidade de contribuir. Suspirou embevecido, lançando sobre todos uma porção generosa de seu mais puro amor e agradecimento em nome da mãe natureza.

Foi tirado de seu devaneio por Shem-han, que o abraçava e saudava afetuosamente após sentar-se a seu lado, enquanto os outros ou faziam fila para o abraço ou admiravam com ternura o velho sonhador tentando imaginar por onde ele estivera em suas divagações.

— Salve, ó grande mestre, o escolhido pelos deuses para dirigir os destinos dos nhengatus!

Tabajara riu-se enquanto aceitava comovido aquele abraço amoroso, para fingir ralhar a seguir, como sempre:

— Ah! Meu filho. Deixa-te dessas bobagens. Sou apenas um velhinho ainda esperto que dá a vida por uns biscoitinhos duros, daqueles que conheces bem — falou ainda rindo para completar, em seguida, de forma jocosa e arrancando risadas gerais:

— Por falar nisso, trouxeste alguns hoje para mim?

Depois dos muitos abraços, Tabajara pôs-se novamente a reparar nas muitas caras novas que agora se ocupavam dos destinos daquele pequeno povo, como Ipupiara, Raj, Açuã, Itaú, o próprio Barueri, entre outros. Novos amigos dedicados e com tantos planos na cabeça, novos tempos, novos sorrisos. Era a vida que apenas continuava. Lembrou-se de quantas vezes havia dito para acalmar corações aflitos:

"Tudo passa! Tudo vai passar!"

Lembrou-se também das palavras do verdadeiro morubixaba que orientara os passos de Zac, aquele ser vindo das estrelas há incontáveis luas cheias em auxílio do planeta e que, com certeza, havia presenciado, serenamente, o surgimento e o desaparecimento de tantos povos:

"As civilizações passam, filho meu, e a natureza continua. São apenas os ciclos normais da vida. Por isso não te preocupes em demasia com os que agora estão distantes, neste ou em outro plano da existência."

A Terra dos Tupaybas

Enquanto isso, na montanha da felicidade suprema, para onde o rei e seus fiéis súditos haviam se mudado, a paz e a prosperidade relativa faziam parte do dia a dia. E, sem que nada fosse combinado, ali também o poder emanado dos homens se uniu ao poder espiritual, fazendo com que, primeiro Ararype e, depois de sua morte, Ityrapuan e Ravi liderassem a recém criada cidade ao lado de Thu-ran e Apoena, formando um novo conselho no qual Tupayba e Iandé também participavam e que governou com sabedoria por muitas luas grandes.

Desta maneira, outra profecia de Tabajara se concretizava: na adolescência do príncipe herdeiro viu nos cinco alegres e despreocupados meninos parte do futuro daquele povo, cuidando de educá-los e prepará-los para a tarefa. Pouco mais de quatro décadas depois, lá estavam Iandé, Apoena, Thu-ran, Shem-han e Tupayba ainda dedicando suas vidas inteiramente a seu povo ou ao que restara dele. Da mesma forma, havia iniciado, tempos antes, o preparo de Ityrapuan, Ravi, Paraty, Vidya e Sadynara para exercer importantes funções no clero, mesmo sem saber que seriam alçados a posições de governo ainda mais significativas.

E, agora, eles todos já preparavam seus próprios substitutos, como Açuã, Itaú e Raj na Cidade Central ou simplesmente Terra dos Ay-Mhorés, como se auto intitulou, tomando para si, nostalgicamente, o nome de toda a nação. Nas montanhas, outros se iniciavam, tal como a precoce e inteligente Potyra, filha de Tupayba ou a meiga mas decidida Yara, filha de Thu-ran.

À sombra da Casa das Flores, apareceram muitos outros jovens talentosos, imediatamente encaminhados ao templo de ensino local, como Anand e Beni, além do jovem Anhanguera, neto de um dos antigos nobres ligados à casa real e primo do príncipe Paraguassú, pai de Ararype, que também partilhara a amizade do formidável príncipe gigante da Cidade Interna. Este Anhanguera, no entanto, viera ao mundo para a vida religiosa, logo se tornando o pupilo preferido de Ravi. Num dia longínquo se tornaria o sumo sacerdote em Parama Sukha.

A nova cidade recebeu o nome de Terra dos Tupaybas, em homenagem ao último tuxauá da disnatia Ay-Mhoré, apesar de seus protestos, mas terminou conhecida no futuro como Terra dos Angatus, o que significava terra das almas boas ou ainda terra da felicidade. Talvez uma ilação por causa do nome da montanha ou talvez em função dos homens e mulheres tão diferenciados que a foram habitar.

A Terra dos Ay-Mhorés entrou para as lendas como a terra criada por Anhangá e a Terra das Araras Vermelhas simplesmente como Gui, ou o grande vale perdido.

Quase dois séculos se passariam antes que toda a raça nhengatu se espalhasse totalmente pelo planalto e além e a sobrevivente Terra dos Ay-Mhorés, a antiga Cidade Central, desaparecesse por completo como a havíamos conhecido durante a grande dinastia vinda de Mú.

Cidades nasceram e morreram.

Pequenas tribos levando nas veias o sangue atlante e nas almas as lendas e lembranças de uma civilização esplendorosa, cheia de deuses e homens poderosos, se formaram na esteira da cultura derramada de forma desordenada por toda parte. Novas conspirações e outras lutas ameaçaram outras grandes cidades e tiveram destino semelhante.

Os grandes e os pequenos ciclos daquilo que os homens chamavam de vida apenas se sucederam. Distraídos em suas lutas, prazeres e dores poucos, como os grandes sacerdotes nhengatus, se aperceberam que tudo não passava de uma grande ilusão e que a vida verdadeira estava nos céus, na grande consciência cósmica na qual toda a natureza, com todos os seus seres, aparentemente vivos ou não, estavam envolvidos ou eram ela própria. A vida não estava nos passageiros personagens que cada um representava aqui e ali no suceder dos séculos ou milênios.

Na simplicidade do pensamento que o corpo de todo ser deixa de existir um dia, seja ele o homem, a árvore, a flor, o mais ínfimo dos animais ou mesmo a mesa de junco ou o pote de cerâmica, puderam aqueles ancestrais religiosos verificar que quanto mais percebemos a verdadeira vida, mais instrumentalizados estamos fisicamente para fazê-lo e mais a perceberemos em todo o seu esplendor quanto menos tivermos em nós mesmos o desejo de manter nossos egos individuais a qualquer custo. A única coisa que diferenciaria os homens dos deuses seria apenas sua disponibilidade em servir. Desde sempre, os deuses, os sábios e os profetas disseram: "Sois deuses!". Infelizmente, foram, sempre também, mal compreendidos.

Muitas vezes o sumo sacerdote meditou sobre isso com seus pupilos. Desde os grupos de estudos nas terras do vale até seus últimos dias sobre o planalto, instigou seus "meninos" a pensar sobre a inutilidade do esforço humano, nos diferentes cultos e tempos, ao tentarem construir paraísos imaginários após a morte para o acolhimento de suas almas cansadas.

Em repetidas oportunidades se pegou questionando com eles:

— Ora, meus filhos, se fazemos todos parte de uma mesma consciência cósmica, se vivemos imersos numa única natureza, mesmo que não tenhamos nos dado conta que a estamos a partilhar com as araras, com o rio ou com os mares no mesmo pé de igualdade, por que fazemos tanta questão de preservar nosso eu, no corpo e, especialmente, além dele com tanta força? Simplesmente por acharmos que somos os seres mais importantes do universo ou uma raça superior? Superior por quê? Por termos competência para armarmos meios de extinguir as outras ou porque simplesmente devemos, com nossa inteligência fulgurante, ser os preferidos dos deuses? Quanta bobagem tudo isso me parece.

E muitas vezes vinha a pergunta de volta, nem sempre sem uma pitada de indignação:

— Mas, então, por que Excelência, os homens que criam tantas maneiras, tantos cultos e rituais visando desesperadamente continuar a ser eles mesmos após a morte, a temem tanto? Onde estariam seus paraísos? Onde estaria o Tupã a quem tanto rogam?

E a resposta tranqüila tinha sempre o mesmo teor:

— Porque a maioria ainda não teve experiências pessoais nesse terreno das quais se lembrem, meus filhos. Precisam, então, correr atrás e acreditar naqueles que as tiveram, o que os consola, mas não tira seu medo do desconhecido. Muitos dos que têm "dons" e sentem coisas que outros não percebem, muitas vezes têm até o impulso do bem, mas tratam de correr atrás ou incrementar modelos para a decodificação desses fenômenos, dessas sensações, desses "poderes", de forma que possam ser entendidos pelos demais. E isso se dá sempre à luz de seus próprios padrões éticos ou culturais, muitos deles absurdos, o que lhes passa despercebido.

— Por mais inteligente que seja o ser, pois mais preparado que seu corpo físico possa estar para perceber a vida verdadeira fora de si, por mais que lhe digam que morrer é apenas um piscar de olhos, exatamente como quando dormimos e acordamos no dia seguinte tendo a noite nos sido praticamente indiferente, e que, portanto, nossa preciosa individualidade não precisa ser preservada até a próxima encarnação ou até um próximo momento qualquer, eles preferem achar que este seu miserável e pobre personagem atual é o repositário da vida real e somente através dele, ou da consciencia que têm dele, o seu eu estará preservado para sempre.

Seu longo discurso era sempre intercalado por pequenas pausas, que eram respeitadas em silêncio. Parecia procurar formas de melhor se fazer entender em assunto de tanta delicadeza, já que não desejava destruir a fé das pessoas, para as quais era imensamente consolador imaginar-se em vidas espirituais venturosas. Procurava apenas apresentar outra opção de pensamento, menos absurda em relação ao bom senso. Como podiam as pessoas acharem que toda a sua história e também sua memória estariam contidas em seu fantasma ou num arremedo de invólucro para contê-lo? Mas achavam e não era tarefa de ninguém impor inquietudes aos corações alheios.

— Se se distanciarem por um momento de si mesmos até o próximo personagem, sentem que estarão perdidos. Jogados num nada. Numa espécie de limbo. Aliás, é também por causa dessa sensação de perda que procuram a preservação de seu personagem quando seu corpo não mais funcionar na vida encarnada, pois se preservarem suas personalidades atuais, seus entes queridos certamente também o farão e aí o reencontro é certo... ambos exatamente como são hoje! Que maravilha! Esquecem que, quando dormem, não se preocupam com os entes queridos e nem mesmo consigo próprios. Nosso egoísmo e nossa prepotência nos faz querer estar sempre no comando e determinar sempre como as coisas vão ser. Nunca perdemos. Gostamos muito de brincar de deuses superiores quando ainda não passamos de aprendizes.

— Mas os homens querem também falar com os deuses, com os mortos, pedir sua ajuda — argumentava sempre um dos alunos.
— Sim. E falam. Mas não da forma como habitualmente acham que estão fazendo ou gostariam que fosse. Todas as almas enfeixadas, digamos assim, dentro da grande consciência estão disponíveis para quem queira delas se fazer valer. Podes falar com os deuses, meu filho, mas também podes falar com os demônios. Depende de qual caminho vais iluminar para nele focar tua mente. Estão todos disponíveis para ti: tanto os deuses como os demônios. Se queres o paraíso, ele te espera e nele encontrarás os morubixabas, o alívio, a felicidade que vem da compreensão e da esperança. Se queres as trevas, Anhangá também te espera junto com demais seres das sombras. Mas se compreenderes que todos eles fazem parte do mesmo existir, da mesma consciência superior, do mesmo eu maior, assim como tu, compreenderá que eles são um, que todos somos um, pois o mal não existe sem o bem, as trevas sem a luz, o frio sem o calor.
— Então os demônios não nos acossam, Excelência? Nós é que vamos ao seu encontro para partilhar seu mundo? — ousava alguém.
Depois de sorrir e muito pensar ele geralmente respondia:
— Exatamente, meu filho. Todavia, se pensarmos no aqui e no agora, apesar dele fazer parte de ti e de não poderes existir sem ele, não precisas partilhar tua casa, por exemplo, com o bandoleiro ou o inimigo que vaga nas noites escuras pelos arredores. Mas se reparares bem nele, naquele personagem apartado de ti momentaneamente, verás que ele te deixa ver o quanto precisas ser bom, por ti e por aquela parte tua perdida. O quanto ainda te falta para evoluir, na medida que falas mal dele, que não encontra meios de ajudá-lo, que teu coração se fecha, que tens raiva dele e jamais perdoa suas faltas. Poderias vibrar em amor, em saúde, em proteção, em luz por ele e por todos os outros, mas preferes te deixar ficar em súplicas intermináveis, para que alguém venha te salvar ou que ele simplesmente desapareça de tua vida. E também te deténs nos igualmente inacabáveis votos de agradecimento pelo que tens, sim, porque muitas vezes te achas bom e agraciado pelos deuses. Mas geralmente és bom só para ti e para os teus. Geralmente, não fazes mais que tua obrigação e aí não tens nada para agradecer, pois o que vem para ti é o que sempre te pertenceu, apenas para poderes te aplicar mais na tua própria evolução.
Geralmente parava um pouco para pensar, quase distraído para depois voltar:
— Não é um presente dos deuses. Se tens paz, deverias prodiga-

lizá-la às mancheias através de teu amor e compreensão pelas dores do mundo. Mas, novamente, geralmente te preocupas apenas com a paz e com as dores dos teus, o que também não é mais que teu dever. Se tens bens, devias cuidar para não te tornar um avarento ou egoísta e assim por diante. Não fazes nada de mais sendo bom para teus pares. Ah! Sim! Lembras dos outros, mas não mais que um instante quando passas pelo miserável e pensas contrito, quase como um ser celestial: que Tupã o cuide ou que Tupã faça vir alguém ampará-lo etc. Ora, por que não o fazes tu mesmo? Se não podes fazer pessoalmente, poderias ao menos correr ao curador ou ao sacerdote e pedir sua ajuda, mas tens pressa... o que é compreensível no mundo dos homens. Ou quem sabe ele vai sujar tua túnica ou tuas mãos. Mas, então, por que ao menos não dedicas a ele e a todos os miseráveis, mesmo aos que jamais viste, o teu amor? Gasta um pouco de teu tempo a amá-los sinceramente, a servir, a contribuir com eles, enviando-lhes um pouco do que tens em teu coração. Também és um deus. Lembra-te?

E depois de nova e emocionada pausa concluía:

— Então serve. Não queres ser deus? Não brincas de deus o tempo todo querendo decidir o futuro de tua alma a teu modo? Pois então que sejas um deus verdadeiro e desprovido de desejos e de escolhas que não sejam virtuosas. Não finges apenas que és um deus enquanto o tempo todo queres tomar para ti porções maiores do que aquelas que foram destinadas para tua evolução, nem que seja a custa do sofrimento alheio ou do descaso com a felicidade dos outros? Pois então provas que és mesmo um deus, pois deuses não se preocupam em ter poder, não são ambiciosos ou vaidosos e nada querem que não seja legitimamente dele, mesmo que provisório, pois que tudo passa. Deuses não têm desejos, meu filho. Eles apenas servem e passam, assim como as águas do riacho que trazem a abundância da colheita, matam a sede do corpo e nos encantam com seu borbulhar cadenciado e gracioso por entre vales de beleza ímpar e florestas selvagens. O riacho não escolhe o belo ou feio por onde passar. Ele apenas passa com seus dons imaculados, que nem mesmo a mais perigosa floresta é capaz de manchar. Ele apenas serve e passa.

E isto dito calava-se, lembrando-se do mestre verdadeiro, que tinha pronunciado as mesmas palavras um dia em passado não muito distante para um certo ser vindo das estrelas como ele, de nome Helau-Zadig ou, simplesmente, Thamataê, quando de sua iniciação na histórica cidade de Ibez, outro núcleo da civilização atlante mais ao centro na terra das estrelas, que também desapareceria nos tempos vindouros.

E Payê-Suman, estando novamente presente entre os homens naquela época, da mesma forma como esteve entre a gente de Zac, disse a Thamataê o pensamento que tinha sido acessado posteriormente pelo sacerdote, posto que ficara disponibilizado na grande consciência cósmica, como congelado no tempo para quem dele quisesse dispôr, assim como todos os demais ensinamentos e sabedorias do universo. Assim, Tabajara compreendia que não voltava ao passado através de linhas ilusórias do tempo ou de lembranças, mas apenas o acessava, a qualquer momento, pois ele continuava acontecendo naquele exato instante. Desta forma, o presente, o passado e o futuro não existiam separadamente. Dependia apenas dele mesmo o contato com as informações imantadas no tempo. E, junto com a compreensão do tempo, entendia também que não podia comunicar-se diretamente com todos os mortos, pois, além de nem todos serem mestres conscientes, daqueles que não dormitam nas longas e repousantes noites entre as encarnações, como a maioria, não era possível que estivessem sempre disponíveis. Mas poderia, isto sim, acessar suas consciências perenes dentro da grande consciência cósmica, a qualquer momento. E, então, eles viveriam para sempre através dele mesmo. Cada personalidade ou personagem seria eterno.

E a mensagem do mestre a seu pupilo e que ficara imantada na eternidade foi esta:

"Cala a tua voz, antes que possas ferir! Não julgues jamais! Compreende! Sê sempre prudente, submisso, manso, humilde e ao mesmo tempo valoroso. Os valorosos são aqueles que venceram a batalha que travaram dentro de si mesmos. Mata a ambição, mas trabalha como os mais ambiciosos para que possas projetar tua sombra além do teu corpo. Mas, antes que possas compreender teus semelhantes, antes que possas ser prudente, submisso, manso e humilde, antes que possas adquirir todos os conhecimentos, procura primeiro conhecer a ti mesmo. Aprende a transformar as injúrias em bençãos para o teu progresso espiritual; aprende a transformar as maledicências em bálsamos para purificar tua alma; aprende a transformar as traições em lenitivos para o teu aperfeiçoamento; aprende a transformar as falsidades em júbilos, a dúvida e as inverdades em flores que brotarão na cruz do teu serviço; aprende sempre, filho meu, que, diante dos homens, tu somente poderás receber aquilo que eles possuem e que conseguem dar. Serve e passa. Dá sempre e nunca esperes ser retribuido. A cruz do teu sofrimento pode ser da redenção ou do sacrifício, depende de ti mesmo; deixa apenas que da tua cruz brotem as flores da salvação, e jamais a carregues pela vida afora com os espinhos das dores decorrentes de tua missão. Que Tupã te abençoe."

O grande morubixaba poderia simplesmente ter vindo ao velho sacerdote para trazer-lhe mais este ensinamento, entre tantos outros que prodigalizara, pois era uma rara exceção na natureza. Assim como alguns e apenas alguns outros seres, tinha em si a experiência do que era a verdadeira vida e podia então manter-se consciente dentro da grande consciência universal, mesmo estando desencarnado e direcionar seu pensamento ou vontade, não necessitando portanto ser acessado pelos ditos vivos para reviver e trazer sua sabedoria. Sim, porque nossos personagens, ensinava o mestre, ocupam apenas momentos, fagulhas no tempo, apesar de fazermos tanta questão deles. E, nestas condições, podia então aquele ser celestial manifestar sua vontade consciente mesmo não "vivendo" entre os homens. Apenas escolhia um nome, como Payê-Suman, para se fazer identificar.

Ainda assim os homens continuavam a se enganar achando que os deuses e os não tão deuses vêm a eles, bastando para isso chamá-los com sua vontade humanizada. Homens cheios de desejos e vontades como todos os homens, apesar de suas grandes e eventuais grandes obras, não viram deuses superiores só porque estão desencarnados. Não vêm aos homens através de seus corpos trazer seu conhecimento, sua sabedoria ou seus conselhos. Não podem vir. A maioria dos encarnados tem tanta ansiedade em falar com os mortos que não percebem o absurdo de sua pretensão que o mais singelo pensador põe por terra abaixo. Eles não tem como vir, até porque não tem consciência de sua própria existência nessa fase. A maioria esmagadora dos desencarnados não tem essa consciência de seu eu maior dentro da consciência cósmica, como o grande ser vindo das estrelas em tempos imemoriais para ajudar uma humanidade selvagem e insipiente, apenas por amor. Pelo mais sublime amor.

Mas os homens podem acessar suas consciências atemporais onde tudo isso está disponibilizado e beber de sua sabedoria. Basta saber iluminar o caminho adequado. Mas, para que isso aconteça, precisa, ele também, se despir de seus desejos insensatos.

Os homens se esqueceram disso tudo justamente porque apenas alguns compreenderam a vida em sua essência maior e, assim como os novos pajés e curadores, tentaram passar suas experiências a seus seguidores. Mas, desde os primeiros seguidores, a experiência vivenciada não mais existia e, sim, apenas um relato, um conto, uma lenda, uma proposta, uma forma de driblar o medo da chamada morte. E mesmo isso foi perdendo sua integridade no decorrer da história.

Aqueles atlantes incríveis, ora bárbaros, ora sábios, nada mais foram do que pequeninos elos de uma grande corrente que se prolongaria pelos evos vindouros e pela eternidade.

Contaram as lendas que milênios depois tudo se repetiria uma vez mais. Em toda parte e também na Terra das Estrelas a história voltaria a acontecer. E os homens de fantásticas civilizações, jamais sonhadas pelos atlantes originais, cometeriam os mesmos enganos e desatinos. Desta forma, haveria um tempo onde os acontecimentos se prepicitariam a tal modo, que não mais precisariam de deuses e tampouco de demônios para lhes revelar que seus dias de fantasia na vida terrena também estavam contados.

Desesperados trocariam acusações, fariam arranjos e remendos, voltando, como sempre, a brincar de deuses. Suas almas, todavia sobreviveriam indiferentes, sem se importar com as tragédias contidas nas ilusões de seus corpos físicos e por eles não chorariam. Aguardariam serenas um novo momento para voltar, quando novos ciclos recomeçassem.

Capítulo 29
A volta para casa

Naquela noite especial em que completava cem luas grandes sobre a terra e se preparava para deixar seu corpo, o velho sacerdote descansava tranqüilo em sua cama forrada de macias penas de araras, deixando-se embalar pela brisa suave que entrava pelas janelas completamente abertas e pelo ruído distante e agradável das ondas quebrando na praia próxima. Observava, de seu leito, a multidão de estrelas que pareciam brilhar de forma peculiar naquela noite, alegres e convidativas, como querendo lhe mostrar, uma vez mais, o caminho de volta para casa.

Pegou-se sorrindo ao imaginar quantas vezes já fizera essa viagem. Sentia-se feliz e uma sensação de saciedade das ilusões da matéria tomava conta de seu ser, como se já tivesse feito o suficiente por ora.

"Como devo ser cabeça dura", pensava brincando consigo mesmo. "Quantas vezes vezes terei que vir até aqui aprender alguma coisa?".

Mas Tabajara não era um ser comum, mesmo não acreditando nisso em sua habitual humildade. Também ele viera das estrelas de modo desinteressado de si mesmo e de seu ego e fazia parte daquele seleto grupo que já podia conservar sua vontade dentro da grande consciência. Em breve também seria um morubixaba a guiar os passos dos próximos frutos daquela civilização, continuando sua piedosa jornada no amor fraterno e na ação de servir e contribuir sem esperar recompensas nem nos céus nem na terra. Não tinha mais desejos.

Não falara nem a Paraty, nem a Barueri ou a qualquer dos outros que aquela seria sua última noite encarnado na Terra dos Ay-Mhorés. Não estava doente, então ninguém desconfiava de nada. Todos no grande templo estavam em paz, como deveria ser. Não falara de sua decisão de partir para não afligir os corações de seus filhos queridos.

Deixou seus pensamentos divagarem nas recordações das muitas lutas travadas naquela existência. Lembrou-se das conspirações e das dores daquele povo que ainda não compreendia os porquês da natureza e de sua evolução. Tinha em seu íntimo a certeza de que muitas pequeninas sementes foram plantadas, como tantas outras no passado. Talvez um dia, na eternidade, cada um daqueles homens pudesse fazer boa colheita, especialmente porque já teriam miscigenado suas experiências e estariam caminhando para ser um só.

Sorriu ao lembrar-se das perguntas aflitas dos rapazes sobre isso, quando ainda estudavam no grande templo, sob seus cuidados.

— Mas, Excelência, se evoluímos sempre para nos tornarmos pessoas melhores, como explicar meus sonhos? — perguntou um dia o protocolar Iandé.

— E com que tu sonhas, meu filho? — respondeu fingindo não ler seu pensamento.

— Sonho que já fui um grande guerreiro e matei muitos. Depois sonho que já fui um bondoso sacerdote para depois voltar a sonhar que fui um bandoleiro desalmado. Até etíope já sonhei que fui. Como posso ter sido bom e depois voltar a ser mau? — perguntou intrigado.

— Até que agora tu és mais ou menos, amigo — provocou o espevitado Thu-ran, levando todos ao riso.

— Não te preocupes, pois somos todos iguais, meu filho. Somos um, lembras-te? Estamos sempre evoluindo, mas o problema é que, quando pensamos nisso, achamos que vamos melhorar em todas as existências, numa linha reta e continua, sempre para frente. Se assim fosse, já seríamos todos deuses e não haveriam mais problemas sobre as terras. O problema reside no fato de pensarmos de forma pequena. Se pensássemos grande notaríamos que a evolução do homem se dá dentro de sua raça, e cada uma delas dura milhares de anos. Repara: durante a última lua grande, vocês aprenderam muito, mas houve momentos em que fingiram estudar, que eu bem notei. — falou divertido, para depois completar: — E quando voltavam das distrações, tinham sempre a esperá-los alguma tarefa extra, não é verdade? — os rapazes se entreolharam sem espanto. Como esperar que o velho mestre não soubesse das travessuras?

Ria por dentro ao ver seus rostos juvenis afogueados, gaguejando explicações e desculpas.

— Não vos desculpeis por vosso momento, meus filhos. Também é o meu. Subimos e descemos nas ondas deste mar, que é a grande ilusão da vida dependendo do quanto vamos melhorando ou sofrendo. Digo sempre que isto que chamamos vida enquanto encarnados é uma ilusão porque não é a verdadeira vida. A vida real reside em nossa alma, em nossa consciência. Não deveríamos nos vangloriar nem tampouco nos queixar de nossos melodramas particulares em cada momento, em cada existência. Lá adiante está a praia onde poderemos chegar para nos tornarmos mais um grão de areia, afirmando o terreno para a chegada dos demais sem nos importarmos se somos pobres ou ricos, feios ou belos, escravos ou poderosos. Mas só chegaremos à praia no dia que não nos importarmos que nossa chegada seja sem pompa e sem nos sentirmos os escolhidos pelos deuses apenas pelo bem que fizemos, pois que é apenas nossa obrigação e nossa natureza. Enquanto isso, estaremos à mercê das marés. Simples assim — terminava deixando os meninos pensativos.

Quantas aventuras, quantas oportunidades de contribuição, quantos amores verdadeiros sentiu ter tido dentro da grande raça nhengatu. Sua trajetória dentro dela vinha de muito longe. Lembrouse de suas vidas na Terra Mãe, a Atlântida. Quantos caminhos percorridos. Ah! Como tinham os deuses sidos generosos consigo permitindo tudo aquilo.

Foi se lembrando das pessoas valorosas e também daquelas nem tanto que haviam cruzado seu caminho desde a perdida Terra das Araras Vermelhas. Desde o antigo tuxauá Ay-Mhoré, passando por seu infeliz predecessor Azamor e seus comparsas e também pelo pobre Acau-hã, criado para ser um demônio enquanto seu coração namorava a divindade, até chegar nos grandes príncipes fiéis ao império, como os gigantes Anhanguera e Arary-Bhoya, e também Tupanguera, Tupyara, Urubatan, Araguary e Jatay, entre outros. Cada ser com seu valor, sua coragem e com sua frieza e sede inesgotável de poder, a usar todas as artimanhas possíveis para chegar lá. Que maravilhosa diversidade a servir de espelho entre os filhos da natureza.

Lembrou-se dos grandes militares que lutaram com suas armas e seus corações pela grandeza daquela terra abençoada, como o generais Itaperuna e Itapegy.

Com o coração em festa, recordou-se uma vez mais de seus meninos, os mais velhos e os mais novos, como costumava dizer. Desde o alegre e corajoso Thu-ran, com suas irreverências, passando pelo determinado Iandé até chegar no compenetrado Apoena, que como outros amigos queridos, sempre trabalhou silenciosamente nos bastidores, de forma competente, desapegado dos louros e das glórias passageiras. Todos cumprindo à risca seus destinos em prol daquela nação e daquela raça. O grande Ay-Mhoré VII de certo sentiria orgulho em ver como os filhos de seu amado vale prosseguiram corajosamente com a luta que um dia foi sua.

Lágrimas envoltas no mais sublime amor acompanharam as lembranças de seus filhos mais velhos. Recordou-se de Zadeu com seu ar bonachão e de Baruerí, companheiro das últimas horas; das sacerdotisas e sacerdotes que prodigalizaram sua doçura e também sua determinação, como Nayarama, Nayarade, Vidya, Indira, Vesak,

Paraty e Sadynara. Grandes amigos como a sábia e inteligente feiticeira Alah-or, sem a qual Omandyas nunca teria sido apanhado, ou ainda a doce Nayade, que ajudou a construir a bela terra do porvir em Parama-Sukha.

Mas suas últimas lembranças caíram em seus filhos de tantas vidas, que com tanto desprendimento seguraram firmes, com suas mãos juntas às suas no leme daquele grande barco durante todas as tempestades atravessadas: Ararype, Tupayba, Shem-han, Ityrapuan e Ravi. Filhos que continuaram no barco até o último homem ao mar.

Tantas e tantas pessoas haviam passado por sua vida. Algumas humildes e simples outras nobres e poderosas; quantas entre elas todas teriam também vindo das estrelas para onde deveriam voltar um dia?

"Só mesmo Tupã poderia dizer", pensou mentindo, pois bem sabia a resposta, enquanto sorria para si mesmo.

Estava nesse ponto, deliciando-se com suas lembranças quando lhe veio à mente alguns dos muitos embates com as sombras que havia travado durante aquela existência. Continuou a sorrir. A lembrança daquilo que os homens chamam de mal não foi suficiente para abalar aquele momento de genuína felicidade.

Continuou contemplando as estrelas serenamente enquanto pensava nos vários magos negros que haviam cruzado seu caminho. Por um instante, passou-lhe pela mente como a maioria deles se auto intitulava isto ou aquilo, nada mais sendo que indivíduos com extraordinária capacidade, a maioria pelo menos, de simplesmente expandir suas consciências e manipular os elementos da natureza, da mesma forma que muitos sacerdotes. A única diferença eram os propósitos.

Como sempre, nesses momentos meditou sobre o mal, que de fato não existia como o víamos. O mal era apenas o contraponto do bem, que não existiria sem ele. O que acontecia de tempos em tempos era um desequilíbrio incontrolável entre as duas partes, geralmente trazendo duras conseqüências para as pessoas, para os povos, para as humanidades.

Nesse momento, sua mente foi fortemente atraída para a mente de um velho conhecido: Tibirissá, um dos mais poderosos magos negros que haviam encarnado no planeta durante a predominância da raça atlante. Omandyas seria quase um amador perto dele.

Teria sido contemporâneo e da mesma estirpe do grande Shmenis, mestre de Oduarpa, o mago negro que encarnara na Terra Mãe e que tantas desgraças provocara entre aqueles atlantes ancestrais.

Omandyas, por sua vez, havia apenas sido um dos muitos pupilos menores de Thevetat, um dos últimos seguidores de Oduarpa, vários escalões abaixo de Tibirissá. Até mesmo o terrível Oduarpa havia se deixado capturar no passado, mas Shmenis e Tibirissá, jamais. Corriam nos templos muitas histórias sobre Shmenis, dando conta, inclusive, de que já havia se bandeado para os lados da luz há muito tempo, o que era realmente verdade, deixando antigos discípulos por sua própria conta. Mas o destino final de Tibirissá era um mistério para maioria, inclusive para Tabajara, que o conhecia há milênios sem conta.

Tabajara balançou a cabeça pensando na incrível influência maléfica das ações do insignificante Omandyas nas terras altas, avaliando o estrago que aqueles outros realmente poderosos magos haviam causado no antigo continente através dos tempos.

Ao conjecturar o que havia realmente sido feito de Tibirissá, decidiu encontrá-lo, conectando-se quase que de imediato com a consciência disponível do antigo mago, cuja figura vislumbrou à sua frente. Haviam se encontrado várias vezes no astral nos últimos tempos, nas muitas andanças que o sacerdote realizava rotineiramente em busca de outros focos de magia negra e sempre de mais entendimento das coisas aparentemente supranaturais. Sabia de sua existência através de escritos secretos elaborados por antigos sumo sacerdotes, bem guardados nos pergaminhos do Templo de Áries. Tibirissá era quase uma lenda entre o clero de alto escalão. Os mais jovens apenas suspeitavam de sua existência.

O mago se mostrava como um homem já não tão jovem, alto e, de certa forma, até bonito. Longos cabelos grisalhos e lisos, jogados pelos ombros quase até a cintura. De olhar penetrante e inexpressivo, não deixava nunca transparecer seus sentimentos ou intenções. Usava uma elegante túnica escura de mangas largas onde se destacavam símbolos bordados no peito, em ouro e púrpura, incompreensíveis para a maioria. Tabajara, porém, os compreendia muito bem. Eram chaves de abertura para a alta magia, o que despertou imensamente sua curiosidade na época em que os viu pela primeira vez, instigando-o a aprofundar-se nesses conhecimentos, pois eram as mesmas chaves usadas pelos magos brancos.

Lembrava-se bem do comentário do outro frente sua evidente surpresa na primeira oportunidade em que estiveram frente a frente, a qual não fez questão de ocultar:

— Usamos os mesmo pontos de fixação de nossas mentes, não

é? — perguntou o mago à guisa de comentário. Não se notava, como sempre, qualquer ponta de escárnio ou outra coisa qualquer.

— Somos um e então é razoável que assim seja — foi a resposta simples e verdadeira do religioso.

— Não ficas contrafeito com a novidade de sermos tão parecidos? Tu, o grande sumo sacerdote, o escolhido pelos deuses e eu, o representante das trevas, o inimigo com quem medes forças todos os dias? — rebateu o outro.

Tabajara sorriu com sua brandura habitual antes de responder:

— Não meço forças contigo. Apenas atuo de forma a manter o equilíbrio da natureza, pois não há como ser negligente. Como te disse, somos mais que parecidos, somos um. Tu és parte de mim e eu te agradeço por estares aqui me mostrando com tanta clareza quem sou eu de fato. Não posso existir sem ti e tu não podes existir sem mim. Portanto, não és meu inimigo.

— Acreditas mesmo nisso, não?

— Sim e creio que um dia tu acreditarás também — pensou um pouco e completou. — Mas, antes disso, verás que, mesmo sendo parte de um único ser, temos também nossas diferenças ou nos enxergamos como diferentes neste momento em que ainda não compreendemos completamente a unidade. Vivemos nessa dualidade inerente aos seres humanos. Tu e eu. Eu e o mundo. Eu e Tupã. Vivemos na ilusão de nossas individualidades como se elas não fossem apenas a expressão de uma consciência maior.

Tibirissá tinha por hábito não qualificar o assunto em questão e fazer grandes silêncios, como se seu interlocutor simplesmente não existisse. Muitas e muitas vezes nada respondia. Tabajara esperou com paciência, pois sabia que esses estranhos encontros saídos quase que do nada, de repente, já nos tempos finais de sua passagem pela terra, certamente tinham uma razão de ser.

— Pensas que não sei dessas coisas, não pensas? — quase sempre terminava suas frases com uma interrogação. — Pois é hora de saberes que sei tanto quanto tu. Não sejas ingênuo.

O velho clérigo já esperava por essa e não se surpreendeu nem um pouco com a admoestação.

— Bem sei. Porém, uma das diferenças que tu perceberás um dia existir entre nós, neste momento em particular, vem justamente disso que falas. Ambos temos o conhecimento do universo, porém apenas um de nós já tem a capacidade amplificada de compreendê-lo verdadeiramente, pois isso só acontece quando há o desprendimento do ego. A mim não faz mais diferença ser o escolhido pelos deuses, enquanto a tu parece ser por demasiado importante ser o grande agente das trevas.

E como se o outro apenas continuasse a olhá-lo, decidiu concluir o pensamento:

— Gostas de ser quem és e isso faz de ti um prisioneiro de ti mesmo. Isto te torna menos eficiente que este que te fala no trato com os mistérios da natureza. Se assim não fosse, por qual razão ainda não destruíste o mundo todo? Ah! Dirás que é porque gostas das recompensas repetidas da exaltação de teu poder no sofrimento passageiro das pessoas. Sim, mas isto não te faz menos prisioneiro. Vives numa gaiola olhando o mundo de dentro para fora. Estás preso à tua individualidade, a qual idolatras cada dia um pouco mais. Enquanto buscares o poder e deixares os desejos tomarem conta de ti, enquanto não quebrares a barreira da falta de desprendimento, que é o amor desinteressado, enquanto não aprenderes a servir, enquanto não perceberes que tu és apenas parte de mim e que ambos somos parte de todos os demais seres sobre a terra, não compreenderás verdadeiramente o universo ao qual pertences.

O mago negro continuava silencioso, sem dignar-se a responder. Quem sabe meditasse sobre o assunto. De qualquer forma, esse foi apenas o primeiro de muitos encontros que aconteceram e, em todos eles, Tibirissá costumava deixar Tabajara falando sozinho, ao desaparecer como por encanto das vistas do sacerdote, já acostumado com sua atitude. Depois de um tempo, Tabajara não mais o procurou e também não mais permitiu que ele se conectasse consigo, achando que já havia falado demais e percebendo também que a semente da dúvida já havia sido adubada o suficiente. Ora, por qual outro motivo ele o procurara, não fosse pelo conflito que deveria estar passando entre ser quem achava ser ou ser quem sabia ser? Ora, a natureza não é má e isto é inerente a todos os seres dos quais ela se compõe.

Nesta noite tão especial voltaram a se procurar.

— Salve, meu caro Tibirissá! Vieste para minhas despedidas? — indagou descontraído e desassombrado.

O mago das sombras se mantinha como sempre sereno, quase impassível, a olhá-lo profundamente. Depois de um tempo falou:

— Vim te dizer que, aparentemente, a vitória final foi minha. Teu povo se extingue em lenta agonia.

— Da mesma forma que outros povos que já passaram. — foi a resposta direta, o que causou estranheza ao mago, que teve dificulda-

de em manter sua indiferença, para logo se recuperar.
— Isso não te dá pontos nesta luta. Ao contrário — ponderou Tibirissá.
— Continuas achando que disputas algo comigo, não? — falou meio desanimado o sacerdote.
— Estamos juntos há muito tempo. Eu te conheço e tu me conheces. Por tempos incontáveis, desde o início da eternidade tu vens pela luz e eu pelas sombras. Somos poderosos. Viemos ambos das estrelas e já passamos por vários mundos, mas com propósitos diferentes. Eu precisava sobreviver e tu... Bem, tu precisavas dos miseráveis para reafirmar sua aura de bondade. — pela primeira vez lhe falava com discreto tom de sarcasmo, ao qual Tabajara, apesar de surpreso, não deu qualquer atenção. — Já me destruístes várias vezes e eu a ti. Isso não é uma disputa? Pois a mim parece ser.
— Isto é apenas a manutenção do equilíbrio, como já te disse em vezes anteriores. Se vês como uma luta, te garanto que lutas sozinho. Sei de nossas histórias, de nossas vidas pretéritas, de nosso passado neste e em outros planetas, enfim. Não penses que me esqueci. Mas meus personagens, minhas ilusões enquanto encarnado são mesmo apenas histórias para mim neste momento. Não estou mais sentado em cima deles a me rejubilar pelos sucessos ou a me lamentar pelos fracassos. Serviram e passaram. Conheces bem o autor destas palavras, não?

Tibirissá, que naturalmente não se dignava a responder quase nada que não o interessasse, veio com a mesma fala do princípio:
— Pois fracassastes de novo. Os orgulhosos atlantes da Terra das Estrelas estertoram.
— De fato... Nosso povo se consome lentamente. Mas não foi por tua causa que esta grande civilização desaparecerá um dia. É apenas mais um ciclo que termina, como tantos antes deste e como tantos outros que virão. E eu te agradeço, pois sem tua colaboração, mesmo que desprovida de nobres intenções, não haveria como por à prova a evolução destas almas. Ainda precisavam de ti e de teus pares para tal tarefa, como ainda precisarão no futuro. Precisam da dor para compreender o amor.
— Ou estás enlouquecendo ou então estás te tornando orgulhoso demais para admitir a derrota. A idade de teu corpo te faz perder a razão — foi a resposta seca. — Eu venci e tu perdeste.
— É mesmo? Então o que estás fazendo aqui? Sabes que tripudiar sobre mim não me abala. Sabes disso há milhares de anos. Pois

penso que as recompensas por aquilo que chamas de tuas vitórias estão ficando sem graça, não é mesmo? — fez pequena pausa para continuar a seguir:
— Muito bem. Pensas que destruíste toda a Terra dos Ay-Mhorés e talvez outras colônias atlantes. E daí? E agora, o que vais fazer? Duvido que estas coisas passageiras ainda te tragam algum prazer. A quem foi que matastes? Aqueles que não podem ser mortos, pois a vida não está na matéria? A quem fizestes sofrer de fato? Aqueles cuja passagem por este mundo não é mais que uma fagulha frente à eternidade? — fez nova pausa.
— Ora, não fizestes nada de tão importante, de fato. Fostes apenas mais um entre tantos coadjuvantes neste processo inexorável do universo. Perdes teu tempo se pensas que vais me impressionar, se bem que não parece ser esta a verdade. A verdade é que estás cansado disto tudo. Cansado de disponibilizar tua maldade para os homens ignorantes, que dela fazem uso com sofreguidão, para apenas a seguir se se arrependerem e recomeçarem novamente a difícil subida para a luz.
Surpreendentemente, veio uma resposta:
— São tolos. Precisamos de tão poucos para atingir todo um povo. Se convencermos dois ou três homens a pular de forma incessante e cadenciada numa grande e magnífica ponte nós a derrubaremos, pela ressonância desta ação. Não precisamos nos dar ao trabalho de nos conectarmos com um exército de saltadores. Os homens depois se conectam entre si de forma tão espontânea e são tão convincentes em seus desejos que facilmente derrubam outras pontes pelo mundo. Em instantes, atraem multidões para as pontes derrubadas, todos a clamar por justiça e pelo direito de ter uma ponte para atravessar o rio e por tudo o mais, completamente esquecidos de quem foi que derrubou a ponte. Pacientes e persistentes destruidores de pontes se transformam de um dia para o outro em grandes e maléficos líderes que rapidamente conduzem povos ao sofrimento, à miséria, à maldade inimaginável e até mesmo ao extermínio. Isto sempre aconteceu em todas as humanidades — e enquanto Tabajara o ouvia admirado, concluiu com uma profecia:
— E continuará a acontecer por todo o sempre. Provocarão outras guerras estúpidas e grandes carnificinas, alimentarão preconceitos, diferenças e rancores de todos os tipos. Bastam alguns deles — falou num sussurro quase inaudível.
Neste momento, o sacerdote, mesmo considerando a importân-

cia daquelas palavras, que demonstravam tão claramente que a Tibirissá faltava apenas sabedoria, pois o conhecimento ele obviamente possuía, interviu:

— E continuará a acontecer independente de ti e dos teus discípulos ou mestres, pois são os homens que ainda vão a ti e não tu que vem a eles. Por mais que saibas, tua falta de amor ainda faz com que tuas técnicas sejam insuficientes para alcançar os homens por tua vontade, como fazem os verdadeiros deuses vindos das estrelas. Se um dia os homens não forem mais a ti estarás acabado para o mal, pois serás nada mais que um nada amorfo. Dormirás, pois a consciência que tens de teu estado é tão passageira quanto a brisa da tarde. Ora, de que adianta haver um papiro contendo estupenda obra de sabedoria sem par se ninguém for lê-lo? Ele não será nada além de um pedaço de junco transformado em página para escribas, mas que, sem uso e sem cuidados, mofará na mais obscura das câmaras pela eternidade. Assim se dá com a maioria absoluta das consciências. Estão disponíveis, mas sem vida própria, como gostam de acreditar os homens — parou por uns instantes para depois completar:

— Tu apenas vives através daqueles que te procuram. Sem eles, nem mesmo tu tem condição de viver por ti mesmo de fora perene, como quase todos os homens após deixar o corpo físico. Somos como os papiros, que podem ou não ser lidos.

O velho mago demonstrava algo que parecia oscilar entre cansaço e resignação.

— E o que tu chamas de vida que não sejam as realizações individuais? — reclamou.

Acostumado a ser inquirido com perguntas diretas e difíceis por seus meninos, Tabajara chegou a sorrir com a lembrança, para depois responder:

— Penso que o que devem ser exaltadas são as realizações da natureza como um todo e não as individuais. Deveríamos poder contribuir sem esperar reconhecimento de nossos feitos. Podemos até discordar sobre a continuidade deste nosso personagem que acreditamos ser a vida e a quem somos tão arraigados a ponto de criarmos mil e uma teorias sobre sua perpetuação. Mas, se observarmos o universo de outro ponto de vista, veremos a estupenda continuidade da vida, que a cada segundo se perpetua, se modifica, cria e se torna mais e mais bela. Veremos a vegetação crescendo, os animais respirando, disputando, os insetos, as marés que se sucedem num ritmo contínuo, a chuva caindo e a noite descendo sobre os vales;

essa maravilhosa dança da vida eterna, sempre em mutação onde o homem é apenas mais um elemento. Mas isto não nos interessa, pois estamos preocupados apenas com a continuidade da "nossa" vida, a qual queremos controlar eternamente. Antes e depois da morte. E para quê? — suspirou.

Deteve-se uns instantes a pensar. Depois continuou:

— Se tirássemos o homem e todo seu conhecimento do planeta isso seria realmente significante? Provavelmente, a natureza viveria até melhor. Provavelmente, este maravilhoso processo da vida continuaria ainda mais maravilhoso e intocado. Esta parte da natureza chamada homem, com seu orgulho e superioridade, muitas vezes mais atrapalha que ajuda. Se assim não fosse, como tu mesmo o disseste, não teríamos tanto sofrimento sobre a terra. É tão difícil perceber onde está a vida verdadeira? — fez pequena pausa, dando ao outro tempo para pensar também, para depois continuar:

— Ela não está no indivíduo homem. Está na renovação, na diversidade, no processo da vida como um todo. Como é difícil aceitar que a vida em si é mais importante que a "minha" vida. Podemos até dizer que amanhã eu serei eu, mas com partes generosas de ti e de outros em mim, para que a diversidade continue, para que se possa contribuir mais e melhor do que eu poderia fazer sozinho. Com que eficiência contribuiria se usasse apenas um velho e gasto embornal de conhecimentos adquiridos ao longo apenas das "minhas" existências, juntando apenas as "minhas" parcas experiências. Se assim fosse, ainda estaríamos vivendo em cavernas, meu caro.

Divertia-se com os próprios pensamentos ao perceber como o homem era ridículo, pois sequer se lembrará quem foi anteriormente quando "acordar" numa próxima oportunidade, da mesma forma que não tem consciência do que se passou com seu corpo durante a noite bem dormida, sendo até engraçada sua luta pela preservação de seu eu após a chamada morte. A noite não foi mais do que um piscar de olhos sem importância nenhuma, da mesma forma que os idealizados paraísos celestes também não.

— Somos como as gotas de água de um rio que se misturam continuadamente, se purificando, tanto pela quantidade quanto pela diversidade das milhares de gotas que também descem a correnteza ao mesmo tempo, se livrando das impurezas encontradas pelo caminho ou trazidas de sua fonte. De quando em quando, totalmente purificada, uma minúscula gota escapa para fora do rio e se desfaz de sua matéria de forma permanente, umidificando a terra para a perpetuação de outras partes da natureza. Aquela gota que contém mil partes de outras gotas e que não se importa mais em permanecer gota para todo o sempre, que abandona sua pseudo e confusa individualidade e seu amado rio, se une de forma definitiva e generosa ao processo da natureza, como os deuses. Expandiu sua percepção de vida e se fundiu com a consciência universal. Isto é a vida. A vida eterna não está no indivíduo. Está na continuidade e na renovação permanente do processo da vida. Somos elementos da vida. Existe o fim do elemento e não da própria vida. Que maravilha! — falou verdadeiramente extasiado.

— Não precisaremos mais ter medo da morte, do fim, da perda da individualidade temporária chamada indivíduo. Os indivíduos são extintos, mas a vida no universo continua. Devemos, sim, lutar pela individualidade como expoente da diversidade e criatividade, mas não deveríamos mais lutar pela manutenção do indivíduo eterno. Isto representaria, ao final, a ausência absoluta do egoísmo. Seria a contribuição desinteressada que nos faria deuses quando isso não mais nos importasse. Estamos indivíduos, mas somos universo.

Tibirissá olhou para o velho sacerdote uma última vez, antes de desaparecer novamente. Mas desta vez em seu olhar havia um quê de tristeza, ou talvez de esperança, que o humanizava. Sim, ele estava muito cansado.

Tabajara voltou calmamente a olhar as estrelas e logo aquela suavíssima sensação de frescor tão sua conhecida invadiu todo o ambiente e também seu ser. Era o mestre que voltava uma última vez a falar em seu coração:

"Paz em teu coração, filho meu. Paz a todos os seres.

Com que felicidade venho te saudar e receber neste momento. Por fim, te lembraste completamente como se faz para não mais sofrer pelo teu povo e por esta civilização, cujo fim de mais um ciclo se aproxima de forma acelerada, como tantos outros que já passaram e os que ainda virão.

Sabemos que o processo de evolução das humanidades só pode ocorrer por mudanças, por alterações, pelas crises. Sem elas, não haveria como haver crescimento, pois tudo estaria estático, previamente determinado, cessando, portanto, o processo da evolução, ainda que os acontecimentos fossem dinâmicos. Nosso planeta, um dos elementos da evolução universal, também sofre suas alterações: algumas por influência dos homens e outras por influência de sua própria natureza e do universo ao qual pertence.

Quando alterações mais significativas ocorrem, como o grande cataclismo que fez sucumbir as cidades do vale, outras partes do grande conjunto podem sempre ser atingidas, influenciando os seres que lá habitam.

Estas alterações, quando sensíveis aos seres em seu tempo, são denominadas pelos homens como "catástrofes", como os terremotos, os furacões, os maremotos ou outras forças de mutação naturais. Muitas existências podem ser influenciadas e até mesmo interrompidas. Pode parecer cruel num primeiro momento, mas faz parte do grande processo da vida e da evolução, como bem o dissestes àquele nosso irmão com o qual estiveste há pouco.

As civilizações não deveriam entender tais mudanças como castigo ou simples vontade divina. Mas também não deveriam pensar que os deuses jogam com o universo pela sorte ou pelo azar e que, desta forma, todos os povos estariam sujeitos a uma simples casualidade. É apenas um processo no qual estamos todos inseridos.

Temos de entender a eternidade e a continuação da vida e dos ciclos de cada civilização para não imaginarmos que existem injustiças. Lutamos, construímos e evoluímos para quê, se tudo pode ser destruído do dia para a noite?

Para melhor compreendermos uma situação de desastre, onde milhares de pessoas desencarnam, precisamos compreender melhor o mecanismo de evolução e os destinos dos povos.

Não existe um determinismo no sentido do fatalismo, no sentido de que tudo esteja pré-determinado. Cada civilização tem uma missão, um caminho, um trabalho a fazer, podendo, no entanto alterá-lo como melhor lhe aprouver, modificando o seu meio e criando, por conseqüência, seu carma evolucional. Sim, as civilizações onde os homens estão inseridos também têm seus carmas coletivos. Os deuses deram aos povos possibilidade de escolha e mudança, arbítrio, deixando tudo interligado: as civilizações, a natureza e o universo, com causa e efeito.

Vamos pensar numa determinada civilização, num determinado povo, como o teu, por exemplo, como se fosse um único homem, imaginando que um dia ele sofreu, por seu próprio desleixo, um ferimento por uma faca. Ora, sua existência não se resumiu ao instante do ferimento. Logo depois, houve uma cicatrização, mas aquele homem em particular passou a tomar mais cuidado com facas. Passou a respeitar as facas, embora talvez nem mais se lembrasse do ferimento, que, aparentemente, desaparecera por completo. Mas aprendeu e se tornou mais cuidadoso, evoluiu.

Da mesma forma como aquele homem não teve um único momento e não ficou ferido para sempre, também as humanidades precisam ser vistas frente à sucessão dos acontecimentos na eternidade. Falando simplesmente, o que fizeram no passado influencia seu presente e seu futuro. Aprendem, evoluem, mas entre os acontecimentos, entre as catástrofes, há sempre o livre arbítrio dos povos. O carma, todavia, sempre prevalecerá, ou seja, não apenas o momento de uma única existência, mas o conjunto de várias delas. Os atos e decisões das civilizações causam influências no universo e seu carma será determinado, promovendo, quando necessário, o fim de um ciclo, como estamos vendo agora acontecer e como já vimos antes tantas vezes em tantas outras humanidades que já passaram. Lembremos da submersão da velha terra mãe, a Atlântida, atingindo tantas outras terras distantes e além dos mares, como a própria Terra das Araras Vermelhas. As influências desse cataclismo em particular, somadas às decisões de teu povo atingiram também esta terra que tanto amaste. Outras serão atingidas na esteira de dor que se seguirá.

Muitos outros ciclos terminarão e depende dos homens, principalmente, o equilíbrio do universo e das forças do resto da natureza. Por conta do desatino, da ambição e do egoísmo das humanidades, incapazes de se verem como um só ser e que, portanto, deveriam lutar pelo bem comum, dia virá que muito pouco sobrará do planeta e a vida então simplesmente continuará em outro lugar.

Quando os povos compreenderem melhor este complexo e interligado mecanismo de evolução, poderão aceitar melhor os sofrimentos e dificuldades pelos quais passam. Como sabes, filho meu, a lei que rege de maneira perfeita a evolução universal é o amor. Praticando-o, o eterno crescimento estará sendo formado com menos sobressaltos e com menos dor.

Vem, filho meu, que te espero. A hora é chegada. Deixa teu povo cumprir seu destino. Que assim seja porque assim será!"

E, naquela noite, enquanto o sumo sacerdote voltava para sua casa nas estrelas, um suave perfume invadiu todo o Templo de Áries, deixando um rastro de amor que poderia facilmente ser compreendido e seguido por tantos quantos se dispusessem a fazê-lo.

Sem saber a razão, muitos homens em Parama Sukha e na Terra dos Ay-Mhorés, além de outros lugares das terras altas, se sentiram suavemente atraídos pela doce luz que vinha dos céus naquela noite estrelada. E também sem compreender porque muitos choraram.

E os nhengatus? Bem, os nhengatus foram alguns daqueles atlantes geniais que um dia cruzaram os mares em suas incríveis barcas voadoras levando a herança sideral dos povos que aqui estiveram desde o início dos tempos e que até hoje habitam o imaginário dos homens.

Esta história ainda continua.

Atlântida existiu. Foi a terra-mãe de civilizações como a hindu, a egípcia, a grega, a ária, a inca, a maia e a asteca, a dos peles-vermelhas americanos etc.

E se ficássemos sabendo que legítimo sangue atlante original corre nas veias físicas e espirituais do povo brasileiro? E que povos da Atlântida se estabeleceram um dia no território brasileiro e terminaram originando nações que hoje conhecemos como culturas indígenas brasileiras?

Lendo diretamente os registros espirituais de tempos remotos, o autor desta fascinante história, verídica em todos os detalhes, levanta o véu da História não contada da terra brasileira e nos leva a conhecer intimamente a vida da colônia atlante estabelecida há 40 mil anos no litoral do estado do Espírito Santo.

Uma história apaixonante, que irá seduzir o leitor pela riqueza de informações inéditas sobre a história remota e ignorada do Brasil, e a herança atlante que pode ser reconhecida em diversos caracteres psíquicos do povo brasileiro, e irá cativá-lo com a trama envolvente que reuniu muitos destinos num drama de amor e morte, espiritualidade e forças mágicas, paixões e intrigas, lutas de poder, generosidade e renúncia, heroísmo e grandeza.

A Terra das Araras Vermelhas é um romance ancestral e uma revelação inédita. Raras obras resultantes de pesquisa psíquica do passado podem igualar-se a riqueza, precisão e beleza dessa narrativa, que retrata a magia do povo atlante.

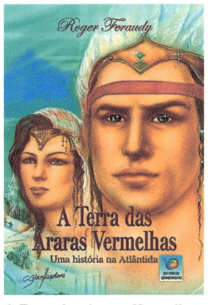

A Terra das Araras Vermelhas
ROGER FERAUDY
Formato 14 x 21 cm • 352 p.

Qual a razão de ser o povo brasileiro tão místico e psíquico, com essa familiaridade natural com o Invisível, e um celeiro de faculdades mediúnicas — o país mais espírita do mundo, berço da umbanda, e rico em todas as correntes espiritualistas? Por que essa noção coletiva de país predestinado?

É o que a fantástica revelação deste livro explica, por meio da consulta aos registros invisíveis autênticos. A história ancestral da Terra das Estrelas — o Brasil — e da América do Sul é o que desvenda as raízes espirituais do povo brasileiro, e seu destino de nação líder da espiritualidade da Nova Era.

Uma avançada civilização, desenvolvida pelos mestres extraterrenos da Lemúria e Atlântida, semeou no território brasileiro, em era remota, as magníficas cidades do Império de Paititi, Itaoca e Ibez, e da Terra das Araras Vermelhas. Essas culturas fizeram evoluir as raças então existentes, pela manipulação genética, e desenvolveram seus poderes psíquicos. Com isso, foram preparadas, no inconsciente desses egos — nós! —, as sementes da nova raça futura do Terceiro Milênio.

O autor retira da sombra dos milênios um universo vivo e colorido de cenários, costumes, civilizações esquecidas, povoadas de personagens fascinantes, alguns sobrevivendo nos mitos americanos, cujas lutas, amores, paixões, crimes e heroísmo, mergulhos na sombra e árduas ascensões tecem uma narrativa que prende o leitor da primeira à última página, pela fascinação dessas histórias ancestrais de que nós, povo da Terra das Estrelas, fizemos parte um dia.

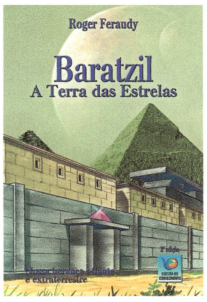

Baratzil
A terra das estrelas
ROGER FERAUDY
Formato 14 x 21 cm • 336 p.

O universo mágico dos espíritos da natureza, que nos cerca, acessível aos que desenvolvem percepções extrafísicas, sempre viveu na literatura e na tradição de todos os povos, na hipervisão dos artistas e nos registros da tradição esotérica. São os reinos encantados das fadas, gnomos, sílfides e ondinas, ninfas dos bosques, elfos e duendes — os quais, longe de personagens apenas de contos de fadas, constituem os servidores dos reinos mineral, vegetal e animal, sob o comando dos grandes Devas.

É a esses mundos mágicos que Roger Feraudy nos conduz, nesta obra, pelas mãos etéricas de Cyrne, a encantadora fada que desvenda a um sábio humano os mistérios do reino elemental.

Ao lado dele, vítima da trama sutil de magos negros, o leitor descobre os fenômenos ocultos que os mestres de sabedoria e magos podem produzir, no eterno embate entre a luz e a sombra. De rituais sombrios nos recônditos mosteiros do Tibet à criação de corpos de ilusão e elementares artificiais, do castelo da rainha das fadas a uma aldeia de duendes, esta narrativa desvenda um mundo mágico a que usualmente somos alheios. Essa riqueza de informações se oferece em uma narrativa envolvente e plena de suspense, paixão e a mais inusitada relação entre um ser humano e um elemental.

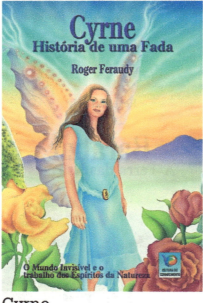

Cyrne
História de uma fada
ROGER FERAUDY
Formato 14 x 21 cm • 224 p.

TERRA DOS AY-MHORÉS
foi confeccionado em impressão digital, em junho de 2025
Conhecimento Editorial Ltda
(19) 3451-5440 — conhecimento@edconhecimento.com.br
Impresso em Luxcream 70g - StoraEnso